马克思主义理论研究和建设工程重点教材

西方经济学

（第二版）上册

《西方经济学》编写组

高等教育出版社

人民出版社

二维码资源访问

使用微信扫描本书内的二维码,输入封底防伪二维码下的 20 位数字,进行微信绑定,即可免费访问相关资源。注意:微信绑定只可操作一次,为避免不必要的损失,请您刮开防伪码后立即进行绑定操作!

教学课件下载

本书有配套教学课件,供教师免费下载使用,请访问 xuanshu.hep.com.cn,经注册认证后,搜索书名进入具体图书页面,即可下载。

图书在版编目(CIP)数据

西方经济学. 上册 /《西方经济学》编写组编. -- 2 版. -- 北京:高等教育出版社,2019.9(2024.7 重印)
马克思主义理论研究和建设工程重点教材
ISBN 978-7-04-052553-3

Ⅰ.①西… Ⅱ.①西… Ⅲ.①西方经济学-高等学校-教材 Ⅳ.①F0-08

中国版本图书馆 CIP 数据核字(2019)第 181811 号

责任编辑	赵 鹏	封面设计	王 洋	版式设计	于 婕	插图绘制 于 博
责任校对	刘 莉	责任印制	沈心怡			

出版发行	高等教育出版社	网 址	http://www.hep.edu.cn	
社 址	北京市西城区德外大街 4 号		http://www.hep.com.cn	
邮政编码	100120	网上订购	http://www.hepmall.com.cn	
印 刷	涿州市星河印刷有限公司		http://www.hepmall.com	
开 本	787mm×1092mm 1/16		http://www.hepmall.cn	
印 张	25.75	版 次	2012 年 12 月第 1 版	
字 数	420 千字		2019 年 9 月第 2 版	
购书热线	010-58581118	印 次	2024 年 7 月第 27 次印刷	
咨询电话	400-810-0598	定 价	50.00 元	

本书如有缺页、倒页、脱页等质量问题,请到所购图书销售部门联系调换
版权所有 侵权必究
物 料 号 52553-00

马克思主义理论研究和建设工程重点教材

马克思主义理论研究和建设工程咨询委员会委员、审议专家

（以姓氏笔画为序）

王伟光	王晓晖	王梦奎	王维澄	韦建桦
尹汉宁	龙新民	邢贲思	刘永治	刘国光
江　流	汝　信	孙　英	苏　星	李　捷
李君如	李忠杰	李宝善	李景田	李慎明
冷　溶	张　宇	张文显	陈宝生	邵华泽
欧阳淞	金冲及	金炳华	周　济	郑必坚
郑科扬	郑富芝	侯树栋	逄先知	逄锦聚
袁贵仁	贾高建	夏伟东	顾海良	徐光春
龚育之	梁言顺	蒋乾麟	韩　震	虞云耀
雒树刚	滕文生	魏礼群		

《西方经济学》教材编写课题组

首席专家　吴易风　　颜鹏飞

主要成员　（以姓氏笔画为序）

　　　　　　王志伟　文建东　冯金华　刘凤良

　　　　　　杨玉生　吴汉洪　郭其友

《西方经济学》教材修订课题组（第二版）

首席专家　颜鹏飞　　刘凤良　　吴汉洪

主要成员　（以姓氏笔画为序）

　　　　　　王志伟　韦　鸿　文建东　冯金华

　　　　　　李俊青

目 录

导 论 ·· 1
 第一节　什么是西方经济学 ··· 1
  一、西方经济学的界定 ··· 1
  二、西方经济学的科学因素和阶级属性 ···································· 3
 第二节　西方经济学的由来和发展 ··· 4
  一、重商主义 ·· 4
  二、古典经济学 ··· 5
  三、新古典经济学 ·· 7
  四、当代西方经济学 ··· 10
  五、微观经济学与宏观经济学的新发展 ··································· 12
 第三节　西方经济学的研究对象 ··· 16
  一、资源的稀缺性与西方经济学的研究起点 ···························· 16
  二、西方经济学研究对象的确定 ·· 17
  三、对西方经济学研究对象的评析 ··· 19
 第四节　西方经济学的研究方法 ··· 21
  一、西方经济学的方法论 ··· 22
  二、西方经济学的具体研究方法 ·· 24
  三、如何看待西方经济学的研究方法 ······································ 28
 第五节　怎样学习西方经济学 ·· 32
  一、坚持用马克思主义立场、观点和方法进行分析 ··················· 33
  二、深入了解资本主义发展的历史 ··· 36
  三、紧密联系中国特色社会主义的实践 ·································· 37
  四、注重学习和掌握有用的分析工具和方法 ···························· 38

上篇　微观经济学

第一章　需求、供给和均衡价格 ·· 43

第一节 需求 …… 43
一、需求的概念 …… 43
二、需求规律 …… 45
三、影响需求量的其他因素 …… 47
四、需求量的变动和需求的变动 …… 49
五、从单个消费者的需求到市场需求 …… 51

第二节 供给 …… 52
一、供给的概念 …… 52
二、供给规律 …… 53
三、影响供给量的其他因素 …… 55
四、供给量的变动和供给的变动 …… 56
五、从单个生产者的供给到市场供给 …… 57

第三节 市场均衡 …… 58
一、均衡的含义 …… 58
二、均衡价格和均衡数量 …… 59
三、市场均衡的变动 …… 61
四、经济模型的结构 …… 64
五、一个动态经济模型 …… 66

第四节 弹性 …… 69
一、弹性的概念 …… 69
二、需求的价格弹性 …… 70
三、其他需求弹性 …… 75
四、供给弹性 …… 77

第五节 供求分析的应用事例 …… 79
一、支持价格和限制价格 …… 79
二、税收效应分析 …… 81
三、弹性和收入 …… 83

第六节 本章评析 …… 84
一、供求分析的理论缺陷 …… 84
二、均衡价格论和劳动价值论 …… 86
三、供求分析和市场调节 …… 88

第二章　消费者选择

第一节　效用理论概述
一、欲望和效用 ······ 91
二、总效用和边际效用递减 ······ 92
三、效用最大化 ······ 97
四、消费者的需求曲线 ······ 100
五、消费者剩余 ······ 102

第二节　无差异曲线
一、偏好和选择 ······ 104
二、无差异曲线及其特点 ······ 105
三、边际替代率 ······ 107

第三节　预算约束线
一、预算约束线的含义 ······ 110
二、预算约束线的变动 ······ 111

第四节　消费者均衡
一、消费者均衡的决定 ······ 113
二、收入变动对消费者均衡的影响 ······ 115
三、价格变动对消费者均衡的影响 ······ 118

第五节　价格变动的替代效应和收入效应
一、替代效应和收入效应的含义 ······ 121
二、正常品的替代效应和收入效应 ······ 123
三、低档品的替代效应和收入效应 ······ 124
四、吉芬商品的替代效应和收入效应 ······ 125
五、消费者需求曲线的形状 ······ 126

第六节　不确定性和风险
一、不确定性和风险事件的描述 ······ 128
二、消费者对风险方案的偏好 ······ 129
三、消费者对待风险的态度 ······ 130
四、风险条件下的决策：保险市场的例子 ······ 132

第七节　本章评析
一、消费者选择理论的缺陷 ······ 134

二、效用价值论和劳动价值论 ··· 136
三、作为资源优化配置的边际分析方法 ···································· 138

第三章 企业的生产和成本 ·· 141
第一节 企业 ··· 141
一、企业的类型 ··· 141
二、企业的利润最大化目标 ··· 142
三、企业的其他目标 ··· 144
第二节 生产函数 ··· 145
一、生产和生产函数 ··· 145
二、短期和长期 ··· 147
三、生产函数的例子 ··· 148
第三节 短期生产函数 ··· 150
一、总产量、平均产量和边际产量 ······································ 150
二、边际报酬递减 ·· 151
三、总产量、平均产量和边际产量之间的关系 ······················· 153
四、生产的三个阶段 ··· 154
第四节 长期生产函数 ··· 156
一、等产量曲线及其性质 ··· 156
二、边际技术替代率 ··· 158
三、等成本线 ··· 162
四、生产要素最优组合 ·· 163
五、生产扩展曲线 ·· 167
第五节 短期成本函数 ··· 169
一、经济学中的成本 ··· 169
二、短期成本的概念 ··· 171
三、短期成本曲线 ·· 172
四、短期成本曲线之间的关系 ·· 175
第六节 长期成本函数 ··· 178
一、长期成本的概念 ··· 178
二、长期总成本曲线 ··· 178

  三、长期平均成本曲线 ……………………………………… 180

  四、规模经济和长期平均成本曲线的形状 ……………… 182

  五、长期边际成本曲线 ……………………………………… 184

第七节 本章评析 ………………………………………………… 186

  一、生产的技术属性和社会属性 ………………………… 186

  二、生产函数和成本函数存在的问题 …………………… 188

  三、生产和成本分析的借鉴意义 ………………………… 189

第四章 完全竞争市场 ……………………………………… 192

第一节 企业收益、市场结构和利润最大化 ………………… 192

  一、企业收益 ……………………………………………… 192

  二、市场结构及划分依据 ………………………………… 193

  三、企业的利润最大化原则 ……………………………… 197

第二节 完全竞争企业面临的需求曲线和收益曲线 ………… 198

  一、完全竞争企业面临的需求曲线 ……………………… 198

  二、完全竞争企业的收益曲线 …………………………… 199

第三节 完全竞争企业的短期均衡 ………………………………… 200

  一、利润最大化产量的决定 ……………………………… 200

  二、利润最大化和盈亏 …………………………………… 203

  三、亏损时的决策 ………………………………………… 205

  四、企业和市场的短期供给曲线 ………………………… 207

  五、生产者剩余和市场总剩余 …………………………… 211

第四节 完全竞争企业和市场的长期均衡 …………………… 213

  一、企业规模调整 ………………………………………… 213

  二、行业规模调整 ………………………………………… 216

  三、长期均衡 ……………………………………………… 218

  四、长期供给曲线 ………………………………………… 219

第五节 本章评析 ………………………………………………… 223

  一、完全竞争假定及其非现实性 ………………………… 223

  二、完全竞争和利润的最大化 …………………………… 224

第五章 不完全竞争市场 228

第一节 垄断 228
一、垄断及其原因 228
二、垄断企业的需求曲线和收益曲线 230
三、垄断企业的短期均衡 231
四、垄断企业的长期均衡 234
五、垄断和价格歧视 237

第二节 垄断竞争 242
一、垄断竞争的特点 242
二、垄断竞争企业的需求曲线和收益曲线 243
三、垄断竞争企业的短期均衡 247
四、垄断竞争企业的长期均衡 250

第三节 寡头 252
一、寡头的含义及其特征 252
二、古诺模型 253
三、价格领导模型 255
四、斯威齐模型 255
五、勾结和卡特尔 258

第四节 博弈论和策略行为 260
一、博弈模型 260
二、纳什均衡 262
三、博弈分析的简单应用 265

第五节 不同市场的比较 267
一、静态效率的比较 268
二、动态因素的比较 270

第六节 本章评析 271
一、从竞争到垄断 271
二、垄断企业面临的需求曲线和垄断价格 272

第六章 生产要素市场和收入分配 275
第一节 完全竞争和要素需求 275

一、完全竞争企业的要素使用原则 ································· 275
　　　二、完全竞争企业的要素需求曲线 ································· 279
　　　三、完全竞争市场的要素需求曲线 ································· 280
　第二节　要素供给的一般理论 ·· 283
　　　一、要素供给问题 ·· 283
　　　二、要素供给原则 ·· 284
　　　三、预算线-无差异曲线分析 ·· 286
　　　四、要素供给曲线 ·· 288
　第三节　劳动和工资 ·· 289
　　　一、劳动供给和闲暇需求 ·· 289
　　　二、劳动供给均衡 ·· 290
　　　三、劳动供给曲线 ·· 291
　　　四、替代效应和收入效应 ·· 293
　　　五、劳动市场的供求均衡和工资的决定 ··························· 294
　第四节　土地和地租 ·· 295
　　　一、土地的供给曲线 ··· 295
　　　二、使用土地的价格和地租 ··· 296
　第五节　资本和利息 ·· 297
　　　一、资本和利息的含义 ·· 297
　　　二、资本的供给 ··· 298
　　　三、资本市场的均衡 ··· 301
　第六节　垄断条件下要素使用量和价格的决定 ······················· 303
　　　一、产品卖方垄断条件下的要素价格决定 ······················· 303
　　　二、要素买方垄断条件下的要素价格决定 ······················· 307
　第七节　本章评析 ··· 311
　　　一、边际分配论的缺陷 ·· 311
　　　二、收入分配中的效率和公平 ····································· 312

第七章　一般均衡与效率 ··· 315
　第一节　一般均衡 ··· 315
　　　一、局部均衡与一般均衡 ··· 315

二、瓦尔拉斯一般均衡的结构 …………………………………………… 319

第二节　竞争性均衡与经济效率 ……………………………………………… 326
　　一、经济效率的标准：帕累托有效率配置 …………………………… 326
　　二、竞争性均衡与交换的效率 ………………………………………… 327
　　三、竞争性均衡与生产的效率 ………………………………………… 334
　　四、竞争性均衡与社会的资源配置效率 ……………………………… 336

第三节　公平与效率 …………………………………………………………… 341
　　一、公平的社会标准 …………………………………………………… 341
　　二、公平与效率的权衡 ………………………………………………… 344

第四节　本章评析 ……………………………………………………………… 345
　　一、福利经济学第一定理的缺陷 ……………………………………… 345
　　二、作为经济运行分析工具的一般均衡理论 ………………………… 347

第八章　市场失灵和微观经济政策 …………………………………………… 350

第一节　垄断 …………………………………………………………………… 350
　　一、垄断与低效率 ……………………………………………………… 350
　　二、寻租——垄断低效率的进一步解释 ……………………………… 352
　　三、对垄断的公共管制 ………………………………………………… 354
　　四、反垄断法 …………………………………………………………… 355

第二节　外部性 ………………………………………………………………… 356
　　一、外部性的含义及其分类 …………………………………………… 356
　　二、外部性条件下市场机制的资源配置失灵 ………………………… 357
　　三、针对外部性的微观政策 …………………………………………… 359

第三节　公共物品和公共资源 ………………………………………………… 363
　　一、公共物品与市场失灵 ……………………………………………… 363
　　二、针对公共物品供给的微观政策 …………………………………… 367
　　三、公共资源的过度使用及其政策 …………………………………… 369

第四节　信息不完全和不对称 ………………………………………………… 372
　　一、信息与信息的价值 ………………………………………………… 372
　　二、信息不完全与市场失灵 …………………………………………… 374
　　三、信息不对称与市场失灵 …………………………………………… 378

四、针对信息不完全和不对称的微观政策 …………………………… 380
第五节　收入分配中的不平等 ……………………………………………… 382
　　一、初次收入分配及其不平等 ………………………………………… 382
　　二、收入不平等的度量 ………………………………………………… 383
　　三、收入再分配政策 …………………………………………………… 385
第六节　本章评析 …………………………………………………………… 386
　　一、市场失灵其他观点概述 …………………………………………… 387
　　二、微观经济政策评价 ………………………………………………… 389
　　三、微观经济政策的借鉴 ……………………………………………… 391

导 论

本书是一部介绍和评析西方经济学的教科书。

什么是西方经济学？西方经济学是怎样发展演变来的？西方经济学的研究对象和研究方法是什么？为什么要学习和研究西方经济学？如何学习和研究西方经济学？西方经济学，作为一门国外哲学社会科学学科，在说明其阶级性和意识形态性的同时，如何结合我国国情尤其是中国特色社会主义市场经济的具体情况，发掘其积极的可供借鉴的思想资料？这些可能是每个初学西方经济学的读者都希望了解的问题。为了帮助读者学习本书，更好地理解和把握西方经济学，我们首先对上述问题作一简要的解答。

第一节　什么是西方经济学

一、西方经济学的界定

本书介绍的西方经济学，主要是指 20 世纪 30 年代以来流行于西方国家并成为这些国家经济政策理论基础的主流经济学。

西方经济学的理论体系一般包括两大部分：微观经济学和宏观经济学。微观经济学基本上是由 19 世纪 70 年代"边际革命"和马歇尔"大综合"中所形成的新古典经济理论体系发展而来的，宏观经济学是由 20 世纪 30 年代"凯恩斯革命"中所形成的凯恩斯经济学理论体系发展而来的。20 世纪 40 年代末，美国经济学家萨缪尔森将这两种经济理论加以综合，形成"新古典综合"理论体系，又称"后凯恩斯主流经济学"。此后，在 20 世纪 70 年代又加入了新古典主义和新凯恩斯主义宏观经济学理论。

微观经济学重点研究家庭、企业等个体经济单位的经济行为，旨在阐明各微观经济主体如何在市场机制调节下进行谋求效用或利润最大化的理性选择。按照微观经济学的分析，价格是经济活动的晴雨表，它指示经济活动的方向，决定资源配置的类型。首先，家庭作为要素的所有者和供给者将其拥有的劳动、资本、土地等生产要素在要素市场上出售给企业，获取收入（工资、利息、地租等），然后再以其收入在产品市场购买足以使其得到最大效用的产品，形成对产品和服务的需求；企业则作为要素的需求者将其在要素市场上所购买的生产要素投入生产过程形成产品和服务，并在产品市场上出售，形成产品和服务的市场供给。企业对生产要素的需求是一种"派生需求"或"引致需求"，即由产品市场需求状况引发的对要素的需求。生产者需要何种生产要素，取决于其生产什么、生产多少和怎样生产（资本密集型生产还是劳动密集型生产）的选择。在微观经济学的分析框架中，家庭和企业的选择表现为市场供求关系，供求受价格调节，同时又影响或决定价格的变动，这是一个互动的过程。供给和需求都对价格的变动做出反应，但反应的方向一般是相反的。供求之间常常处于非均衡的状态，或者供过于求，或者求大于供，但价格调节通常又能形成一种使其达到均衡的内在力量。家庭对产品的需求与企业的产品供给，以及企业对要素的需求与家庭的要素供给，大都是通过市场价格机制的调节而实现均衡的。因此，微观经济学实际上是关于市场的作用、价格决定、价格调节、稀缺资源配置和收入分配的理论。西方国家政府在这一领域针对市场机制失灵而制定的干预政策是微观调节政策。

宏观经济学研究社会的总体经济活动，着眼于国民经济的总量分析。宏观经济学分析的国民经济总量包括总产量（或总收入）、总就业量、物价水平等经济总量。宏观经济学分析的总体社会经济活动由家庭、企业、政府和外国四类经济活动所组成，其收支活动或买卖行为所构成的经济循环形成了国民经济运行的全貌。一定时期内一国生产的各种最终产品（包括服务），构成总供给。家庭消费支出、企业投资支出、政府采购以及产品和服务的净出口，构成总需求。宏观经济学研究国民经济运行，最关心的问题是总供给和总需求的平衡。当总需求小于总供给时，可能会出现经济衰退、失业增加；当总需求大于总供给时，可能会引起资源供给紧张和产品、服务价格的普遍上涨，从而导致通货膨胀。宏观经济学的一个主要研究任务，就是要探索引起总供给和总需求不平衡的原因及实现两者平衡的条件，为实现宏观经济的稳定运行提供理论指导。

根据宏观经济学理论而制定的宏观经济政策，就是西方国家政府用来干预总体经济运行的政策。政府运用宏观经济政策尤其是财政政策和货币政策，重点对总体经济运行中的总需求进行调节。政府通过扩张性的财政政策和货币政策，增大总需求，以便缓和衰退与减少失业；通过紧缩性的财政政策和货币政策压缩总需求，以便降低物价，消除通货膨胀。因此，这种对宏观经济的协调和控制又可称作需求管理。宏观经济学在进行总量分析时，侧重于研究影响国民收入和就业水平的因素，探索增加国民收入、提高就业水平的方式和途径。收入和就业是宏观经济理论分析的中心问题，因此，宏观经济学又被称作国民收入和就业理论。

二、西方经济学的科学因素和阶级属性

西方经济学既具有一定的科学因素或者与市场经济相联系的实用价值，又具有适应资产阶级需要的价值取向或者意识形态属性。

（一）西方经济学的科学因素

西方经济学说是国外哲学社会科学的组成部分之一。"哲学社会科学的现实形态，是古往今来各种知识、观念、理论、方法等融通生成的结果。我们要善于融通古今中外各种资源，特别是要把握好3方面资源"，即马克思主义的资源、中华优秀传统文化的资源，以及"国外哲学社会科学的资源，包括世界所有国家哲学社会科学取得的积极成果，这可以成为中国特色哲学社会科学的有益滋养。要坚持古为今用、洋为中用，融通各种资源，不断推进知识创新、理论创新、方法创新。"[1]

西方经济学在说明资本主义市场经济运行时，关于市场调节、市场失灵和宏观经济不稳定、对微观经济和宏观经济进行政府调节以及实行微观经济政策和宏观经济政策等方面，积累了具有实际意义的经验和理论成果。这对于我们建设和发展社会主义市场经济具有重要的借鉴意义。

（二）西方经济学的阶级属性

西方经济学在本质上是为资产阶级利益辩护和服务的经济学。例如，西方经济学否认资本主义生产是剩余价值生产，否认剩余价值是资本家利润的来源，否认资本主义收入分配中存在剥削，把"富裕中的贫困"现象看作符合市场规律的正常经济现象，等等。西方经济学反映了资产阶级的利益和要求，是西方国家统治阶级维护资本主义制度的理论表现，具有资产阶级意识形态的属性。

西方经济学家一般都避而不谈西方经济学的阶级性，而是把它看作超阶级的"中性的"经济理论。不过，也有一些西方经济学家毫不讳言地承认其理论的阶级性。例如，凯恩斯就曾直言不讳地说："如果我当真要追求阶级利益，那我就得追求属于我自己那个阶级的利益。……在阶级斗争中会发现，我是站在有教养的资产阶级一边的。"[2] 诺贝尔经济学奖得主、美国经济学家索洛也曾

---

[1] 习近平：《在哲学社会科学工作座谈会上的讲话》，人民出版社2016年版，第16页。
[2] ［英］凯恩斯：《劝说集》，蔡受百译，商务印书馆1962年版，第244—245页。

直言不讳地说："社会科学家和其他人一样，也具有阶级利益、意识形态的倾向以及各种各样的价值判断。但是，所有的社会科学的研究，与材料力学或化学分子结构的研究不同，都与上述的（阶级）利益、意识形态和价值判断有关。不论社会科学家的意愿如何，不论他是否觉察到这一切，甚至他力图避免它们，他对研究课题的选择，他提出的问题，他没有提出的问题，他的分析框架，他使用的语言，很可能在某种程度上反映了他的（阶级）利益、意识形态和价值判断。"[1] 凯恩斯和索洛的坦言从一个方面证明了西方经济学的阶级性。

所以，在学习西方经济学时必须坚持以马克思主义为指导，一方面应注意借鉴其可以为我所用即符合中国国情的有实用价值的要素，另一方面用历史唯物主义、辩证唯物主义及其阶级分析方法全面地、科学地看待西方经济学。因此，本书各章除最后一节外主要介绍西方经济学的基本原理、范畴或政策主张，一般不作评价，以避免因插入评价而影响读者对西方经济学的系统理解。同时，为了帮助读者正确认识西方经济学，增强运用马克思主义分析问题的能力，一般在每一章的最后一节，对该章所介绍的重要观点进行一分为二的评价，并力求使这些分析和评价客观、全面、准确，以便对读者学习和理解西方经济学有所帮助。

第二节 西方经济学的由来和发展

学习西方经济学，当然有必要了解西方经济学的来龙去脉。从总体上说，西方经济学是随着近代资本主义的产生而产生的，主要是西方经济学家对资本主义生产关系，特别是资产阶级的基本要求和观念在理论上的总结或概括。西方经济理论的发展演变，大体经历了重商主义（15世纪至17世纪中叶）、古典经济学（17世纪中叶至19世纪中后期）、新古典经济学（19世纪后期至20世纪初期）、当代西方经济学（20世纪30年代至今）四个大的发展阶段。

一、重商主义

对资本主义生产关系最早进行理论探讨的是重商主义者。重商主义产生于

---

[1] R. M. Solow: "Science and Ideology in Economics", *The Public Interest*, 1970 Fall, 21, pp. 94-107.

封建社会的晚期，即封建制度瓦解和资本原始积累时期，在西欧，是15世纪至17世纪中叶。由于自然经济被商品经济所取代，重商主义所考察的对象已扩展到广泛的社会经济领域。为了同以往只涉及家庭管理的经济理论区别开来，重商主义者把自己的经济学著作称为政治经济学。1615年，法国重商主义的代表人物蒙克莱田出版了《献给国王和王太后的政治经济学》一书，阐述了国家应当管理社会经济活动的思想。自此以后，"政治经济学"一语逐渐被用来指称对社会经济问题的研究。正是从重商主义开始，经济学的研究对象和范围被推进到一个新的领域即封建社会晚期的商业资本。从这个意义上说，可以认为最早研究宏观经济问题的是重商主义者。

重商主义认为，金银是财富唯一的形态，它只能来自对外贸易活动，因此主张国家鼓励国内工商业的发展，对海外贸易活动进行积极干预，奖励出口，限制进口，以便积累国民财富。它在早期被称为"重金主义"，反映了商业资本家的要求；晚期被称为"重工主义"，在一定程度上反映了新兴的工场手工业主的利益。这一转化，反映了资本原始积累时期资本主义生产方式发展的趋势，意味着重商主义体系的自我否定，以及凸显产业资本利益和要求的古典经济学体系的诞生。如果说，资本原始积累构成典型的资本主义生产方式的前史，那么，重商主义则构成西方政治经济学的前史。

由于历史条件的限制，重商主义者只对贸易（特别是对外贸易）即流通过程进行了研究，并对一些经济现象做了粗浅的解释，但大都停留在政策或者经验层面，并未真正深入研究生产过程，也未触及资本主义生产方式的本质。正如马克思指出的："对现代生产方式的最初的理论探讨——重商主义——必然从流通过程独立化为商业资本运动时呈现出的表面现象出发，因此只是抓住了假象。"[①]

二、古典经济学[②]

从17世纪中叶至18世纪中叶大约100年的时期，是资产阶级政治经济学产生和形成的早期阶段。工场手工业先后在英、法等国逐步成为资本主义生产

[①] 《马克思恩格斯文集》第7卷，人民出版社2009年版，第375页。
[②] 西方经济学主流派一般认为，古典经济学是指从斯密《国民财富的性质和原因的研究》出版开始到马歇尔《经济学原理》出版之前这段时期的理论。这与马克思关于古典经济学或者古典政治经济学的定义大相径庭。

的主要形式，新兴资产阶级与封建地主阶级的矛盾日益尖锐。与之相适应，在思想上，资产阶级急欲摆脱封建专制思想文化的束缚，宣扬"自然秩序"论和经济自由主义，于是，代表新兴资产阶级思想和利益的古典经济学便应运而生。古典经济学的奠基者是一个英国人配第和一个法国人布阿吉尔贝尔。英国早期古典经济学家配第，"政治经济学之父"①，最早对资本主义生产领域进行了研究。斯密进而在《国民财富的性质和原因的研究》（1776年）中阐述了古典经济学的劳动价值论、分工和市场调节理论等经济理论，初步形成了古典政治经济学体系。而李嘉图最终成为英国古典经济学的完成者。法国早期古典经济学家布阿吉尔贝尔是法国古典政治经济学的创始人和重农学派的先驱者，而重农主义理论是对资本主义生产的第一个系统的理解。西斯蒙第则是法国古典经济学的完成者，同时又是小资产阶级政治经济学的创始人。作为古典经济学的最后代表，拉姆赛和琼斯最早明确宣告资本主义生产方式仅仅是社会生产发展中的一个过渡阶段。

总的来看，古典经济学或者古典政治经济学是指在资本主义处于上升时期的西方经济学，具有二重性。"真正的现代经济科学，只是当理论研究从流通过程转向生产过程的时候才开始。"② 一方面，古典经济学在对资本主义生产过程的研究中，提出了劳动创造价值的观点，对剩余价值理论或收入分配理论作了初步探索，其理论遗产在马克思主义政治经济学来源中占据了重要地位。但另一方面，由于其无法避免的资产阶级局限性，古典经济学没有考察剩余价值的来源和实质，未能揭示资本主义生产方式的本质，大多数古典经济学家把资本主义看作自然的和永恒的社会制度，因而不能正确揭示社会经济关系发展的规律，这是它转化和沦落为庸俗经济学的一个理论根源。

19世纪30年代，随着资本主义生产方式统治地位的最终确立和加强，资本主义社会的阶级矛盾和阶级斗争趋于尖锐化，古典经济学进入后期阶段，庸俗经济学应运而生。其特征之一是，古典学派开始解体，并丧失了自己在经济学中所占据的主导地位。李嘉图理论被视为一种危险的学说，马尔萨斯主义者卡泽诺夫就曾明确宣称："关于劳动是财富的唯一源泉的学说，看来既是错误的，又是危险的，因为它不幸给一些人提供了把柄，使他们可以断言一切财产

---

① 《马克思恩格斯全集》第42卷，人民出版社2016年版，第271页。
② 《马克思恩格斯文集》第7卷，人民出版社2009年版，第376页。

都属于工人阶级,别人所得的部分仿佛都是从工人阶级那里抢来和骗来的。"[1] 萨伊、马尔萨斯、西尼尔等人放弃了古典经济学的劳动价值理论,提出了三要素(资本、劳动和土地)价值论或生产费用价值论、让渡利润论、节欲论等理论,从而拒绝以劳动价值论为基础揭示资本主义生产方式的内在联系,力图为资本主义剥削制度进行辩护。另一特征是西方经济学体系出现混合主义或折中调和的趋势,其典型代表包括完成了经济学第一次综合的英国经济学家穆勒,宣扬各阶级利益一致的经济和谐理论体系的法国经济学家巴斯夏,强调阶级利益调和论的美国经济学家凯里,实际上大都是以对交换领域现象的描绘来代替早期古典经济学对生产领域的研究。

因此,马克思把1830年以后的经济学界定为庸俗经济学,并指出:"资产阶级在法国和英国夺得了政权。从那时起,阶级斗争在实践方面和理论方面采取了日益鲜明的和带有威胁性的形式。它敲响了科学的资产阶级经济学的丧钟。现在问题不再是这个或那个原理是否正确,而是它对警察来说是否悦耳,是否能够博得他们的欢心,对资本有利还是有害。无私的研究让位于豢养的文丐的争斗,有良心的探讨让位于辩护士的坏心恶意。"[2]

与此同时,出现了一批试图依据边际分析方法来创立经济学新体系的学者。屠能是现代西方生产区位和工业布局理论以及边际生产力分配论的创立者。法国数学家和经济学家古诺是用数学方法研究经济学原理尤其是市场及其价格决定问题的第一人,因而成为数理经济学的鼻祖。另外,这一时期在德国还出现了以李斯特为代表的、与英法经济学传统相背离的历史学派。该学派把历史的方法引进经济学,试图探寻适合本国特点的经济发展道路,强调保护幼小工业和发展生产力,成为后来的发展经济学和生产力经济学的基础。此外,萨伊的政治经济学三分法和非生产性消费理论,以及后来成为凯恩斯主义思想来源之一的马尔萨斯的"有效需求不足"论,穆勒的政府适度干预理论等,也都产生了较为广泛的影响。

三、新古典经济学

19世纪最后的30年是资本主义世界科技和经济迅速发展的时期。自由竞

---

[1] 转引自《马克思恩格斯全集》第35卷,人民出版社2013年版,第63页。
[2] 《马克思恩格斯全集》第43卷,人民出版社2016年版,第844页。

争的资本主义开始向垄断阶段过渡。资本主义的基本矛盾有了进一步的发展。这一时期，陆续爆发了1873年、1882年、1890年和1900年四次世界性的经济危机。1871年巴黎公社成立，这是无产阶级推翻资本主义制度的具有世界意义的第一次尝试。1867年出版的马克思的著作《资本论》第一卷第一次从理论上对资本主义生产方式的产生、发展和灭亡的历史必然性进行了系统阐述。在经济学史上，首次呈现马克思主义经济学和西方经济学两大经济学体系并存和交锋的态势。

19世纪70年代至20世纪初期，被称为西方经济学"边际革命"时代。奥地利的门格尔、英国的杰文斯和法国的瓦尔拉斯各自独立地提出边际效用论。美国的克拉克发展了边际生产力分配论。英国的马歇尔把以往的各种经济理论综合起来，从而为当代西方微观经济学奠定了基础，并由此完成了继穆勒之后的又一个折中调和体系，即西方经济思想史上的第二次综合。这一时期的西方经济学的重要特征是，与早期古典经济学的劳动价值-剩余价值理论分析路径决裂，提出边际效用理论与劳动价值论相抗衡。边际效用理论用唯心主义的心理分析解释个人从事一切经济活动的动机，用主观评价来解释价值，否认经济范畴和经济规律的社会性和历史性，从而把资本主义看成是永存与和谐的社会制度。

马歇尔《经济学原理》（1890年）的出版，是新古典经济学完成的标志。马歇尔提出了从需求和供给两方面同时进行分析的均衡价格论，为微观经济学奠定了理论框架，即不再把边际效用论或生产费用论当作决定价格的单一因素，而是以边际效用论来说明需求，以生产费用论来说明供给，由此形成均衡价格理论，用价格理论代替价值理论。马歇尔把国民收入说成是全部生产要素彼此协作所创造出来的共同产物，力图赋予资本主义的各种剥削收入以合理性和合法性。这一方面是为资本家的剥削进行辩护，另一方面掩盖了国民收入的真正来源，抹杀了资本主义的阶级剥削和阶级矛盾。从马歇尔开始，西方经济学普遍放弃了长期使用的"政治经济学"名称，转而采用去"政治"化的"经济学"的名称，用以显示其经济学科的精细化、专门化和数学化，其渊源可以追溯到公开主张以实证分析为经济学科学化标志的首倡者西尼尔及其"纯经济学"。

法国经济学家瓦尔拉斯是新古典经济学理论体系主要创建者之一。1884年和1887年先后分两部分出版的《纯粹政治经济学要义》，是一部论述边际效用价值论和一般均衡分析的重要著作，为新古典经济学奠定了重要理论基础。特别是他所提出的一般均衡理论体系，从市场间相互依赖的视角探讨了市场价格制度运行和均衡价格决定的问题。按照瓦尔拉斯的分析，市场间存在相互依赖的关系，每个市场的每一次交换活动都影响经济体系所有物品的价值。另外，他认为生产和经营活动的投入方面也是相互联系的。生产和消费的全部体系的相互依赖性是瓦尔拉斯《纯粹政治经济学要义》的主题。他的一般均衡分析是新古典经济学的有机组成部分，与马歇尔局部均衡分析一起，构成当代西方经济学的基本内容。意大利著名经济学家帕累托对一般均衡理论做了进一步的阐述，他所提出的帕累托有效率标准及其分析方法，构成当代西方经济学的基本内容之一。

新古典经济学的另一代表人物是美国经济学家克拉克，其代表作《财富的分配》（1899年）一书，最先明确提出并系统阐述了"边际生产力分配论"，该理论是微观经济学分配理论的主要支柱，并为当代西方经济学界所广泛使用。但是，应该看到，在生产过程中，就使用价值生产而言，不同生产要素的不同使用，会产生不同的边际产品，或出现不同的边际生产力。克拉克理论的庸俗性，不在于他提出了边际生产力概念和运用边际分析方法，而在于他运用这种理论和方法，通过混同使用价值生产和价值创造的手法，把资本主义分配制度美化为自然的、合理的制度。

广泛运用包括边际分析方法、数量分析方法或一般均衡分析方法在内的数学方法的各个学派，在不同国家各自独立地同时产生，并非偶然。这一时期的经济学家面临着古典经济学走向解体的理论危机，力图重建"真正的经济学体系"。过去的研究比较侧重供给和生产方面，现在则同时注重需求、消费和市场供求关系方面，并且与古典经济学传统的劳动价值—剩余价值理论框架渐行渐远。更为重要的是，19世纪70年代以后，随着资本主义向垄断阶段的过渡，出现了一些新的经济现象，为边际分析提供了广阔的客观条件。随着商品货币关系和资本主义市场经济的发展，以及经济理论的重点转移到对市场、价格、货币和利率、市场运行机制的研究上来，研究包含边际量在内的经济数量关系日益具有重要意义。包括边际分析方法在内的数学方法的运用，一方面为此后西方经济学的演变和发展确定了路标，另一方面，对于研究价格决定、资源配置和经济单位之间的相互关系等问题，以及利用经济计量方法进行预测、利用投入-产出方法进行规划等问题，都有一定的实用价值。

20世纪初期,张伯伦、罗宾逊和维克塞尔推翻了正统经济学的三个假定前提,即排除了垄断的完全竞争、排除了经济危机的充分就业以及把货币因素置于从属地位的实物经济,从而促成了微观经济学和宏观经济学从混沌大一统状态中裂变而出。显然,建立在这些假定上的传统经济学说与20世纪初的资本主义经济的现实大相径庭。此外,庇古的福利经济学和以凡勃伦为代表的美国制度学派,或者不得不承认无产阶级的贫困和阶级矛盾的尖锐化,或者承认资本主义经济和自由市场经济制度的缺陷及其局限性,主张对资本主义制度进行改良,但它们并非这一时期经济学发展的主流。

四、当代西方经济学

进入20世纪,资本主义基本矛盾趋于激化。一方面,随着生产和资本集中的迅速发展,大型垄断企业形成,垄断推动生产社会化水平大大提高;另一方面,社会生产的无政府状态加剧,生产严重过剩,这一矛盾最终导致1929—1933年资本主义经济出现大萧条。这次大萧条给整个资本主义经济以沉重打击,也促使西方经济学家深刻反思自己的经济理论,其中的代表人物就是英国经济学家凯恩斯。他于1936年出版的代表作《就业、利息和货币通论》,摒弃了资本主义经济具有自动恢复均衡机制的传统观念,指出只有国家对经济生活进行干预,实行以刺激需求为核心的需求管理,才能实现总供给和总需求的平衡,实现充分就业,并据此推出了一系列国家调节资本主义经济的政策主张。《就业、利息和货币通论》是现代宏观经济学产生的标志。自20世纪30年代至70年代,凯恩斯的追随者不断补充、完善和发展凯恩斯的经济学说,使之发展成为以萨缪尔森、托宾、索洛等人为代表的后凯恩斯主义主流经济学,并形成一套较为完整的宏观经济调节政策。

第二次世界大战后,随着凯恩斯主义宏观经济学的流行,西方经济学体系的内在矛盾也显露出来。一方面,新古典经济学以个体分析为主,根据市场可以出清的均衡价格理论,认为资本主义经济能够自行解决其运行中出现的矛盾,主张实行自由竞争,反对国家干预;另一方面,凯恩斯主义以总体分析为主,根据"有效需求不足"理论,认为资本主义经济不能自动解决需求不足问题,难以实现总供给和总需求的平衡,不能实现充分就业,因此,主张实行国家干预经济生活的政策。为了克服西方经济学体系的内在矛盾,以萨缪尔森为首的西方经济学者建立了新古典综合派的理论体系,将马歇尔的微观经济学与凯恩斯的宏观经济学综合在一起，将凯恩斯主义倡导的政府调节与新古典学派主张的市场调节综合在一起，将政府调节宏观经济的政策和政府调节微观经济的政策综合在一起。这种综合集中体现在萨缪尔森的《经济学》教材中。该教材一经出版便成为畅销书，新古典综合派的理论因此拥有了广泛的读者群，一直到20世纪60年代，该理论都在西方经济学中居于主流地位。

20世纪70年代初期，由于第四次中东战争引发能源危机，资本主义世界出现了经济停滞和通货膨胀同时并存，即滞胀。凯恩斯学派的宏观经济理论和政策对解释和解决滞胀问题束手无策，招致各方的严厉批评和责难。对凯恩斯主义发起攻击的各种学派在指责凯恩斯主义的同时，也都试图以自己的理论为基础提出政策建议，试图解决滞胀问题。这些学派主要有现代货币主义、供给学派和新古典主义宏观经济学等。

反对凯恩斯主义的各个学派的观点和政策主张各有不同，但是它们都有一个共同的思想基础，这就是新自由主义。新自由主义形成于20世纪30年代，扩展于20世纪50年代末60年代初，主要以哈耶克、弗里德曼等人发表的一系列论著中阐述的新自由主义思想为代表。新自由主义思想的主要内容是：宣扬个人高于社会的唯心主义历史观；反对公有制，主张全盘私有化；倡导经济自由主义；迷信市场自行调节，断言市场机制可以有效地实现资源配置；反对国家干预，主张"大市场，小政府"，等等。进入20世纪70年代，随着对凯恩斯主义的责难和反对声加大，新自由主义在西方广为流行。

20世纪80年代初，以新自由主义为基础的现代货币主义和供给学派的理论和政策主张成为英国撒切尔政府和美国里根政府制定经济政策的理论基础。在新自由主义的影响下，以英美为首的发达资本主义国家掀起了一股私有化和自由化的浪潮；在苏联和东欧国家，新自由主义在一定程度上加速了苏联解体和东欧剧变，使这些社会主义国家全面资本主义化，最终引发了严重的社会动荡和经济衰退；在拉美和亚洲、非洲等一些发展中国家，新自由主义思潮主导的经济社会改革产生了一系列消极后果，导致一些国家经济增长缓慢，贫富差距扩大，通货膨胀严重，失业人数增加，社会矛盾激化，社会动荡加剧。

与此同时，从20世纪70年代末期开始，在应对新自由主义学派尤其是其中的新古典主义宏观经济学对凯恩斯主义批评的过程中，斯蒂格利茨、布兰查德、阿克洛夫和曼昆等人吸收了论战对方的研究方法，维护了凯恩斯主义的理论与政策观点，由此促成新凯恩斯主义的诞生和发展。西方经济学因而在宏观经济学领域形成了新古典主义宏观经济学和新凯恩斯主义两大学派并驾齐驱的局面。这两大学派同属主流经济学，采用的分析方法是相同的，并且都主张将宏观经济学建立在以理性与自利为基础的微观经济学基础之上，也都坚持理性预期理论。两者的区别是，新古典主义宏观经济学从市场出清出发，得出市场机制稳定和政策无效的结论，而新凯恩斯主义从工资与物价的刚性出发，认为市场不能出清，因此经济政策是有效的。

进入 21 世纪，特别是由 2007 年美国次贷危机引发全球金融危机后，世界陷入自 1929—1933 年大萧条以来最严重的经济危机之中，以新自由主义为基础的西方经济理论和政策遭到更大质疑，西方经济学也遭遇前所未有的信任危机。① 西方经济学主流学派或者传统经济学开始进行反思并力图寻找新的出路，非主流学派经济学异常活跃，经济学多元化、交叉化和跨学科化趋势越来越明显，呈现以下两个特点：

一是新自由主义经济学诸学派和凯恩斯主义诸学派之间，旷日持久的自由放任与国家干预两大思潮的斗争已经渐行渐远，而是代之以这两大传统的主流经济学派的整合和融合。

二是鼎新革故的经济学科或者新兴经济学科的崛起，引人瞩目。"行为学转向"成为学界的一种共识，尤其行为经济学-实验经济学-神经元经济学、数理心理学、集体行动理论、博弈论、认知心理学、有限理性假设下的决策科学，对于主流派的基本假设、核心范畴和方法论进行了有力的挑战。与此同时，以"凡勃伦-艾尔斯传统"为核心的新制度主义应运而生，新制度经济学、伦理经济学、转轨经济学和演化经济学异军突起。

五、微观经济学与宏观经济学的新发展

此处着重阐述进入 21 世纪以来现代微观经济学与宏观经济学的新发展。

（一）现代微观经济学的新发展

传统微观经济学的理论体系是边际革命以后经过马歇尔的综合而初步形成的，后来经过张伯伦、萨缪尔森、希克斯、阿罗等经济学家的发展，最终形成了一套逻辑严密的理论体系，构成了经济学领域占主导地位的正统经济学。第

---

① 英国女王伊丽莎白二世于 2008 年 11 月视察伦敦经济学院时，提出一个发人深思的问题：为什么当初就没有一个人注意到金融危机？英国社会科学院在 2009 年 6 月 17 日为此专门举办了论坛，12 名会员还联名递交了致女王的道歉信，称之为"智慧人士的集体失察"。

二次世界大战结束以来，尤其20世纪80年代之后，微观经济学的研究，无论是在其基本研究假设、研究主体、研究范围还是研究方法上，都发生了深刻的变化，在一定程度上推动了微观经济学的发展。

现代微观经济学对于传统微观经济学的基本假定进行系统的反思，从而与传统经济学所秉承的经济主体的同质性、完全竞争、信息完全和确定性等基本假设与前提大相径庭。尤其行为经济学-实验经济学-神经元经济学，致力于经济学的研究范式和心理学的结合，其中有限理性、参考点、禀赋效应、展望理论、时间偏好的动态不一致性和社会偏好等众多基于现实观察和实验形成的理论，逐渐改变了人们对自身行为和微观经济学基本假定的认识。但作为一门新兴学科的行为经济学也存在不足，例如它还没有形成完整的理论体系，更多是基于实验方法的归纳逻辑，而缺乏演绎逻辑的构建。与此同时，主流经济学在基本不改变其内核的基本前提下，适当放松假设（例如承认更现实的个体偏好、信息不完全、契约不完全），或者接受一些非主流经济学的某些元素以嵌入自身的体系中，其目的在于扩大主流经济学体系的保护带，以便获得更多的现实解释力。

研究主体、研究范围以及研究方法也呈现出更加多元化和泛化的基本特征，表现出所谓"经济学帝国主义"取向，即经济学理论自身的深化，以及向非经济学领域的拓展。诸如消费者行为理论和生产者行为理论的新进展，产业组织理论的新进展，规制理论的新进展，以及法和经济学、教育经济学、家庭经济学、卫生经济学、政治的经济学等学科应运而生。近数十年发展起来的微观经济学分析方法的创新，尤为引人瞩目。如不完全信息博弈论、纳什均衡的精炼和选择、重复博弈的进展和讨价还价理论，凸显了博弈论或对策论的新发展，越来越被现代西方经济学家所普遍接受，而且被主流派纳入其经济学体系。但是，将其固有的经济学个人主义分析方法引入非经济学领域，将经济学的"经济人"价值观泛化到整个社会，而忽视整体主义方法论，显然是不完全恰当的。

价格形成机制是微观经济学研究的核心内容，关于参考价格的研究打破了这一领域的固化现象，在理论和实证研究方面取得了新进展。这里所说的参考价格并不是商品售卖时的标价，而是消费者所认知的价格，或者是对某一品牌或者产品的期望价格。参考价格与消费者偏好的形成、定价和消费者选择都有内在的联系。而考虑参考价格效应的微观经济模型才能有效反映实际需求。总的看来，由于参考价格涉及经济、市场营销和企业管理等领域的众多问题，参考价格的相关研究拓展和加深了人们对商品价格形成过程和机理的认识，增强了微观经济学中价格理论和消费者选择理论的科学性。但应该强调指出的是，在西方经济学的范式下进行的参考价格的研究仍然不可能反映价格和商品的本质特征，因为价格本质是一种从属于价值并由价值决定的货币价值形式。而参考价格理论与西方经济学的众多定价理论一样，都脱离了马克思劳动价值论，回避了价格决定的本质，只停留在表面的价格运行及其描述上。

此外，垄断竞争理论、不确定性理论、一般均衡理论方面的长足发展，也都是值得重视的微观经济学的新发展。

（二）现代宏观经济学的新发展

现代宏观经济学起源于20世纪30年代的凯恩斯革命，在第二次世界大战后形成两支主流的宏观经济理论：一个分支师承了凯恩斯思想而形成了新古典综合学派和新凯恩斯主义宏观经济学；另外一个分支继承了古典学派的衣钵而形成了货币主义和新古典主义宏观经济学（包括后来的实际经济周期理论）。后凯恩斯主义（或新剑桥学派）和瑞典学派等，则属于主流宏观经济学之外的流派。

现代宏观经济学呈现三个新特征：一是大多将动态随机一般均衡（简称DSGE）分析方法作为一种重要的分析工具，并且已经深入到宏观经济总量分析的各个方面。DSGE模型正在逐渐成为宏观经济领域中定量分析的一个基准模型。二是行为宏观经济学的兴起，即力图将行为主义分析方法和"动物精神"引入宏观经济学分析。三是发展经济学和增长经济学的新发展。

动态随机一般均衡分析方法在目前仍不失为经济学宏观分析的一种重要方法。它所采用的微观和宏观、短期和长期相结合的分析方法，打破了宏观经济分析中关于短期和长期的二分法，为我们在经济学领域的研究提供了一个新的视角和发展方向。

但是，动态随机一般均衡分析方法是新古典主义宏观经济学的实际经济周期理论，与新凯恩斯主义宏观经济学的工资和价格刚性理论结合的产物。而实际经济周期理论的缺陷是显而易见的，即关于人们是同等理性的假设，经济体系是完全竞争的假设，以及不承认货币因素对经济的冲击，从而对一国的经济波动没有给出令人信服的解释。

动态随机一般均衡分析方法本身的缺陷也遭受到了诸多质疑。一是忽视了个体行为和总量结果之间性质上的差异，以及它们之间转换的复杂性，并且也不能说明制度、心理、历史、文化等因素在宏观经济运行中所起的作用。二是这一模型在经济运行正常时的发达市场经济中才能较好地模拟现实，而对危机中的非均衡状态却缺乏分析且无法预测。其先天性不足是没有理解资本主义经济危机的本质。

现代宏观经济学一直致力于解决宏观经济学的微观基础问题，譬如通货膨胀、失业等宏观经济现象如何与微观主体的理性经济行为建立起关联，但是收效甚微。因为各个学派对微观基础建设的努力，都没有离开对于"经济人"的古典经济学假设，即"经济人"是自利的和理性的。以行为宏观经济学的奠基性人物阿克洛夫和席勒为主的一批行为宏观经济学家，对于立足于"经济人"这种简单假设而对宏观经济现象进行的粗劣解释持批评态度。在他们看来，这一假设没有考虑到人们的非理性程度和被误导的程度，即忽视了"动物精神"。并提出从一个更为广泛的心理学、社会学的角度对"经济人"及其经济行为进行更为丰富的假设，来更好地阐释宏观经济现象背后的人的行为的复杂性。其中包括将行为主义分析方法引入宏观经济学的分析中；从宏观经济学视角分析消费和储蓄是不可或缺的，而消费需求就是决定有效需求的关键因素。此外还对非自愿失业、菲利普斯曲线、贫困理论做了新的理论阐释。这无疑是一种新的探索。但是，用"动物精神"来诠释资本主义经济问题，未免表面化和片面化，其症结还在于生产资料私人占有性与生产社会化这一资本主义基本矛盾。

发展经济学和增长经济学的新发展不容忽视。两者已经出现了融合的趋向。

增长经济学大都关注发达国家的经济增长问题，着重研究经济增长的各个具体因素和增长的源泉，并且历经斯密型古典增长理论、新古典增长理论阶段而进入新增长理论发展阶段。新增长经济学的研究对象开始把发展中国家也囊括其中，并且力图把发展经济学融入主流经济学的理论框架之中。

而以发展中国家的经济增长与经济发展为研究对象的发展经济学则进入全面繁荣或"重新复兴"的时期，在理论上不断地寻找和建立其微观基础，在研究的方法上，引入了新古典经济学的规范分析方法，改造了一般均衡理论，引入实验经济学、社会网络分析方法、计量经济学等新的分析工具，并且越来越把研究扩展到经济学之外的政治、社会、文化等领域。这种不同学科和理论方法的交叉融合，使得发展经济学催生了诸如新结构经济学等新的分支或领域。

鉴于任何单一的新古典主义或结构主义经济学都无法统摄整个发展经济学的发展，这一时期的发展经济学在研究范围上不再仅仅热衷于建立宏大的理论和政策体系，转而研究更为微观的问题，以适应于发展中国家的特殊发展环境，其中包括经济发展的主体（贫困主体行为）、经济发展的内涵（亲贫增长、包容性增长）、经济发展的要素（社会资本、自然资本和政府治理），以及经济发展思想，并且进一步地扩展到了市场扭曲、国际贸易、政府行为、制度互补等领域。尤其建立在外部性理论和次优理论基础上的市场扭曲理论，冲击了完全市场和完全竞争假设，确证了市场的不完全性，为政府干预提供了空间，而次优理论本身则进一步明确了干预的方向、手段、程度和有效性的界限。

应该强调指出，发展经济学不乏许多可供借鉴的积极因素，可以有条件地纳入中国特色发展经济学体系之中。

第三节　西方经济学的研究对象

西方经济学的研究对象，表明了西方经济学要研究和解决的问题，决定了西方经济学的理论主线。因此，了解西方经济学的性质和特点，首先要了解西方经济学的研究对象。西方不同经济学家对西方经济学研究对象的理解和表述不尽相同。这里，着重对西方主流经济学家关于西方经济学研究对象的表述进行归纳和介绍。

一、资源的稀缺性与西方经济学的研究起点

任何经济学都有自己的研究起点。研究起点表明了经济学作为一门学科赖以存在和关注的最重要的研究课题。西方经济学的研究起点是资源的稀缺性。

西方经济学认为，物品和资源的稀缺性及社会必须对其有效地加以利用，是经济学的核心思想；正是由于存在着稀缺性和人们追求效率的愿望，才使得经济学成为一门重要的学科。在西方经济学看来，相对于人的需求，人类可以使用的物品和资源，包括自然资源、人力资源和人工制造的生产设备等，都是稀缺的，而人的欲望却是无限的。稀缺资源不可能满足人的无限的欲望，因此，人类必须在有限的资源条件下，将资源有效地运用于满足人类最重要的目标上。如果所有能够满足人类欲望的物品和劳务，其数量超过人们所需要的数

量，就像阳光、空气一样容易获得，那么人们就不必付出任何努力来获得这些物质生存资料了。如果每个人都可以随心所欲地得到自己所想要的东西，那么，就没有任何人会去关心不同的人或不同的社会阶层之间的收入分配是否公平的问题了，社会也就不需要制定相应的政策来协调和解决分配问题了。资源的稀缺性决定了人们不可能无代价地获取满足生存需要的物质资料，现有的物品和劳务只能满足人们消费欲望的很小部分。由于人的欲望的无限性，对于任何经济活动而言，要做的最重要的事情就是有效地利用有限的资源。换句话说，人们要在资源稀缺的条件下对各种有待满足的目标进行选择，以便使稀缺资源得到有效率的使用。物品和资源的稀缺性与人类无限欲望的满足之间存在着矛盾，如何有效地使用社会资源以满足人们的需要，就成为经济学必须研究的课题。从这个意义上说，资源的稀缺性是西方经济学研究的起点，探索和回答如何在稀缺条件下实现资源的有效配置和利用就成为西方经济学的根本任务。

二、西方经济学研究对象的确定

西方经济学的研究对象是在稀缺条件下有效配置资源和分配财富。该研究对象的确定经过了长期发展过程。

古典经济学最著名的代表人物之一斯密认为，政治经济学的研究对象是国民财富的性质和原因，其主要任务是研究国民财富增长的方式和途径。斯密的《国民财富的性质和原因的研究》就是重点研究国民财富的性质和国民财富增加的原因的一部重要著作。资产阶级庸俗经济学的代表人物萨伊在其著作《政治经济学概论》中，将政治经济学分为生产、分配和消费三部分，提出政治经济学是"阐明财富是怎样生产、分配与消费"[①] 的科学。19 世纪末，新古典经济学的重要代表人物英国经济学家马歇尔在其《经济学原理》一书中认为，经济学"是一门研究人类一般生活事务的学问"，"它研究个人和社会活动中与获取和使用物质福利必需品最密切有关的那一部分"[②]。马歇尔对经济学研究对象的定义强调了人类及其福利水平的提高，财富被看作是人类福利水平得以提高的源泉。

---

① ［法］萨伊：《政治经济学概论》，陈福生、陈振骅译，商务印书馆 1963 年版，第 15 页。
② ［英］马歇尔：《经济学原理》上卷，朱志泰译，商务印书馆 1964 年版，第 23 页。

1932年，英国经济学家罗宾斯发表了《论经济科学的性质和意义》的著名论文，讨论了经济学的定义问题，并将经济学定义为一门研究由稀缺性所引起的各种选择问题的学问，是"将人类行为作为目的与具有竞争性用途的稀缺手段之间关系来研究的科学"[①]。在这一定义中，罗宾斯把经济学看作研究稀缺资源在各种可供选择的用途中间进行分配的科学。这一认识对西方经济学的发展影响很大。其后，西方经济学界大都把人们在经济活动中所面临的稀缺性和选择问题当作经济学的重要研究课题。

《国际社会科学百科全书》（1968年）给经济学下的定义是："按广泛接受的定义，经济学是研究稀缺资源在无限而又有竞争性的用途中间配置的问题。它是一门研究人与社会寻求满足他们的物质需求和欲望的方法的社会科学，这是因为他们所支配的东西不允许他们去满足一切愿望。"[②] 萨缪尔森对经济学的研究对象做了这样的定义："经济学研究的是一个社会如何利用稀缺的资源生产有价值的商品，并将它们在不同的人中间进行分配。"[③]

从上述分析可以看出，从斯密到马歇尔，西方经济学的研究对象侧重于财富的生产和分配；从罗宾斯到萨缪尔森，西方经济学的研究对象逐渐转向资源稀缺条件下资源的配置和利用，着重分析改善资源配置方式的代价和可能，探索增加财富生产并在社会成员之间进行分配的途径。因此，西方经济学是一门研究社会如何利用稀缺资源生产财富并在社会成员之间进行分配的学问。

根据西方经济学的研究对象，西方经济学的主要任务是处理稀缺资源与人类无限欲望之间的矛盾关系，解决矛盾的根本出路是实现资源配置的效率。为此，经济学要重视研究生产什么、如何生产和为谁生产的问题。这三个问题是西方经济学研究的基本问题，它们在本质上是由资源稀缺引起的选择问题，只有回答了这些问题并建立起相应的资源配置机制，才能增加社会财富的生产并实现财富的合理分配。

按照西方经济学的分析，实现资源有效配置和利用的根本途径是充分发挥市场机制的调节作用。因此，价格分析是微观经济学的核心，微观经济学也因

[①] L. Robbins: *An Essay on the Nature and Significance of Economic Science*, Macmillan, 1935, p. 16.
[②] A. Rees: "Economics", in *International Encyclopedia of Social Sciences* (Vol. 4), edited by D. L. Sills, The Macmillan Company & The Free Press, 1968, p. 472.
[③] [美] 保罗·萨缪尔森、威廉·诺德豪斯：《微观经济学》（第18版），萧琛等译，人民邮电出版社2008年版，第4页。

此被称为价格理论。从这个意义上说，西方经济学又把市场价格制度及其有效运行作为其研究对象。

按照现代西方经济学的分析，仅仅依靠市场调节，不能完全解决资源有效配置和利用的问题，还必须进行政府调节。政府调节包括政府对微观经济的调节和对宏观经济的调节。相应地，政府调节经济的政策包括微观经济政策和宏观经济政策。

三、对西方经济学研究对象的评析

马克思主义认为，人类在从事社会生产活动中，必然结成一定的、不以他们的意志为转移的关系，即生产关系。生产总是在一定的生产关系之下进行的，因此，"政治经济学，从最广的意义上说，是研究人类社会中支配物质生活资料的生产和交换的规律的科学"[①]。也就是说，"经济学研究的不是物，而是人和人之间的关系"[②]，马克思主义政治经济学是研究生产关系及其发展规律的一门科学。马克思在《资本论》中正是研究了资本主义社会的生产关系，揭露了资本家剥削工人的实质，揭示了资本主义必然灭亡、社会主义必然胜利的客观规律，从而使经济学成为一门真正的科学。

与马克思主义政治经济学不同，西方经济学以资源的稀缺性为起点讨论资源配置和财富分配问题，把生产中人与物的关系作为研究对象，完全撇开了生产中人与人之间的关系，从而把经济学作为一门"超阶级""超历史"的科学。西方经济学抽象地讨论财富的生产、分配、交换和消费，用对人与物或物与物的关系的分析代替对人与人的关系或社会关系的分析。这种重视人与物的关系、忽视人与人的关系，见物不见人的分析方法的片面性是显而易见的，它会导致其对资源配置和利用问题的研究停留在表面，不能深入揭示资源配置和利用活动的本质，难以科学回答资源配置和利用所提出的各种问题。

在资本主义社会，生产过程是资源配置和利用的重要组成部分，资本主义生产过程不仅是劳动与资本按一定比例配置或结合在一起，对劳动对象进行加工和改造的劳动过程，它还是一个劳动在资本的支配和监督下按照资本的意志去行动的价值增殖过程。作为劳动过程，在资本主义生产过程中，劳动者运用

---

① 《马克思恩格斯全集》第 26 卷，人民出版社 2014 年版，第 154 页。
② 《马克思恩格斯选集》第 2 卷，人民出版社 2012 年版，第 14 页。

劳动工具对劳动对象进行加工改造，生产出可以满足生产和消费需要的劳动产品，是人与物的关系，它反映人通过改造自然界而满足人的生存与发展的能动性和目的性；作为价值增殖过程，在资本主义生产过程中，雇佣劳动者在资本家的支配下不但创造出满足劳动力再生产所需要的劳动力价值，而且还创造出超过劳动力价值的价值，即剩余价值，这部分剩余价值被资本家无偿占有，这是资本主义条件下人与人的基本关系和主要关系，其本质是资本剥削雇佣劳动的关系，反映了资本主义生产的目的和动力。劳动过程体现的是生产过程中人与物的关系，这种关系存在于任何社会形态，仅仅研究这种人与物的关系，根本看不出资本主义生产的目的和动力是什么，也看不出资本主义生产对于劳动者和资本家的意义有什么不同。在资本主义价值增殖过程中，劳动者处于被剥削、被支配的地位，资本家则处于支配和剥削雇佣劳动者的地位，这是资本主义生产关系，即人与人关系的实质。资本主义生产关系的性质决定了资本主义分配关系的剥削性质，即资本家以不支付等价物的方式无偿占有雇佣劳动创造的剩余价值，资本主义生产的目的和动力是追求剩余价值。资本主义生产决定着资本主义的交换和消费，资本主义条件下的交换和消费都受资本主义生产目的所支配，服从于资产阶级追求最大剩余价值的需要。

资本主义条件下的资源配置和利用过程是生产、交换、分配和消费的统一体，就其本质而言，是在资本主义生产目的支配下，生产和实现剩余价值的过程，因此，资本家阶级和雇佣劳动者之间的矛盾和对立关系必然影响和制约整个资本主义条件下的资源配置和利用过程，使之充满矛盾、冲突和摩擦，经济波动、通货膨胀、失业乃至经济危机都是这些矛盾的具体表现。要认清资本主义生产的目的和动力，阐明资本主义条件下资源配置和利用的性质和效果，就必须研究资本主义生产过程中人与人的关系。西方经济学只研究人与物的关系，不研究人与人的关系，就无法认清资本主义生产方式的性质，难以揭示资本主义条件下资源配置和利用的内在矛盾和运动规律。

西方经济学对经济现象背后的社会关系及其矛盾和冲突视而不见，否认资产阶级经济学为资产阶级利益服务、为资本主义剥削辩护的本质。事实上，西方经济学将研究对象界定为稀缺资源的配置和利用，否认资源配置方式与生产方式的内在联系，只讨论超越具体生产方式的抽象的一般的资源配置方式，论证和宣扬资本主义制度的永恒性，这就是在为资本主义制度和资产阶级利益进行辩护，显示出了强烈的阶级属性和意识形态倾向性。

还须指出，西方经济学和马克思主义政治经济学都重视市场的作用，但两者的着眼点却完全不同。西方经济学仅仅把市场或市场调节看作是有效配置资源的手段，或者说，西方经济学重在发挥市场配置资源的功能。西方学者通常不关注关于市场本质或机制的讨论，反而对市场价格如何决定的问题孜孜以求。奥地利学派的米塞斯，把市场经济看成是生产资料私有制下，关于劳动分工的社会体系；最广义的定义就是把市场看作人类互动的统一载体；而狭义的定义是把市场看成是一种有大量买家和卖家，并对特定类型商品进行循环交易的制度，也就是把市场看做商品交易的同义词。在马克思主义政治经济学看来，任何术语和概念都是反映利益关系和阶级属性的社会话语，纯粹或抽象意义上的"市场"在现实社会经济中是不存在的，而必须同一定的所有制或基本经济制度相联系。市场不但具有配置资源的功能，更重要的是，市场（流通领域）在资本主义条件下是资本家进行剩余价值生产和实现剩余价值的条件，或者说，是资本剥削雇佣劳动的条件。西方经济学否认剥削的存在，它当然也就闭口不谈市场在这方面的作用，对这种形而上学的"价值无涉"论是需要进行批判的。

西方经济学（以凯恩斯主义经济学为代表）也重视发挥政府的职能，政府除了实行管理总需求的宏观经济政策，维持宏观经济的稳定和增长之外，还是公共事务的管理者，或是提供公共物品的公共部门，并通过实行福利政策，解决所谓"富裕中的贫困"问题。这可以看做是西方经济学对现代西方国家政府在经济生活中的积极作用的肯定。但也必须指出，从马克思主义政治经济学的观点看，资产阶级的国家或政府从根本上说是代表资产阶级利益的机构，因此，无论资产阶级国家或政府推出什么样的政策措施，不管它怎样打着代表"全民"利益的幌子，本质上都是以维护资本主义剥削制度、维护资产阶级利益为前提的。

第四节　西方经济学的研究方法

经济学的研究方法包括方法论和具体研究方法，是研究和认识人类经济活动的性质、特点及一般规律的方法，是经济学理论体系赖以形成和建立的基础。认识和把握经济学的研究方法，是理解和掌握经济学理论体系的前提。西方经济学的研究方法包括方法论和具体研究方法两个方面。一方面，西方经济学方法论以唯心史观和形而上学方法论为基础，从个人主义的自利和完全理性假设出发描述人类经济活动，阐述资源配置的机制和规律，表现出很大的局限性。另一方面，西方经济学发展了一些研究经济问题的具体方法，特别是把数学和自然科学的新方法借用来研究经济问题，形成了研究经济问题的一些有用工具。本书着重介绍现代西方主流经济学研究经济问题时所采用的方法，非主流经济学的研究方法也很重要，但不是本书介绍的重点。

一、西方经济学的方法论

（一）方法论个人主义

经济学的方法论属于经济哲学范畴，是经济学研究方法的基础。西方主流经济学家主要采用方法论个人主义进行经济学研究。

西方经济学的方法论个人主义在个人与社会的关系、社会存在与社会意识的关系等重大问题上提出了系统的观点，它们是西方经济学分析和解决经济问题的出发点，是整个西方经济学理论体系的基石。要了解和把握西方经济学的性质和特点，必须了解和认识西方经济学方法论个人主义及其在经济学研究中的体现。西方经济学方法论个人主义的基本观点是：社会是由个人组成的，构成社会和经济活动的唯一真实的基础是个体的人，离开了个体的人，社会就不复存在；社会生活中的任何行为都是由个人做出的，一个社会或集体有所作为，总是经由相互合作的个人的行动表现出来的；社会或者集体是无法被具体化的，只有个人的行为才赋予社会或者集体以具体的意义；分析和研究个人的心理和动机是分析和研究社会现象的出发点，只有进行个体分析，才能真正理解社会现象及其本质；对社会现象的分析应当是从个人到社会，而不是从社会到个人。

关于西方经济学方法论个人主义的特点，新自由主义的重要代表人物哈耶克的观点很有代表性。他说："真正个人主义的本质特征是什么呢？首先，它主要是一种旨在理解那些决定人类社会生活的力量的社会理论；其次，它是一套源于这种社会观的政治行为规范。"[①]"我们在理解社会现象时没有任何其他

[①] ［奥地利］哈耶克：《个人主义与经济秩序》，贾湛等译，北京经济学院出版社1989年版，第6页。

方法，只有通过对那些作用于其他人并且由其预期行为所引导的个人活动的理解来理解社会现象。"①

基于方法论个人主义，自斯密以来的西方经济学家致力于建立公理化的演绎逻辑体系，贯穿于该体系的基本观点就是各个"经济人"追求私利，而个人利益的加总就构成了社会的共同利益。因此可以说，方法论个人主义是西方经济学最基本的方法论，其理论体系、基本假设及分析工具都是该方法论的具体运用和体现。

并且，这种方法论或者思维方式和认知模式后来还被涂抹上了西方范式理论的色彩，具有非社会性、非制度性和非历史性的倾向，往往以"经济人"假设——追求效用最大化的经济行为——自由市场经济模式作为其范式框架，逻辑空间比较狭窄；有时对某些局部的表象问题，仅仅提供对策性、描述性的说明或数理模型。

(二) 基本假设

方法论个人主义在西方经济学中的运用主要体现在以"经济人"假设或者完全理性假设与自利假设为核心的基本假设之上。在西方经济学看来，这些假设是"天然"存在的，是无须证明的"公理""原理"和"方法"。这些假设是西方经济学理论体系赖以建立的基础，也是西方经济学最核心的命题，它们构成了西方经济学体系的逻辑起点。

一是完全理性假设。西方经济学假定人们在各类经济活动中都具有完全理性，人们凭借完全理性进行经济选择和决策。这就是说，人们在追求利益的过程中，会想方设法收集和利用各种有用的信息，分析各种备选方案。基于这些信息，人们在做出一项决策时，会深思熟虑地对各种可能的抉择进行权衡比较，挑选出最佳方案，以实现最大满足或最大效用。例如，对于消费者来说，其理性消费行为意味着，花费一定的金钱买到的消费品一定要给消费者带来最大满足或最大效用；对企业而言，其理性生产行为意味着，花费一笔资金进行生产，其目标一定是利润最大化。

在微观经济学的研究中，对完全理性假设的适用性还有更为苛刻的要求，这就是关于完全理性的共识。不仅假定每一个经济决策人都存在着完全理性，

---

① [奥地利] 哈耶克：《个人主义与经济秩序》，贾湛等译，北京经济学院出版社1989年版，第6页。

而且还假定每个人对此深信不疑，具有信心。

二是自利假设。斯密在《国民财富的性质和原因的研究》中说过这样一段著名的话："我们每天所需的食物和饮料，不是出自屠户、酿酒家或烙面师的恩惠，而是出于他们自利的打算。我们不说唤起他们利他心的话，而说唤起他们利己心的话。我们不说自己有需要，而说对他们有利。"① 斯密的这段话表明，参与市场经济活动的个人首先是自利的，具有利己的动机。同时，为了实现其利己的目的，他又必须提供满足他人自利需要的手段，换言之，他在与市场上其他人交往时必须以利他的手段满足他人的利己的要求。于是，在这里形成了利己和利他的统一。对于一个追求自利的经济活动者来说，利己是目的，利他是手段，为了实现利己而利他。

完全理性假设与自利假设也被合称为"经济人"假设。斯密对"经济人"的社会经济作用做了充分的表述："在这场合，像在其他许多场合一样，他受着一只看不见的手的指导，去尽力达到一个并非他本意想要达到的目的。也并不因为事非出于本意，就对社会有害。他追求自己的利益，往往使他能比在真正出于本意的情况下更有效地促进社会的利益。"② 斯密利用"看不见的手"的原理试图说明，经济自由是追求私利的"经济人"可以实现其自利目标的必要条件，同时，其追求私利的活动是与增进全社会利益的社会目标相一致的，在这里，私人利益与社会利益实现了统一。

二、西方经济学的具体研究方法

西方经济学的具体研究方法是根据方法论个人主义，分析和解决具体的经济现象和经济问题的方法。

（一）演绎法和归纳法

演绎法是由一般到个别的认识方法，即先有一般假设和基本原理，然后运用它们来解释具体的经济现象，并在此基础上对未来进行预测。演绎法的"一般"是逻辑推理的前提，被认为是"公理"，不需要证明。演绎法是逻辑证明的工具，有助于形成概念、提出和检验理论观点，并进行预测分析。演绎法的

---

① ［英］亚当·斯密：《国民财富的性质和原因的研究》上卷，郭大力、王亚南译，商务印书馆1972年版，第14页。
② ［英］亚当·斯密：《国民财富的性质和原因的研究》下卷，郭大力、王亚南译，商务印书馆1974年版，第27页。

结论是否正确,既取决于作为出发点的"一般"是否正确反映客观事物的本质,又取决于由"一般"出发的论证过程是否正确反映事物之间的联系。

与演绎法相对应的是归纳法。归纳法就是从众多的经验事实中找出一般性规律,归纳提炼出理论观点。归纳法要求对研究对象占有大量经验材料,然后由表及里、由浅入深地进行分析和提炼,提出概念和范畴体系,最终形成反映客观事物内在本质的系统理论。但是,西方经济学重视演绎法而轻视归纳法。

(二) 经济模型的构建与数学分析

西方经济学分析现实问题最常采用的技术方法是建立模型。模型是构成经济理论的重要组成部分,是描述和分析所研究的经济现象之间依存关系的理论结构。在实际的建模研究中,要对分析对象进行简化,舍弃一些影响较小的因素或变量,把复杂现象简化和抽象为数量不多的主要变量,以探讨它们之间的内在机制;通过建模得出一般命题后,再考虑加入一些原来抽象掉的因素,力图使理论贴近现实。

西方经济学模型中使用的经济变量区分为外生变量与内生变量。内生变量是指在模型中要解释的变量,或者说是在所分析的系统内决定的变量。外生变量是指由模型以外的系统解释的变量,或者是由其他模型解释的变量,因此在此模型中视为既定的常数。外生变量影响着内生变量的决定,至于外生变量如何决定,那是其他理论或模型要完成的任务。因此,一个模型中的外生变量在另一个模型中可能是内生变量。

西方经济学模型中使用的经济变量还区分为存量与流量。存量是指从时点上进行测度的经济指标或变量,流量是指从时段上进行测度的经济指标或变量。例如,河流源源不断地注入湖泊时,每秒或每分流过的水量是流量概念,湖泊的储水量或水位就是存量概念。在宏观经济中,总产出、总收入是流量概念,财富、资产、土地是存量概念;投资是流量概念,资本是存量概念;取款、存款是流量概念,存款余额、储蓄余额是存量概念。在微观经济中,居民的消费量与企业的产量都是流量概念,而居民拥有的资产与企业拥有的资本就是存量概念。

在西方经济学中,经济模型并不等同于数学模型。在经济模型的表达方式上,文字与数学符号、数字都可以用来建立模型,推导理论命题。但是,西方经济学认为数学是进行逻辑推演的有效手段,因此主要运用数学工具建立经济模型。在西方经济学看来,用数学语言表达思想观点比较规范和精确,容易进行交流与争论。数学表达非常简练，不需要长篇大论，只用简单的数学公式就能够把复杂的问题表示出来。例如，在说明收入、价格、关税等因素是如何影响商品需求时，用一个简单的函数关系要比长篇大论的文字叙述阐释得更清楚、更简洁明了。西方经济学还认为，借助数学工具分析和表达，易于避免逻辑上或技术上的错误，即使出现了也很容易发现和纠正。

西方经济学认为，无论是简单的经济现象还是复杂的经济现象，都可以通过建立数学模型来加以分析。如果经济现象之间的因果联系比较明确，可以用函数关系把它表达出来；如果需要描述经济决策者的行为方式和选择，可以通过设定目标函数、确定约束条件，然后求解最优值来实现；如果已经知道各个经济变量之间的关系结构，可以用一组方程来表达，并通过求解方程获知经济变量的具体数值。

在西方经济学看来，即使有些社会经济现象和人类行为比较复杂，或者难以量化，也不妨碍用数学方法建立模型，只是在进行经验实证分析时会遇到困难，因为找不到所需要的数据。例如，消费者效用和消费者剩余就是难以量化的。但是，西方经济学家仍然力图通过各种代理变量或其他技术来分析它们。

（三）静态分析、比较静态分析与动态分析

西方经济学的静态分析就是分析经济现象的均衡状态以及有关的经济变量达到均衡状态所需要具备的条件，该方法舍弃掉了时间因素和具体变动的过程，是一种静止孤立地考察经济现象的方法。例如，关于消费者选择的理论就是比较典型的静态分析。该理论讨论的是哪些因素影响消费者的选择，如哪些因素影响人们的度假选择，究竟是选择出国旅游，还是选择在郊区度假，或是选择去购物，或是选择装修房屋。消费者的收入、时间的机会成本和上述各类产品的价格都会影响消费者的选择。当消费者把收入分配到这些不同的产品上而不再改变时，就处于相对静止状态，也就是均衡状态。静态分析要讨论的是这种均衡状态是怎样实现的（消费者追求最大效用时做出选择的结果），条件是什么（既定的收入与价格），具有什么特征（每一种商品各购买或消费多少，效用有多大），什么时候会发生改变。

西方经济学的比较静态分析就是分析在已知条件发生变化后经济现象均衡状态的相应变化以及有关的经济变量在达到新的均衡状态时的相应变化，其实质是对经济现象中有关经济变量一次变动的前后进行比较，不涉及转变期间和具体变动过程本身的情况。例如，分析提高商品税率会带来什么样的影响就属于比较静态分析。它首先要分析在税率不变时商品的均衡价格与数量是什么，税收是如何在供求双方之间分担的；其次研究税率提高后新的均衡价格和数量是什么，新增税收是否会全部或部分转嫁给消费者或需求方；最后通过前后比较来分析税率提高带来的后果。

西方经济学的动态分析就是对经济变动的实际过程进行分析，其中包括分析有关经济变量在一段时间中的变动轨迹，这些经济变量在变动过程中的相互影响和彼此制约的关系，它们在每一时点上呈现出来的不断变动的数值，以及左右这些经济变量的时间路径的机制，等等。这种分析重点考察时间因素的影响，并把经济现象的变化置于时间过程中进行研究。动态分析在宏观经济学中应用得比较多。

(四) 实证分析与规范分析

西方经济学认为，实证分析研究"是什么"的问题，也就是对经济变量之间本来存在着的内在联系进行客观研究，研究时不预设价值判断的前提。因此，它要研究的是过去已经发生的经济事件背后的原因是什么，或者研究一个经济事件或经济政策的后果是什么，并据此对未来的经济变化进行预测。规范分析是研究"应该是什么"的问题，在研究时要以一定的价值判断为前提，因此是具有预设立场的。例如，在研究通货膨胀率与失业率的关系时，实证分析要研究两者之间是否存在着此消彼长的交替关系，规范分析则从某种立场和利益出发展开研究，选择是应该通过提高通货膨胀率来降低失业率，还是应该容忍失业率居高不下也要控制通货膨胀率。

西方经济学认为，规范分析从预设立场出发进行经济分析，在分析中坚持特定的价值判断，不存在对其分析结论进行评价的客观标准，因而难以就其结论正确与否进行检验。例如，高通货膨胀率和低失业率的组合相对低通货膨胀率和高失业率的组合，哪个更为可取，哪个是正确的，是无法做出客观评价的，其正确与否主要体现在预设立场之上。通过实证分析所得出的结论正确与否则是可以检验的。例如，通货膨胀率和失业率是否存在交替关系，可以利用计量经济学方法进行检验。

(五) 边际分析方法

西方经济学的边际分析方法是研究一种经济变量的数量变动会对其他经济变量产生多大影响的方法。它研究的是经济现象或经济变量在既定状态上的变化，例如，咖啡厅在常规营业时间上延长的营业时间，或者是消费者在原来用电量基础上多用的电量。边际即"额外的""追加""新增"的意思,指经济变量总数量中"已经追加上的最后一个单位"或"可能追加的下一个单位"。边际分析在西方经济学中应用非常广泛,可以用来对效用、成本、产量、收益、利润、消费、储蓄、投资等进行分析。

当经济模型数学化后,边际分析就是运用导数和微分方法,研究经济运行中微小增量的变化所导致的结果,用以分析各经济变量之间的相互关系及变化过程。这里"边际"就属于导数或微分的概念,指在函数关系中,自变量发生微量变动时因变量的变化。

例如,当西方经济学日益数学化时,个人效用最大化行为常常用数学模型表达出来,表达成约束条件下的目标函数最大化。实现目标函数最大化的条件就是从边际分析中构建的,表现为求解目标函数的一阶导数或偏导数为零。其中的导数概念就是边际分析在数学模型中的体现。即使不分析最大化行为,西方经济学在用函数或曲线来表达经济变量之间的关系时,也会从导数的角度进行详细说明,这同样是边际分析在数学模型中的体现。

三、如何看待西方经济学的研究方法

西方经济学方法论及其范式理论有其一定的合理性,但也有着很大的局限性。尤其是一些"公理""原理""基本命题"和理论假设,问题不少。

其一,资本主义制度假设与社会经济现实的严重背离。西方主流派经济学家把资本主义生产方式及其社会经济制度视为最有利于生产、最有利于创造财富的、永恒的、稳定的基本制度。并且把这一制度设计,作为无须证明的不言而喻的"公理"和基本命题,是一种含而不露的隐性假设。把资本主义制度设计美化、固化、永恒化和稳定化是不符合社会的客观实际的。世纪之交,西方学界关于资本主义前途以及收入分配不平等问题的争论,将资本主义制度美化、固化、永恒化和稳定化假设拖下了神坛。

其二,方法论个人主义往往曲解个人与社会的关系、人的自然属性与社会属性的关系。在阐述个人与社会的关系上,方法论个人主义把个人与社会对立起来,甚至把个人凌驾于社会之上,过分夸大个人的需要和意志,歪曲个人与社会的关系。事实上,人既有自然属性,又有社会属性,而社会属性是人的最主要、最根本的属性,是人区别于其他动物的特有属性,并且制约着人的自然属性。个人与社会相比较,社会起着根本的、决定的作用。个人与社会相互依

存，密不可分。人类经济行为的动机不能从抽象的人性来说明，只能从特定历史条件下人与人的社会关系中加以说明。西方经济学把资本主义条件下体现资本本性的追求利润最大化的行为标榜为人的抽象不变的本性，其实质是为资产阶级剥削和占有雇佣劳动者的剩余价值的行为做辩护，对此应当保持清醒的认识。

其三，理性的、自利的"经济人"假设与行为主体行为的严重背离。自从斯密在实际上提出"经济人"思想，而帕累托把这一术语固化以来，"经济人"假设、人类行为假设、人格假设、完全理性假设或自利假设是当代主流经济学赖以安身立命的元假设。它建立在个人功利主义哲学基础之上，"以理性经济行为人的偏好以及资源稀缺作为核心"，而不是"另外一种以分工和剩余概念作为关键概念的不同概念体系"。① 对于这一假设的批判与维护成了经济思想史演绎的一条主线。

一是主流学派改造和完善"经济人"假设，把它作为全部经济分析的前提假设，做了数学形式上的表述，并且衍生出"理性"的"经济人"、经济当事人的"理性决策"、企业的"理性行为"、消费者的"理性偏好"，以及更为广泛的"理性预期""理性的有效市场"和"理性社会"。二是非主流学派或者来自主流学派内部的"叛乱者"，对于"经济人"这一"可怕的字眼"进行讨伐。② 例如西方决策理论学派的创始人西蒙的有限理性人、新政治经济学的"新经济人"、斯蒂格利茨的信息不完全理论、制度学派从人的社会性对单维"经济人"所作的批判、"高层次的经济学"即伦理经济学的"非自利"偏好，以及来自新经济社会学、行为经济学、实验经济学和宗教界的批评。20世纪70年代末"新目的论""新功利主义""道义论伦理学""新的理性论"又应运而生，并且针锋相对地推出了"社会人""复杂人""成就人""伦理人""道德人""互利人""管理人"，不一而足。

其四，同质性假设与异质性现实社会的严重背离。从20世纪下半叶开始，越来越多的人对新古典经济学关于原子式同质个体假设亦即同质性假设的合理性产生了怀疑。这一反思根源于同质性假设或同质偏好与异质性现实社会的严

---

① ［意］阿列桑德洛·荣卡格利亚：《西方经济思想史》，罗汉等译，上海社会科学院出版社2009年版，第429页。
② ［奥地利］哈耶克：《个人主义与经济秩序》，贾湛等译，北京经济学院出版社1989年版，第11页。

重背离现象。被称为"经济学的尼采"的法国后现代主义哲学家巴塔耶是异质经济学代表人物。尤其行为经济学家大力主张社会性嵌入，倡导异质性假设或者异质性偏好。他们把异质性提高到本体或主体高度。异质性是普遍的，而同质性是有限的，同质性被包含在异质性之中，而作为原子式同质个体的"经济人"仅仅是异质性中的一个特例。在他们看来，资本主义社会就是一个缺乏自主性和自为性的同质性社会，就是生产中心主义，将其对象限制在"经济人"的活动之中。

其五，均衡假设与经济运行现实的严重背离。供给和需求两种力量交织的市场具有完美自动均衡从而导致市场总是出清的机制，被称为均衡假设、市场出清假设或者有效市场假设，并且被称为主流经济学"单一范式"的核心。

均衡假设是照搬关注特定时点的具有机械论和还原论特征的传统物理学的概念，历经斯密、马歇尔、瓦尔拉斯、帕累托、阿罗、德布鲁、萨缪尔森、希克斯等人的努力，从完全市场到有效市场①，从局部均衡到一般均衡乃至于动态一般均衡，从而构筑起具有公理化形式的一般均衡理论。主流学派经济学正是在均衡假设和有效市场假设基础上，演绎出来公理化的"均衡微观经济学"和"均衡宏观经济学"。

凯恩斯的宏观经济学似乎是专注于非均衡分析的，由此而提出了"非充分就业""有效需求不足""投资需求不足""消费需求不足"，提出消除总供给和总需求二者失衡的一系列政策主张。但是，宏观经济学也被均衡化，主流派经济学家一直致力于为它寻找与之适配的微观基础。帕廷金的《货币、利息与价格》（1956年）和克洛尔《凯恩斯经济学反革命》（1965年）两部著作的问世，更是把凯恩斯宏观经济学的微观基础归于瓦尔拉斯的新古典一般均衡。即便是新凯恩斯主义学派，实际上也接受了新古典宏观经济学关于市场总是出清

---

① "完全市场"假设认为，人们具有精确认知能力，每个人都是按照经济理性来选择自己的行为，总是能达到最优决策结果，市场具有完美自动均衡机制，在无形之手的作用下，市场自发地进入均衡状态，市场总是能够出清的。而"有效市场"假设是当代经济学尤其是现代金融学的一个重要假设。这一假设内容如下：人类有获取自身利益最大化的冲动；人类能理性地判断自身利益之所在；金融市场不断涌入免费和即时的信息；价格总是所有可利用信息的精确反应；由于买家和卖家总是出现，因此市场总是保持着明显的平衡。它最早是由美国芝加哥大学的法玛在1970年提出的。到1978年，詹森甚至宣称"没有其他任何一种经济命题拥有比有效市场假说更可靠的经验证据"，认为市场中存在大量理性的、追求利益最大化的投资者之间的相互竞争，有效市场是指所有信息都能迅速传递到投资者和所有参与者并反映在现行资产价格上的市场。

的假设，所以，正如这一学派代表人物曼昆所说的那样，新凯恩斯主义是在新古典主义躯体上的重生。① 因此，宏观经济学实际上成为新古典的解释性理论或瓦尔拉斯一般均衡的应用经济学，由此导致了其理论套用中的一系列逻辑矛盾和宏观经济政策失败。

此外还有与均衡理论针锋相对的非一般均衡理论，以及 20 世纪 80 年代以来脱颖而出的复杂性科学。在他们看来，与确定性和稳定世界相对应的实质理性和均衡，必须被与不确定性和变化世界相对应的过程理性和适应过程所取代。

西方频发不已的经济危机尤其次贷危机引发的全球性金融危机，凸显了均衡假设、市场出清假设和有效市场假设与经济运行现实的严重背离。福克斯把这些假设称为"理性市场的神话"，描述了有效市场理论怎样从"假说"到"事实"再到"神话"的历程。② 哈奇森则讽刺性地比喻为"全知论假设"。事实上，西方经济学在研究中制造出一个又一个均衡，而这些均衡常常是一个又一个的理论虚构，没有反映经济现实的本质特征。可以说，西方经济学构造均衡，无论是有意还是无意，其实都是在为证明资本主义制度的合理性、永恒性提供理论根据。

其六，演绎法难以真正揭示经济现象的复杂性和历史特性。西方经济学重视演绎法，轻视归纳法，忽视归纳和演绎方法相统一在经济研究中的重要性，不了解逻辑的方法和历史的方法相统一在经济研究中的重要意义。西方经济学忽视对分析对象的历史特性和复杂性的关注，这导致其分析结论存在很大的局限性。其实，社会经济现象的本质及特点是受其存在、发展和变化的特定时间和空间条件制约的，也就是说，是由特定的历史条件决定的。对于任何经济现象，只有从它产生、发展和变化的全过程以及特定的时间和空间来观察，才能获得正确而全面的认识。这就要求在进行经济分析时既要采取演绎和归纳相统一的方法，更要坚持逻辑和历史相统一的方法。只有这样，才能真正获得对分析对象的性质和特点的科学认识。

其七，西方经济学对数学的大量运用导致经济学研究和表述的形式化。自"边际革命"以来，数学在西方经济学中得到广泛运用，经济学的数学化已经成为现代西方经济学的重要特征。毫无疑问，数学是非常有用的分析工具，在

---

① N. G. Mankiw: The Reincarnation of Keynesian Economics, *European Economic Review*, 1992, Vol. 36, pp. 559-565. 曼昆对 reincarnation 的解释是 "the rebirth into another body"。
② 详见 Justin Fox: *The Myth of the Rational Market: A History of Risk, Reward, and Delusion on Wall Street*, Harper Business, 2009.

经济学研究中使用数学，有助于提高经济学的分析水平，也有助于经济学自身的发展。但是，经济学研究中运用数学也有局限性。经济世界最显著的特征是矛盾性、复杂性和变化性。经济世界的内在因果联系复杂多变，难以完全用数学形式清晰表达，把所有影响经济运行的变量都加入数学模型进行分析也是不现实的。这种模型局限于对某些经济变量之间的数量关系或表面现象相互联系的简化描述，在阐释千变万化的经济现象的本质及其内在联系上，往往捉襟见肘，力不从心。例如，西方经济学家建立了大量用于预测的模型，但没有一个真正预测到源于美国的2008年全球金融危机，因而在西方国家广遭诟病。美国联邦储备委员会（简称美联储）前主席格林斯潘曾经深信美联储数学精英和金融精英设计的预测模型，断言美国不会发生全国性金融泡沫和经济泡沫。危机爆发后，他于2008年10月在美国国会作证时无可奈何地承认，美联储计算机中的模型和经济学家们都没有预测到这场危机。换句话说，无论多么精巧的数学模型都做不到准确描述庞大而复杂的经济世界的全貌，只能反映经济世界复杂经济关系的某个方面，或者说经济世界的庞大冰山之一角。因此，对数学在经济学中的运用应当采取科学的、实事求是的态度，既不要简单否定，也不应该片面夸大。

目前，西方经济学中滥用数学已经成为一个严重的问题，以致有的西方学者不得不"对经济学家严重地滥用数学提出警告"①。诺贝尔经济学奖获得者里昂惕夫曾对西方经济学滥用数学提出尖锐的批评。他说："专业经济学杂志上连篇累牍地充满了数学公式。这将读者从一套似乎有理而完全是任意的假说引到精确的但却是无关的理论结论。"② 西方学者在经济学中滥用数学导致数学形式主义，对经济学观点的数学表达形式的重视远远超过对经济学观点本身是否具有原创性的重视。经济学滥用数学的倾向无疑会严重束缚人们的经济学创新思维，窒息经济学的生命力。

第五节 怎样学习西方经济学

西方哲学社会科学即"西学"，其中包括西方经济学，是近代以来，随着

---

① [美]阿尔弗雷德·S.艾克纳：《经济学为什么还不是一门科学》，苏通等译，北京大学出版社1990年版，第145-146页。
② 里昂惕夫致《科学》（Science）杂志的信，1982年。

"西学东渐"被引入到中国来的。从世界文明史这一大视阈来看,"西学东渐"与"东学西渐"是东西方文明互相交流的带有规律性的现象。经济学的发展也是各国在思想和理论上相互交流、补充、碰撞和融合的结果。自19世纪以来,"西学东渐"蔚然成风。中国思想启蒙运动,不仅引进了"德先生"和"赛先生",还有"富先生"。[①] 20世纪下半期的改革开放,又引进包括教科书在内的大量西方经济学论著。这种引进,不能搞全盘拿来主义,而是要善于融通古今中外各种资源,其中包括国外经济学所取得的积极成果,从中吸取有益滋养,为我所用。并且从中国实际出发,尊重理论移植的科学规律,谨防类似"橘生淮南则为橘,生于淮北则为枳"的水土不服现象。此外,在肯定西方经济学包含着反映市场经济运行机制、社会化大生产一般规律从而仍具有一定实用性的同时,又要看到其中为资产阶级特殊的阶级利益服务,反映资产阶级世界观、价值观和意识形态的另一面。

总之,分析批判又学习借鉴,厘清西方经济学中的有益成分和无益成分、意识形态成分和实用价值成分;进而还要从有益成分和实用价值成分中找出适合于中国国情的,可以移植、借鉴和吸收的合理因素,这是学习西方经济学的科学方法。实践证明,对西方经济学完全否定或全盘肯定都是错误的,不利于真正认识和把握西方经济学,也不利于学习借鉴西方经济学。

为此,学习西方经济学应注意把握以下几点。

一、坚持用马克思主义立场、观点和方法进行分析

马克思主义的立场、观点和方法,即辩证唯物主义和历史唯物主义的世界观和方法论,是我们认识和把握经济现象和经济规律的科学方法,也是我们认识和把握西方经济学,正确区分西方经济学与中国特色社会主义政治经济学关系的科学方法。马克思主义及其中国化的理论成果是指引中国伟大实践的指导思想,而西方经济理论不能用来指导中国的实践。

坚持马克思主义及其立场、观点和方法的指导地位,吸收包括西方经济学在内的人类经济学成果的有益成分,建设具有中国特色的学科体系、学术体系和话语体系,是中国特色社会主义政治经济学的根本任务。习近平新时代中国

---

① 晚清第一代赴英留学生严复在1902年以"原富"为名,翻译出版西方经济学的奠基之作——亚当·斯密的《国民财富的性质和原因的研究》。

特色社会主义经济思想是习近平新时代中国特色社会主义思想的重要组成部分，是对于中国特色社会主义政治经济学的新的理论概括和总结，是党的十八大以来中国经济发展实践的理论结晶和最新成果，其中包括以人民为中心、以满足人民日益增长的美好生活需要为目的、"创新、协调、绿色、开放、共享"的新发展理念，关于社会主义初级阶段基本经济制度的理论，关于深化供给侧结构性改革推动经济高质量发展的理论，关于发展社会主义市场经济、使市场在资源配置中起决定性作用和更好发挥政府作用的理论，关于我国主要矛盾发生变化对我国经济社会发展提出了新要求的理论，关于全面深化改革的理论，关于人与自然和谐共生的理论，关于发展更高层次的开放型经济和共建"一带一路"的理论，关于推动开放、包容、普惠、平衡、共赢的经济全球化理论，关于加强党对经济工作的集中统一领导的理论，等等。这些理论成果，是适应当代中国国情和时代特点的政治经济学，不仅有力指导了我国经济发展实践，而且开拓了马克思主义政治经济学新境界。[①]

正确处理借鉴、批判和创新三者关系，是马克思主义立场、观点和方法的精髓，也是新时代中国特色社会主义政治经济学的精髓，有助于学好西方经济学这门课程。

从某种意义上讲，西方经济学实际上就是市场经济学，对于如何建立中国特色社会主义市场经济，具有借鉴意义。第一，"西方经济学关于金融、价格、货币、市场、竞争、贸易、汇率、产业、企业、增长、管理等方面的知识，有反映社会化大生产和市场经济一般规律的一面，要注意借鉴。"[②] 第二，"对国外特别是西方经济学，我们要坚持去粗取精、去伪存真，坚持以我为主、为我所用，对其中反映资本主义制度属性、价值观念的内容，对其中具有西方意识形态色彩的内容，不能照搬照抄。经济学虽然是研究经济问题，但不可能脱离社会政治，纯而又纯。在我们的经济学教学中，不能食洋不化，还是要讲马克思主义政治经济学，当代中国社会主义政治经济学要大讲特讲，不能被边缘化。"[③] 第三是要创新。"要深入研究世界经济和我国经济面临的新情况新问题，揭示新特点新规律，提炼和总结我国经济发展实践的规律性成果，把实践经验上升为系统化的经济学说，不断开拓当代中国马克思主义政治经济学新境

---

① 《十八大以来重要文献选编》（下），中央文献出版社2018年版，第3页。
② 《十八大以来重要文献选编》（下），中央文献出版社2018年版，第6页。
③ 《十八大以来重要文献选编》（下），中央文献出版社2018年版，第6-7页。

界,为马克思主义政治经济学创新发展贡献中国智慧。"①

应该强调指出,西方经济学作为西方国家主流经济学有着明确的阶级性,但它总是力图模糊和掩饰这种阶级性,以所谓"纯经济学"自居。只有用马克思主义的立场、观点和方法来分析,才能拨开迷雾,更清楚地认识它的另一面。西方经济学的许多观点是与科学的马克思主义政治经济学相对立的,比如效用价值论与劳动价值论的对立,生产要素分配论与剩余价值论的对立,等等,因此我们学习西方经济学,必须首先把马克思主义政治经济学学到手,才能更深刻地理解和把握西方经济学。西方经济学的许多范畴、原理、假设等,都是针对复杂经济问题提出的,但对这些问题的分析和解释,又往往是简单的、表面的、片面的或形式逻辑的,看不到资本主义社会的基本矛盾,因而也抓不住这些问题的本质;有的理论如分配论、"经济人"假设,由于受价值取向的局限而存在明显的偏颇,在似乎"合理""公正"的表象后面掩藏着为资产阶级利益服务和辩护的实质;有的理论因不同流派、观点之争而各执己见、彼此矛盾,等等。而用马克思主义立场、观点和方法来分析,就为我们认识复杂经济问题提供了科学的思想武器,从而能够认识和把握当代资本主义经济规律,揭示和批判西方经济学的内在缺陷,更加全面、辩证地看待西方经济理论。并且以此作为强大的思想武器,有的放矢地批判对于西方经济学盲目崇拜的思潮,以及用西方经济学取代马克思主义政治经济学的思潮。例如,往往抛开社会发展的历史过程和现实条件,抽掉社会生活中的技术、制度、政治、文化等各种复杂因素,把追求自身利益最大化的"经济人"当作考虑所有问题的出发点;把资本主义的市场经济当作人类永恒不变的理想形式,把抽象的数理逻辑当作判断经济学是否科学的主要标准;在政策主张上崇尚私有制而贬低公有制,崇尚市场调节而贬低乃至取消政府干预,崇尚全球化而贬低国家利益,崇尚效率而贬低公平,崇尚个人自由而贬低社会合作,崇尚资本主权而贬低劳动主权,崇尚比较优势而贬低自主创新,不一而足。

在借鉴、批判和创新三者关系上,应该把创新放在突出位置。"在社会主义条件下发展市场经济,是我们党的一个伟大创举。我国经济发展获得巨大成功的一个关键因素,就是我们既发挥了市场经济的长处,又发挥了社会主义制度的优越性。我们是在中国共产党领导和社会主义制度的大前提下发展市场经

---

① 《十八大以来重要文献选编》(下),中央文献出版社2018年版,第7页。

济，什么时候都不能忘了'社会主义'这个定语。之所以说是社会主义市场经济，就是要坚持我们的制度优越性，有效防范资本主义市场经济的弊端。我们要坚持辩证法、两点论，继续在社会主义基本制度与市场经济的结合上下功夫，把两方面优势都发挥好，既要'有效的市场'，也要'有为的政府'，努力在实践中破解这道经济学上的世界性难题。"①

二、深入了解资本主义发展的历史

西方经济学是资本主义经济的理论体现，反映了资本主义发展的历史进程和内在矛盾，学好西方经济学必须了解资本主义的历史和现实状况。在资本主义产生的初期，由于资产阶级尚有革命的要求，属于代表历史进步的力量，加上当时资产阶级和无产阶级之间的矛盾尚未凸显出来，资产阶级经济理论的代表——古典经济学还能在一定程度上进行科学研究，比如提出劳动价值理论、剩余价值等。但是，随着资本主义的不断发展，当无产阶级与资产阶级的矛盾上升为社会主要矛盾的时候，西方经济学为资产阶级利益辩护的性质或特征就开始鲜明起来。古典经济学中的庸俗成分被分离出来，系统化、独立化为辩护性的庸俗经济学，一些明显有利于资产阶级、不利于无产阶级的经济理论被资产阶级追捧为"主流观点"，如节欲论、生产要素分配论、边际效用论、均衡价格论等。与资本主义基本矛盾的深化和发展相适应，为保证资产阶级获得稳定可靠的利润，西方经济学理论也不断分化，提出各种各样新的政策主张，西方国家政府也不得不对某些经济社会政策做出调整，但它们维护和巩固资产阶级统治的特色和本质并没有变。当然，在资本主义发展的不同时期，西方经济学也起到了一定的促进经济发展的积极作用。

当今时代，经济全球化深入发展，资本主义社会所面临的矛盾和问题更加错综复杂。对此，西方经济学极力开出各种药方。这些药方尽管千差万别，但总体上都具有一个突出特点，那就是宣扬资本主义制度的永恒性，试图延长发达资本主义国家的繁荣，尽可能延长资本主义的生命。为了达到这些目的，它们常常不会顾及世界上其他国家特别是发展中国家经济的稳定和发展，也不会顾及是否危害落后国家和地区普通劳动人民的利益。也正是因为西方经济学存在着这样明确的目的性，因此西方经济学在理论上存在着致命的缺陷，难以对

---

① 《十八大以来重要文献选编》（下），中央文献出版社2018年版，第5—6页。

严重的金融危机做出合理而有说服力的解释，也开不出有效的治愈良方。所以，许多西方经济学家都在反思西方经济学的理论解释力和政策创新力，有的也在向马克思主义政治经济学寻求答案。

联系资本主义发展的历史和现状学习西方经济学，可以更清楚地认识西方经济学的科学成分和阶级属性，更清楚地认识其理论观点的真实出发点和实际意义，更清楚地认识资本主义经济的发展趋势，从而更好地研究和建设社会主义市场经济。

三、紧密联系中国特色社会主义的实践

学习西方经济学，最重要的目的就是为我国社会主义现代化建设服务。因此，学习中必须充分考虑我国的现实国情，充分考虑社会主义现代化建设的实际需要，坚持为我所用、有所取舍，绝不能简单照抄照搬、食洋不化。

西方经济学阐述的关于市场经济运行的理论，是西方发达国家发展市场经济的经验总结和理论概括，在一定意义上揭示了市场经济的运行规律。比如，微观经济学强调以市场配置资源，实现资源配置的最优化，进而实现消耗或成本最小、收益或利润最大的最优化生产；必须针对市场调节的弊端制定解决这些问题的微观经济政策，等等。显然，这些阐述对我们发展社会主义市场经济具有重要的参考借鉴意义。因为我国的社会主义市场经济，既要发挥市场在资源配置中的决定性作用，也要对市场调节的局限性采取对策。当然，也必须指出，我国作为社会主义国家，发展经济的根本目的在于使全体人民实现共同富裕，因此我们制定经济政策的出发点和落脚点是最大多数人民的根本利益，这与西方微观经济学是根本不同的。

西方宏观经济理论和政策对我国进行宏观管理也具有一定的参考价值。但是，在具体应用时，还要看到这套管理理论和政策的适用条件并不完全符合我国的实际。西方宏观经济管理理论的核心是需求管理，政府通过宏观经济政策影响私人投资和消费，并增加政府的公共投资，以解决有效需求不足问题，进而干预经济运行。我国的宏观管理既要通过财政政策、货币政策等进行需求管理，又要发挥社会主义制度集中力量办大事的优越性，重视供给管理，通过收入分配关系调整、产业结构与产品结构调整、涉及供给管理的行政干预等来调整总供给，进而调控宏观经济运行。我国的宏观管理还要从社会主义制度的本质出发，把不断改进民生，全面提高人民群众的生活水平，构建社会主义和谐

社会，实现社会的全面进步等作为宏观调控的目标。

西方经济学的国际经济学（本书称为"开放条件下的宏观经济"），强调发展国际经贸关系对于发展经济的必要性，这对于发展我国社会主义市场经济也具有重要借鉴意义。我国社会主义市场经济的发展得益于对外开放，世界也从中国的对外开放中获得了巨大益处。因此，西方经济学的国际经济学所阐述的诸如比较成本理论、资源禀赋理论、自由贸易理论、汇率决定理论等，都同发展我国社会主义市场经济密切相关。但作为社会主义国家，我们反对西方国家惯常的以不平等交换等手段剥削经济落后的发展中国家的做法，始终坚持互利共赢的开放战略，强调建立公正、合理的国际经济新秩序。

四、注重学习和掌握有用的分析工具和方法

西方经济学发展了一整套观察和研究经济问题的分析工具、分析技术和方法，这对我们进行马克思主义经济理论研究，分析和研究社会主义市场经济运行情况，具有一定的参考意义和实际应用价值。因此，学习西方经济学要认真研究、熟练掌握这些分析工具、分析技术和方法。西方经济学运用数学模型进行经济现象的因果分析，用数学方法寻求最大或最小值，这些方法都值得借鉴。在社会主义市场经济中，把定量分析与定性分析结合在一起，可以更深刻地揭示客观经济现象的内在本质；用寻求最大或最小值的方法，可以更好地理解和解决经济生活中的最大利润、最小成本支出、最佳生产规模、最优要素组合等问题。当然，数学在西方经济学中的运用也存在着诸多问题，不少西方经济学家使用数学方法，又误用数学方法，这一点也应当在学习中注意。除了数学方法外，西方经济学的其他分析方法，诸如静态分析、比较静态分析、动态分析、局部均衡分析、一般均衡分析、博弈论等分析方法，对我们的经济研究工作也有可借鉴之处。

本书定位介于初级西方经济学和中级西方经济学之间，这可以照顾到不同层次的教学需求。并且为教师制定符合实际情况的教学计划，灵活调整教学方式，把教材体系转化成为教学体系提供了弹性空间。教师可以根据教学对象的具体情况调整讲授内容，如为非经济学专业本科生，课程时间较短，则教师可偏重于讲解初级部分内容；如为经济学专业本科生，则可以着重讲授中级部分内容。

思考题：

1. 宏观经济学与微观经济学的主要区别是什么？

2. 西方经济学的研究对象是什么？试与马克思主义政治经济学的研究对象加以比较。
3. 西方经济学一般方法论与具体研究方法之间的区别是什么？
4. 什么是方法论个人主义？它在西方经济学研究中是怎样体现的？它的局限性是什么？
5. 什么是理性行为？它在西方经济学研究中的重要地位是什么？它与"经济人"假设是什么关系？
6. 演绎法与归纳法的区别是什么？
7. 怎样从数学上理解边际分析？怎样看待经济学的数学化？
8. 马克思为什么把1830年以后的经济学界定为庸俗经济学？
9. 斯密的《国民财富的性质和原因的研究》初步形成了古典政治经济学体系，同时斯密在《道德情操论》中提出了伦理道德学体系，试对斯密的思想体系加以评价。
10. 我们应该怎样对待西方经济学？为什么不能用西方经济学解释中国崛起和经济发展的奇迹？试举例说明。

上篇 微观经济学

第一章 需求、供给和均衡价格

在以市场作为基本运行机制的经济社会中,市场需求和供给相互作用形成商品或要素的市场价格,而市场价格的高低又成为引导经济社会资源流动的风向标,所以对市场价格基本决定力量的讨论构成了经济分析的出发点。本章主要以商品或服务市场为例,分别讨论决定市场价格的需求和供给两方面的力量,阐述需求和供给的基本含义及其变动特征,说明市场供求的相互作用如何决定市场均衡价格和数量。本章的后半部分是对供求分析的进一步深化,通过引入弹性概念,从数量关系上阐述各种不同因素对需求量和供给量的影响程度,并给出一些运用供求分析工具的具体事例。

第一节 需 求

一种商品(或服务)的市场价格是消费者需求与生产者供给之间相互作用的结果,所以,要说明一种商品的价格决定机制,就需要考察消费者的需求和生产者的供给。本节从作为消费者的单个家庭入手,说明需求的概念及其变动的性质。

一、需求的概念

(一)需求的定义

一种商品(或服务)的需求源于家庭或者消费者的欲望,表现为对该商品有支付能力的需要。消费者对一种商品需求的数量取决于多种因素,但其中一个重要因素无疑是该商品的价格。在某一特定时期内,对应于某种商品一个给定的价格,消费者愿意并且能够购买的该商品的数量,被称为这一价格下的需求量,简称为需求量。所以,一种商品的需求反映了需求量与其影响因素之间的关系。在假定其他条件不变的情况下,消费者对一种商品的需求可以简单地表示为价格对需求量的影响。

对于上述有关需求的概念,我们需要注意三个方面。首先,这里给出的需求定义假定其他因素保持不变,只考虑了需求量与价格之间的变动关系。其次，消费者对一种商品的需求并不是一次市场购买行为，也不是某一次购买活动对应的购买量，而是针对一系列可能的价格，消费者根据自身的意愿和条件制定的一个计划。再次，消费者对某种商品的需求必须具备两个基本特征：购买意愿和购买能力，即出于自身意愿做出选择并具备支付能力。例如，一对近期筹建家庭的小夫妻声言："如果我们拥有一套独栋别墅该多好呀！"这并不意味着这个家庭就对独栋别墅具备了需求。需求强调购买意愿的有效性，即具备支付能力的有效需求。

可见，在其他条件不变的情况下，消费者对一种商品的需求可以理解为，在一个特定时期内相应于一系列可能的价格，消费者关于需求量制定的一项计划。

（二）需求的表示

消费者对某种商品的需求可以用需求表、需求曲线和需求函数表示。

一种商品的需求表，是一张反映该商品各种可能的价格水平与这些价格所对应的需求量之间关系的数表。表 1-1 给出的例子是某一消费者在一个月内对苹果的需求表。表中的数据表明：如果市场上苹果的价格为 14 元/千克，该消费者打算购买 2 千克苹果；如果价格下降到 12 元/千克，则他打算购买 5 千克；以此类推。从表中可以清楚地看到，在每一个可能的价格下该消费者对苹果有一个需求量。

表 1-1　某消费者本月对苹果的需求表

价格（元/千克）	14	12	10	8	6	4
需求量（千克）	2	5	8	11	14	17
价格与需求量的组合点	A	B	C	F	G	H

消费者对某种商品的需求也可以用需求曲线表示。需求曲线是根据需求表中商品可能的价格与相应的需求量二者的组合在坐标平面中描绘出来的一条曲线，通常用字母 D（或 d）标注。例如，依据表 1-1 给出的数据，在一个以价格和需求量为坐标轴的平面上，可以粗略地得到该消费者对苹果的需求曲线，如图 1-1 所示。

在图 1-1 中，横轴表示某消费者在本月对苹果的需求量，纵轴表示苹果的价格。相应于表 1-1，价格与需求量的组合点 A、B、C……分别表示了在每一个可能的价格下，消费者愿意并且能够购买的数量与该价格之间的对应关系。

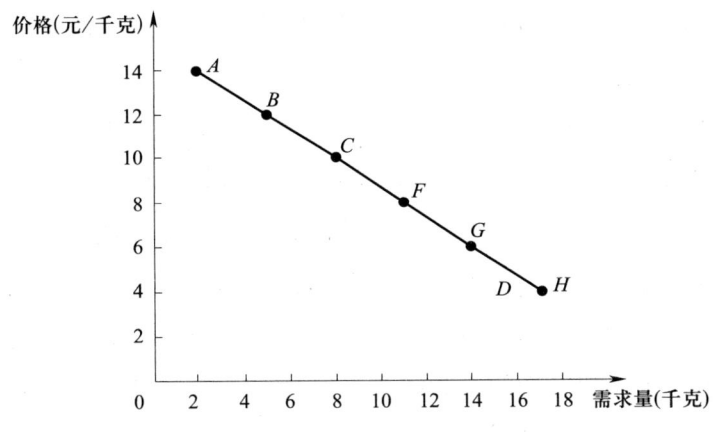

图 1-1　某消费者本月对苹果的需求曲线

这些点连成的一条曲线就是需求曲线。很显然,与需求表相比,需求曲线更为直观,也更便于理论分析。

消费者对某种商品的需求也可以更一般地用需求函数表示。在其他条件不变的情况下,需求函数反映了需求量与商品价格之间的对应关系。用 P 表示某种商品的价格,Q^d 表示消费者对该商品的需求量①,则消费者对该商品的需求可以表示为:

$$Q^d = D(P) \qquad (1.1)$$

作为一个特例,如果需求曲线是一条向右下方倾斜的直线,那么需求函数具有线性形式:

$$Q^d = \alpha - \beta P \qquad (1.2)$$

式中,α 和 β 为大于 0 的常数。这表明,价格每提高一个单位,消费者对商品的需求量按固定的比率 β 减少。在理论分析过程中,如果只是为了揭示价格与需求量之间的对应关系而非严格的数量关系,通常为了简单会将需求函数表示为式(1.2)给出的线性形式,相应地将需求曲线描绘成一条直线。

二、需求规律

(一) 需求规律的含义

消费者对某种商品或服务的需求量通常会随着该商品价格变动呈现出一定的典型特征。一般而言,某种商品的价格越高,消费者愿意并且能够购买的该商品数量就会越少;反之,价格越低,消费者愿意并且能够购买的该商品数量

---

① 在不引起误会的条件下,为了简单起见往往省略上标而直接用 Q 表示需求量。

就越多。需求的这一特征被称为需求规律。① 它表明，在其他条件不变的情况下，需求量与价格之间呈反方向变动关系。

需求规律可以通过价格变动的效应来解释。一方面，由于收入有限，消费者必须在不同商品上配置收入，在其他商品价格保持不变的条件下，一种商品价格提高，该商品相对于其他商品变得昂贵，所以消费者就会减少该商品的购买转而购买其他商品。另一方面，价格提高又使得消费者的收入相对变少，从而减少相关商品的购买。两种效应共同作用，使得消费者对商品的需求满足需求规律。有关需求规律背后的行为解释，将在下一章得到进一步说明。

如果一个消费者对一种特定商品的需求满足需求规律，则需求曲线向右下方倾斜，在这种情况下，需求曲线的斜率为负值。对满足需求规律的线性需求而言，需求函数式（1.2）中的系数 β 一定大于 0。

（二）需求曲线的特例

需求规律意味着消费者对某种商品的需求曲线向右下方倾斜，那么是不是所有消费者对所有商品的需求曲线都具有这一特征呢？答案是否定的。需求曲线还有可能出现下面三种情况。

（1）需求曲线是一条垂直的直线，如图 1-2（a）所示。在这一情形中，无论商品的价格有多高，消费者对该商品的需求量都保持不变。例如，一个家庭对于食盐的需求量通常受价格的影响很小，其需求曲线就具有类似的形状。

（2）需求曲线是一条水平的直线，如图 1-2（b）所示。在这种情形中，消费者对商品价格变动极其敏感，以至于价格升高时消费者立即将需求量减少为 0，而价格低于现有价格时，消费者的需求量趋向于无穷大。

（3）需求曲线向右上方倾斜，如图 1-2（c）所示。这时，消费者的需求量随着商品价格的提高而增加。在日常生活中，消费者出于炫耀等因素的考虑，对某些商品会随着价格的上升而增加购买量。

经济学说史上出现的一个案例似乎也佐证了向右上方倾斜的需求曲线的存在性。早在 1845 年，英国统计学家吉芬发现，由于爱尔兰发生灾荒，土豆价格升高，而土豆的需求量不但没有减少反而增加了。由于这一现象与需求规律相

---

① 需求规律来源于英文"law of demand"。英文"law"可以理解和翻译为法、法则、规律、定律和定理等涉及规则的若干词汇。本书依照约定俗成原则，译成"规律"。但在西方经济学中，它包含验证和未曾验证过的判断，常用作理论假设以解释经济现象。所以，需避免将这里的"规律"理解为"事物之间的本质联系，具有客观必然性的结论"。

矛盾，并且在很长一段时间内并未在理论上给出合理的解释，因而此类现象也被称为"吉芬难题"，这类商品相应地被称为吉芬物品①。

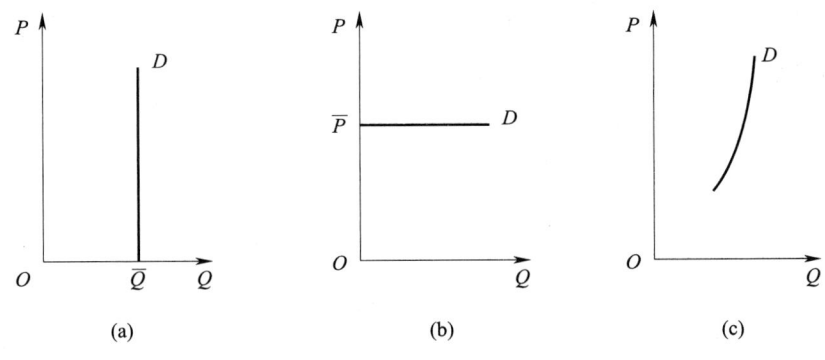

图 1-2　需求曲线的特例

上述三方面的事例说明，并不是所有消费者对所有商品的需求都必然满足需求规律，如果说第一和第二种情形可视为需求规律的极限状态，是其特例，那么第三种情形则构成了该规律的一个反例。尽管如此，经济学中仍然把需求曲线向右下方倾斜作为需求的"基本规律"。这至少从一个侧面说明，经济学中的"规律"并不能等同于自然规律。正如英国经济学家马歇尔所言："经济学的规律可与潮汐的规律相比，却不能和简单与精密的引力律相比。因为，人们的活动是如此多种多样和不确定，以致在研究人类行为的科学中，我们所能作的关于倾向的最好的叙述，必然是不精确的和有缺点的。"它们"不过是一种多少是可靠的和明确的一般命题或倾向的叙述而已"②。

三、影响需求量的其他因素

在上述有关需求的定义中，一个隐含的假定是"其他条件不变"，即除了商品价格之外，其他因素保持不变。但是事实上，除了商品价格以外的许多其他因素也可能发生变动，也会对需求量产生影响。这些因素主要包括：消费者的偏好和收入水平、其他相关商品的价格、消费者预期以及政府的政策等。

（一）消费者的偏好

偏好是指消费者对某商品的喜好程度，它极大地影响着消费者对该商品的需求。例如，人们对香烟的需求量受吸烟偏好的影响，偏好吸烟的人对香烟有需求，不喜欢吸烟的人则对香烟就根本没有需求，甚至厌恶。通常，在相同的

---

① 现代经济学为解决吉芬难题所提供的方案将在下一章给出。
② ［英］马歇尔：《经济学原理》上卷，朱志泰译，商务印书馆 1964 年版，第 52 页。

价格水平下，消费者对某商品的偏好越强烈，其对该商品的需求量就越大；反之，需求量就越小。也就是说，消费者的偏好与需求量呈同方向变动。

偏好是消费者需求至关重要的决定因素，但对偏好进行一般性的数量讨论却因其所包含的众多主观特性而存在较大的困难。偏好既可以反映消费者的真实心理或者生理需要，如喝水；又可以是人为制造的需要，如由广告宣传所造成的需要；也可以是由文化的、历史的、传统的因素或者宗教所限定的需要。正因为偏好因人因时而异，在对需求进行一般讨论时，通常假定消费者的偏好保持不变。

（二）消费者的收入水平

对于一个消费者而言，收入决定了其支付能力，从而也就决定了对商品的需求量。不过，消费者的收入增加并不总能导致其对商品的需求量增加，这取决于该商品对消费者而言是正常品还是低档品。所谓正常品，是指消费者随着收入水平提高而增加其需求量的商品。我们日常消费的大多数商品或服务都具备这样的特征。不过，也有一些商品，它们的需求量随消费者收入的增加而减少，这类商品就被称为低档品。

需要指出的是，正常品和低档品的区分也与消费者的收入水平密切相关。同一种商品对一些消费者而言是正常品，而对另外一些消费者则可能就是低档品；对同一个消费者来说，某种商品在一定的收入水平上是正常品，而在另外一个收入水平上却可能是低档品。例如，人们对"粗粮"的需求量就并不总是随着收入增加而减少。

（三）其他相关商品的价格

事实上，面对众多可供选择的商品，消费者会根据一系列商品而不仅仅是一种商品的价格来决定不同商品需求量的组合。因此，当某种商品的相关商品价格发生变化时，消费者对该种商品的需求量也会发生变动，而变动方向则取决于这两种商品之间的关联程度及类型。如果两种商品在满足消费者同一类型的需要时具有相同或相近的功效，那么就称这两种商品是替代品，例如，苹果和梨，乘汽车或火车出行等。如果两种商品相互补充，共同满足消费者同一类型的需要，则称这两种商品为互补品，例如，网球与网球拍，数码相机与存储卡等。

对于替代品而言，如果一种商品价格上升，消费者将减少该商品的需求量，转而购买另外一种商品。因此，替代品价格上升将导致消费者对原商品的需求量增加。对于互补品而言,它们联合起来共同形成一个功效,因而可以视为是"一种商品",所以,互补品价格提高时,消费者对原商品的需求量也会减少。

(四) 消费者预期

当考虑到时间因素时,消费者会根据已有的信息对未来事项进行预期。这些对未来的预期会影响到消费者现期的需求量。例如,消费者预期未来商品价格会上涨,那么他就会增加对该商品的需求量,特别是那些便于贮存的商品。同样的,消费者对自身未来收入的预期也会影响到对商品的需求。比如,当预期经济不景气、收入下降时,即使当期收入并没有显著下降,人们也会减少现期的消费。

(五) 政府的政策

一般而言,政府的政策可以通过影响消费者的偏好、收入、相关商品价格以及预期等因素来影响消费者的需求量。例如,政府制定限制在室内吸烟的法规并严格执行,会降低人们对香烟的偏好,而提高个人所得税费用减除额会增加消费者的实际可支配收入,从而最终影响消费者对商品的需求量。

以上分析表明,消费者对某种商品的需求量不仅取决于该商品的价格,也取决于其他许多因素。广义地说,消费者对某种商品的需求是需求量与所有影响因素之间的函数关系。用 P 表示商品的价格,P^r 表示消费者的偏好,P_1, P_2, $\cdots$, P_n 分别表示其他相关商品的价格,m 表示消费者的收入,P^e 表示消费者对商品价格的预期,P^o 表示政府的政策等,则消费者对商品的需求函数可以表示为:

$$Q^d = D(P; P^r; P_1, P_2, \cdots, P_n; P^e; P^o; m) \quad (1.3)$$

很显然,需求函数式(1.1)是式(1.3)在其他因素保持不变而价格可以变动条件下的一种特殊形式。

四、需求量的变动和需求的变动

既然某种商品的需求量不仅取决于商品本身的价格,而且也取决于众多其他因素,那么,为了在图 1-1 给出的需求曲线的基础上考察消费者的偏好、收入、其他商品价格等因素的影响,有必要区分需求量的变动与需求的变动两个概念。

现在考察上面提及的那位消费者在不同收入状况下对苹果的需求,如表

1-2 所示。表中第一行与第二行是该消费者月收入为 4 000 元时对苹果的需求，第一行与第三行是他月收入为 5 000 元时对苹果的需求。

表 1-2 在不同收入水平下某消费者对苹果的需求表

价格（元/千克）	14	12	10	8	6	4
月收入为 4 000 元时的需求量（千克）	2	5	8	11	14	17
月收入为 5 000 元时的需求量（千克）	3	6	9	12	15	18

在这一例子中，消费者对商品需求量的变动源于两个方面：一是在收入不变的条件下，价格变动引起需求量变动；二是在每一个可能的价格下，消费者收入变动引起需求量变动。为了区分起见，通常把价格变动引起的消费者愿意并且能够购买的数量的变动称为需求量的变动，而把其他因素（这里是收入）变动引起的消费者在每一个可能的价格下所对应的需求量的变动称为需求的变动。

上述两方面因素引起的需求量的变动可以在图形中得到进一步说明。图 1-3 给出的需求曲线可以看成是该消费者在不同收入水平下一个月内对苹果的需求，其中 D_1 表示他在月收入为 4 000 元时的需求，D_2 表示月收入为 5 000 元时的需求。很显然，在收入及其他条件不变的情况下，价格变动引起的需求量的变动表现为同一条需求曲线上点的移动。例如，价格变动使得消费量沿需求曲线 D_1 由 A 点移动到 B 点。如果收入发生变动，那么，对应于相同的价格，消费者的需求量也会发生变动。例如，在价格为 P_1 时，收入增加使得需求曲线 D_1 上的 A 点变动到 D_2 上的 C 点。因此，价格以外的因素变动导致的需求量的变动表现为需求曲线的移动，例如从 D_1 移动到 D_2。

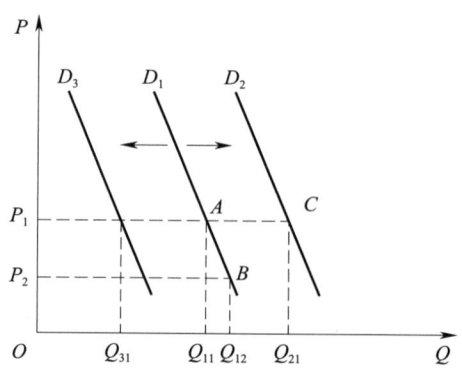

图 1-3 需求量的变动和需求的变动

综上所述，在其他条件不变的情况下，价格变动引起的需求量的变动表现为一条需求曲线上点的变动,而价格以外的其他因素的变动引起的需求变动表现为需求曲线的移动。进一步,如果需求曲线向右上方移动,则称消费者的需求增加。例如,消费者收入增加导致需求增加,图1-3中表现为需求曲线由 D_1 移动到 D_2。反之,如果需求曲线向左下方移动,则称消费者的需求减少。例如,替代品价格下降导致该商品的需求减少,图1-3中表现为需求曲线由 D_1 移动到 D_3。

五、从单个消费者的需求到市场需求

以上讨论的有关需求的概念是就单个消费者(或家庭)而言的,但市场价格并非由单个消费者的需求所决定,而是由整个市场上对同一种商品"总的"需求(连同市场供给一起)所决定。因此,需要对所有单个消费者的需求"加总"以得到整个市场的需求。某种商品的市场需求是指某一特定时期内所有消费者对该商品需求的总和,即在其他条件不变的情况下,对应于各种可能的价格,所有消费者愿意而且能够购买的该商品数量的总和。

假设市场上只有两个消费者对苹果有需求。对应于某一特定的价格 P,消费者甲的需求量为 Q_1,消费者乙的需求量为 Q_2,则市场需求量 Q 为 Q_1+Q_2。

由单个消费者需求的加总得到市场需求的过程可以借助于图1-4进一步说明。图1-4(a)和图1-4(b)分别表示两个消费者对苹果的需求曲线。对应于某一特定的价格,比如 $P=P_1$,图1-4(a)中消费者甲的需求量为 Q_{11},图1-4(b)中消费者乙的需求量为 Q_{21},则市场需求量为 $Q_{11}+Q_{21}$,从而在图1-4(c)中得出市场需求曲线 D 上的一点。以类似的方式可以得到整个市场需求曲线。不难发现,某种商品的市场需求曲线是所有需要该商品的单个消费者的需求曲线沿数量轴的横向加总。

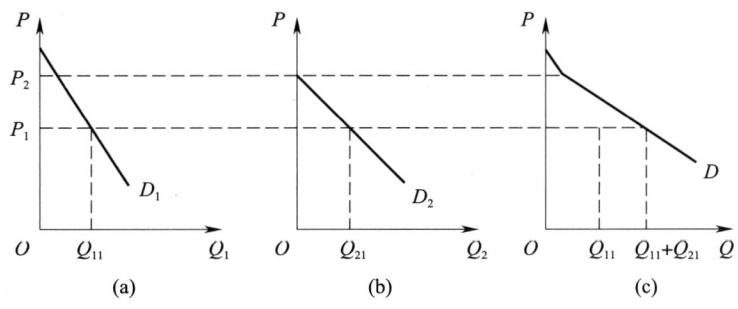

图1-4 从单个需求曲线到市场需求曲线

更一般地,如果对同一种商品有需求的消费者共有 n 个,每个消费者的需

求函数为：

$$Q_i^d = D_i(P), \quad i = 1, 2, \cdots, n \tag{1.4}$$

那么，整个市场的需求函数为：

$$Q^d = D(P) = \sum_{i=1}^{n} Q_i^d = \sum_{i=1}^{n} D_i(P) \tag{1.5}$$

很显然，如果所有单个消费者对同一种商品的需求都满足需求规律，那么该商品的市场需求也一定满足需求规律，即单个消费者的需求曲线均向右下方倾斜，则市场需求曲线也一定向右下方倾斜。

第二节 供 给

本节讨论供给的基本概念及其变动特征。

一、供给的概念

（一）供给的定义

作为生产者的企业是决定商品（或服务）供给的一方。在某一特定时期内，对应于一个给定的价格，生产者愿意并且能够提供的商品数量被称为该价格下的供给量。供给反映了供给量与其影响因素之间的关系。在其他条件不变的情况下，生产者对某种商品的供给就是各种可能的价格对供给量的影响。

与需求的概念相类似，对于供给同样需要注意三个方面。首先，上述定义中隐含如下假定：除商品本身的价格以外，影响一个生产者对商品供给量的其他因素保持不变。其次，生产者对某种商品的供给是针对一系列可能的价格水平而制定的一个计划。再次，特定价格下生产者对商品的供给量既要具备供给意愿，又要有供给能力。

（二）供给的表示

供给也可以由供给表、供给曲线和供给函数三种形式表示。

生产者对某种商品的供给表，是由各种可能的价格水平与相应的供给量所构成的一个序列表。例如，一个生产面包的食品公司根据市场价格决定其面包供给量，其供给如表 1-3 所示。如果面包的价格是 1 元/袋，食品公司的供给量为 5 万袋；价格为 2 元/袋，则提供 10 万袋，等等。

表 1-3　食品公司对面包的供给表

价格（元/袋）	1	2	3	4	5
供给量（万袋）	5	10	14	16	17
价格与供给量的组合点	A	B	C	F	G

生产者对某种商品的供给也可以借助于供给曲线来表示。供给曲线是在其他条件不变的情况下，所有可能的价格与生产者相应于这些价格的供给量的组合点在坐标平面中描绘出来的一条曲线，通常由字母 S（或 s）标注。图 1-5 是根据表 1-3 的数据描绘出来的食品公司对面包的供给曲线。

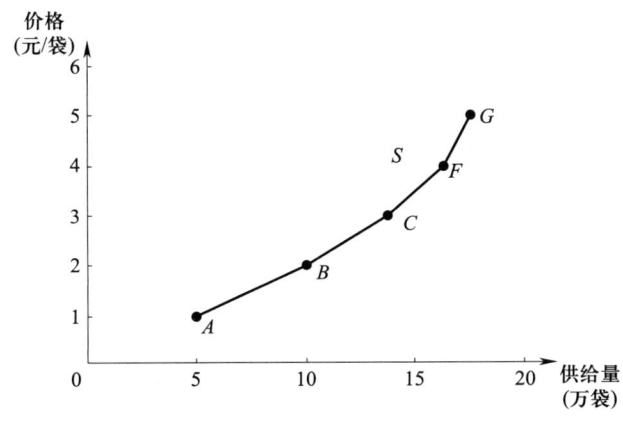

图 1-5　食品公司对面包的供给曲线

表示某种商品供给的第三种方式是供给函数。在其他条件不变的情况下，供给函数表示生产者对某种商品的供给量与价格之间的对应关系。继续以 P 表示商品的价格，以 Q^s 表示生产者对该商品的供给量①，则生产者对该商品的供给函数可以表示为：

$$Q^s = S(P) \tag{1.6}$$

如果供给曲线是一条向右上方倾斜的直线，供给可以由线性供给函数加以表示：

$$Q^s = \gamma + \delta P \tag{1.7}$$

式中，γ 和 δ 为常数且 $\delta > 0$。

二、供给规律

（一）供给规律的含义

与需求一样，生产者愿意并且能够提供的商品的数量与价格之间也具有一

---

① 在不引起误会的条件下，有时也直接用 Q 表示供给量。

定的典型特征。一般而言，在其他条件不变的情况下，某种商品的价格越高，生产者对该商品的供给量就越大；反之，商品的价格越低，供给量就越小。这一特征在经济学中被称为供给规律。

直观上供给规律很容易理解。继续以食品公司的供给为例。假设其他条件不变，面包的价格提高，那么公司扩大生产就更加有利可图，因而公司就会雇用更多的劳动力，增加中间品投入，甚至使用更多或更先进的机器，最终使得面包的供给量增加。至于供给规律背后所隐藏的更深层的原因，将在随后有关生产者供给行为理论中加以说明。

如果供给规律成立，那么在其他条件不变的情况下，供给量与价格之间呈同方向变动的关系，即供给曲线向右上方倾斜。特别地，如果供给函数具有式（1.7）给出的线性形式，那么供给规律意味着其中的系数 δ 必为正值。

（二）供给曲线的特例

与需求规律一样，供给规律也存在一些特例。

（1）供给曲线是一条垂直的直线，如图1-6（a）所示。在这种情况下，无论商品的价格有多高，生产者提供既定数量的商品。例如，一个城市中电视塔观景台所提供的服务通常就是一条垂直的直线。一般地，具有固定数量的商品，其供给曲线具有类似的形状。

（2）供给曲线是一条水平的直线，如图1-6（b）所示。这种形状的供给曲线表明，在一个特定的价格下，生产者愿意供给任意数量的商品。例如，具有既定生产能力且单位成本稳定的公司，如果价格低于其单位成本，公司可能因为亏损而选择不供给；如果价格高于单位成本，则公司愿意倾其所有提供供给，此时的供给量趋于无穷大；而在该价格下，公司提供其生产能力范围内任意数量的商品。

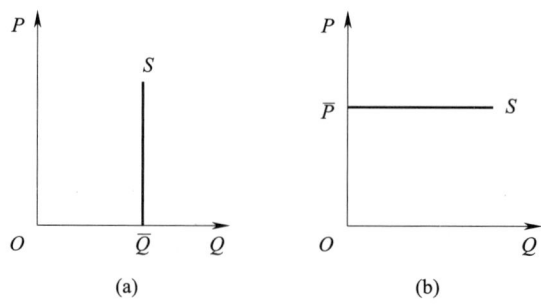

图1-6 供给曲线的特例

同样，上述两种情况可以看成是供给规律的极限情形，是特例而非反例。

就单个生产者而言，其供给曲线向右下方倾斜这类严格违反供给规律的情况，似乎并不容易找到，但在后续内容中，适当扩大分析范围，我们也会遇到向右下方倾斜的供给曲线。① 所以，这里继续在经验意义下使用供给规律。

三、影响供给量的其他因素

与需求分析类似，一种商品的供给量除了受商品本身价格的影响之外，还受到其他多种因素的影响。这些其他因素主要包括：生产者的目标、生产技术水平、生产成本、生产者可生产的其他相关商品的价格、生产者对未来的预期以及政府的政策等。

（一）生产者的目标

一般说来，生产者的目标是利润最大化。但在实际经济活动中，一个生产者的经营目标可能不止一个，同一个生产者在不同的时期经营目标也不尽相同。例如，在经营初期，生产者可能侧重于创造声誉，占领局部市场。生产者的目标不同，在既定价格下的供给量也会有所不同。

（二）生产技术水平

在投入既定的条件下，生产者所采用的技术决定了它所能生产的商品数量，技术水平越高，相应的产出量就会越大，即技术水平越高，对应于既定的价格，生产者对产品的供给量就会越大。

（三）生产成本

在商品价格不变的条件下，生产者的成本增加，利润相应地减少，生产者就会减少供给量；相反，生产者的成本下降，供给量就会增加。而在生产技术既定的条件下，生产者所使用的投入品的价格是决定生产成本的关键因素，因此，生产要素价格提高会促使生产成本增加，进而使得生产者的供给量减少。

（四）生产者可生产的其他相关商品的价格

如果一个生产者可以提供多种商品，则其中一种商品价格发生变化，它对另外一种商品的供给量也会随之发生改变。不过，这种影响的程度及方向取决于生产者生产这两种商品的技术特征。如果两种商品 A 和 B 在资源投入上相互竞争，那么 B 商品价格提高将会导致 A 商品供给量减少。例如，汽车制造厂既供给高耗能的豪华型高档轿车，也供给节能环保型低档轿车。在其他条件不变

---

① 详见本书第四章第四节和第六章第三节。

的情况下，如果低档轿车价格提高，势必导致厂家把人力、物力转向生产更多的低档轿车，从而使得高档轿车的供给量减少。如果生产者生产 A 和 B 两种商品共享同一资源，在同一生产过程中连带地被生产出来，比如钢铁公司在炼钢过程中既生产出各种型号的钢材，也会因钢材冷却而生产出热水。很显然，如果钢材的价格上涨，钢铁公司希望生产更多的钢材，那么作为取暖用的热水的供给量也势必会增加。

（五）生产者对未来的预期

生产者对未来影响供给量的各种因素的预期会影响现期供给量。如果生产者对未来经济形势持乐观估计，比如预期商品价格上涨，那么他就会增加商品产量，以便除了满足当期市场需求之外为将来增加供给做准备。相反，如果生产者对未来持悲观的预期，则会减少当期商品供给量，以避免下期出现较多的库存。

（六）政府的政策

政府所采取的经济政策也会直接或间接地影响到上述因素从而最终影响供给量。例如，政府的财政刺激计划可以使得某一企业获得进货或者税收方面的优惠，从而促使生产者增加供给量。相反，如果政府征收出口关税，那么出口企业就可能减少商品供给量。

由此可见，存在许多因素影响生产者对一种商品的供给量。所以，严格说来，一种商品的供给量不仅取决于该商品的价格，还受到上述其他因素的影响。用 P 表示商品的价格，A 表示生产技术水平，$P_1, P_2, \cdots, P_n$ 表示其他相关商品的价格，$r_1, r_2, \cdots, r_n$ 表示生产要素的价格，P^e 表示预期价格，P^o 表示政策因素，则更为一般的供给函数可以表示为：

$$Q^s = S(P; A; P_1, P_2, \cdots, P_n; r_1, r_2, \cdots, r_n; P^e; P^o) \quad (1.8)$$

很显然，供给函数式（1.6）是式（1.8）在假定价格之外其他因素保持不变条件下的一个特例。

四、供给量的变动和供给的变动

为了叙述明确，同样有必要区分供给量的变动与供给的变动。由于商品价格发生变化而导致的商品供给量的变化被称为供给量的变动。商品价格以外的其他因素变动而引起的每一价格下商品供给量的变动被称为供给的变动。

图 1-7 描绘了供给量变动与供给变动之间的差异。供给量的变动意味着，

某商品价格变动导致供给量沿着供给曲线发生变动。例如,在供给曲线 S_1 上,如果价格由 P_1 下降到 P_2,则供给量由 Q_{11} 减少到 Q_{12},即由 S_1 上的 A 点变动到 B 点,这种变动就是供给量的变动。而在某一特定价格下,比如 P_1,价格以外的其他因素发生了变动,使得生产者的供给量由 Q_{11} 增加到 Q_{21},价格与供给量的组合点由 S_1 上的 A 点变动到 S_2 上的 C 点,这时供给发生了变动。可见,供给的变动表现为供给曲线的移动。与供给量增减相一致,如果供给曲线向右下方移动,比如从 S_1 变动到 S_2,则称供给增加;反之,如果供给曲线向左上方移动,比如从 S_1 变动到 S_3,则称供给减少。例如,企业的生产技术水平提高、成本降低特别是生产要素投入价格下降、政府的减税政策等因素会导致供给增加,供给曲线向右下方移动;这些因素反方向变动就会导致供给减少,使供给曲线向左上方移动。

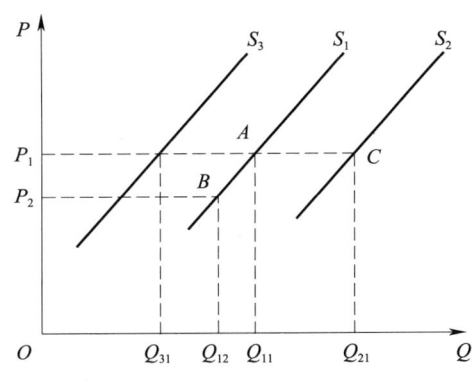

图 1-7 供给量的变动和供给的变动

五、从单个生产者的供给到市场供给

以上讨论的供给概念是以单个生产者为基础的,而决定市场价格的则是市场供给。为了得到市场供给,可以对同一种产品的所有生产者的供给进行"加总",即在每一个可能的价格下,生产同一种商品的所有生产者的供给量之和构成市场供给量,市场供给量与商品价格之间的对应关系即为市场供给。

假定市场上只有两个生产者,图 1-8 给出了推导市场供给曲线的过程。例如,对应于任意一个既定的价格 P_1,第一个生产者的供给量为 Q_{11},第二个生产者的供给量为 Q_{21},则市场供给量为 $Q_{11}+Q_{21}$。这样,通过单个生产者的供给曲线沿数量轴横向加总,就可以得到该商品的市场供给曲线,如图 1-8(c)所示。

如果供给同一种商品的生产者有 m 个,每个生产者的供给函数为:

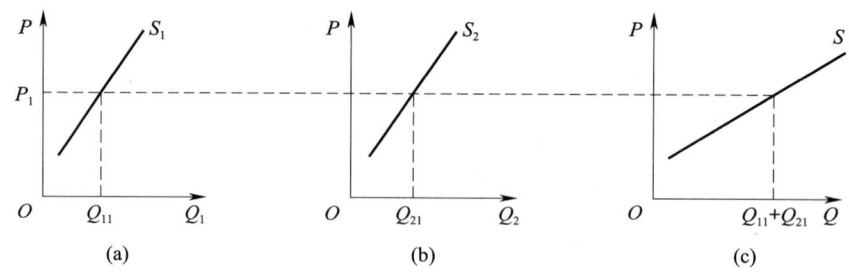

图 1-8 从单个供给曲线到市场供给曲线

$$Q_j^s = S_j(P), \quad j=1, 2, \cdots, m \quad (1.9)$$

那么，市场供给函数为：

$$Q^s = S(P) = \sum_{j=1}^{m} Q_j^s = \sum_{j=1}^{m} S_j(P) \quad (1.10)$$

很显然，如果每个生产者的供给都满足供给规律，那么市场供给也会满足供给规律。也就是说，如果每个生产者的供给曲线都向右上方倾斜，则该商品的市场供给曲线也一定向右上方倾斜。

第三节 市 场 均 衡

以上两节分别从需求和供给两个侧面讨论了决定一种商品市场价格的两种力量，本节说明供求相互作用决定市场均衡价格的过程。

一、均衡的含义

均衡是经济学家从物理学中借鉴并发展出来的一个概念。在物理学中，均衡表示一个物体受到各种外力的作用而合力为零时该物体所处的静止或匀速运动的状态。类似地，经济学中的均衡也可以被看成是"力量的平衡"，或者用来表示没有内在"变革倾向"的一种状态。① 基于此，在最一般的意义上，均衡是指经济系统中的某一特定经济单位、经济变量或市场等，在一系列经济力量的相互制约下所达到的一种相对静止并保持不变的状态。与物体的运动一样，经济体系中一个特定经济单位也同样受到来自不同方向的各种经济力量的

---

① ［美］默里·米尔盖特："均衡：概念的发展"，杨宇光译，［英］约翰·伊特韦尔等编：《新帕尔格雷夫经济学大辞典》第 2 卷，经济科学出版社 1996 年版，第 193-197 页。

制约。当作用于这一经济单位的各种力量相互抵消时，表明有关各方的愿望得到了充分协调，从而该经济单位失去了进一步变动的动力，处于一种稳定的状态。在这里，均衡不仅仅表现为一种特定状态，同时也给出了经济单位运动的倾向性结果。因此，经济学研究往往通过寻找趋于静止的均衡状态，以揭示经济单位或经济变量实现均衡的条件和相应的变化趋势。

市场供求均衡是均衡分析最重要的一个事例。在一种商品或者服务的市场上，需求和供给是决定市场价格的两种相互对立的经济力量，买者希望价格降低，而卖者则希望得到更高的价格。如果前者的力量大于后者，那么价格就有下降趋势；相反，如果后者大于前者，则价格就趋于上升。因此，供求力量的相互作用使得一个市场处于均衡状态，市场价格就趋于不变。

均衡是以决定系统的外在因素保持不变为条件的。如果系统的外在因素发生改变，那么原有均衡势必也会发生变动，系统会在新的条件下重新达到均衡。例如，消费者的需求发生改变，原有的市场均衡状态就会被打破，市场将会借助于市场价格的波动，开始寻求新的均衡。

接下来我们具体分析市场均衡决定市场价格的过程，并对市场均衡进行比较静态分析。

二、均衡价格和均衡数量

在一种商品或服务的市场上，市场需求和供给相互作用使得市场趋向于均衡。如果价格太高，消费者愿意并且能够购买的数量相对于生产者愿意并且能够出售的数量不足，生产者不能在该价格下销售所有的产出，市场价格就会降低；相反，如果价格太低，消费者的需求量相对于生产者的供给量过剩，消费者就不能购买到想要（且买得起）的数量，市场价格就会提高。当供求力量相抵时，市场价格倾向于保持不变，此时市场处于均衡状态，如图1-9所示。

市场均衡是指市场供给等于市场需求的一种状态。当一种商品的市场处于均衡状态时，市场价格恰好使得该商品的市场需求量等于市场供给量，这一价格被称为该商品的市场均衡价格。换句话说，市场处于均衡的条件是，市场需求量等于市场供给量，此时的价格为均衡价格。对应于均衡价格，供求相等的数量被称为均衡数量。在图1-9中，市场需求曲线D与供给曲线S的交点E就是市场均衡点，均衡点对应的价格P_E就是均衡价格，相应的需求量或供给量Q_E是均衡数量。

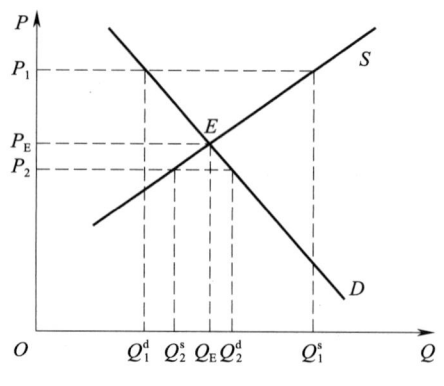

图 1-9　均衡价格和均衡数量的决定

假如最初市场价格高于均衡价格 P_E，比如图中的 P_1 点，那么由此决定的市场需求量 Q_1^d 小于市场供给量 Q_1^s。结果，供大于求，市场上出现超额供给。也就是说，在现行价格下，市场上有些生产者不能实现其意愿的供给量，从而会降价出售产品，这势必导致市场上的价格趋于下降。随着商品的市场价格下降，市场需求量逐渐增加，而市场供给量减少。不过，只要新的市场价格仍使得供给量大于需求量，上述过程就会重复，市场价格就会继续降低，直到供求相等为止，如图中的 P_E。

相反，如果最初市场价格低于均衡价格，比如处于 P_2 点，那么该价格对应的市场需求量 Q_2^d 大于市场供给量 Q_2^s，供小于求，市场出现超额需求。这就意味着，在现行价格下，某些消费者买不到其意愿数量的商品，从而愿意以更高的价格购买商品，结果导致市场价格升高。随着市场价格升高，市场供给量逐渐增加，而需求量下降，上述过程直到市场价格变为供求相等的 P_E 为止。

总之，一种商品的均衡价格是市场上需求和供给两种相反力量共同作用的结果。当市场价格偏离均衡价格时，市场上会出现超额需求或者超额供给的不均衡状态。市场的超额需求或者超额供给迫使价格回归到均衡状态，从而决定均衡价格和均衡数量。经济学把供求随价格变动而自动趋向均衡的情形看成是市场机制的自发调节。

需要指出，在均衡价格下，一种商品的均衡数量只表明买卖双方意愿的交易量相等，并不是指买卖双方实际的交易量相等，后者在任意价格下总是相等的。此外，市场均衡的实现也需要一定的条件，比如，买卖双方可以在不花费成本的条件下，充分获取市场信息，而且交易可以瞬间进行，没有中间商囤积等。

三、市场均衡的变动

在市场机制中,供给量和需求量随着价格变动自发调整,市场趋于均衡。不过,市场均衡是一种相对稳定状态,如果没有外在因素的变动,市场需求和市场供给就会保持不变,这种均衡状态也将维持下去。如果某些事件导致市场需求或供给发生变动,则意味着原有的市场均衡被打破,新的均衡又会在市场机制的作用下重新形成。相对于原有的均衡,新的均衡价格和均衡数量都会发生变动。

首先考察供给不变条件下需求变动对市场均衡的影响。如本章第一节所言,如果商品价格以外的其他因素影响到消费者的需求量,那么该商品的需求就会发生变动。比如,消费者的偏好、收入或者其他相关商品的价格等因素发生变动,将可能引起整个市场需求的变动。这种变动最终会影响市场均衡价格和均衡数量的变动。

假定市场供给保持不变,市场需求增加,需求曲线向右上方移动。如图 1-10 所示,最初,商品的市场需求曲线为 D_1,市场供给曲线为 S,它们决定的市场均衡处于 E_1 点,相应的市场均衡价格为 P_1,均衡数量为 Q_1(这里,为了书写方便,省略了表示均衡的下标 E)。市场需求增加导致需求曲线由 D_1 向右上方移动到 D_2。新的市场需求曲线 D_2 与市场供给曲线 S 在 E_2 点上再次实现均衡,所对应的均衡价格和均衡数量分别为 P_2 和 Q_2。不难看出,在供给不变的条件下,需求增加将导致均衡价格上升,均衡数量增加。

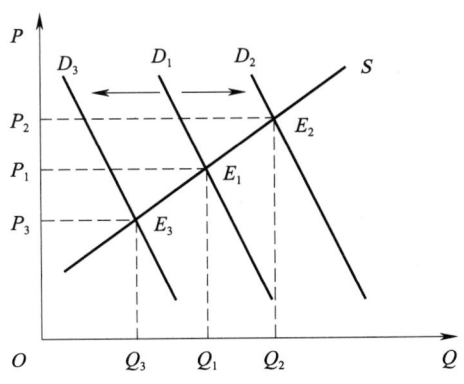

图 1-10 需求变动对市场均衡的影响

反之,如果供给不变而市场需求减少,市场需求曲线向左下方移动,从而会导致均衡价格下降,均衡数量减少。在图 1-10 中,需求曲线由 D_1 下降到

D_3，均衡点由 E_1 移动到 E_3，相应地，均衡价格由 P_1 下降到 P_3，均衡数量由 Q_1 减少到 Q_3。

其次考察需求不变条件下供给变动对市场均衡的影响。在其他条件不变的情况下，生产技术水平、生产成本、预期等因素都会导致生产者的供给发生变动，最终使得均衡价格和均衡数量发生变动。供给增加将会使得供给曲线向右下方移动，在需求不变的条件下，导致均衡价格下降，均衡数量增加。如图 1-11 所示，最初，一种商品的市场需求曲线 D 和市场供给曲线 S_1 在 E_1 点处于均衡状态，所决定的均衡价格和均衡数量分别为 P_1 和 Q_1。现在由于某种原因导致市场供给增加，市场供给曲线由 S_1 向右下方移动到 S_2。在新的市场供给曲线 S_2 与原有的市场需求曲线 D 的交点 E_2 处，市场再次处于均衡状态。新的均衡价格和均衡数量分别为 P_2 和 Q_2。与原有的均衡相比，供给增加导致均衡价格下降，均衡数量增加。

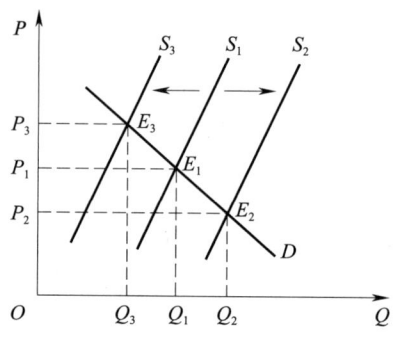

图 1-11 供给变动对市场均衡的影响

类似地，在需求保持不变的条件下，如果市场供给减少，则均衡价格上升，均衡数量减少。在图 1-11 中，市场供给由 S_1 减少到 S_3，均衡价格就由 P_1 提高到 P_3，而均衡数量由 Q_1 减少到 Q_3。

再次，如果一个事件导致市场需求和供给均发生改变，市场均衡也会发生变动。比如在需求增加的同时，供给也发生了变动，那么市场均衡也会发生变动。如图 1-12 所示，市场需求曲线 D_1 和市场供给曲线 S_1 共同决定的原有的市场均衡处于 E_1 点，相应的均衡价格和均衡数量分别为 P_1 和 Q_1。现在某一因素导致需求由 D_1 增加到 D_2，同时也使得市场供给由 S_1 增加到 S_2。相应地，由 D_2 和 S_2 共同决定的均衡点为 E_2，对应的均衡价格和均衡数量分别为 P_2 和 Q_2。很显然，市场需求和供给同时增加，会导致市场均衡数量由 Q_1 增加到 Q_2，但均衡价格是否提高却难以确定，这取决于需求和供给的状况及其变动幅度的大小。图 1-12 描绘了市场需求和供给同时增加导致均衡价格上升的情形，至于均衡价格下降的情形，读者可参照该图自行描绘。

如果某一因素在导致需求增加的同时使得供给减少，则均衡价格会随之升高，但均衡数量的变动无法确定。如图1-13所示，市场需求由D_1增加到D_2，市场供给从S_1减少到S_2，相应地，均衡点由E_1变动到E_2。比较E_2与E_1后很容易确定，均衡价格由P_1提高到P_2，但均衡数量的变动方向无法确定。

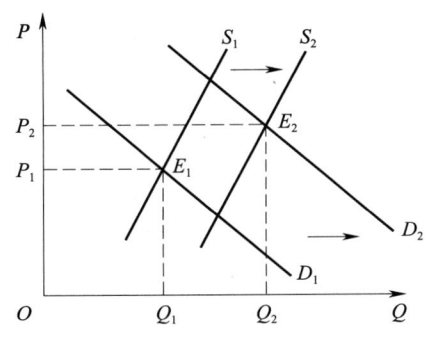
图1-12　需求和供给同时增加
对市场均衡的影响

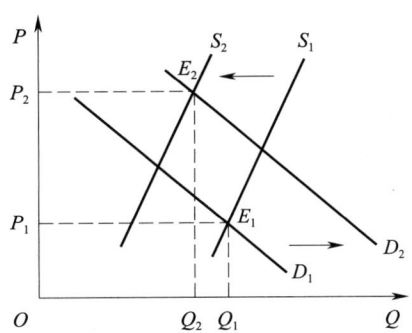
图1-13　需求增加而同时供给
减少对市场均衡的影响

最后，假设某一因素导致需求减少的同时，也使得供给发生了变动。如图1-14所示，在市场需求由D_1减少到D_2的同时，市场供给由S_1增加到S_2，则市场均衡由E_1变动到E_2。在这种情况下，市场均衡价格会由P_1下降到P_2，但均衡数量的变动方向无法确定。

类似地，如果同一因素在导致市场需求减少的同时也使得供给减少，则市场均衡由E_1点变动到E_2点，如图1-15所示。结果，市场均衡数量由Q_1减少到Q_2，但均衡价格的变动方向无法确定。

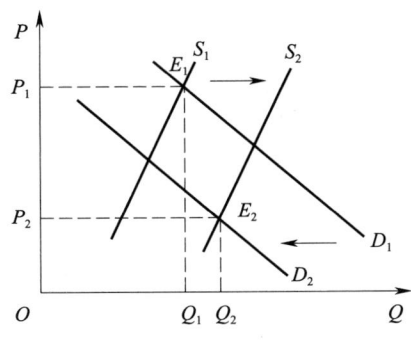
图1-14　需求减少而同时供给
增加对市场均衡的影响

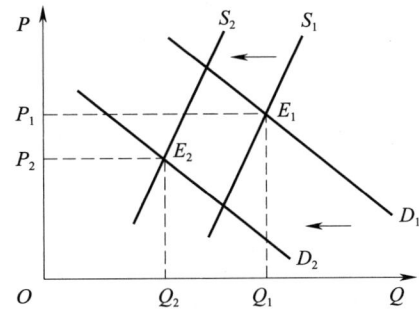
图1-15　需求和供给同时减少
对市场均衡的影响

上述分析的基本结论反映了供求变动对市场均衡影响的供求规律，参见表1-4。

① 在供给不变的条件下，需求增加，则均衡价格提高，均衡数量增加；反之，需求减少，则均衡价格下降，均衡数量减少。② 在需求不变的条件下，供给增加，则均衡价格下降，均衡数量增加；反之，供给减少，则均衡价格提高，均衡数量减少。③ 在需求增加的条件下，供给增加，则均衡数量增加，但均衡价格的变动方向难以确定；反之，供给减少，则均衡价格提高，但均衡数量的变动方向不确定。④ 在需求减少的条件下，供给增加，则均衡价格降低，但均衡数量的变动方向不确定；反之，供给减少，则均衡数量减少，但均衡价格的变动方向不确定。

表1-4　供　求　规　律

需求（D）	供给（S）	均衡价格（P）	均衡数量（Q）
↑	不变	↑	↑
↓		↓	↓
不变	↑	↓	↑
	↓	↑	↓
↑	↑	不确定	↑
	↓	↑	不确定
↓	↑	↓	不确定
	↓	不确定	↓

同样需要强调，与需求和供给规律一样，供求规律也可能存在特例，甚至反例。事实上，供求规律是以需求规律和供给规律成立为前提的，如果前提条件不能成立，那么供求变动导致均衡变动的情况也会更复杂。

四、经济模型的结构

以上对供求机制运行基本原理的分析给出了西方经济学在理论构建过程中所采用的模型化方法及基本结构。正如导论第四节指出的那样，经济模型（特别是数学模型）常常被用来表示经济理论所研究的经济现象之间的依存关系及其结构。通过本章的供求模型，我们可以较为清晰地看到这一点。

一般而言，以均衡分析为基础的经济理论模型化过程主要包括模型构建、模型求解及对解的性质判断以及对均衡解的比较分析三个主要阶段。

在确定分析对象和研究范围之后，经济学家试图通过模型来确定经济要素之间的相互关系。经济模型通常由三种类型的基本关系式联系在一起，其中包括行为方程、定义式和均衡条件。以供求均衡模型为例，需求函数和供给函数分别表示了消费者和生产者对商品的需求和供给行为。比如，需求函数表示价格与需求量之间的反方向变动关系，这是对个人行为的一般描述，所以，需求函数是一个行为方程。而市场需求等于所有单个消费者对一种商品或服务的需求之和，这是由定义规定的，是一个恒等式，因而它就是一个定义式。借助于行为方程和定义式，可以分析均衡状态并确定均衡条件。在供求模型中，当需求量等于供给量时市场达到均衡状态。均衡状态的实现需要一定的条件，相应的条件给出了另外一种关系式。在供求模型中，由需求量等于供给量所决定的关系式即属于这一类型。与恒等式不同，均衡条件只对应于均衡状态，如果经济系统偏离均衡，那么均衡条件也就不成立了。

均衡条件不仅描绘了市场均衡状态，而且为研究者对模型求解以及对均衡解的性质做出判断提供了条件。我们需要论证均衡解的存在性、唯一性和稳定性。在简单情形中，这些性质可以借助于模型求解而直接得到。在供求均衡模型中，通过适当的限定，向右下方倾斜的需求曲线与向右上方倾斜的供给曲线在第一象限可以确定唯一的均衡解，从而均衡价格存在且唯一。至于均衡的稳定性分析，目的在于说明最初始于非均衡或者因外力冲击而偏离均衡的经济系统是否能自发地恢复到均衡状态。如果经济系统能够自发地回到原有的均衡状态，则该系统的均衡是稳定均衡；否则该系统的均衡就是不稳定均衡。在供求均衡模型中，供大于（小于）求会使得市场价格下降（上升）的机制决定了均衡的稳定性，从而也隐含地保证了均衡价格作为市场价格理论数值的合理性。

经济模型分析的第三个阶段是对均衡解的比较分析。借助于均衡条件，经济学家可以进一步考察经济系统均衡状态的决定及其影响因素，说明这些因素的变化如何引起均衡状态的偏离，进而揭示它们对于均衡本身所产生的趋势性影响。在不考虑时间因素时，对均衡解的比较分析就是比较静态分析，其任务就是考察决定均衡的某些因素发生改变前后均衡的状态及其相应经济变量的变化情况。

本章的市场均衡理论可以通过下面的经济模型得到重新说明。在其他条件不变的情况下，假定对一种商品的需求只取决于商品本身的价格和消费者的收入，而该商品的供给量仅受商品本身价格的影响。这样，代表市场需求和供给行为的需求函数和供给函数可以简单地表示为：

$$Q^d = \alpha - \beta P + \eta m \quad (1.11)$$

$$Q^s = -\gamma + \delta P \quad (1.12)$$

式中，α、β、η、γ 和 δ 是表示需求和供给行为的参数，它们由被假定为不变的因素所决定,在这里令它们为大于 0 的常数,以便与需求和供给分析的内容相一致,其中($-\beta$)保证了需求曲线向右下方倾斜,而($-\gamma$)确保价格高于一定值时才会有供给量。市场均衡条件表示为:

$$Q^d = Q^s \tag{1.13}$$

式(1.11)至式(1.13)构成了表示市场均衡理论的经济模型。根据市场均衡条件可以知道,使得市场均衡的价格 P_E 应该满足下列条件:

$$\alpha - \beta P + \eta m = -\gamma + \delta P \tag{1.14}$$

从中解得:

$$P_E = \frac{\alpha + \eta m + \gamma}{\beta + \delta} \tag{1.15}$$

式(1.15)决定了该模型的(静态)均衡价格。将其代入式(1.11)或式(1.12)可以得出相应的均衡数量。很显然,在上述对参数限定的条件下,即可保证模型均衡的存在性和唯一性,而供求对市场价格的影响机制保证了均衡的稳定性,从而该模型的均衡解具有良好的性质。

式(1.15)给出的均衡价格是以模型中的参数以及收入给定为条件的,均衡的比较静态分析则要说明,如果这些因素发生改变,均衡状态将如何发生变动。假定消费者的收入 m 发生变动,比如增加,导致需求增加,那么根据均衡价格的决定条件可以知道,消费者的收入 m 增加 1 个单位,市场均衡价格 P_E 相应地增加 $\eta/(\beta+\delta)$ 个单位,在这些参数均大于 0 的条件下,收入与均衡价格之间同方向变动。这就意味着,在符合本模型的行为假设的条件下,消费者的收入增加将导致均衡价格提高,该结论即为比较静态分析的结果。

以上由供求分析给出的经济模型代表了经济学理论分析的基本范式,读者将会在本书的大部分章节中体会到这一点。

五、一个动态经济模型

以上讨论的经济模型是一种静态模型,它舍弃了时间因素,仅考察经济变量的决定因素及其变动趋向,省略了变量随时间变动的具体过程。动态经济模型则要进一步刻画经济变量随时间变动的轨迹,分析这些轨迹的变动趋势。全面分析动态经济模型的结构已经超出了本书的范围,本小节以"蛛网模型"为例简要说明经济模型从静态到动态的扩展,进而分析模型动态稳定性质。

在实际经济活动中,有一些产品的供给和需求行为在时间上并不一致,例如农业生产。由于生产周期较长，生产者对产品的供给量依据对销售时的预期价格确定，而消费者对产品的需求量则取决于购买时的价格，所以某一时点上的均衡价格是在供给既定条件下得到的。因为在某一时点上的供给与前一时点上的预期价格有关，所以均衡价格就会随着时间变动而变动。蛛网模型刻画了这种情况下的市场价格随时间调整的趋势。

蛛网模型假定生产者对未来价格的预期取决于预期时的实际价格，即生产者根据 $t-1$ 期的价格决定 t 期的供给量，则在第 t 期市场均衡模型可以表示为：

$$Q_t^d = \alpha - \beta P_t \tag{1.16}$$

$$Q_t^s = -\gamma + \delta P_{t-1} \tag{1.17}$$

$$Q_t^d = Q_t^s \tag{1.18}$$

式中，α、β、γ、δ 是大于 0 的常数。与上一小节静态的市场均衡模型相比，除了省略收入 m 对需求量的影响之外，式（1.16）至式（1.18）给出的经济模型引入了时间因素，其中 t 期的需求量取决于当期价格 P_t，而 t 期的供给量则由上一期价格 P_{t-1} 所决定。对某一特定的 t 期而言，市场均衡价格为：

$$P_t = \frac{\alpha + \gamma}{\beta} - \frac{\delta}{\beta} P_{t-1} \tag{1.19}$$

上式即为蛛网模型的基本方程。很显然，由于在第 t 期时上一期的价格 P_{t-1} 已经确定，则通过式（1.19）可以确定当期均衡价格。

运用蛛网模型，可以分析市场均衡的动态稳定性质。从式（1.19）知道，t 时期的均衡价格随时间收敛的性质取决于 β 与 δ 相对数值的大小，即需求曲线和供给曲线斜率绝对值的相对大小。① 下面通过图形来考察均衡价格随时间变动

---

① 假设经济中最初的市场价格 P_0 给定。令 $\theta = \frac{\alpha+\gamma}{\beta}$，$\lambda = -\frac{\delta}{\beta}$，则通过逐步迭代，式（1.19）可以表示为：

$$P_t = \theta(1+\lambda+\cdots+\lambda^{t-1}) + \lambda^t P_0$$

在 $\lambda \neq 1$ 时，上式表示为：

$$P_t = \theta \frac{1-\lambda^t}{1-\lambda} + \lambda^t P_0$$

不难看出，如果 $\beta > \delta$，则 $|\lambda| < 1$，上面给出的 t 时期的均衡价格收敛于静态均衡价格：

$$P_E = \frac{\alpha+\gamma}{\beta+\delta}$$

蛛网模型给出的（静态）均衡是动态稳定的。同样的道理，在 $\beta < \delta$ 时，蛛网模型的（静态）均衡是动态不稳定的。特别地，在 $\beta = \delta$ 时，模型的均衡既不是动态稳定的，也不会发散，价格将在（静态）均衡价格周围按同一幅度波动。

的路径，进而说明均衡的动态稳定性，如图 1-16 所示。

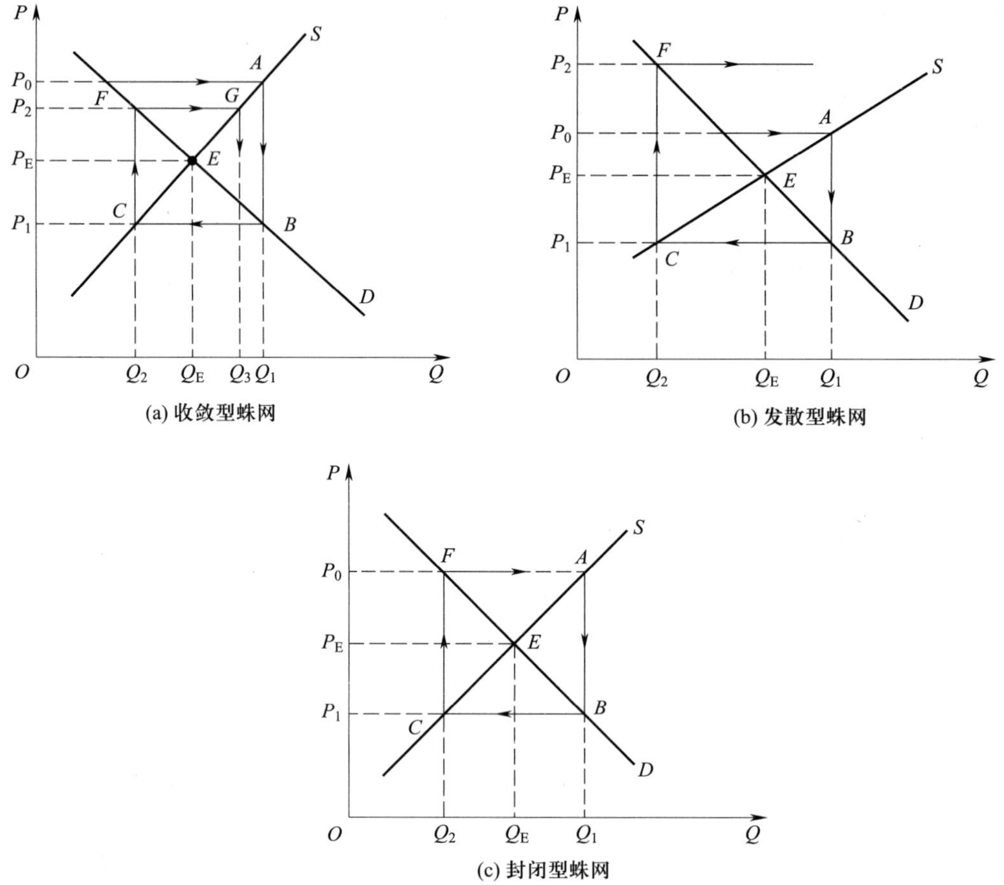

图 1-16 蛛网模型

以图 1-16（a）为例，假设最初在 $t=0$ 时市场价格为 P_0，生产者将依据该价格决定下期的供给量 $Q_1^s=Q_1$，如图中 A 点所示。在 $t=1$ 时，消费者根据式（1.16）决定该期的市场需求。由于当期供给量已经给定，所以，第 1 期的市场均衡条件为 $\alpha-\beta P_1=Q_1$，从中得到该期的市场均衡价格为 P_1，相应的均衡数量为 Q_1，即图中的 B 点。当 $t=2$ 时，生产者根据上期的价格 P_1 决定该期的供给量 Q_2，并形成该期的供给，如图中 C 点所示。这一供给量与该期的需求一起决定了第 2 期的市场均衡，如图中 F 点所示，相应地决定均衡价格 P_2 和均衡数量 Q_2。如此循环下去，在（静态）均衡点 E 附近形成一个蛛网状的调整轨迹，蛛网模型也因此而得名。

不难看出，随着时间 t 的变动，市场上形成一个均衡价格的序列 $\{P_t\}$。借助于这一价格序列是否收敛于（静态）均衡价格 P_E，可以分析蛛网模型给出的这一均衡是否具备动态稳定性。在图 1-16（a）中，由于相对于价格轴而言供给曲线比需求曲线更加平缓，即需求函数斜率的绝对值大于供给函数（$\beta > \delta$），所以 P_2 会低于初始价格 P_0。如此循环，随时间推移，市场价格将趋向于（静态）均衡价格 P_E。所以，图 1-16（a）描绘的蛛网模型具有动态稳定性，其动态调整过程编织了一张"收敛型蛛网"。

与图 1-16（a）不同，在图 1-16（b）中，相对于价格轴而言，供给曲线比需求曲线更加陡峭，即需求函数斜率的绝对值小于供给函数（$\beta < \delta$），所以 P_2 会高于初始价格 P_0。结果，随着时间推移，市场价格将远离（静态）均衡价格 P_E。因此，图 1-16（b）是一个"发散型蛛网"，模型中的（静态）均衡具有动态不稳定性。

图 1-16（c）描绘了一种特殊的蛛网，其中需求曲线与供给曲线具有相同的倾斜程度，即二者的斜率符号相反但绝对值相等。在该模型中，随着时间的推移，市场调整经历的 A、B、C、F 各点，恰好形成一个封闭的长方形。这说明，价格序列既不会收敛也不会远离（静态）均衡价格 P_E。这类型态的模型被称为"封闭型蛛网"。

作为动态模型的一个例子，蛛网模型形象地展示了市场价格动态变动的过程，解释了均衡动态稳定性的概念，给出了均衡的实现所需要的条件。同时，蛛网模型较好地刻画了农产品等生产周期较长、供给量调整滞后的一类产品的市场均衡过程，反映了这类产品的市场上出现的价格持续波动。但是，模型的缺陷也是显而易见的，那就是它假定生产者的供给量由上一期的价格所决定，这忽略了生产者对未来预期的修正。这一缺陷成为蛛网模型被诟病的主要原因。

第四节　弹　　性

需求量或供给量受价格等若干因素影响，但对不同种类的商品而言，它们相应于价格等影响因素变动的敏感程度却不尽相同。需求量或供给量相应于其影响因素变动而变动的敏感程度通常由弹性系数的大小来衡量。本节讨论弹性的内容。

一、弹性的概念

一个经济变量发生变动对另外一个经济变量所产生的影响，是经济学要考察的重要内容。为方便起见，下面以需求量相应于价格的变动来说明弹性概念的由来及其含义。

假定某一种商品的价格发生变动，比如变动一个单位，那么消费者对这种商品的需求量相应地做出调整的幅度到底有多大呢？一种直观的想法是，用每单位价格变动所引起的需求量变动的大小，即用需求量的改变量除以价格的改变量 $\Delta Q/\Delta P$ 这一改变率指标来衡量价格变动对需求量变动的影响程度。然而，在经济学理论及其应用中，改变率指标至少会遇到两方面的困难。

首先，在经济学中，改变率指标是与计量单位相关联的。如果说价格单位可以统一计量，比如说 1 元或者 100 元，那么数量单位就不能做到这一点了。这将极大地限制改变率所反映的敏感程度被用于两种商品之间的比较。例如，在某一城市中，对应于价格提高 100 元，市场对某一品牌彩电的需求量减少 0.6 台，而西装会减少 0.8 件。在这里，0.6 与 0.8 就不具备任何可比性，也就不能得出西装比彩电的需求量相对于价格变动更加敏感的结论。

其次，改变率指标没有反映初始价格的影响。事实上，商品最初的价格也会影响消费者对需求量的调整幅度。比如，同样是西瓜，夏季价格从 4 元/千克上涨到 5 元/千克，消费者的需求量可能会大幅度减少，而在冬季，西瓜的价格由 9 元/千克上涨到 10 元/千克，消费者需求量的减少可能就没有夏天那么大。这一问题也限制了对具有相同单位的不同商品的改变率指标进行比较。

基于上述两方面的原因，经济学中采用弹性来衡量一个经济量相应于另外一个经济量变动的敏感程度。一般地，如果一个经济量 x 对另一个经济量 y 产生影响，那么反映 y 相应于 x 变动敏感程度的弹性，就用变量 y 变动的百分比除以变量 x 变动的百分比加以衡量，并以此定义弹性系数：

$$弹性系数 = \frac{\Delta y/y}{\Delta x/x}$$

很显然，弹性系数与 x 和 y 的计量单位无关，因而是一个纯量。同时，它也较好地反映了变量初始值的大小。顺便指出，既然弹性是考察经济变量 y 在 x 某一特定值上的敏感程度，这也注定了弹性概念必然建立在局部意义上，因而在实际应用中 x 变动的百分比不宜过大。

本节余下的内容集中考察有关需求和供给的几个重要弹性。

二、需求的价格弹性

需求的价格弹性，表示在一个特定时期内，一种商品需求量相对变动相应于该商品价格相对变动的反应程度,在特定环境中也简称为价格弹性或者需求弹性。需求的价格弹性通常由弹性系数加以衡量,定义为:

$$需求的价格弹性系数 = \frac{需求量变动的百分比}{价格变动的百分比}$$

它衡量了价格每变动一个百分点引起的需求量变动的百分比。以 Q 表示一种商品的需求量,P 表示该商品的价格,E_P 表示该商品需求的价格弹性系数,则:

$$E_P = -\frac{\Delta Q/Q}{\Delta P/P} \tag{1.20}$$

式中,P 和 Q 表示价格和需求量的初始值,ΔP 表示商品价格的改变量,ΔQ 表示由价格变动引起的需求量的改变量,于是,$\Delta Q/Q$ 和 $\Delta P/P$ 分别表示需求量和价格变动的百分比。定义式中的负号则是一个习惯性约定,因为通常需求满足需求规律,需求量与价格之间呈反方向变动,故公式前面加一负号以保证系数值非负。

根据式(1.20)的定义,一般而言,需求价格弹性系数的取值范围满足 $0 \leqslant E_P \leqslant +\infty$。因此,根据价格弹性系数值的大小,可以把商品划分为以下五种类型,如图 1-17 所示。

(1)$E_P = 0$,需求完全无弹性。这表明,商品价格的任何变动都不会引起需求量的改变,需求量变动完全无弹性。如图 1-17(a)所示,若需求曲线是一条垂直于数量轴的直线,则需求完全无弹性。

(2)$0 < E_P < 1$,需求缺乏弹性。这表明,商品价格变动 1%,需求量变动小于 1%,即相对于价格变动,需求量变动不敏感。如图 1-17(b)所示,当价格由 10 变动到 11,相应的需求量由 100 下降到 95,此时需求缺乏弹性。

(3)$E_P = 1$,需求为单位弹性。在这种情况下,价格每变动 1%,需求量恰好也变动 1%。如图 1-17(c)所示,如果价格由 10 变动到 11,相应的需求量由 100 下降到 90,此时需求具有单位弹性。

(4)$1 < E_P < +\infty$,需求富有弹性。这表明,商品价格变动 1%,需求量变动大于 1%,即相对于价格变动,需求量变动更加敏感。如图 1-17(d)所示,如果价格由 10 变动到 11,相应的需求量由 100 下降到 80,此时需求富有弹性。

(5)$E_P = +\infty$,需求具有无限弹性或完全弹性。在这种情况下,价格的轻微变动就会导致需求量急剧变动。如图 1-17(e)所示,需求曲线是一条水平的直线。此时，价格提高将使得消费者不购买任何数量商品，而一旦降低价格，则引来无限大的需求，此时需求具有无限弹性。

对应于任意一种商品，在现行价格下，其需求的价格弹性系数必然是上述五种情况之一。于是，可以根据弹性系数的大小将消费者在一个特定时期内对商品的需求区分为五种类型，并相应地称这些商品为需求完全无弹性、缺乏弹性、单位弹性、富有弹性和无限弹性的商品。

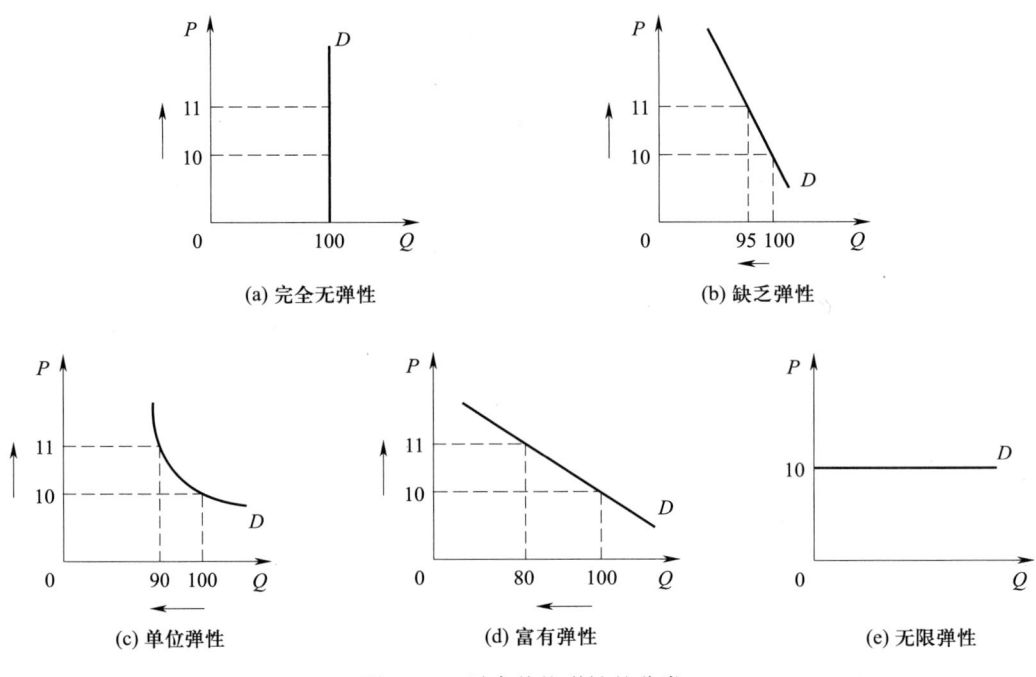

图 1-17 需求价格弹性的分类

上述分类隐含地意味着，不同商品的需求价格弹性可能不同。那么，又是哪些因素决定一种商品价格弹性系数的大小呢？直观上，面对商品价格的变化，制约消费者做出调整的因素就必然会影响到该商品的需求价格弹性系数。这些因素包括以下几方面。

（1）商品的重要程度。在生活中，一种商品越重要，价格提高之后，消费者越不愿甚至不能调整对该商品的需求量，因而其需求的价格弹性系数就越小；相反，商品越无关紧要，其需求价格弹性系数就越大。因此，生活必需品的需求弹性较小，奢侈品的需求弹性较大。例如，食品、医疗的需求价格弹性较小，对食盐的需求价格弹性甚至接近于零，而对文化娱乐、旅游等服务的需求弹性就较大。

（2）商品可替代的程度。食品作为一个总体是缺乏弹性的，但某种食品比如某一品牌面包的需求弹性系数却未必很小。原因在于这种品牌的面包是可替代的，当其价格提高时，消费者可以很容易地转向购买其他品牌或近似商品。一般来说，一种商品的替代品越多，相近程度越高，就越容易被替代，则该商品的需求弹性系数就越大。生活中人们的日用品多是如此。

（3）商品的消费支出在总支出中所占的比重。对于价格同样提高 10% 的两种商品，比如同属娱乐文化用品的音乐光盘和单反相机，由于后者的支出会远远大于前者，所以人们对单反相机的购买更趋谨慎。通常，就单个消费者而言，一种商品在其消费支出中所占的比重越小，他对该商品的需求价格弹性就越小；相反，商品在消费支出中所占的比重越大，需求价格弹性就越大。

（4）调整时间的长短。相对于价格变动，消费者调整偏好、寻找新的替代品等都需要时间。一般来说，消费者可用来调整的时间越短，需求价格弹性就越小；相反，可用来调整的时间越长，需求价格弹性就越大。

上述影响需求价格弹性的因素通常会共同发挥作用，决定一种商品需求价格弹性系数的大小。

与需求的价格弹性有关的另外一个问题涉及弧弹性和点弹性的概念，它们是由弹性系数的计算所引发的。我们知道，式（1.20）中涉及价格（和需求量）变动的百分比 $\Delta P/P$，但对于初始值 P 并没有给出明确的界定。举例来说，假定有一种商品的需求，在价格为 1 时的需求量为 2，而价格为 2 时的需求量为 1。那么，若以 $P=1$ 作为初始值，即价格由 1 提高到 2，则 $\Delta P/P=1$，$\Delta Q/Q=-1/2$，由式（1.20）计算的需求价格弹性系数等于 0.5，表明该需求缺乏弹性。同样的道理，若以 $P=2$ 作为初始值，即价格由 2 下降到 1，则 $\Delta P/P=-1/2$，$\Delta Q/Q=1$，得出的价格弹性系数等于 2，表明该需求富有弹性。不难看出，对应于同一个需求，价格由 1 变动到 2 或者是由 2 变动到 1，会因为初始点不同而得出有关该需求是否富有弹性截然不同的结果。为了解决这一问题，应用中在价格变动较大时选择变动前后的中点作为初始点来计算弹性系数，即弧弹性系数，而在价格变动微小时则选用点弹性系数。

假设价格由 P_1 变动到 P_2，相应的需求量由 Q_1 变动到 Q_2。令 $P=(P_1+P_2)/2$，$Q=(Q_1+Q_2)/2$，则式（1.20）定义的弹性系数可以表示为：

$$弧\ E_P = -\frac{\Delta Q/Q}{\Delta P/P} = -\frac{(Q_2-Q_1)/(Q_2+Q_1)}{(P_2-P_1)/(P_2+P_1)} \tag{1.21}$$

由于上述弹性系数只与价格变动的起点和终点有关，所以它反映了需求曲线上两点之间那一段弧的弹性，式（1.21）中的"弧 E_P"也正表示此意。

通过弧弹性的计算公式（1.21）可以很容易地计算出需求的价格弹性，但这种计算方法也存在一个显而易见的问题，即价格变动幅度越大，需求曲线上两点之间的弧线就越长，计算时所选取的中点与需求曲线的关系就可能越疏远。为了消除这一问题，分析中常采用价格变动"充分小"时所对应的弹性系数。

假定现有价格 P 的一个微小改变量 ΔP，导致需求量 Q 改变 ΔQ。根据式（1.20），此时需求的价格弹性可以表示为：

$$\text{点 } E_P = -\lim_{\Delta P \to 0} \frac{\Delta Q/Q}{\Delta P/P} = -\frac{dQ}{dP} \cdot \frac{P}{Q} \tag{1.22}$$

式中，P 和 Q 一起对应着需求曲线上的既定点，而 dQ/dP 是这一点上需求量关于价格的导数，即需求曲线的斜率（相对于价格轴而言），所以上述弹性系数只与需求曲线上该点处的性质有关，故被称为需求价格的点弹性，并用"点 E_P"加以表示。

式（1.22）给出的点弹性计算公式，有助于理解需求的价格弹性与需求曲线的倾斜程度之间的联系与区别。在同一条需求曲线上，弹性系数不仅取决于需求曲线的斜率，而且与需求曲线上的特定点有关。在 P 和 Q 给定的条件下，需求曲线斜率 dQ/dP 的绝对值越大，即相对于数量轴而言需求曲线越平缓①，价格弹性系数就越大；反之，需求曲线越陡峭，需求的价格弹性系数就越小。这适用于对过同一点的两条需求曲线的弹性进行比较。

不过，需求价格弹性系数的大小也与价格高低有直接的关系。以式（1.2）给出的线性需求函数为例。假定需求函数为 $Q = \alpha - \beta P$，式中，$\alpha > 0$，$\beta > 0$，因其斜率为 $dQ/dP = -\beta$，所以该需求在每一价格上都有相同的倾斜程度。由式（1.22）给出的点弹性系数为：

$$\text{点 } E_P = -\frac{dQ}{dP} \cdot \frac{P}{Q} = \beta \frac{P}{Q} = \frac{\beta}{\frac{\alpha}{P} - \beta}$$

很显然，P 越高，弹性值越大；P 越低，弹性值越小。这说明，即使在倾斜程度都相同的线性需求曲线上，需求的价格弹性也不相同。如图 1-18 所示，

---

① 请注意，由于价格被置于纵轴，所以这里的直观含义与我们在数学中的用法不完全一致。在这里，dQ/dP 的绝对值越大，需求曲线就越平缓。

需求曲线是一条直线，随着价格由低到高，需求的价格弹性将由缺乏弹性、单位弹性逐渐变动到富有弹性。特别地，当 $P = \alpha/2\beta$ 时，点弹性系数为 1，此时恰好为需求曲线的中点。

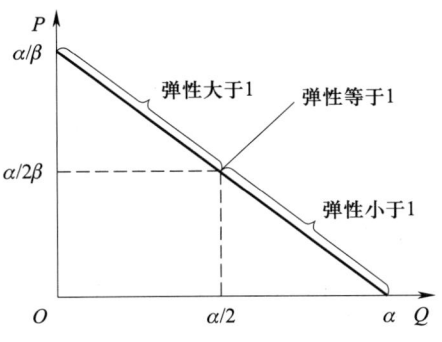

图 1-18　线性需求曲线上的弹性变化

三、其他需求弹性

影响需求量的因素不仅包括商品的价格，也包括收入和其他商品的价格等，相应地也可以定义需求的收入弹性和交叉价格弹性等。

（一）需求的收入弹性

需求的收入弹性简称收入弹性，表示在一定时期内，消费者对某种商品需求量的相对变动相应于消费者收入相对变动的反应程度。用弹性系数加以衡量，需求的收入弹性可以定义为：

$$需求的收入弹性系数 = \frac{需求量变动的百分比}{收入变动的百分比}$$

即收入每变动一个百分点所引起的需求量变动的百分比。如果用 E_m 表示需求的收入弹性系数，继续以 Q 和 ΔQ 分别表示需求量及其改变量，m 表示收入，Δm 表示收入的改变量，则需求的收入弹性系数用公式表示为：

$$E_m = \frac{\Delta Q / Q}{\Delta m / m} = \frac{\Delta Q}{\Delta m} \cdot \frac{m}{Q} \tag{1.23}$$

收入弹性系数的符号取决于需求量与收入之间变动关系的方向，这与商品是正常品还是低档品有关。如果商品为正常品，消费者收入增加，需求量相应地会增加，则收入弹性系数为正值，$E_m > 0$；相反，如果商品为低档品，消费者收入增加，需求量反而减少，则收入弹性系数为负值，$E_m < 0$。

同样地，也可以利用收入弹性系数的大小对商品进行分类。首先，可依据商品的收入弹性系数的符号分类。若 $E_m > 0$，则该商品为正常品；若 $E_m < 0$，则

该商品为低档品。其次，对正常品而言还可以继续分类。比如，如果 $E_m>1$，这表明收入增加 1%，需求量增加超过 1%，需求量增长的速度快于收入的增长，因而该商品是一种奢侈品；如果 $0<E_m<1$，这表明尽管随着收入的增长，需求量相应地增长，但需求量增长的速度低于收入增加的速度，因而该商品就是一种必需品。

与需求的价格弹性一样，需求的收入弹性也可以通过弧弹性和点弹性系数来计算。假定消费者的收入由 m_1 变动到 m_2，相应的需求量由 Q_1 变动到 Q_2，则需求收入弹性的弧弹性系数定义为：

$$弧\ E_m = \frac{(Q_2-Q_1)/(Q_2+Q_1)}{(m_2-m_1)/(m_2+m_1)} \quad (1.24)$$

同样地，消费者在收入 m 和相应的需求量 Q 处的收入点弹性系数可以定义为：

$$点\ E_m = \lim_{\Delta m \to 0}\frac{\Delta Q/Q}{\Delta m/m} = \frac{dQ}{dm} \cdot \frac{m}{Q} \quad (1.25)$$

（二）需求的交叉价格弹性

一种商品的需求量也可能受到另外一种商品价格的影响，其影响程度可以由需求的交叉价格弹性加以衡量。需求的交叉价格弹性简称为需求的交叉弹性，它表示一定时期内，相应于相关的另外一种商品价格的相对变动，一种商品需求量相对变动的敏感程度。需求的交叉弹性用弹性系数来表示，可以定义为：

$$需求的交叉价格弹性系数 = \frac{需求量变动的百分比}{相关商品价格变动的百分比}$$

假定考察 A 商品需求量相应于 B 商品价格变动的交叉弹性，则交叉价格弹性系数可以表示为：

$$E_c = \frac{\Delta Q^A/Q^A}{\Delta P^B/P^B} = \frac{\Delta Q^A}{\Delta P^B} \cdot \frac{P^B}{Q^A} \quad (1.26)$$

式中，Q^A 和 ΔQ^A 分别表示 A 商品的需求量及其改变量，而 P^B 和 ΔP^B 分别表示 B 商品价格及其改变量。

交叉价格弹性系数的符号取决于两种商品之间的相互关系。如果 A 和 B 两种商品之间存在替代关系，那么 B 商品价格上升将导致消费者减少 B 商品的需求量，转而购买与 B 存在替代关系的 A 商品，从而导致 A 商品的需求量增加。此时，B 对 A 的交叉价格弹性系数 $E_c>0$。相反，如果 A 和 B 两种商品之间是互补关系，则 B 对 A 的交叉价格弹性系数 $E_c<0$。基于同样的理由，如果具有

相互影响的两种商品之间的交叉价格弹性系数 $E_c>0$，则两者之间是替代关系；反之，如果 $E_c<0$，则两者之间是互补关系。

类似于其他弹性系数，交叉弹性也可以定义弧弹性和点弹性系数：

$$\text{弧}\ E_c = \frac{(Q_2^A - Q_1^A) / (Q_2^A + Q_1^A)}{(P_2^B - P_1^B) / (P_2^B + P_1^B)} \tag{1.27}$$

$$\text{点}\ E_c = \frac{dQ^A}{dP^B} \cdot \frac{P^B}{Q^A} \tag{1.28}$$

四、供给弹性

类似于需求的弹性，相应于影响供给的因素，比如商品价格、投入品价格、预期价格等，可以考察供给的价格弹性、要素价格弹性、预期价格弹性等。下面将以供给的价格弹性为例说明这种扩展。

供给的价格弹性简称供给弹性，它表示在一定时期内相应于商品价格的相对变动，一种商品供给量相对变动的敏感程度。用弹性系数加以衡量，供给的价格弹性可以定义为：

$$\text{供给的价格弹性系数} = \frac{\text{供给量变动的百分比}}{\text{价格变动的百分比}}$$

用 Q^s 和 ΔQ^s 分别表示某一种商品的供给量及其改变量，P 和 ΔP 分别表示该商品的价格及其改变量，则供给的价格弹性系数为：

$$E_s = \frac{\Delta Q^s / Q^s}{\Delta P / P} = \frac{\Delta Q^s}{\Delta P} \cdot \frac{P}{Q^s} \tag{1.29}$$

在通常情况下，生产者对商品的供给满足供给规律，价格与商品供给量呈同方向变动，供给弹性系数为正值。类似于对需求价格弹性的分析，也可以依照供给价格弹性系数的大小，将商品划分为五种类型，如图 1-19 所示。

（1）$E_s = 0$，供给完全无弹性。如图 1-19（a）所示，如果商品的供给曲线是一条垂直的直线，则价格的任何变动都不会引起商品供给量的变动，因而该商品的供给完全无弹性。

（2）$0<E_s<1$，供给缺乏弹性。在这种情况下，价格变动 1%，供给量的变动小于 1%，即相对于价格变动，供给量变动不敏感，如图 1-19（b）所示。

（3）$E_s = 1$，供给为单位弹性。此时，价格变动 1%，供给量也会随之变动 1%。如图 1-19（c）所示，如果商品的供给曲线是某一条过原点向右上方倾斜的直线,则供给具有单位弹性。

(4) $1<E_s<+\infty$,供给富有弹性。这时,若商品价格变动1%,供给量的变动会超过1%,因而供给量相应于价格的变动更为敏感,如图1-19(d)所示。

(5) $E_s=+\infty$,供给具有无限弹性或完全弹性。在这种情况下,价格的轻微变动就会导致供给量急剧变动,以至于弹性系数为无穷大。如图1-19(e)所示,商品的供给曲线是一条水平的直线时,供给具有完全弹性。

既然商品的供给弹性系数可以有不同的数值,那么影响弹性系数的因素又有哪些呢?概括起来主要有以下几方面。

(1) 生产者调整供给量的时间。对于价格变动,生产者调整供给量的时间长短是决定供给价格弹性大小的至关重要的因素。供给是以生产为基础的,任何产品的生产都需要一定的周期。当商品的价格发生变化时,生产者能够进行供给调整的时间越短,供给量变动就越小,因而供给弹性也就越小。相反,允许生产者调整供给的时间越长,供给弹性就会相对越大。

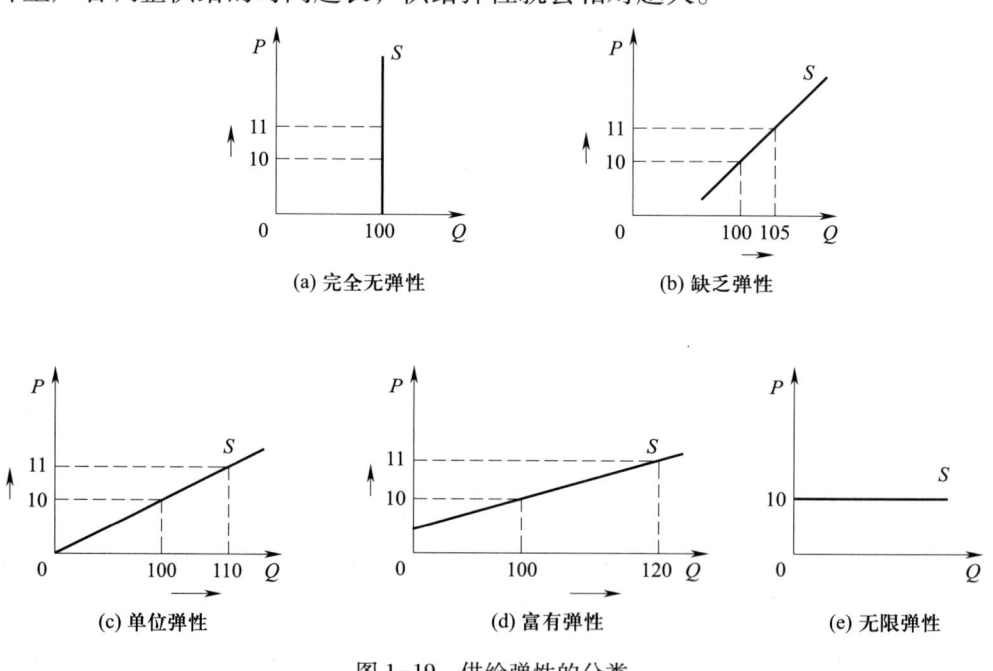

图1-19 供给弹性的分类

(2) 生产者所使用的生产技术类型。生产技术类型影响生产者对供给量的调整。一般而言,生产技术越复杂,技术越先进,机器设备占用越多,生产周期越长,相应于价格变动,生产者调整供给量的难度就越大,供给的价格弹性就越小。相反,生产技术越简单,那么供给弹性就相对越大。

(3) 现有生产能力的利用程度。对一个生产者而言,如果拥有过剩的生产能力，那么面对价格的变动，特别是价格升高，调整供给量就更加容易，因而供给弹性就更大。

总之，价格以外影响供给量的因素都可能影响到生产者对供给量的调整速度，因而它们共同决定了一种商品的供给弹性系数的大小。

与其他弹性一样，供给的价格弹性也可以借助于弧弹性和点弹性加以计算。供给的弧弹性和点弹性系数可以定义为：

$$\text{弧 } E_s = \frac{(Q_2^s - Q_1^s) / (Q_2^s + Q_1^s)}{(P_2 - P_1) / (P_2 + P_1)} \tag{1.30}$$

$$\text{点 } E_s = \frac{dQ^s}{dP} \cdot \frac{P}{Q^s} \tag{1.31}$$

在给出需求和供给的一些重要弹性之后，作为推广，我们可以定义任何两个相关联的经济变量之间的弹性系数，这里不再赘述。但需要强调的是，两个没有关联的经济变量也可能计算出弹性系数，因此，并不能通过弹性系数的大小直接确立两个变量之间的关系，希望读者在应用时加以注意。

第五节　供求分析的应用事例

供求及均衡价格分析给出了市场运行机制的基本描述，同时，利用供求机制也可以对一些经济现象以及政策结果进行解释。本节讨论一些相关事例。

一、支持价格和限制价格

根据本章前面的分析，如果市场价格可以自由波动，供求相互作用，会逐渐形成一个市场均衡价格。但是，政府有时会基于某种考虑而对市场价格进行干预。支持价格和限制价格是政府对价格进行干预的两种重要形式。

支持价格又称最低限价，是指政府为了支持某一产品的生产而对该产品的价格规定的一个高于均衡价格的最低价格。例如，农业产出往往受到天气等外部因素的冲击，供给波动性较大，加之生产周期较长，短期内难以调整供给数量，因而为了稳定粮食价格，政府往往制定一个支持价格，以稳定粮食的供给量和生产者的收入。

政府制定支持价格对市场所产生的影响可以用图 1-20 加以说明。市场的均衡状态位于供求相等的 E 点，此时均衡价格为 P_E，均衡数量为 Q_E。假设政府规定了一个高于 P_E 的最低价格 P_1。由于支持价格高于均衡价格，因而市场上会出现供给过剩。在图 1-20 中，对应于价格 P_1，需求量和供给量分别由该价格水平与需求曲线和供给曲线的交点 A 和 B 所决定，供给量（Q_1^s）超过需求量（Q_1^d），出现了产品供大于求的状况。

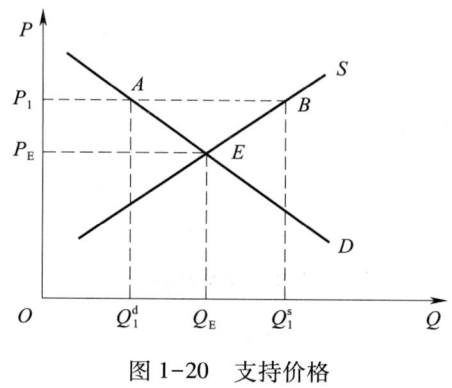

图 1-20 支持价格

支持价格通常会导致市场出现超额供给。如果没有其他措施，市场供求自发力量的作用必将使得市场价格趋于下降。因此，支持价格的有效性需要政府采取其他配套政策加以保障。图 1-20 给出了解决这一问题的基本思路，即增加需求或减少供给，也就是说，将需求曲线 D 向右移动到 B 点，或将供给曲线 S 向左移动到 A 点，以使得新的均衡价格维持在 P_1 的高度。例如，向该商品的消费者提供补贴、增加对国外的出口或者由政府收购过剩供给等，都可以实现增加需求的目的；类似地，通过增加税收等手段限制生产，则可以起到减少供给的效果。

政府对市场价格进行直接干预的另一种方式是制定限制价格。限制价格又称最高限价，是指政府为了防止某种商品的市场定价过高而规定的低于市场均衡价格的价格。比如在战争时期或出现严重饥荒时，为了使大多数人能够维持最基本的生活需要，以保证社会的稳定，政府往往会对一些生活必需品制定最高限价。

限制价格对市场所产生的影响可以借助于图 1-21 加以说明。假设政府规定该产品的最高限价为 P_2，它低于市场均衡价格 P_E。结果，在 P_2 的水平上，需求量和供给量分别由该价格水平与需求曲线和供给曲线的交点 G 和 H 所决定。由于限制价格低于市场均衡价格，所以需求量大于供给量，市场出现供小于求的超额需求状况。

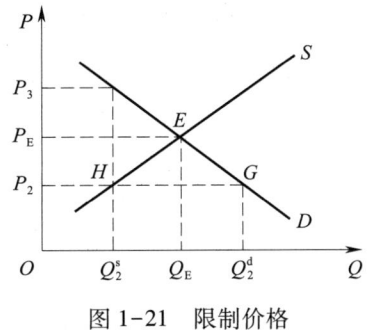

图 1-21 限制价格

与支持价格的情况类似，由于存在着供小于求的状况，所以如果任由市场机制自发调节，那么市场价格就会逐渐上升，并趋向于均衡价格 P_E。因此，政府需要采取相应的政策措施，比如增加供给到 G 或减少需求到 H，以维持限制价格的有效性。在限制价格下，政府往往采取各种方式，如排队、抽签或者凭票供应等，以限制购买量。

限制价格可能产生的一个后果是黑市。在图 1-21 中，限制价格 P_2 使得生产者只愿意供给 Q_2^s。对应于这一既定的供给量，消费者愿意支付的最高价格是需求曲线上的 P_3。这意味着，限制价格下黑市的最高价格可以达到 P_3。这就不难理解为什么用于限制购买数量的票证等成为黑市交易的对象了。

二、税收效应分析

运用供求均衡也可以分析税收归宿，即税负在消费者和生产者之间最终的分摊问题。例如，为了减少汽油的使用，政府可以征收汽油税。政府可以向消费者征收消费税，也可以向卖者征收销售税。但这两种征税的方式似乎都是在价格之上加收一定数额（或一定比例）的税收，最终由消费者负担。情况果真如此吗？生产者能实现税负完全转嫁吗？

下面以政府向销售商按每单位商品征收固定税收的简单情形说明税收归宿问题。假定无论现有市场价格有多高，政府对销售商征收固定数额的销售税。如图 1-22 所示，假定征税前市场的需求曲线和供给曲线分别为 D 和 S，政府征收的定额销售税为 T。那么，政府征税将导致供给曲线向上平行移动到 S'，在每一个数量上移动的距离都等于 T。于是，征税前后市场均衡点分别为 E 和 E'，而均衡价格则由 P_E 提高到 P_E'。

对征税前后市场均衡的状况进行比较不难发现，从每单位商品的角度来看，征税前市场价格为 P_E，而在征税后市场价格为 P_E'，因此，每单位商品消费者多支付（P'_E-P_E），而销售商获得的价格则由 P_E 下降到 P''_E，减少（$P_E-P''_E$）。因此，在每单位商品征收的税收 T 中，原有的均衡价格 P_E 成为消费者和生产者分摊税收的分界点。基于此，从税收总量来看，政府获得税收总额为 TQ'_E，在图中为长方形 $P''_E P'_E E'A$ 的面积，其中消费者负担的部分为 $P_E P'_E E'B$ 的面积，总额为（P'_E-P_E）Q'_E，而销售商负担的部分为 $P''_E P_E BA$ 的面积，总额为（$P_E-P''_E$）Q'_E。

以上是以政府对销售商征收销售税为例说明的，如果向消费者征收消费税将会产生相同的效应。如图 1-23 所示，对应于任意的现行价格，比如 P_E，政府向消费者每单位商品征收消费税 T，则消费者实际支付的价格为（P_E+T），此时消费者的需求量为 F 点对应的 Q_1。也就是说，正如 P_E 对应着 Q_1 从而决定 G 点一样，对于征税前的任意市场价格 P，在征税后该价格对应的需求量恰好是原需求曲线 D 上（$P+T$）对应的需求量。因而，征收消费税 T 导致需求曲线 D 向左下方移动 T 个单位到 D'。市场需求 D' 与市场供给 S 在 E' 处形成新的均衡。比较 E' 与 E 后再次发现，每单位商品征收消费税 T，导致市场均衡数量由 Q_E 减少到 Q'_E，价格由 P_E 上升到 P''_E，其中，消费者每单位多支付（P''_E-P_E），而销售商得到的价格下降到了 P'_E，并因此承担了税负中另外的（$P_E-P'_E$）。

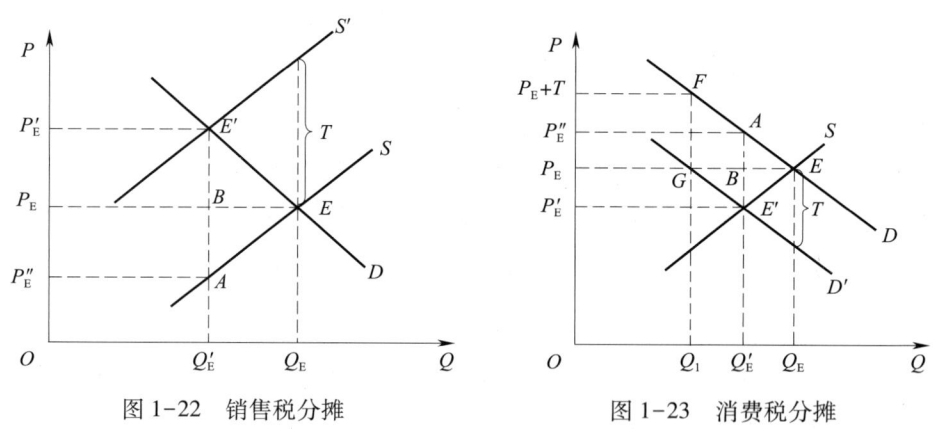

图 1-22　销售税分摊　　　　图 1-23　消费税分摊

由此可见，无论是向销售商征收销售税还是向消费者征收消费税，都是在买者支付的价格与卖者得到的价格之间镶嵌了一枚楔子，这枚楔子被买者和卖者共同分担，且在两种情况下分摊比例相同。

由上面的分析还可以看出，对既定的税收而言，需求曲线和供给曲线的形状影响到消费者和生产者税负分摊的比例，而需求曲线和供给曲线的形状又与弹性相关，所以借助于弹性可以进一步说明税负比例的变动。以政府征收销售税时对应不同的需求弹性为例进行分析。如图 1-24 所示，假定有两条需求曲线 D_1 和 D_2，它们与供给曲线 S 形成的均衡最初都处于 E 点，但与需求曲线 D_1 相比，需求曲线 D_2 更加平缓，因而更富有弹性。假定在这两种情况下政府向销售商征收相同的定量销售税 T，则新的市场供给曲线移动到 S'。D_1 和 D_2 与 S' 形成的均衡点分别为 E_1' 和 E_2'。很显然，E_1' 对应的均衡价格 P_{1E}' 高于 E_2' 对应的均衡价格 P_{2E}'。这说明，征收等量的税收，需求越缺乏弹性，消费者负担的比例就越大；相反，需求越富有弹性，生产者负担的比例就越大。比如，向食盐或者香烟征收销售税，由于这些产品缺乏弹性，因而税负大部分将由消费者承担。相反，如果向一种替代品丰富的轻工产品征税，则税负大部分将会由生产者承担。

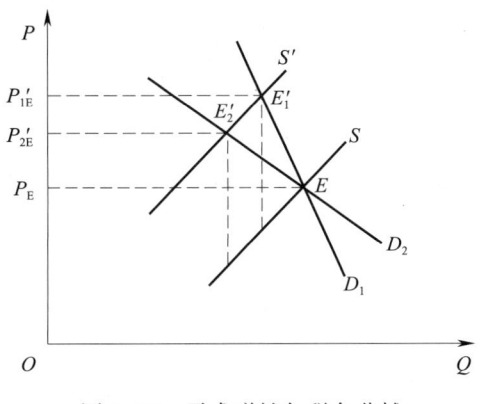

图 1-24　需求弹性与税负分摊

类似的分析也可以应用于供给曲线。在需求相同的条件下，如果供给越缺乏弹性，消费者分摊的税负相对越小，生产者分摊的部分相对越大；供给越富有弹性，消费者分摊的部分相对就越大。请读者自行画图说明。

三、弹性和收入

作为供求分析应用的延伸，弹性概念也有助于解释一些重要的经济现象。例如，销售收入与弹性之间就存在着密切的关系。

实践中，"薄利多销"经常被看作是商家的一种营销策略，即通过降低价格，促使销售收入增加。那么，降价真的能够促使销售收入增加吗？答案取决于生产者面对的需求是否富有弹性。直观上，由于销售收入等于商品的价格乘以商品的销售量，所以，降低价格一方面会直接导致销售收入减少，另一方面又会促使销售量增加，从而间接导致销售收入增加。因此，降低价格是否能促使销售收入增加，取决于销售量增加带来的收入增加是否能超过价格下降导致的损失。

运用需求价格弹性的概念来说明。如果需求富有弹性，那么价格的相对变动就会小于需求量变动的百分比，因而需求量的增加可以抵消价格降低对销售收入产生的负面影响。这说明，在需求富有弹性时，降价会使得销售收入增加。反之，如果需求缺乏弹性，则降低价格不仅不能使得销售收入增加，反而会减少销售收入。因此，在后一种情况下，为了提高销售收入，商家不仅不应该降低价格，反而应该提价。

商品的需求价格弹性与收入之间的关系可以很好地解释农业生产中增产不增收的现象。"菜贱伤农"就是一个典型的例子。由于应季蔬菜全面丰收，导致蔬菜供给迅速增加，从而蔬菜价格下降。但是，由于市场对蔬菜的需求缺乏弹性，价格下降并没有引起市场需求大幅度增加，因而需求量的增加未能弥补价格下降对农民收入的负面影响，最终使得农民因蔬菜丰收而收入下降甚至亏损。由此可见，增加农民收入的手段并不是简单地增加农产品的供给；相反，引导农民适当地减少供给才是有效的。

第六节 本章评析

本章论述了供求概念及其市场机制，其核心内容是需求和供给相互作用决定市场均衡状态。供求均衡模型建立了供给、需求和价格变动三者之间的关系，有助于说明价格运动规律。但西方经济学分析市场均衡的目的在于论证斯密"看不见的手"原理，所以从这一意义上说，供求分析并不单纯要揭示经济变量之间的经验关系，而是整个西方经济学理论体系的基础。

一、供求分析的理论缺陷

作为一种理论分析方法，供求均衡分析存在着缺陷。

首先，为了证明均衡的存在，市场均衡模型对市场运行条件和参与经济活动的当事人的行为施加了若干不切实际的假设。模型假定，市场上存在一个可以自由涨落的价格，面对这一价格信号，需求和供给自发变动，买者和卖者相应地调整自身的需求或者供给数量，买者与买者、卖者与卖者之间相互竞争，最终使得需求与供给相一致。这些假设条件经常作为完全竞争市场的基本要件而构成西方经济学论证"看不见的手"原理的前提。很显然，这些假设条件与实际情况相去甚远，从而导致所得到的结论并不符合现实经济活动的情况。有关完全竞争模型的全面分析，在后面的章节中还将进一步给出，这里我们着重指出，在现实经济中市场并不总是处于需求等于供给的均衡状态，价格调整也并不总是需求和供给调整的唯一信号。

在现实经济中，一些制度因素和政策性因素可以导致价格不能自发波动，比如劳动市场和农产品市场上的支持价格或者限制价格，从而使得某些市场不能处于供求相等的均衡状态。此外，在不同的市场条件和制度环境下，经济活动当事人的行为具有多样性，因而供求均衡模型中隐含的市场条件和买者及卖者的行为假设受到许多质疑。例如，法国经济学家贝纳西等人就认为，如果买者或者卖者都只唯一地接受价格信号，事实上排除了他们实际上决定价格的可能①；同样，如果买者或者卖者都按照价格信号做出理性数量决策，也就意味着行为人不会对数量信号做出理性反应②。

其次，供求均衡模型并没有真正说明均衡的实现问题。在严格限定市场条件和经济活动当事人行为的前提下，供求均衡模型得到了市场总处于供求均衡状态的结论。在以静态形式出现的供求均衡模型中，西方经济学通常的处理方式是，当供大于求时，价格下降，而当供小于求时，价格上升。但是，这并不能保证市场供求一定趋向于均衡价格，一种可能的情况是，价格在供大于求和供小于求之间变动。本章第三节给出的蛛网模型也已经说明，对市场均衡价格的分析稍加动态化，即使需求曲线和供给曲线具有通常的性质，也不能保证所有的均衡都是稳定的，现实中的市场价格有可能远离均衡价格。

此外，要使得供求均衡分析具有实际意义，另外一个需要解决的问题是，偏离均衡的状态趋向于均衡的速度，即价格的调整速度。

为了解决这一问题，一些正统的西方学者提出了一些解决办法。比如萨缪尔森在其《经济分析基础》中增加假定，将价格调整速度定义为正向地取决于

---

① [法]让-帕斯卡尔·贝纳西："非均衡分析"，平新乔译，[英]约翰·伊特韦尔等编：《新帕尔格雷夫经济学大辞典》第1卷，经济科学出版社1996年版，第928—933页。
② 基于对供求均衡模型只注意价格调节缺陷的批判，贝纳西等人提出了以数量调节为特征的市场运行机制。参见[法]让-帕斯卡尔·贝纳西：《市场非均衡经济学》，袁志刚等译，上海译文出版社1989年版。

需求量与供给量之间的差额,即相对于供给而言,超额需求压力越大,价格提高速度越大。这在一定程度上解决了价格调整的速度。但正如西方学者博兰质疑的那样①,即使如此,我们仍然一点也不清楚现行价格达到供求相等的水平需要多长时间,因为价格的调整速度只能保证在无限的时间内可以实现均衡状态,但在这无限的时间范围内,我们又不得不假定需求和供给函数是不变的。

最后,这里的供求均衡模型是一种局部均衡。在分析某一种商品的价格如何达到均衡时,供求均衡模型假定均衡状态只取决于商品本身的供求状况。而涉及需求或者供给的分析,"假定其他条件不变"则是必要的前提。这就意味着,除了影响需求量或者供给量的价格因素之外,其他商品或要素的价格以及技术、偏好等因素都保持不变,结果,这些因素就被排除在形成市场均衡状态的过程之外。

为了解决影响需求或者供给的因素如何影响均衡价格的问题,供求均衡模型采用了比较静态的分析方法,即在均衡状态决定之外考察这些因素的变动对均衡的影响。利用均衡的比较静态分析,在一定程度上说明了影响需求或者供给数量的其他因素对均衡价格和均衡数量的影响方向及程度,但却不能说明这些因素的相互影响,更不能说明整个经济系统的演进过程。有关所有商品及要素价格和数量的共同决定,西方经济学在一般均衡框架(本书第七章)中予以讨论。因此,供求均衡模型只是从一个侧面反映了市场的状态,均衡状态也非经济的常态,其背后隐藏的经济联系需要更深入的研究方能得到解释。

由此可见,就基本的方面而言,有关均衡的存在性、稳定性以及均衡分析本身仍存在较大的争议,这些问题在西方经济学中并没有得到解决。

二、均衡价格论和劳动价值论

正如导论中所指出的那样,在发展过程中,西方经济学逐渐放弃了古典政治经济学的劳动价值理论,先后用三要素或生产费用以及边际效用作为其价值理论,直至形成均衡价格理论,用价格理论代替了价值理论。所以,西方经济学的供求均衡模型不仅用于说明价格运动,而且也是西方经济学价格理论乃至价值理论的基础,因而我们有必要指出它与劳动价值论的本质区别。

---

① [美]劳伦斯·A. 博兰:《批判的经济学方法论》,王铁生等译,经济科学出版社2000年版,第241页。

第六节 本章评析

在马克思主义经济学中，商品是为了交换而生产的对他人有用的劳动产品，它具有使用价值和价值。商品的使用价值是商品能够满足人们某种需要的有用性，它体现在形形色色的各类商品或服务之中。异质性的各类商品进行交换首先表现为交换价值，即一种使用价值同另一种使用价值相交换的量的关系或比例，而交换价值的高低则取决于商品本身的价值。商品的价值是由劳动创造的，生产商品的劳动具有二重性，即具体劳动和抽象劳动。具体劳动是特殊的、具体形式的劳动，生产商品的使用价值。抽象劳动是无差别的一般人类劳动，即人的脑力和体力的耗费，抽象劳动形成商品的价值，构成商品交换价值的客观基础。商品价值的大小是客观的、可以度量的，度量的标准是凝结在商品中的抽象劳动的多少，亦即生产商品所耗费的社会必要劳动时间。商品价值的货币表现形式就是价格，价格的高低首先取决于商品价值量的大小，同时也与商品的供求关系紧密相关，商品价格总是围绕价值这个中心上下波动。

西方经济学的均衡价格论没有对商品的价值与价格进行合理区分，但隐含地视均衡价格为价值的代名词。因而，均衡价格论也被看成是西方主流经济学的价值理论。由于一种商品的均衡价格由需求和供给相等的条件内生地决定，所以，均衡价格论虽然能说明市场价格围绕着均衡价格波动，却无法解释在供求相等的情况下均衡价格为什么是这样一个数值，这一数值背后的决定因素是什么。如果有两种力量，作用力相等但方向相反，那么它们就会相互抵消，不会对外界产生任何影响。在这种情况下，发生在资本主义经济中的经济现象就不能用供求来解释，只能依赖于其他未曾分析的因素来解释。正如马克思指出的那样："如果互相抵消，它们就不再说明任何事情，就不会对市场价值发生影响，并且使我们更加无从了解，为什么市场价值正好表现为这样一个货币额，而不表现为另外一个货币额。资本主义生产的实际的内在规律，显然不能由供求的互相作用来说明……，因为这种规律只有在供求不再发生作用时，也就是互相一致时，才纯粹地实现。"[①]

当然，为了使价值理论不致停留在均衡价格层面上，西方经济学也希望还原均衡价格背后的基础，即探讨需求和供给的决定因素，并运用这些因素来解释均衡价格。在均衡状态下，均衡价格对应着彼此相等的需求价格和供给价格，所以西方经济学用需求或（和）供给的决定因素作为均衡价格的基础，结

---

① 《马克思恩格斯选集》第 2 卷，人民出版社 2012 年版，第 489 页。

果，从需求角度来解释价格的分支把价值论引向了效用论，从供给角度来解释价格的分支则转向了生产费用论，或者是二者的折中。

三、供求分析和市场调节

虽然没有给出价值实体的决定，但供求分析对需求和供给曲线的描述也反映了市场经济中各个经济变量之间的关系，对市场均衡的分析也反映出了价格机制的作用形式。市场经济的本质就是市场决定资源配置的经济，供求及其相互作用反映了市场配置资源过程的一般特征。[①] 因而，运用这一模型也有助于解释市场运行的许多经济现象，有助于理解中国特色社会主义经济体系建设中市场对资源配置起决定作用的重要意义。

由供求均衡模型可以看到，市场上的经济主体出于自身的利益目标，依据价格信号进行自主决策；经济主体通过市场供求关系联系在一起，它们之间的竞争使得价格趋向于均衡水平。价格信号指示资源在各个生产部门自由流动并使供求关系趋于均衡的过程就是市场机制实现资源配置的过程，即市场自发调节的过程。

市场机制调节资源配置的优点在于其处理经济信息和协调利益关系的自发性。在市场经济中，各种商品的生产者依据以价格为主的市场信号自发地做出"生产什么、生产多少、如何生产"的决策。虽然商品众多，决策分散，供求处于不断变动之中，但价格却可以随时显示这些变化，通过价格信号，市场经济引导生产者将社会资源用于社会需要的部门。与完全通过政府指令直接分配社会资源的计划经济相比，市场价格以自动、快捷、便利的方式显示了社会需要的变动，从而使得市场经济能够比较有效地进行资源配置。市场决定资源配置是市场经济的一般规律，经济工作必须遵循这条规律。[②]

但是，市场机制调节资源配置并不是万能的。"市场起决定性作用，是从总体上讲的，不能盲目绝对讲市场起决定性作用，而是既要使市场在配置资源中起决定性作用，又要更好发挥政府作用。"[③] 要使市场机制有效运行，经济当事人必须能够自主决策并获得由此产生的利益，必须拥有有效信息，以确保决策正确。因此，要实现市场机制的自发调节作用，至少需要两个基本条件，一

---

① 《十八大以来重要文献选编》（上），中央文献出版社2014年版，第499页。
② 《十八大以来重要文献选编》（上），中央文献出版社2014年版，第499页。
③ 《习近平关于社会主义经济建设论述摘编》，中央文献出版社2017年版，第57-58页。

是明确经济当事人的权利，二是价格信号能够反映资源的真实社会需要。在现实经济中，前者可能会因为产权关系的复杂性而使得决策者不能完全自主决策并获得与决策相关联的利益；而后者则可能因为市场本身的缺陷而导致价格信号失真，影响经济当事人作出正确决策。

需要进一步指出的是，市场能在一定范围内实现自发调节，也并不意味着其调节结果必然令人满意。自发调节具有一定的盲目性，可能引发经济波动乃至经济危机。自发调节也可能产生结果的不公平。这些都是市场自发调节的重要缺陷。此外，在不同的市场结构下也将会造成不同的结果，在存在垄断、外部性、信息不完全和公共物品的条件下，也会出现资源配置低效率的市场失灵状况。所以，建立中国特色社会主义市场经济不仅要依靠市场调节，还要借助于政府调节等多种方式，减少市场自发调节的负面影响，促进经济资源合理有效地配置。

思考题：

1. 你对早餐牛奶的需求是如何决定的？列出决定牛奶需求的诸因素，并运用这些因素讨论需求量与需求变动之间的联系与区别。
2. 什么是供给规律？它有没有特例？谈谈你对经济学中经济规律的看法。
3. 下列五种情况，对于整个社会的房屋供给有何影响？
   （1）土地价格上涨；
   （2）水泥价格下跌；
   （3）建筑房屋的技术进步；
   （4）房租将要下跌；
   （5）从事工业投资的利润增加。
4. 均衡价格是如何决定的？并以此为例说明均衡的静态分析与比较静态分析之间的联系和区别。
5. "需求曲线越陡，价格弹性就越小；需求曲线越平缓，价格弹性就越高。"这句话对吗？试举例加以说明。
6. 影响需求价格弹性的因素有哪些？请简要加以分析。
7. 政府准备对每辆汽车征收1 000美元税收，请问，向购买者和销售者征收后果是否相同？请画图加以说明。

8. 试用马克思主义观点分析供求均衡理论的缺陷与意义。

9. 已知市场的需求函数为：$Q^d = 10-2P$，供给函数为：$Q^s = -2+2P$。

(1) 求此时的均衡价格与均衡数量，需求价格弹性与供给价格弹性。

(2) 若政府对每单位产品征收 1 元的定量销售税，在这 1 元的税收中消费者与生产者各承担多少？

10. "谷贱伤农"是指在农业生产活动中的一个经济现象：在丰收的年份，农民的收入反而减少了。请结合你身边类似的案例，回答如下问题：

(1) 供求决定价格理论是如何在这里起作用的？

(2) "谷贱伤农"结果是供给弹性还是需求弹性方面的原因带来的？

(3) 如果粮农之间可以联合起来行动，比如全国的农民组成一个超级大托拉斯或者全国农会，结果会有不同吗？这种情况下的供给弹性或者需求弹性与分散独立行动时相同吗？

(4) 政府一般体恤农民，给予补贴以支持农业。如果根据粮食产量给予粮农补贴，得益的是谁？如果根据粮食产量仅仅给予某县某农场粮食补贴，得益的又是谁？全面补贴和局部补贴在效果上是否有差别？

(5) 如果按人头对粮农进行补贴，其结果与上面问题（4）有不同吗？为什么？

▶ 自测习题及参考答案

第二章 消费者选择

在第一章的讨论中，需求被看成消费者对应于一系列可能的价格而就需求量制定的一项计划，而且一般而言，价格与需求量之间满足需求规律。那么，消费者又是根据什么原则来制定这些需求计划的呢？为什么一般来说需求满足需求规律？需求规律背后的消费者行为的基础是什么？本章将揭示这些问题。

在经济学中，家庭被看成是商品或服务的需求者和生产要素的供给者，他们出卖自身拥有的生产要素以获得收入，并在收入约束条件下选择消费商品或服务，以实现自身利益最大化。由于消费者在做出选择时以获取最大效用满足为目标，因而对消费者最优选择的分析又被称为效用理论。根据对消费者行为做出的假设不同，效用理论可以被区分为基数效用论和序数效用论。尽管在表述方式上二者有所不同，但本质并无太多区别。因此，本章在对效用理论进行概述之后，着重以序数效用论的思想分析消费者在既定收入约束条件下的最优选择，确定消费者均衡条件，并从中得到消费者的需求曲线。第六节还将讨论消费者在不确定条件下的选择，以便说明消费者行为理论的某些进展。

第一节 效用理论概述

商品的需求来源于消费者，他们被假定为以理性经济行为追求自身利益的当事人。理性消费者的经济行为表现为，在外在环境既定的条件下，根据自身目标和有限资源做出最优选择。在这一过程中，消费者会受到两种相反力量的激励和制约：一方面，为了自身的满足，尽可能多地消费或拥有商品；另一方面，消费者的收入或者获取收入的手段是有限的。因此，消费者的最优选择就是要把有限的收入合理地用于不同的商品，以便从消费商品中获取的"利益"最大。所以，对消费者最优行为的理论考察要分析消费者获取商品的动机、收入约束以及实现目标的条件。

一、欲望和效用

消费者消费商品的动机源于消费者本身的欲望。欲望即"需要而没有"，指一个人想要但还没有得到某种东西的一种心理感觉。物品之所以能成为用于交换的商品，原因在于商品恰好具有满足消费者某些方面欲望的能力。

通常认为，欲望源于人的内在生理和心理的本性。一方面，人的欲望具有多样性，一种欲望得到满足，更高层次的欲望也会随之产生。因此，人的欲望表现为无限性，至少相对于获取满足欲望的手段而言如此。这就决定了人们在可支配的资源既定的条件下，会尽可能多地获取商品，以便使自身的欲望得到最大满足。另一方面，对特定的商品而言，人的欲望又是有限的。随着一个人拥有或者消费某一特定商品的数量越来越多，人们想要而未得到某种东西的不足之感和求足之愿就会越来越弱。所以，人们也会将有限的资源用于不同的商品之中。

人们的欲望是消费者对商品需求的动因，商品具有满足消费者欲望的能力，消费者则依据商品对欲望满足的程度来选择不同的商品及相应的数量。消费者拥有或消费商品或服务对欲望的满足程度被称为商品或服务的效用。一种商品或服务效用的大小，取决于消费者的主观心理评价，由消费者欲望的强度所决定。而欲望的强度又是人们的内在或生理需要的反映，所以同一种商品对不同的消费者或者一个消费者的不同状态而言，其效用满足程度也会有所不同。

这样，欲望驱动下的消费者行为可以描述为在可支配的资源既定的条件下，消费者选择所消费的商品数量组合，力图获得最大的效用满足。

二、总效用和边际效用递减

为了分析消费者的选择行为，首先需要一种度量效用的方法。

（一）基数效用和序数效用

在一个多世纪以前，许多西方经济学家认为效用是消费者消费某种商品时获得享乐的程度，可以通过消费者感受到的满足来衡量。效用的计量单位被取名为"尤特尔"[①]，这也就是说，正如长度可以用米、重量可以用千克为单位一样，消费者消费一定数量的商品或服务获得的效用满足，可以以"尤特尔"为单位，用1、2、3等基数表示出来。例如，一个人吃一块巧克力的效用是2个

---

① 英文 util 的音译。"util" 是效用的英文单词 "utility" 的字头，由于效用没有现成的计量单位，所以权且以此字头代替。

尤特尔，听一场音乐会的效用是30个尤特尔。由于存在一个共同的计量单位，因而一个消费者消费一定数量的商品或服务获得的效用是所有这些商品的效用之和。同样的道理，不同消费者的效用也可以进行加总和比较。

在经济学说史上，以效用基数衡量为基础而建立起来的效用理论被称为基数效用论。边际学派的创始人杰文斯、门格尔、瓦尔拉斯以及马歇尔等人的理论都采用了基数效用论来分析消费者的选择。尽管基数效用论的倡导者们对效用基数度量以及由此产生的效用大小在不同消费者之间比较的问题有所察觉，也反对将效用值的衡量与对享乐的心理感受的衡量混为一谈，但大都相信效用是一种心理上的客观存在，认可效用体现着心理感觉的数量效应。一种容易理解的解释是，当你为了得到1块巧克力而用5元钱来购买时，5元钱成为1块巧克力效用的"代理"度量指标。在确立了效用的计量单位之后，效用大小在不同人之间的比较也就成为基数效用论的一个简单推论而被接受下来了。

商品效用可计量和加总，并可以在人与人之间进行比较，构成了基数效用论的一个基本假设。但这一假设似乎很难离开对享乐心理感受的度量而独立存在。一方面，商品的效用必然会涉及消费者对商品满足其欲望的心理评价，很难准确地加以衡量，更难以对不同消费者的效用进行比较和加总。另一方面，随着时间的推移，特别是在20世纪30年代之后，一些经济学家逐渐发现[①]，对于解释消费者的选择行为而言，效用的基数度量也是不必要的。既然效用理论的目的在于揭示消费者的选择，而选择结果却表现为某一价格下消费者愿意并且能够购买的商品数量，那么，只要能确定实现目标的商品消费数量即可，这些商品所实现效用的具体数值则无关紧要。举例来说，如果我们的目的是在班级范围内找到最高的同学，那么，知道每个同学的身高当然最好，但即使我们不知道每个同学的具体身高，仍然可以借助于两两相比或者排序的方式找到最高的那位（或几位）同学。不仅如此，经过对所有同学进行排队之后，我们还可以赋予这些同学一个数量化的"身高"，比如最高的同学是100，之后依次是99、98等。

根据上述例子的思想建立的效用理论被称为序数效用论。在这种理论假设中，消费者对消费商品获得的效用满足程度并不以基数衡量，而是对不同商品

[①] 例如，J. R. Hicks and R. G. D. Allen: "A Reconsideration of the Theory of Value", *Economica*, 1934, NS 1, pp. 52–76, 196–219.

组合按效用满足高低进行排序。例如，某个消费者愿意少吃 2 块巧克力而看 1 场电影，则表明看 1 场电影的效用要高于消费 2 块巧克力。为了方便，就说看 1 场电影的效用是 10，而吃 2 块巧克力的效用只有 8。这里，"效用值"并不代表消费者的心理满足程度是 10 个或 8 个尤特尔，只代表一个顺序关系，所以又被称为序数效用值或者效用指数。

由于序数效用避免了对效用的基数测度假设而又不改变基数效用论的基本思想，所以基于序数效用建立起来的无差异曲线分析已经成为西方经济学研究消费者行为的主流方法，这也构成了本章后面各节的主要内容。本节接下来的内容则在效用可基数度量的意义下考察消费者的选择行为，推导需求曲线，并揭示需求规律背后的行为基础。

（二）总效用和边际效用

为了考察消费者消费商品数量的选择，通常区分商品的总效用和边际效用概念。

总效用是指在一定时期内消费者从消费商品或服务中获得的效用满足总量，记成 TU；边际效用是指在一定时期内消费者从增加一单位商品或服务的消费中所得到的效用增加量，记成 MU。总效用是消费者在这一时期内所消费的每一单位商品或服务得到的效用加总，它取决于消费商品的总量。边际效用是消费者增加的一单位商品消费所产生的增加的效用，消费商品的数量不同，增加的效用也不同，所以边际效用也与商品消费量密切相关。

表 2-1 用一个数字例子给出了总效用和边际效用及二者之间的关系。表中的数据是张三在 1 天内消费不同数量的冰激凌时获得的总效用和边际效用。例如，当张三消费 2 盒冰激凌时，他获得的总效用是 18，而第 2 盒冰激凌的边际效用为 8，它等于 2 盒冰激凌的总效用与 1 盒冰激凌的总效用之间的差额，即 18-10=8。以此类推。

表 2-1　张三消费冰激凌的总效用和边际效用

冰激凌消费量	总效用（TU）	边际效用（MU）
0	0	—
1	10	10
2	18	8
3	24	6
4	28	4

续表

冰激凌消费量	总效用（TU）	边际效用（MU）
5	30	2
6	30	0
7	29	−1

表 2-1 中给出的数量关系可以由函数形式加以表示。假定消费者消费一种商品或服务的数量为 Q，则总效用和边际效用取决于这一数量，用函数分别表示为：

$$TU = U(Q) \tag{2.1}$$

和

$$MU = \frac{\Delta TU}{\Delta Q} = MU(Q)^{①} \tag{2.2}$$

式中，ΔQ 表示消费数量基于 Q 的改变量，ΔTU 则表示由此产生的效用增加量。上述两个表达式被称为消费者的总效用函数和边际效用函数。由上述定义不难知道，边际效用表示总效用的改变率，即 $MU(Q) = U'(Q)$，而每一单位商品的边际效用之和构成了这些商品的总效用。

（三）边际效用递减

观察表 2-1 中给出的数量关系不难看出，随着冰激凌消费量的增加，张三获得的总效用是逐渐增加的，这符合人们的日常观察。当然，也有消费过度的可能，比如张三在 1 天之内消费 7 盒冰激凌可能就过量了，因而总效用出现减少的情况。反观边际效用，随着 1 天之内连续不断地消费冰激凌，张三从增加消费的每 1 盒冰激凌中获得的效用满足增加量是递减的，甚至在 1 天消费 6 盒之后，边际效用为负值。

通常，消费者消费商品获得的效用具有下面的特征：随着消费数量的增加，总效用增加，但增加的消费带来的效用增加量却是递减的，这表明边际效用具有递减趋势。基于此，基数效用论提出了一个基本心理假定，并称其为

---

① 严格说来，边际效用是在消费数量微小改变量意义下定义的，即 $MU(Q) = \lim\limits_{\Delta Q \to 0} \frac{\Delta TU}{\Delta Q}$，所以，通常称 $MU(Q)$ 为消费 Q 时的边际效用。

"边际效用递减规律"①。更明确地说,边际效用递减规律是指,在一定时期内,随着消费者不断增加某种商品或服务的消费量,在其他商品或服务消费量不变的条件下,消费者从每增加一单位该商品或服务的消费中所获得的效用增加量是逐渐递减的。在上面的例子中,张三消费冰激凌的边际效用具有递减趋势,如图 2-1 所示。

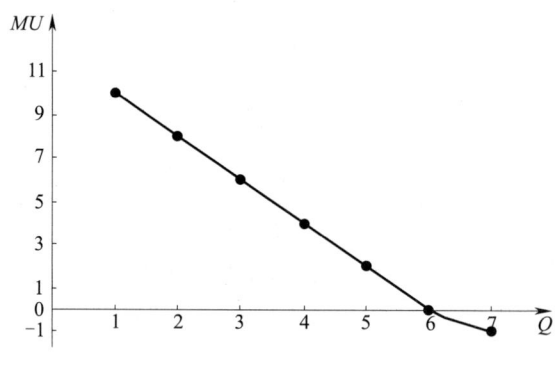

图 2-1 边际效用递减

需要指出,虽然边际效用服从递减规律,但同一种商品在不同的消费数量下或者对不同的消费者而言,边际效用的递减速度是不同的。不同商品的边际效用递减速度也不会相同。特别地,作为一种特殊商品,货币的边际效用虽服从递减规律,但递减速度一般较慢。因此,在理论分析和应用中,为了简单起见,常把货币的边际效用视为一个常数,记为 $MU_m = \lambda$。

借助于边际效用递减规律,可以很容易地将总效用和边际效用的变化趋势及两者之间的关系表示出来,如图 2-2 所示。由于边际效用是增加一单位商品消费所引起的总效用改变量,所以,只要边际效用为正值,那么总效用就会增加。但由于边际效用递减,所以总效用增加的速度越来越小,最终达到最大而停止增加。同样的道理,如果边际效用为负值,那么总效用就会减少。这就是说,随着消费的商品数量的增加,边际效用逐渐减少。在这一过程中,若 $MU>0$,总效用曲线 TU 逐渐上升,但越来越平缓;若 $MU<0$,TU 曲线开始下降;而在 $MU=0$ 时,TU 曲线恰好处于最高点。

顺便指出,在边际效用为负值时,增加商品消费,消费者的总效用反而减少,这意味着消费者对该商品的消费在达到饱和后已经出现了"过度"。仅就

---

① 虽被称为规律,但这里的"边际效用递减"是基数效用论的一个理论假设,参见第一章第一节中的"需求规律"及脚注。

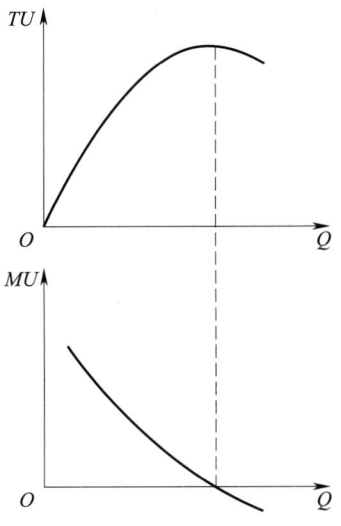

图 2-2 总效用和边际效用曲线

消费者在资源约束下寻求最大效用满足而言，这种边际效用为负值的情况可以忽略，因而在理论分析过程中常常将总效用曲线设定为向右上方倾斜。

三、效用最大化

效用给出了消费者选择商品的"目标"，但他同时也要受到收入条件的制约。如果其他条件不变，消费者在既定收入约束条件下实现了最大化效用满足，并保持这种状况不变，那么此时就称消费者处于均衡状态，简称为消费者均衡。

那么，消费者实现最大效用均衡的条件是什么呢？下面区分三种不同情形，并利用边际分析方法加以说明。

（一）消费者只消费一种商品

继续以张三消费冰激凌的简单情形为例。不妨假定张三用既定的货币收入购买冰激凌，每单位货币的边际效用保持不变，比如 $\lambda = 2$。在这种情况下，张三只需考虑商品与货币收入之间的互换。现在假定每盒冰激凌的价格（P）为 3 元。若张三选择消费 1 盒冰激凌，可以获得的效用为 10 单位。但与此同时，他必须按 3 元支付费用。由于货币的边际效用被假定为 2，所以张三消费第 1 盒冰激凌的代价是 $6(\lambda P = 2 \times 3)$ 单位效用，与获得的 10 单位效用相比，收益超过代价，因而张三会选择消费这 1 盒冰激凌。在已经消费 1 盒冰激凌的前提下，张三考虑是否消费第 2 盒冰激凌。消费这盒冰激凌时，他可以获得 8 单位效用，付出的代价仍是 6 单位效用，所以他会继续选择购买第 2 盒冰激凌。如此继续下去，由于消费商品的边际效用服从递减规律，所以张三从增加的消费中获得的效用增量逐渐减少。设想，如果张三消费3盒后增加第4盒冰激凌的消费，则他可以获得4单位效用，但同时需要付出6单位效用，收益低于代价，因而他就不会购买第4盒冰激凌了。因此，在价格为3元时，张三对冰激凌的最优消费量是3盒。

总结张三的选择过程可以发现：当增加一单位商品消费获得的效用超过为此付出的代价，即 $MU>\lambda P$ 时，消费者就会增加商品的消费；相反，当 $MU<\lambda P$ 时，消费者就会减少消费数量。因此，当二者相等时，消费者处于最优状态并将不再调整消费数量，即消费者实现均衡的条件是：

$$MU = \lambda P$$

或者

$$\frac{MU}{P} = \lambda \tag{2.3}$$

式（2.3）表明，在每单位支出购买商品所获得的边际效用恰好等于货币的边际效用时，消费者获得最大的效用满足，从而处于均衡状态。

(二) 消费者消费两种商品

假定消费者选择两种商品，两种商品的数量分别为 Q_1 和 Q_2，价格分别为 P_1 和 P_2；同时假定消费者的收入为 m，它与两种商品的价格一起，在消费者的选择过程中保持不变。作为只消费一种商品情况的推广，这里有两个问题需要重新表述。

首先，两种商品的组合可以给消费者带来效用，所以消费者获得的效用（基数或序数的）是两种商品消费量的一个函数，把这一函数表示为：

$$TU = U(Q_1, Q_2) \tag{2.4}$$

在假定另外一种商品的消费量保持不变的条件下，类似于一种商品的情形，可以分别定义两种商品的边际效用为：

$$MU_1 = \frac{\Delta TU_1}{\Delta Q_1} = MU_1(Q_1, Q_2) \tag{2.5}$$

和

$$MU_2 = \frac{\Delta TU_2}{\Delta Q_2} = MU_2(Q_1, Q_2) \tag{2.6}$$

式中，ΔTU_1 和 ΔTU_2 分别是由 Q_1 和 Q_2 的改变量 ΔQ_1 和 ΔQ_2 引起的总效

用的改变量。并且，在另外一种商品的消费量保持不变的条件下，随着一种商品消费数量的增加，其相应的边际效用递减，即 MU_1 和 MU_2 分别随着 Q_1 和 Q_2 的增加而递减。

其次，在收入既定的条件下，消费者可以将收入配置于不同的商品之上。如果消费者选择消费商品的数量分别为 Q_1 和 Q_2，那么消费者用于第一种商品的支出为 P_1Q_1，用于第二种商品的支出为 P_2Q_2，因此全部收入用于购买两种商品对消费者形成的限制条件可以表示为：

$$P_1Q_1 + P_2Q_2 = m \tag{2.7}$$

这一等式表明，消费者用于两种商品的支出之和等于总收入。

这样，消费者的选择行为可以表示为，在收入约束条件式（2.7）的限制下，合理地配置两种商品的消费数量，以实现式（2.4）给出的效用为最大。借用情形 1 中的结论，消费者将会依照式（2.3）给出的条件分别选择两种商品的最优消费数量。于是，消费者均衡条件可以表示为：在既定的收入约束条件下，消费者购买每一种商品获得的边际效用与其价格之比均相等，并且都等于货币的边际效用。用公式表示为：

$$\begin{cases} \dfrac{MU_1}{P_1} = \dfrac{MU_2}{P_2} = \lambda \\ P_1Q_1 + P_2Q_2 = m \end{cases} \tag{2.8}$$

式（2.8）中第二个条件引自式（2.7），所以这里仅考察第一个条件。事实上，在收入约束成立的条件下，若有 $\dfrac{MU_1}{P_1} > \dfrac{MU_2}{P_2}$，则意味着消费者花费 1 单位货币购买第一种商品获得的边际效用大于花费 1 单位货币购买第二种商品得到的边际效用。在这种情况下，如果消费者把用于购买第二种商品的 1 单位收入转向购买第一种商品，支出保持不变，但通过这种调整所增加的效用为 $\dfrac{MU_1}{P_1}$，所损失的效用为 $\dfrac{MU_2}{P_2}$，前者大于后者。因此，消费者通过调整商品的消费数量，可以使得自身效用满足增加。换句话说，如果 $\dfrac{MU_1}{P_1} > \dfrac{MU_2}{P_2}$，那么消费者就没有达到最大效用满足状态。同样的道理，如果 $\dfrac{MU_1}{P_1} < \dfrac{MU_2}{P_2}$，则消费者可以通过减少第

一种商品的消费,同时增加第二种商品的消费来增加总效用。因此,消费者实现效用最大化的均衡条件必然是二者相等。

顺便指出,式(2.3)显然是式(2.8)在消费一种商品情形下的特例。事实上,如果假定第二种商品为货币,则其价格 $P_2=1$,因而式(2.8)第一式的后一部分就简化为 $MU_2=\lambda$,即得到式(2.3)。

(三)消费者消费 n 种商品

假设这些商品的价格分别为 $P_1, P_2, \cdots, P_n$,而消费者选择的消费数量分别为 $Q_1, Q_2, \cdots, Q_n$,则通过对式(2.8)的直接推广,消费者实现效用最大化的均衡条件可以表示为:

$$\begin{cases} \dfrac{MU_1}{P_1} = \dfrac{MU_2}{P_2} = \cdots = \dfrac{MU_n}{P_n} = \lambda \\ P_1 Q_1 + P_2 Q_2 + \cdots + P_n Q_n = m \end{cases} \quad (2.9)$$

式中,$MU_1, MU_2, \cdots, MU_n$ 分别是这 n 种商品的边际效用,λ 为货币的边际效用。式(2.9)再次表明,在满足收入约束的条件下,消费者每单位货币支出购买任何一种商品所得到的边际效用都相等,并且均等于货币的边际效用。

四、消费者的需求曲线

(一)消费者需求曲线的推导

从理论上看,分析消费者选择的目的在于揭示消费者的需求曲线,探讨需求规律成立的行为基础。在其他条件不变的情况下,对应于既定的价格,消费者选择效用为最大的商品数量(组合),那么,这一数量就是该价格下的需求量。因此,消费者的需求曲线来源于消费者效用最大化的均衡条件。

继续以张三只消费一种商品(冰激凌)的情形为例。上文的分析表明,当 $P=3$(元)时,张三对冰激凌的需求量是 3 盒。现在假设张三面临的价格发生了变化,比如 $P=2$(元),与上面的分析相同,张三将按照 $MU=\lambda P=2\times 2=4$ 对应的数量选择消费 4 盒冰激凌。按同样的方式,不断地变动价格,则可以得到不同价格下张三的需求量,如表 2-2 所示。

表 2-2 是表 2-1 的扩展。对应于表中第(4)列给出的冰激凌可能的价格,张三借助于 $MU=\lambda P$ 的条件在第(1)列中选择对冰激凌的需求量。因此,由表中第(4)列和第(1)列所建立起来的价格与需求量之间的关系即为张三对冰激凌的需求,如图 2-3 所示。

表 2-2　张三对冰激凌的需求

（1）冰激凌的消费量	（2）总效用（TU）	（3）边际效用（MU）	（4）冰激凌的价格（P）	（5）货币的边际效用（λ）	（6）效用损失（λP）
0	0	—	6	2	12
1	10	10	5	2	10
2	18	8	4	2	8
3	24	6	3	2	6
4	28	4	2	2	4
5	30	2	1	2	2
6	30	0	0	2	0
7	29	-1	—	2	—

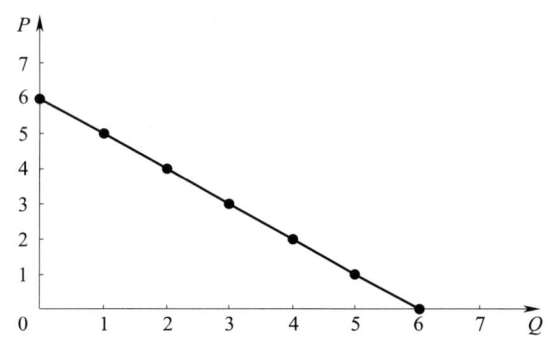

图 2-3　张三对冰激凌的需求曲线

可见，对应于一个特定的价格 P，消费者依据效用最大化的条件 $MU=\lambda P$ 决定相应的需求量。因此，消费者对商品的需求函数即为式（2.3）给出的方程：

$$\frac{MU}{P}=\lambda$$

同样的道理，当消费者消费多种商品时，在收入既定的条件下，对应于给定的两种商品的价格，消费者将会依据效用最大化的均衡条件来选择消费商品的数量（组合）。就两种商品而言，式（2.8）给出的均衡条件决定了消费者对两种商品的需求函数。

比如，在收入 m 和第二种商品价格 P_2 不变的条件下，从式（2.8）中消去第二种商品的需求量 Q_2，即得到消费者对第一种商品的需求量 Q_1 与价格 P_1 之间的函数关系。

（二）需求曲线的形状

从上述推导消费者需求曲线的过程，特别是表 2-2，可以看出，通过每单位支出购买商品获得的边际效用等于货币边际效用的条件，商品价格与需求量联系在一起。在边际效用递减规律的作用下，消费者的需求曲线向右下方倾斜。

事实上，对应于商品的某一特定价格，消费者消费最后一单位商品的边际效用恰好等于价格与货币边际效用的乘积。在货币的边际效用既定的条件下，如果商品的价格提高，那么消费者增加一单位商品的购买需要支付的货币数量就增多，损失掉的效用随之增加。为了能够弥补效用的损失，消费者需要从该单位商品的消费中获取更多的边际效用。在边际效用递减规律的作用下，消费者会选择消费更少的商品。

由此可见，正是由于边际效用递减规律，消费者对商品的需求曲线才向右下方倾斜，所以，边际效用递减规律是保证需求规律成立的一个重要前提。

顺便指出，既然单个消费者对商品的需求曲线向右下方倾斜，那么根据第一章第一节的说明，一种商品的市场需求曲线也向右下方倾斜。

五、消费者剩余

在自愿交易的条件下，消费者通过选择最优的消费数量可以使得自身的境况得到改善。借助于上面推导的消费者需求曲线可以很好地说明如何度量经济交换所获得的好处。

首先，从改变对消费者需求曲线的理解开始。需求曲线不仅表示价格与商品的需求量之间的关系，也可以理解为在购买特定数量时消费者愿意支付的最高价格。但对消费者而言，市场价格是外生给定的，所以在其支付意愿与实际支付值之间存在一个差值，这就构成了一种"心理剩余"。消费者为得到一定数量的某种商品愿意支付的数额与实际必须支付的数额之间的差被称为消费者剩余。

图 2-4 再次给出了张三对冰激凌的需求曲线。现在假定市场的价格（$\bar{p}$）为 3 元，那么张三会选择 3 盒冰激凌。在图 2-4 中，当张三准备购买 1 盒冰激凌时，他愿意支付的最高价格是 5 元，但实际上他只需支付 3 元，他感觉物有超值，剩余额为 5-3=2（元），所以，他会继续购买下一盒冰激凌。同样的道理，当他准备购买第 2 盒冰激凌时愿意支付的价格是 4 元，实际支付的价格是

3元，通过消费这第2盒可以获得的剩余为1元。购买第3盒时，他的意愿支付与实际支付恰好相等，这之后他将停止购买。由此可见，通过消费3盒冰激凌，张三所获得总剩余等于之前每一单位剩余的和，等于2+1=3（元）。更一般地，如果减少横轴上消费数量的单位至无穷小，则消费者剩余是市场价格之上、需求曲线之下的面积。

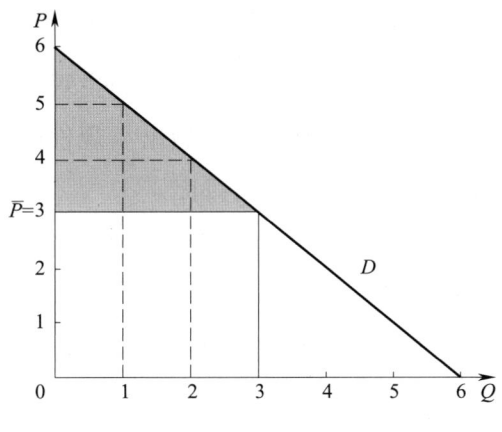

图2-4 消费者剩余

回忆一下，式（2.3）给出了需求函数的表达式。如果假定货币的边际效用 $\lambda=1$，则意味着消费者的效用是以货币为单位计量的，此时需求函数简化为 $P=MU(Q)$。在这种情况下，需求曲线就是消费者消费商品的边际效用曲线。由于每增加一单位商品的边际效用之和构成了消费一定数量商品的总效用，所以需求曲线下的面积恰好是消费这些商品的总效用。假定现行价格为 P，消费者消费商品的数量为 Q，则 PQ 为消费者的支出。这样，由市场价格之上、需求曲线之下的面积衡量的消费者剩余为：

$$消费者剩余 = TU(Q) - PQ \qquad (2.10)$$

有鉴于此，消费者剩余有时也被定义为消费者从消费商品中获得的总效用与总的市场价值之间的差额[①]，即消费商品的净效用。

第二节　无差异曲线

上一节采用边际分析方法，得出了消费者对商品的需求曲线。但这一分析

---

① 例如，[美]保罗·萨缪尔森、威廉·诺德豪斯：《经济学》第18版，萧琛等译，人民邮电出版社2008年版，第83页。

过程中所施加的效用可计量、边际效用递减等假设缺乏足够的事实依据。事实上，在效用可序数度量的前提条件下，运用无差异曲线分析方法，也可以解释消费者的需求行为。本节从消费者的偏好出发，讨论消费者的无差异曲线及其性质。

一、偏好和选择

消费者的偏好是指消费者对商品或商品组合的喜好程度。消费者对商品的偏好是根据某些客观指标或基于心理感受而给出的主观判断。每一个消费者拥有一个特定的偏好，消费者基于偏好对商品做出主观价值判断，并据此对商品及其数量组合所带来满足程度的大小进行排序。

为了更好地运用偏好的排序功能说明消费者的选择，西方经济学通常对偏好的性质给出一些基本的假设[①]：

（1）消费者对任意两个商品组合都能进行排序。即对于任意两个商品组合 A 和 B，消费者可以根据自身的偏好做出断定：A 至少与 B 一样好或者 B 至少与 A 一样好，二者之一必须成立。如果消费者认为上述两个判断均成立，就称 A 和 B 无差异。

（2）消费者偏好满足传递性。即对于任何三个商品组合 A、B 和 C，如果消费者对 A 的偏好至少与对 B 的偏好一样，对 B 的偏好至少与对 C 的偏好一样，那么，该消费者对 A 的偏好至少与对 C 的偏好一样。

（3）在其他商品数量相同的条件下，消费者更偏好于数量大的商品组合。

（4）消费者偏好多样性的商品组合。

上述四个对偏好的假设看起来并没有给消费者选择施加更多的限定。假设 1 表明，对于任意 2 个商品组合，如 A（2 张 CD、1 个 U 盘）与 B（1 张 CD、2 个 U 盘），尽管消费者不能准确地说出 A 和 B 可以产生的效用值，但却能明确地判断更喜欢 A 还是 B 或者认为二者一样好。假设 2 表明，如果消费者能够对商品组合两两相比，就可以对多个组合进行排序，并能够从中获得最优的商品组合。假设 3 意味着，消费者未达到充分满足的状态。那些多余或累赘的商品不在消费者的选择范围之内，消费者仍希望获得更多的商品。假设 4 则说明，在同等条件下，不同商品的组合比只拥有一种商品要好。

---

① 为了能够基于偏好得出序数效用的存在性并保证其具有良好的性质，除了这四个基本假设之外，还必须要求偏好具有连续性，但该假设缺乏直观的经济学解释，所以这里省略。

上述有关偏好的假设给出了消费者选择商品的排序规则，下面将利用这些规则揭示消费者实现效用最大化的均衡过程。

二、无差异曲线及其特点

一个消费者对商品组合的偏好可以借用消费者的无差异曲线表示出来。

为了方便起见，假定消费者只消费两种商品。例如，张三选择既消费冰激凌，又要玩游戏。这时，任意一个商品组合（Q_1，Q_2）构成了消费者的偏好对象，其中 Q_1 表示冰激凌的消费数量，Q_2 表示玩游戏的次数（半小时为一次）。如图 2-5 所示，A（15，10）和 E（20，10）表示张三可以在一个月之内消费冰激凌和玩游戏的次数。根据偏好假定 3，张三更喜欢选择 E，因为此时可以照常玩游戏又能消费到更多的冰激凌。设想从 E 点开始，保持冰激凌的消费量不变，但减少玩游戏的次数，则会形成一个新的组合 B。比较商品组合 B 与 A，张三自然有自己的偏好次序。若他更喜好 B，那么我们就继续减少玩游戏的次数；若他更喜好 A，则增加玩游戏的次数；直到他认为二者完全无差异为止。记录此时的 B 点。以类似的方法可以得到 C、D 等不同的点。把这些点连成一条曲线，就构成了消费者的一条无差异曲线 U_2。

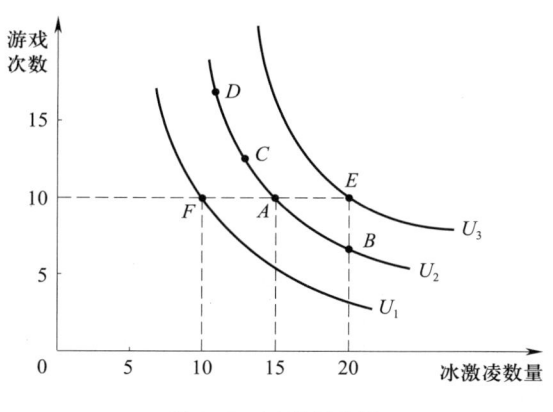

图 2-5　无差异曲线

观察描绘 U_2 的过程不难发现，无差异曲线为在既定偏好条件下，由可以给消费者带来相同满足程度的商品的不同数量组合描绘出来的曲线。在一条无差异曲线上，两种商品的数量组合各不相同，但消费者对它们的偏好相同，或者说它们给消费者带来的效用满足程度相同。

运用相同的方式可以得到其他一系列无差异曲线，如图 2-5 中分别过 F 和 E 点的 U_1 和 U_3。这些无差异曲线通常具有如下特征。

第一,无差异曲线有无数多条,每一条都代表着消费者消费商品组合可以获得的一个效用水平,并且离原点越远,无差异曲线代表的效用水平就越高。由于可供消费者选择的商品数量组合是无限的,所以可以描绘出无数条无差异曲线。由于离原点越远,代表的两种商品的数量组合就越大,根据假设 3,距离原点越远的无差异曲线代表的效用水平就越高。

第二,任意两条无差异曲线都不相交。如图 2-6 所示,若两条无差异曲线 U_1 和 U_2 相交于 A 点,过原点的一条射线分别交 U_1 和 U_2 于 B 和 C,则 B 代表的两种商品的数量均低于 C。于是,根据偏好假设 3,C 给消费者带来的效用满足程度一定大于 B。但是,B 和 C 分别与 A 处于两条不同的无差异曲线上,则根据无差异曲线的定义,商品组合 B 与 A 以及 C 与 A 具有相同的效用水平,从而根据假设 2,B 和 C 具有相同的效用等级。这就出现了矛盾。因此,任意两条不同的无差异曲线都不可能相交,除非重合。

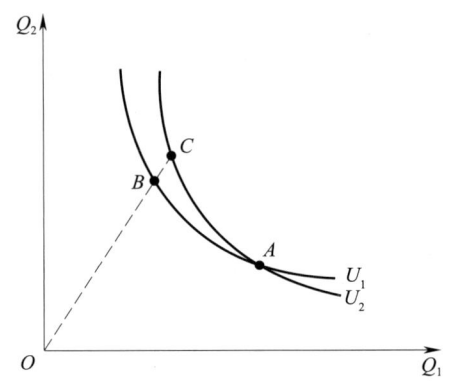

图 2-6 任意两条无差异曲线不相交

第三,无差异曲线向右下方倾斜。如果我们在一条无差异曲线上画出一段向右上方倾斜的曲线,不难发现,在这段曲线上选择某一商品组合点,必然存在两种商品的数量均大于这一组合点的点,但两个组合却是无差异的,这就与偏好假设 3 相矛盾。所以无差异曲线向右下方倾斜隐含地排除了非意愿商品的存在。从几何上看,无差异曲线的这一特征意味着其斜率为负值。它表明,随着一种商品数量的增加,减少另一种商品的数量,消费者也可以获得与原来相同程度的满足。所以,无差异曲线向右下方倾斜也表明,在效用水平保持不变的条件下,一种商品对另外一种商品产生了替代。

第四,无差异曲线凸向原点。这一特征与偏好假设 4 相对应,因为在一条无差异曲线任意两点的连线上,商品组合都更加丰富,消费者的效用满足水平更高。从几何意义上看,无差异曲线凸向原点表明其倾斜程度越来越平缓。从无差异曲线代表的经济学意义上看,凸向原点意味着,随着一种商品数量增加,另外一种商品减少的数量越来越小,即一种商品对另外一种商品的替代能力越来越弱。为了刻画一种商品对另外一种商品的替代程度,经济学中经常采用边际替代率这一概念。

三、边际替代率

(一) 边际替代率的定义

两种商品之间的替代程度可以由商品的边际替代率来衡量。一种商品对另外一种商品的边际替代率定义为:在效用满足程度保持不变的条件下,消费者增加 1 单位一种商品的消费可以代替的另一种商品的消费数量,简称为边际替代率。假定消费者消费两种商品的数量分别为 Q_1 和 Q_2,消费者增加(或减少)第一种商品的消费数量 ΔQ_1,在保持效用水平不变的条件下,由此引起的第二种商品消费数量的改变量为 ΔQ_2,用 $MRS_{1,2}$ 代表第一种商品对第二种商品的边际替代率,则有:

$$MRS_{1,2} = -\frac{\Delta Q_2}{\Delta Q_1}\bigg|_{U不变} \qquad (2.11)$$

其中,效用水平不变是调整商品数量的前提,负号则是为了保证边际替代率取正值而设定的。与无差异曲线的第三个特征相一致,在第一种商品数量增加时,第二种商品数量必然会减少,所以,定义式中增加负号可以使得边际替代率保持正值。

从几何意义上说,商品的边际替代率是无差异曲线斜率的绝对值。如图 2-7 所示,张三面对的商品组合由 A 点变动到了 B 点,每月增加 5 盒冰激凌的消费,为了保持效用水平不变,他愿意放弃上网玩 3 次游戏的机会。此时,在张三看来,冰激凌对游戏的边际替代率就是:

$$MRS_{1,2} = -\frac{\Delta Q_2}{\Delta Q_1} = -\frac{-3}{5} = 0.6$$

即 1 盒冰激凌"兑换"0.6 次游戏。

(二) 边际替代率递减规律

商品的边际替代率反映了在效用水平不变的情况下,消费者为得到 1 单位一种商品而愿意放弃的另外一种商品的数量,也就是消费者对两种商品偏好程

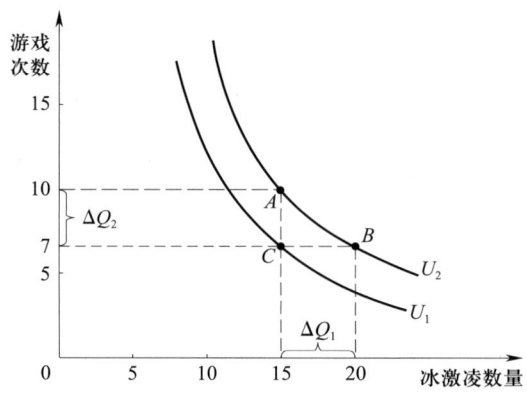

图 2-7 商品的边际替代率

度的相对估价。但是，随着一种商品消费量的增减，其稀缺程度就会发生变动，消费者对额外 1 单位商品的偏好程度也会发生改变，因此，商品的边际替代率与消费者消费的两种商品的消费量有关。并且，随着一种商品消费量的增加，该商品对另外一种商品的边际替代率越来越小。这一特征被序数效用论作为一个理论假定而被概括为边际替代率递减规律。

商品的边际替代率递减规律是指在保持效用水平不变的条件下，随着一种商品消费数量的增加，消费者增加一单位该商品的消费而愿意放弃的另外一种商品的消费数量逐渐减少，即随着一种商品数量的增加，它对另外一种商品的边际替代率递减。

商品边际替代率递减规律反映出了两种商品对消费者而言稀缺程度的相对变动，也就反映出了它们满足消费者偏好的相对能力的变动。在保持效用水平不变的前提下，随着第一种商品消费量的增加，第二种商品的消费量随之减少。结果，第一种商品相对充裕，而第二种商品相对稀缺，因而消费者就会更偏爱第二种商品。在这种情况下，增加一单位相对充裕的第一种商品，消费者愿意放弃的相对稀缺的第二种商品数量就会越来越少。在张三消费冰激凌和玩游戏的例子中，他不太愿意只消费冰激凌，随着一个月之中消费冰激凌的数量增加，他宁愿有几次玩游戏的机会。所以，在消费较多的冰激凌之后，他就不情愿用牺牲玩游戏来换取多消费冰激凌了。

借助于边际效用及其递减规律，可以更好地理解商品的边际替代率递减规律。事实上，消费者基于商品相对稀缺性而对商品表现出来的偏好程度变化可以由商品的边际效用大小的变化体现出来。为了明确起见，继续采用上一节界定的（基数的或者序数的）总效用和边际效用概念。如图 2-7 所示，将商品组

合由 A 到 B 的调整分解为由 A 到 C、再从 C 到 B 的变动。很显然，由 A 到 C，第一种商品的数量保持不变，而第二种商品变动了 ΔQ_2。根据边际效用的定义，由 A 到 C 所产生的总效用改变量（粗略地）为 $U_1 - U_2 = MU_2 \cdot \Delta Q_2$。同样的道理，由 C 到 B 的变动所导致的总效用的改变量为 $U_2 - U_1 = MU_1 \cdot \Delta Q_1$。于是，从 A 到 B 的变动所产生的总效用改变量为：

$$(U_1 - U_2) + (U_2 - U_1) = MU_2 \cdot \Delta Q_2 + MU_1 \cdot \Delta Q_1 = 0$$

从中得到：

$$MRS_{1,2} = -\frac{\Delta Q_2}{\Delta Q_1} = \frac{MU_1}{MU_2} \tag{2.12}$$

式（2.12）给出了两种商品之间的边际替代率与它们各自的边际效用之间的关系：第一种商品对第二种商品的边际替代率与第一种商品的边际效用成正比，与第二种商品的边际效用成反比。这表明，第一种商品的边际效用越高，它对于另外一种商品的替代能力就越强；反之，第二种商品的边际效用越大，第一种商品对它的替代能力就越弱。运用这一表达式可以很容易知道，在通常情况下[①]，如果消费者消费商品获得的满足程度服从边际效用递减规律，那么商品的边际替代率一定服从递减规律。事实上，随着第一种商品数量的增加，MU_1 越来越小，即式（2.12）的分子越来越小；与此同时，由于无差异曲线向右下方倾斜，第二种商品的数量会越来越小，MU_2 就会越来越大，即式（2.12）的分母越来越大。因此，边际替代率一定是递减的。

既然商品的边际替代率服从递减规律，而边际替代率又是无差异曲线斜率的绝对值，所以，随着第一种商品数量的增加，无差异曲线的形状就越来越平缓。因此，边际替代率递减规律保证了无差异曲线凸向原点。

(三) 无差异曲线的特例

经济学规律大都有特例，商品的边际替代率递减规律也是如此。例如，边际替代率为零、无穷大或者是常数就是三种特殊情形，如图 2-8 所示。当边际替代率为零时，无差异曲线为一条水平的直线，此时，第一种商品数量的增加不能增加效用，对另外一种商品不能产生替代。类似地，当边际替代率是无穷

---

① 严格说，边际效用递减与边际替代率递减是两个不同的假设前提，前者并不能保证后者必须成立，但如果施加一些常规假设，比如，忽略一种商品数量变动对另外一种商品边际效用的影响或者要求 $\partial MU_i / \partial Q_j \geq 0$，$i \neq j$，则可以保证这里的论证成立。有兴趣的读者可参见中级微观经济学教材。

大时，无差异曲线是垂直的直线，这时，第二种商品是"多余的"。图 2-8（a）表示出了这两种情况。当两种商品是完全互补品时，比如一双鞋子的左脚和右脚，就属于这种情况，因为单纯增加一只鞋子并没有作用。当边际替代率为常数时，每增加一单位第一种商品所替代的另外一种商品的数量保持不

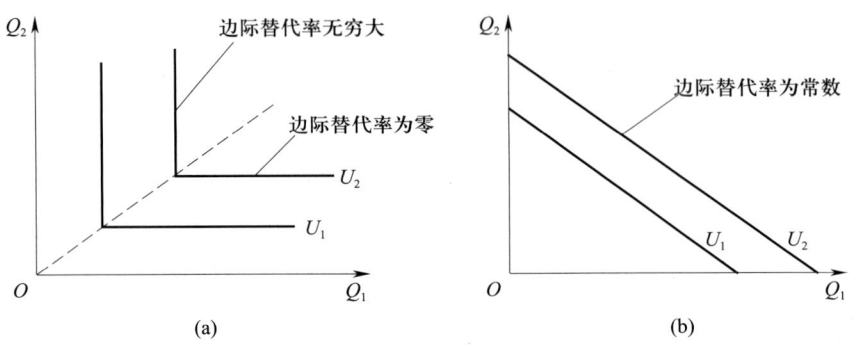

图 2-8　无差异曲线的特例

变，此时无差异曲线是一条向右下方倾斜的直线，如图 2-8（b）所示。瓶装可乐与听装可乐或许可以视为这一情况的例子：对于不注重包装而只注重内容的消费者而言，2 500 ml 瓶装可乐与 355 ml 听装可乐之间的边际替代率应该约为 7.0（2 500/355）。

第三节　预算约束线

受效用满足最大化动机驱使的消费者也会受到来自收入的制约，这种制约可以由消费者的预算约束线来表示。

一、预算约束线的含义

消费者的预算约束线又简称为约束线，它表示在收入和商品价格既定的条件下，消费者用全部收入所能购买到的各种商品的不同数量的组合。

继续以消费者消费两种商品为例。假定消费者的收入为 m，他面对的两种商品的价格分别为 P_1 和 P_2。则前述的式（2.7）给出了消费者购买两种商品的收入约束，即：

$$P_1Q_1+P_2Q_2=m$$

在两种商品的情形中，式（2.7）恰好是一条直线，所以该约束条件也就

被称为消费者的预算约束线，如图 2-9 所示。

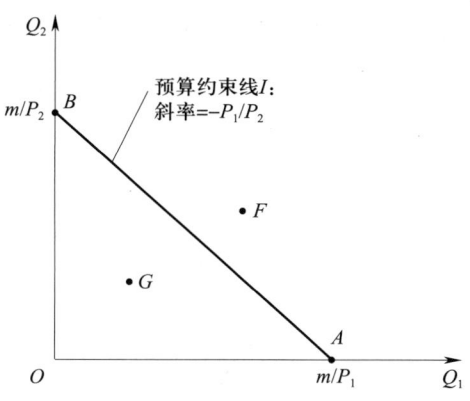

图 2-9　消费者的预算约束线

在消费者的收入和商品价格既定的条件下，消费者的预算约束线向右下方倾斜。在图 2-9 中给出的坐标平面内，消费者的预算约束线 I 把可供选择的两种商品的组合（Q_1，Q_2）划分为三个区域：预算约束线与坐标轴之间、预算约束线上以及预算约束线之外的区域。预算约束线 I 之外的 F 点，是现有条件下消费者无力支付的商品组合；预算约束线 I 之内的 G 点则是现有收入能够购买而收入会有剩余的商品组合；只有在预算约束线上，所有的收入均用于购买商品。因此，预算约束线给出了消费者在既定收入下可以购买到的两种商品的"最大"数量组合。

根据式（2.7），消费者预算约束线的斜率为 $-P_1/P_2$，其绝对值等于两种商品的价格之比。此外还可以知道，在预算约束线 I 与横轴相交的 A 点，对应着消费者将全部收入用来购买第一种商品可以得到的最大数量，其数值为 m/P_1，第二种商品购买量为 0；同样，如消费者将全部收入用于购买第二种商品，则最大购买量为 m/P_2，如图 2-9 中的 B 点所示。

二、预算约束线的变动

消费者预算约束线的确定是以消费者收入和商品价格既定为条件的。当消费者的收入和商品的价格发生变动时，消费者的预算约束线也会随之变动。下面区分三种不同的情形说明预算约束线的变动方向。

情形 1：两种商品的价格 P_1 和 P_2 保持不变，消费者的收入 m 发生变动。在这种情况下，由于商品价格保持不变，所以预算约束线的斜率不变，消费者的收入发生变动只会导致预算约束线平行移动。如图 2-10（a）所示，收入增加，消费者可购买商品的数量增加，预算约束线向右上方平行移动，比如由 I 平移到 I_1；收入减少，消费者可购买商品的数量减少，预算约束线向左下方平行移动，比如由 I 平移到 I_2。

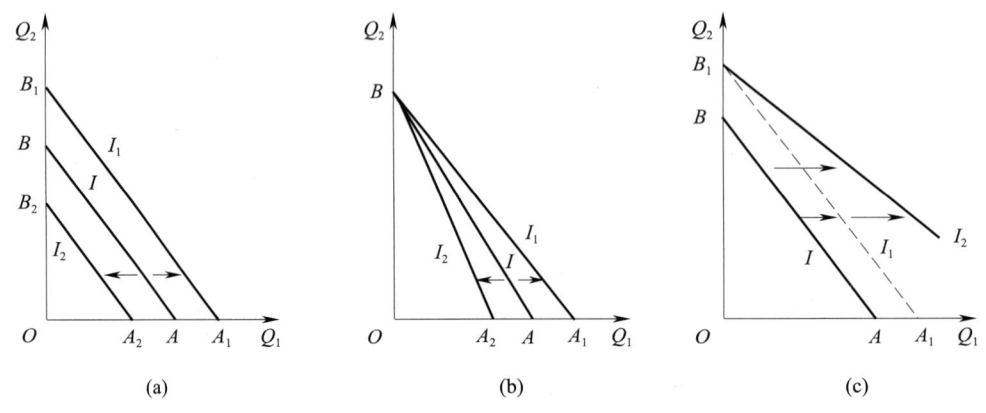

图 2-10　预算约束线的移动

情形 2：消费者的收入 m 和第二种商品的价格 P_2 保持不变，第一种商品的价格 P_1 发生变动。在这种情况下，由于预算约束线与纵轴的交点 B（m/P_2）不会发生改变，而它与横轴的交点 A（m/P_1）会发生变动，所以预算约束线 I 将会围绕着 B 点旋转。如图 2-10（b）所示，如果第一种商品的价格降低，预算约束线与横轴的交点由 A 向右移动到 A_1 点，预算约束线逆时针向右上方由 I 旋转到 I_1；反之，第一种商品的价格提高，预算约束线与横轴的交点由 A 向左移动到 A_2 点，预算约束线顺时针向左下方由 I 旋转到 I_2。

情形 3：消费者的收入 m 和两种商品的价格 P_1 和 P_2 同时发生变动。在这种情况下，消费者的预算约束线既可能发生平行移动，也可能出现旋转，如图 2-10（c）所示，I 移动到了 I_2。对应于这种情况，做一条辅助的预算约束线 I_1，它与预算约束线 I 平行，并且与 I_2 在纵轴的交点 B_1 重合。于是，I 移动到 I_2 的变动可以分解为由 I 平移到 I_1，再由 I_1 旋转到 I_2 的两种变动。因此，情形 3 可以借助于情形 1 和情形 2 得到说明。

基于上述分析，对消费者预算约束线变动原因的分析，只涉及消费者收入或者一种商品价格的变动，而其他因素保持不变。

第四节　消费者均衡

为了确定消费商品的最优数量组合，理性的消费者试图在既定收入约束条件下寻求最大化的效用满足。本节利用无差异曲线和预算约束线来考察消费者实现效用最大化的均衡条件及其均衡点的变动情况。

一、消费者均衡的决定

在收入和商品价格既定的条件下，消费者试图选择使得自身效用最大的商品数量组合。在这一过程中，消费者受到追逐更高效用动机的驱使，同时也受到来自收入预算的制约。在这两种相反力量的作用下，当消费者选择了最优消费数量，将维持这种状态不变，此时消费者处于均衡状态。所以，消费者均衡可以借助于无差异曲线和预算约束线加以说明。

如图 2-11 所示，两种商品的所有数量组合点（Q_1，Q_2）构成了可供消费者选择的范围。在这一范围内，消费者根据自身的偏好对它们所能带来的效用满足进行排序，并相应地得到一系列无差异曲线。图 2-11 中的 U_1、U_0 和 U_2 是其中具有代表性的三条，它们满足第二节给出的无差异曲线的四个基本特征。在 m、P_1 和 P_2 既定的条件下，消费者面临的收入限制由预算约束线 I 表示。消费者将会在预算约束线限定的范围内选择，但为了实现最大效用满足，消费者试图使得商品组合点位于尽可能高的无差异曲线上，这就决定了消费者均衡处于预算约束线上。

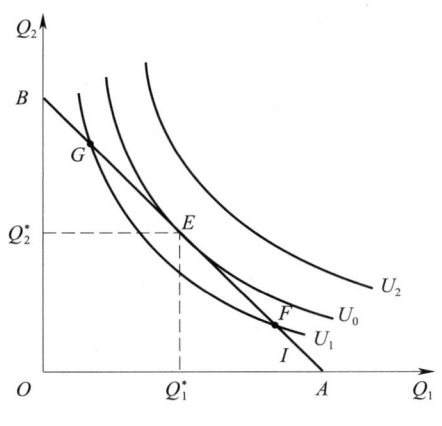

图 2-11 消费者均衡

在预算约束线 I 上，消费者花费他的全部收入，但不同的商品数量组合点所产生的效用却不尽相同。在预算约束线 I 上的任何一点，比如 F 点，它给消费者带来的效用满足水平由过该点的一条无差异曲线 U_1 表示出来。如果 U_1 与预算约束线 I 还有另外的交点，比如 G，则位于 F 和 G 之间 I 上的任何一点所实现的效用都会比 U_1 要高。所以，预算约束线与无差异曲线相切才可能使得消费者获得最大满足。同样，如果一个商品组合点所处的无差异曲线（如 U_2）与预算约束线 I 没有交点，那就意味着消费者无力购买这一商品组合。因此，消费者在既定收入约束条件下效用最大化的点只能是预算约束线与无差异曲线的切点，如图 2-11 中 I 与 U_0 的切点 E，由此决定的两种商品的消费量分别为 Q_1^* 和 Q_2^*。

上述分析表明，当消费者选择在 E 点消费时，可以在现有收入约束条件下实现最大效用，此时消费者处于均衡状态。很显然，消费者均衡点 E 所对应的两种商品的数量 Q_1^* 和 Q_2^* 需要满足两个条件：一是位于预算约束线上，二是该预算约束线与商品组合点所在的无差异曲线相切。第一个条件意味着，Q_1^* 和 Q_2^* 满足式（2.7）给出的预算约束方程；第二个条件则要求预算约束线与无差异曲线在 E 点处有相等的斜率。根据前两节的分析，各自取绝对值，预算约束线的斜率为 P_1/P_2，无差异曲线的斜率为 $MRS_{1,2}$，因此，第二个条件要求：

$$MRS_{1,2} = \frac{P_1}{P_2} \tag{2.13}$$

这样，消费者均衡的条件可以概括为：

$$\begin{cases} MRS_{1,2} = \dfrac{P_1}{P_2} \\ P_1 Q_1 + P_2 Q_2 = m \end{cases} \tag{2.14}$$

这些条件表明，在既定的收入约束条件下，为了获得最大的效用满足，消费者所选择的最优商品数量组合应该使得两种商品的边际替代率等于这两种商品的价格之比。

在消费者均衡条件中，下面着重考察式（2.13）。等式左边给出的商品的边际替代率是消费者依照自身偏好确定的两种商品之间的（边际）比价，即保持效用水平不变，（增加）1 单位一种商品，可以代替或者兑换的另外一种商品的数量；而等式右面则是按市场价格衡量的 1 单位一种商品可以兑换的另外一种商品的数量。因此，这一条件意味着，寻求效用最大化的消费者，需要将两种商品的消费数量调整到以其主观价值判断所决定的两种商品之间的比价恰好与市场衡量的比价相一致的最优组合点上。

再用一个数值例子来说明。假定张三消费冰激凌和到网吧玩游戏，一盒冰激凌的价格为 4 元（$P_1 = 4$），到网吧玩一次游戏的价格为 2 元（$P_2 = 2$），但在现有的消费组合下，张三认为这两种商品的边际替代率为 $MRS_{1,2} = 1$，即多消费一盒冰激凌与多玩一次游戏一样好，此时有 $MRS_{1,2} < \dfrac{P_1}{P_2}$。那么，在这种情况下，张三少消费一盒冰激凌需要多玩一次游戏来弥补即可保证效用满足不变，但这样调整商品数量组合却可以省下 2 元钱。用这 2 元钱购买更多的冰激凌和（或）玩更多的游戏将会使得张三获得更大的效用满足。因此，在满足预算约束的条件下，如果式（2.13）不能得到满足，消费者可以通过调整消费商品的数量组合以获取更高的效用。由此可见，只有当两种商品的边际替代率恰好等于这两种商品的价格之比时，消费者才能处于均衡状态。

借用式（2.12）给出的商品的边际替代率与两种商品的边际效用之间的关系，式（2.14）的消费者均衡条件可以变换成我们熟知的条件。将式（2.12）代入式（2.14）第一个方程，后者变形为：

$$\begin{cases} \dfrac{MU_1}{MU_2} = \dfrac{P_1}{P_2} \\ P_1 Q_1 + P_2 Q_2 = m \end{cases}$$

对第一个方程进行简单的变换，式（2.14）给出的消费者均衡条件表示变形为：

$$\begin{cases} \dfrac{MU_1}{P_1} = \dfrac{MU_2}{P_2} \\ P_1 Q_1 + P_2 Q_2 = m \end{cases}$$

这恰好是式（2.8）给出的消费者均衡条件。这表明，商品的边际替代率等于两种商品的价格比，与消费者每单位货币支出购买任意一种商品所得到的边际效用都相等，本质上具有相同的含义。这也进一步说明，效用的基数度量还是序数表示并不是问题的关键，二者的实质相同。

二、收入变动对消费者均衡的影响

以上得到的消费者均衡是以消费者收入和商品价格保持不变为条件的，如果这些因素发生变动，消费者的均衡点以及相应的最优消费数量也将随之发生变动。对均衡点的比较静态分析将揭示这些因素的变动对均衡点的影响。下面依次考察收入和价格变动对消费者均衡的影响。

（一）收入-消费扩展线

假定两种商品的价格保持不变，只有消费者的收入发生改变。如上一节所述，在其他条件不变的情况下，随着消费者收入的变动，比如增加，消费者面临的预算约束线向右上方平行移动，如图2-12中的I_1、I_2和I_3。重复上文的分析，在每一条特定的预算约束线上，消费者都会选择该约束下效用最大化的商品组合，即预算约束线与无差异曲线的切点。例如，对应于预算约束线I_1、I_2和I_3，消费者会分别选择消费商品的数量组合点E_1、E_2和E_3。由这些均衡点E_1、E_2、E_3等可以描绘出一条曲线，如图2-12中的OM曲线所示。

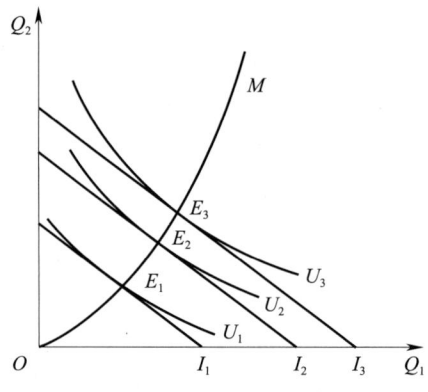

图2-12 消费者的收入-消费扩展线

在商品的价格保持不变的条件下，随着消费者收入水平的变动，消费者均衡点变动的轨迹，被称为消费者的收入-消费扩展线，简称为收入扩展线。由推导过程可以知道，消费者的收入扩展线表示随着消费者收入的增加，消费者扩张其消费的一条最优路径。

消费者收入扩展线的形状反映出了收入变动过程中不同商品的最优消费数量不同的变动趋势，如图2-13所示。在图2-13（a）中，消费者的收入扩展线OM是一条向右上方倾斜的直线。这表明，消费者消费的两种商品都是正常品，而且随着收入的增加，消费者同比例扩大两种商品的消费数量。在图2-13（b）中，收入扩展线OM随着收入的增加向右上方倾斜，并且越来越陡峭。这表明，消费者所消费的两种商品都是正常品，但随着收入的增加，第一种商品的消费数量增长速度较为缓慢，而第二种商品消费数量增长速度更快，所以第一种商品是必需品，第二种商品则是一种奢侈品。在图2-13（c）中，消费者的收入扩展线OM呈现向后弯曲的形状。这说明，随着消费者收入的增加，当收入增加到一定程度之后，第一种商品的消费量不仅不增加反而会减少。因此，超过E_3点对应的收入之后，第一种商品就成为一种低档品。

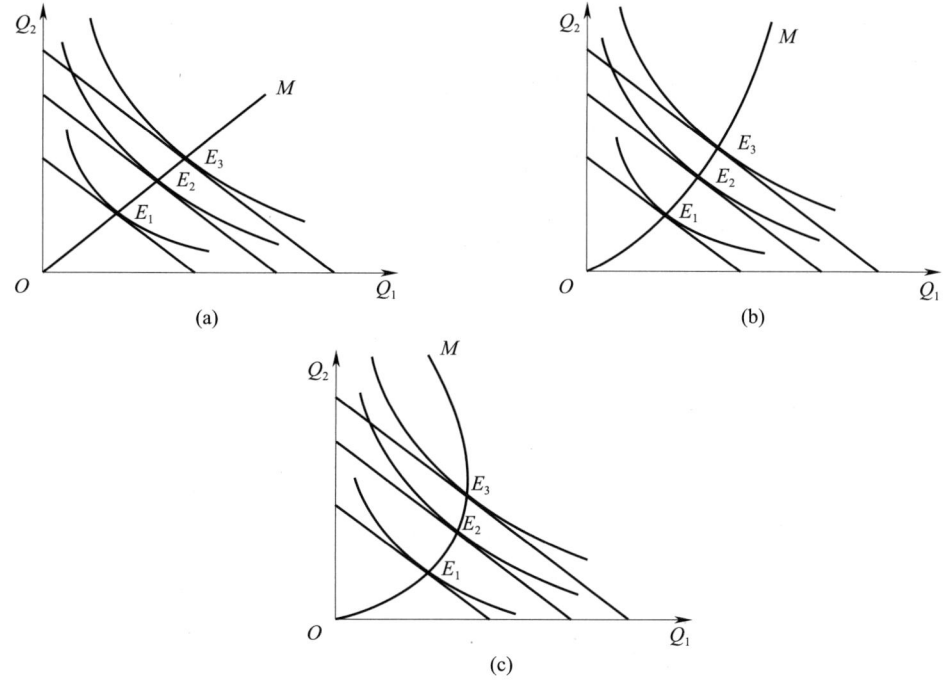

图 2-13 消费者的收入-消费扩展线

（二）恩格尔曲线和恩格尔定律

早在 19 世纪 60 年代，德国统计学家恩格尔对比利时家庭调查数据分类列表，建立了家庭在食品项目以及其他项目上的支出与家庭收入（或总支出）之间的一个数量关系。这些数量关系及其相对应的图形被称为恩格尔曲线。

恩格尔曲线可以由消费者收入扩展线得到。假定商品的价格保持不变，则家庭用于某种商品的支出量与消费量具有完全相同的性质，因此，恩格尔曲线就可以由商品的消费数量与家庭收入之间的关系表示出来。经过简单的转化，图 2-12 给出的收入变动与商品消费数量变动的轨迹可以由某种商品的消费数量随着收入变动而变动的轨迹描绘出来，从而得到该商品的恩格尔曲线，如图 2-14 所示。

特别地，恩格尔重点考察了家庭的食物支出与收入之间的关系。他发现，家庭的食物支出在总支出中所占的比重随着家庭收入的增加而递减。这一发现不仅适用于比利时的数据，而且和其他国家的横截面数据以及时间序列数据也十分吻合，因而作为一个普遍结论而被广泛接受下来，并被称为恩格尔定律。恩格尔定律意味着，随着家庭收入的增加，食物支出的增长速度不及收入增长

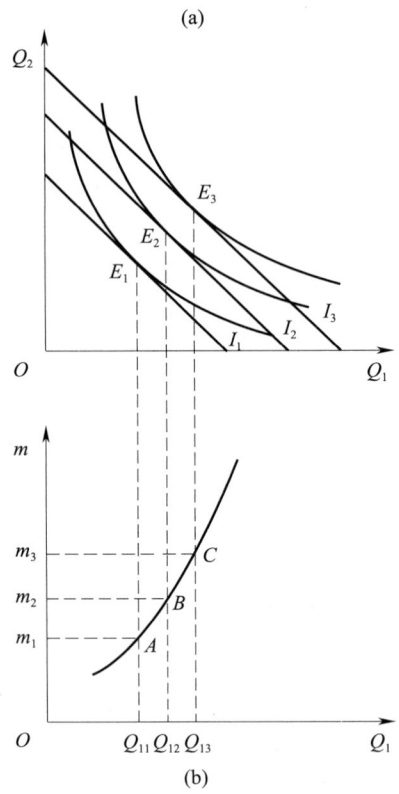

图 2-14 从收入-消费扩展线到恩格尔曲线

快,因而食物支出关于收入的弹性系数小于 1,后者也被看成是恩格尔定律的另外一种方便的表述。

三、价格变动对消费者均衡的影响

下面考察价格变动对消费者均衡所产生的影响。

(一)价格-消费扩展线

假定消费者的收入和其他商品的价格保持不变,只有一种商品的价格发生改变。为了明确起见,假定只有第一种商品的价格发生变动,比如下降。如图 2-15 所示,根据本章第三节对预算约束线的分析可以知道,预算约束线将围绕着 B 点逆时针旋转,比如图中由 I_1、I_2 变动到 I_3。对应于每一条特定的预算约束线,消费者依照效用最大化原则,选择消费商品的数量组合。图 2-15 中 I_1、I_2 和 I_3 分别与 U_1、U_2 和 U_3 的切点 E_1、E_2 和 E_3 给出了相应于不同价格下的消费者均衡点。联结这些均衡点,同样得到一条曲线,这条曲线被称为价格-消费扩展线,如图 2-15 中 E_1、E_2、E_3 等所描述出来的曲线 PC 所示。

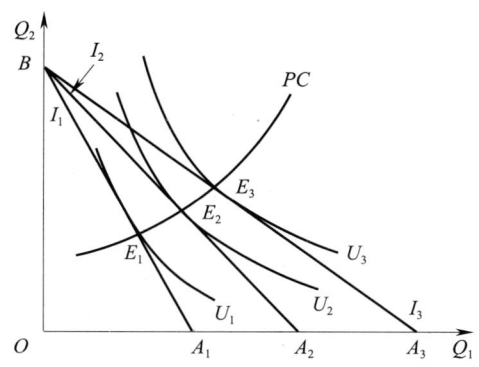

图 2-15 消费者的价格-消费扩展线

价格-消费扩展线又简称为价格扩展线。它表示，在消费者收入和其他商品价格保持不变的条件下，随着一种商品价格的变动，消费者均衡点变动的轨迹。

(二) 消费者的需求曲线

对消费者均衡进行比较静态分析的一个重要成果是通过消费者的价格-消费扩展曲线可以推导出消费者对一种商品的需求曲线。

根据需求的定义，在消费者的偏好、收入以及其他商品的价格等因素保持不变的条件下，对应于一种商品的某一价格，消费者决定愿意并且能够购买的需求数量。这里，"愿意"表明消费者可以通过消费该商品与其他商品的组合获得最大效用满足，而"能够"则要求这些商品的组合位于消费者预算约束范围之内，至多可以达到预算约束线上。由此可见，对应于一种商品的某一价格，消费者的需求量恰好是消费者均衡点所对应的数量。并且，当该商品的价格发生变动，新的消费者均衡点所对应的该商品的消费数量也随之变动，相应的变动轨迹由消费者的价格-消费扩展曲线所表示。所以，借助于价格-消费扩展曲线可以得出该商品的一系列可能的价格与相应的需求量之间的关系，从而最终得到消费者的需求曲线。

如图 2-16 所示，假定消费者的收入 m 和第二种商品的价格 P_2 保持不变。图 2-16 (a) 给出了上文得到的消费者的价格-消费扩展曲线。在图 2-16 中，当消费者面对的第一种商品的价格为 P_{11} 时决定的预算约束线为 I_1，相应地，消费者在无差异曲线与该预算线的切点 E_1 处选择两种商品的数量组合，此时第一种商品的需求量为 Q_{11}。类似地，如果第一种商品的价格由 P_{11} 下降到 P_{12}，则对应于新的预算约束线 I_2，消费者的均衡点为 E_2，由此得到的需求量为 Q_{12}。对应图 2-16 (a) 中的价格和需求量，在图 2-16 (b) 中得到该消费者的需求曲线，比如 (P_{11},Q_{11}) 和 (P_{12},Q_{12}) 分别对应着需求曲线上的 F 点和 G 点。

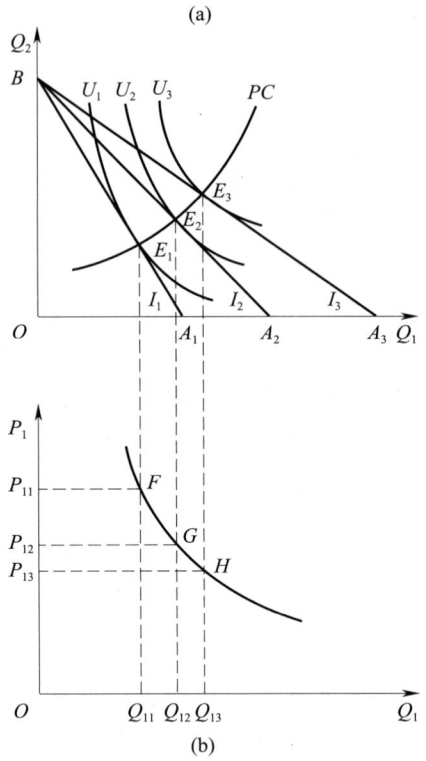

图 2-16 从消费者的价格-消费扩展线到需求曲线

关于上述需求曲线,有两点需要简单提及。第一,由于存在着商品之间的替代等相互联系,这里并不能如第一节那样通过单一商品的边际效用递减规律直接说明需求曲线向右下方倾斜。这一问题将在下一节中得到明确的说明。第二,上述需求曲线是针对单个消费者得到的,但通过单个消费者的需求曲线沿数量轴方向相加,可以得到市场需求曲线,这里不再赘述。

第五节 价格变动的替代效应和收入效应

一种商品价格的变动会引起该商品需求量的变动,但价格与需求量之间是否按相反方向变动却不能马上得到确认。原因在于,在消费者选择多种商品的情形中,一种商品的价格变动不仅引起商品相对价格的变动,而且也会导致相对收入发生变动,从而使得消费者对价格变动的那种商品的需求量会因为其他商品需求量的变动而方向不明。于是,将价格变动对需求量的影响加以分解成为解决这一问题的必要环节。本节通过将价格变动的影响分解为替代效应和收入效应两个部分,说明需求曲线的形状。

一、替代效应和收入效应的含义

在消费者收入和其他商品价格不变的条件下,一种商品价格的变动会对消费者的需求量产生影响,这种影响也被称为价格变动的总效应。价格变动的总效应可以分解为替代效应和收入效应两个方面。直观上说,一种商品价格变动,比如下降,消费者用便宜的商品代替相对昂贵的商品,因而会增加该商品的需求量,减少另外一种商品的需求量;同时,该商品价格下降又使得原有的收入具有更高的"购买力",因而消费者也会变动两种商品的需求量,比如同时增加两种商品的消费数量。前者是替代效应,后者是收入效应。但为了使得替代效应和收入效应能够成为价格变动总效应的一个分解,即两者不包含共同效应但其加总又恰好等于总效应,需要对"替代"施加原有状况保持不变的假定。人们可以从不同的角度界定原有状况,通常要求消费者保持原有的效用水平不变。[①]

精确地说,一种商品价格变动的替代效应,是指一种商品价格变动引起商品的相对价格发生变动,从而导致的消费者在维持原有效用水平不变条件下对商品需求量做出的调整,简称为替代效应;一种商品价格变动的收入效应,是指由于一种商品价格变动引起的消费者实际收入变动,从而导致消费者在保持价格不变的条件下对商品需求量做出的调整,简称为收入效应。

继续以两种商品的情形为例。如图 2-17 所示,消费者对两种商品组合的偏好由无差异曲线表示出来。假定第二种商品价格 P_2 以及消费者收入 m 均保持不变,消费者消费的第一种商品的价格 P_1 发生了变动。最初,P_1 等于 P_{11},此时消费者面临的收入约束线 I_1 由方程 $P_{11}Q_1+P_2Q_2=m$ 给出,它与纵轴的交点为 B。对应于这一预算约束线,消费者的均衡点 E_1 是无差异曲线 U_1 与预算约束线 I_1 的切点。由此决定两种商品的最优消费量,其中第一种商品的需求量为 Q_{11}。(为了清晰起见,图 2-17 中省略了第二种商品需求量的变动情况。)

现在假定第一种商品的市场价格发生变动,比如由原来的 P_{11} 下降到 P_{12}。在

[①] 除了按原有的效用水平不变考虑替代效应之外,另外一种常用的分解替代效应的方式是假定消费者原有商品的购买力保持不变。关于后一种情况下替代效应和收入效应的解释,请参阅[美] H. 范里安:《微观经济学:现代观点》,费方域等译,上海三联书店、上海人民出版社 1994 年版,第 8 章。

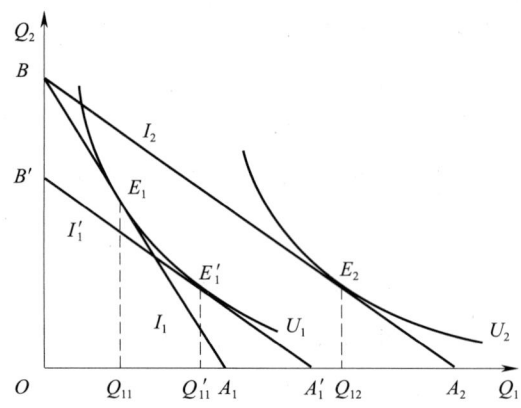

图 2-17 价格变动的替代效应和收入效应

此条件下形成的新的预算约束方程为 $P_{12}Q_1+P_2Q_2=m$，在图 2-17 中由 I_2 给出。根据前文分析，预算约束线 I_2 可以通过 I_1 围绕着其与纵轴的交点 B 逆时针旋转得到。对应于预算约束线 I_2，消费者在无差异曲线 U_2 与 I_2 的切点 E_2 处实现均衡，并相应地决定两种商品的需求量，其中，第一种商品的需求量变动到了 Q_{12}。

从图 2-17 中可以看出，第一种商品的价格由 P_{11} 下降到 P_{12}，所产生的总效应是消费者均衡点由 E_1 变动到 E_2。从第一种商品的需求量来看，价格变动使得消费量由 Q_{11} 变动到 Q_{12}，所以价格变动对第一种商品的需求量所产生的总效应可以由（$Q_{12}-Q_{11}$）加以衡量。

为了把价格变动的总效应分解为替代效应和收入效应，依照替代效应的含义作一条辅助的预算约束线 I_1'，使得 I_1' 与 I_2 平行，并且与 U_1 相切。在进一步解释总效应的分解之前，首先观察预算约束线 I_1'。由于 I_1' 与 I_2 平行，它的斜率由第一种商品价格变动之后两种商品的相对价格所决定，所以它表示了新价格下消费者的某一收入所形成的约束。同时，I_1' 又与原有无差异曲线 U_1 相切，因而在该预算约束线上可以实现的最大效用为 U_1。因此，这条辅助的预算约束线对应的收入，表示了按变动以后的价格购买商品组合达到原有的效用水平至少需要的收入水平，所以该辅助线也被称为补偿的预算约束线，意指因为价格变动，消费者至少应获得 I_1' 对应的收入，才能补偿到与原来的状况相等。

借助于补偿的预算约束线 I_1'，可以对价格变动的总效应进行分解。假定 I_1' 与 U_1 的切点为 E_1'，所对应的第一种商品的消费数量为 Q_{11}'。这样，价格变动的总效应 E_1 到 E_2，可以被分解为由 E_1 变动到 E_1'，再由 E_1' 变动到 E_2。比较均衡点 E_1 与 E_1' 可以看到，由于第一种商品价格下降，消费者为了实现原有的效用水平，按新的价格调整两种商品的组合，从而用相对便宜的第一种商品代替第二种商品。因此，由 E_1 变动到 E_1'，正是第一种商品价格下降所产生的替代效应。从第一种商品的需求量来看，$(Q_{11}'-Q_{11})$ 度量了价格变动对第一种商品需求量替代效应的大小和方向。

比较均衡点 E_1' 与 E_2，它们分别是消费者在补偿的预算约束线 I_1' 和最终的预算约束线 I_2 上选择的最优商品数量组合点。由于 I_2 与 I_1' 平行，而这又可以看成是价格不变条件下收入变动的结果，因而消费者均衡点由 E_1' 变动到 E_2 是价格变动所产生的收入效应。同样地，$(Q_{12}-Q_{11}')$ 度量了价格变动对第一种商品需求量收入效应的大小和方向。

基于上述分析，第一种商品价格下降所产生的总效应使得消费者均衡点由 E_1 移动到 E_2，其中替代效应使得均衡点由 E_1 移动到 E_1'，收入效应使得均衡点由 E_1' 移动到 E_2。即：

$$总效应（E_1 \to E_2）= 替代效应（E_1 \to E_1'）+ 收入效应（E_1' \to E_2） \qquad (2.15)$$

用第一种商品的需求量表示，价格变动的总效应关于替代效应和收入效应的分解可以表示为：

$$Q_{12}-Q_{11}=(Q_{11}'-Q_{11})+(Q_{12}-Q_{11}') \qquad (2.16)$$

式中，$(Q_{11}'-Q_{11})$ 为替代效应，$(Q_{12}-Q_{11}')$ 为收入效应。

就给定的价格变动而言，一种商品价格变动的替代效应和收入效应的大小和方向取决于消费者对商品组合的偏好。一般而论，替代效应取决于消费者所消费的商品之间相互替代的程度。可替代程度越大，价格变动的替代效应就越大；收入效应则取决于商品的收入弹性的大小，收入弹性越大，价格变动引起的收入效应对需求量的影响就越大。不过，由于收入变动并不总是与需求量变动同方向，因此下面区分不同种类的商品给出进一步的说明。

二、正常品的替代效应和收入效应

继续上文的分析，并假设第一种商品为正常品。再次考察图 2-17 表示的替代效应和收入效应。

首先，图 2-17 中由 E_1 变动到 E_1' 是替代效应的结果。由于预先假定了其他条件不变，只有第一种商品价格下降，所以预算约束线 I_2 比 I_1 更为平缓。另外注意到补偿的预算约束线 I_1' 与 I_2 平行，因而 I_1' 也就比 I_1 更平缓。根据有关偏好的基本假定，无差异曲线向右下方倾斜并且凸向原点，因而 I_1' 与无差异曲线 U_1 的切点 E_1' 必然位于 I_1 与 U_1 的切点 E_1 的右下方。这意味着，第一种商品价格下降对该商品需求所产生的替代效应一定使得该商品的需求量增加,即(Q'_{11}-Q_{11})为正值。类似地,如果第一种商品的价格上升,那么对该商品需求所产生的替代效应使得该商品需求量减少。因此,一种商品价格变动所产生的替代效应使得该商品的需求量与价格呈反方向变动。

其次,价格变动的收入效应使得消费者均衡点由 E'_1 变动到 E_2。由于只有第一种商品价格下降,所以在这一过程中,补偿的预算约束线 I'_1 向外平行移动到 I_2,即消费者的实际收入增加。伴随着收入增加,消费者对正常品的最优消费数量增加。因此,作为正常品的第一种商品价格下降所产生的收入效应使得该商品的需求量增加,即(Q_{12}-Q'_{11})为正值。类似地,如果第一种商品的价格上升,那么由此产生的收入效应使得该商品需求量减少。因此,一种正常品价格变动的收入效应使得该商品的需求量与价格呈反方向变动。

图 2-17 给出了正常品价格变动的替代效应和收入效应。

三、低档品的替代效应和收入效应

现在假定第一种商品为低档品。由上文的分析可以知道,在其他条件不变的情况下,只要第一种商品的价格下降,补偿的预算约束线 I'_1 就会比 I_1 更平缓。而无差异曲线向右下方倾斜且凸向原点,所以均衡点 E'_1 也就必然位于 E_1 点的右下方。这就是说,即使是低档品,价格下降的替代效应仍然使得该商品的需求量增加,(Q'_{11}-Q_{11})为正值。因此,一种商品价格变动的替代效应使得需求量与价格呈反方向变动,这一结论对正常商品和低档品同时成立。

但是,与正常品不同,低档品的需求量变动与收入变动相反,这导致低档品价格变动的收入效应不再与替代效应相一致。如图 2-18 所示,由于第一种商品是低档品,随着收入的增加,消费者对该商品的需求量会逐渐减少,所以,伴随着补偿的预算约束线 I'_1 向外平行移动到 I_2,消费者的均衡点将由 E'_1 向左移动到 E_2 点。因此,作为低档品的第一种商品价格下降的收入效应一定使得该商品的需求量减少,即(Q_{12}-Q'_{11})为负值。类似地,如果第一种商品的价格上升,那么,收入效应使得该商品的需求量增加。因此,一种低档品价格的变动的收入效应使得其需求量与价格呈同方向变动。

这里会产生一个问题:低档品价格变动的替代效应和收入效应使得需求量变动的方向相反,从而总效应的方向难以确定,这取决于替代效应与收入效应的强度大小。图 2-18 给出了普通低档品的情况。在这里,低档品价格下降的

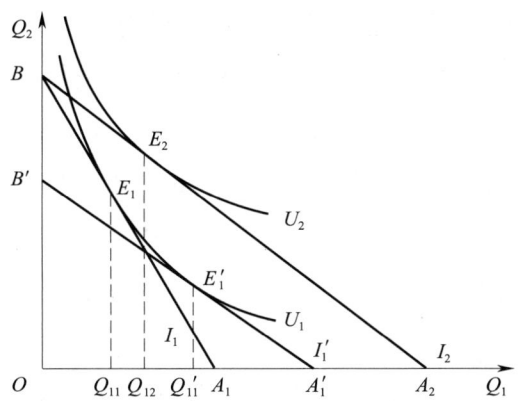

图 2-18 普通低档品价格变动的替代效应和收入效应

替代效应导致该商品需求量变动 $(Q'_{11}-Q_{11})>0$，收入效应则导致该商品需求量变动 $(Q_{12}-Q'_{11})<0$，并且 $|Q'_{11}-Q_{11}|>|Q_{12}-Q'_{11}|$，结果则是均衡点 E_2 位于初始均衡 E_1 的右面，需求量增加。

四、吉芬商品的替代效应和收入效应

低档品价格变动的另外一种情况则是收入效应的强度大于替代效应，此时价格下降的总效应为负值。这种情况恰好给出了吉芬商品的解释。

如图 2-19 所示，相对于最初的均衡点 E_1，当第一种商品的价格下降之后，替代效应使得消费者均衡变动到 E'_1 点，消费者对该低档品的需求量仍会增加，$(Q'_{11}-Q_{11})$ 是正值；而收入效应使得均衡点由 E'_1 移动到其左边的 E_2 点，消费者对该商品的需求量减少，$(Q_{12}-Q'_{11})$ 为负值。不仅如此，由于收入效应的强度超过替代效应，$|Q'_{11}-Q_{11}|<|Q_{12}-Q'_{11}|$，最终使得均衡点 E_2 位于初始均衡点 E_1 的左边。在这种情况下，消费者减少第一种商品的需求量，$(Q_{12}-Q_{11})$ 为负值。

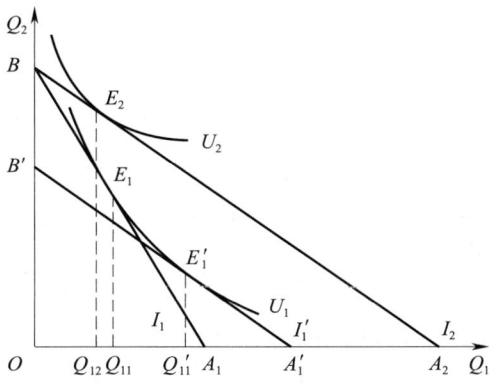

图 2-19 吉芬商品的替代效应和收入效应

回忆上一章提及的吉芬难题：土豆的价格提高，导致人们对土豆的需求量增加。很显然，在吉芬难题中，土豆是一种特殊的低档品。的确，当土豆的价格上升之后，人们倾向于用更多的其他商品比如牛肉来替代土豆，即价格变动的替代效应使得土豆的需求量减少；但由于低收入家庭中土豆的消费量占有相当大的比重，因而当土豆价格上升之后，这些家庭的收入购买力急剧下降，已无力购买虽相对降价但仍很昂贵的牛肉，不得不转而购买更多的土豆。不仅如此，收入效应的强度远大于替代效应，因而在土豆价格上升之后，这些低收入家庭不仅不会减少而是增加土豆的购买。这正好是特殊低档品的一个例证。

五、消费者需求曲线的形状

结合价格变动的替代效应和收入效应，现在可以很好地说明消费者需求曲线的形状问题。事实上，在其他条件不变的情况下，某个消费者对一种商品的需求曲线的形状，取决于该商品价格变动总效应的大小和方向。根据本节的分析，在其他条件不变的情况下，如果一种商品的价格下降所产生的总效应使得该商品的需求量增加，那么需求曲线向右下方倾斜；反之，如果价格下降的总效应使得商品的需求量减少，那么需求曲线向右上方倾斜。业已知道，在消费者的无差异曲线向右下方倾斜并且凸向原点的前提下，价格下降的替代效应一定导致该商品的需求量增加，但收入效应却不一定使得该商品的需求量增加。所以，需求曲线是否向右下方倾斜，在很大程度上取决于收入效应的方向和大小（如表 2-3 所示）。

表 2-3　价格下降的替代效应和收入效应与需求曲线的形状

商品类型		替代效应	收入效应	总效应	需求曲线形状
正常品		+	+	+	向右下方倾斜
低档品	普通低档品	+	−	+	向右下方倾斜
	吉芬商品	+	−	−	向右上方倾斜

对于正常品而言，在其他条件不变的情况下，当该商品的价格下降，所产生的替代效应使得该商品需求量增加，同时，收入效应也导致该商品的需求量增加，因此，正常品的需求曲线向右下方倾斜。将图 2-16 和图 2-17 结合在一起可以说明正常品的需求曲线的形状与价格变动的替代效应和收入效应大小之

间的关系，如图 2-20 所示。

　　对于低档品而言，价格下降的替代效应使得该商品需求量增加，但收入效应却导致该商品需求量减少。在这种情况下，价格变动的替代效应和收入效应强度大小对决定需求曲线的形状至关重要。对于一般的低档品而言，价格下降的收入效应小于替代效应，该类商品的需求曲线仍向右下方倾斜。将图 2-16 与图 2-18 结合起来可以说明这种商品需求曲线推导的具体过程及其形状。读者可以参照图 2-20 自行画出。

　　对于吉芬商品这种特殊的低档品而言，虽然价格下降的替代效应仍然使得该商品的需求量增加，但价格下降的收入效应却导致该商品的需求量减少，而且替代效应弱于收入效应，因而价格下降的总效应使得该商品的需求量减少，吉芬商品的需求曲线向右上方倾斜。将图 2-16 和图 2-19 结合在一起可以说明吉芬商品的需求曲线的形状与价格变动的替代效应和收入效应大小之间的关系，如图 2-21 所示。

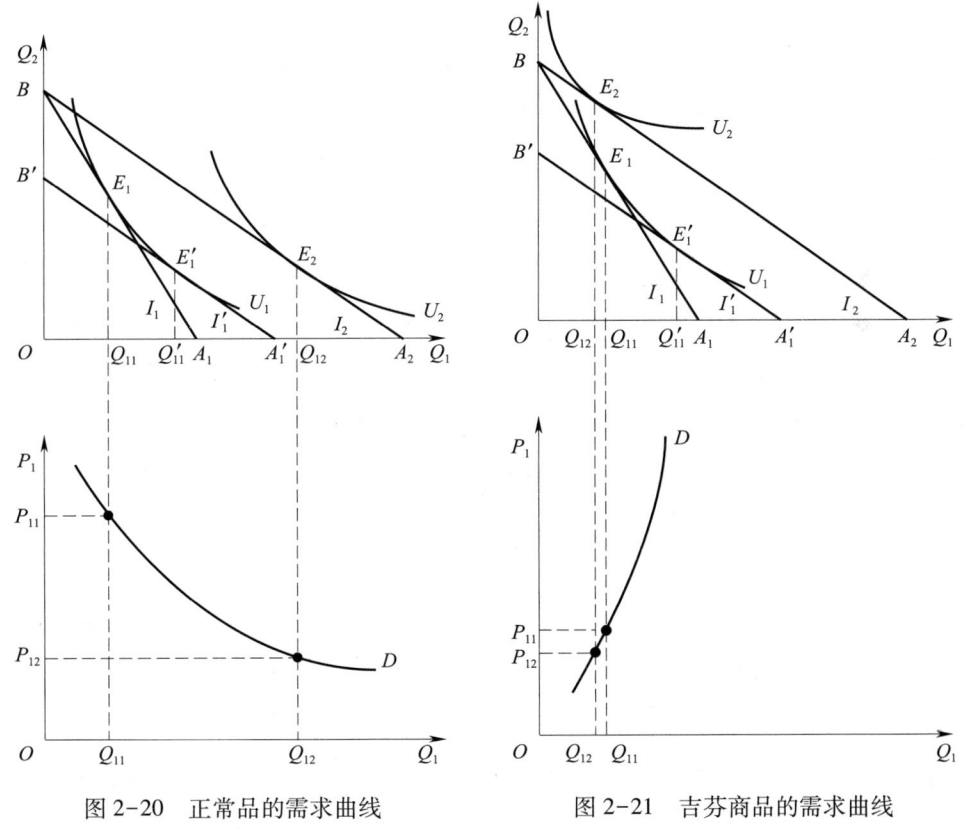

图 2-20　正常品的需求曲线　　　图 2-21　吉芬商品的需求曲线

　　综上所述，根据价格变动的替代效应和收入效应的方向及大小可以知道，除吉芬商品之外，消费者对大多数商品的需求曲线都向右下方倾斜。进一步，由于一种商品的市场需求来源于所有单个消费者对同一种商品需求的横向加总，因而可以说，大多数商品的市场需求曲线都向右下方倾斜。基于这种分析，西方经济学中通常假定商品的市场需求曲线向右下方倾斜。这也给出了需求规律的一般解释。

第六节 不确定性和风险

本章以上各节对消费者效用最大化行为的分析，是以消费者知晓与选择有关的各种信息为条件的，如他们知道商品的质量和价格，乃至消费获得的满足程度等。然而，在现实生活中，消费者的决策往往涉及不确定因素，如价格不能提前预知，产品质量只能消费之后才能获知，等等。作为对消费者行为分析的扩展，本节简要说明不确定条件下的最优选择。

一、不确定性和风险事件的描述

在日常决策中，人们常常会遇到许多与不确定性有关的问题。例如，为明天准备冷饮的消费者，可能无法确切知道明天中午天气是否炎热，所以他购买的冰激凌所能产生的效用就不能马上确定；同样的，生产者的生产决策也可能会遇到需求旺盛和需求低迷等不同情况。一般地说，如果一项选择行为所对应的结果不唯一，那么决策者就面临着不确定性。在不确定性的条件下，决策者的选择就会面临风险，因为一项选择导致的结果可能与初衷相悖。①

不确定性使得消费者的最优选择问题变得更加复杂。但借助于对不确定性事件的描述，可以很好地分析消费者的最优选择行为。例如，在上面消费冰激凌的例子中，假定明天的天气只有闷热和凉爽两种情况，消费者可能不知道明天具体的天气如何，但他根据天气预报或者季节判断，明天闷热的可能性为65%，而凉爽的可能性为35%。那么，消费者花费4元钱来购买一盒冰激凌就

---

① 在经典文献《风险、不确定性和利润》一书中，奈特将不确定性与风险进行了区分：不确定性是指各种可能的结果出现的概率不存在或者不可知的情况，而风险是指人们知道各种可能的结果及其出现的概率。为了简单起见，这里对两个概念不加区分，并在风险意义下使用它们。

等同于抽取一张彩票：如果运气好，明天闷热，该份冰激凌带来的效用就大；如果明天凉爽，冰激凌的效用值就没有那么大了。这时，消费者购买的这张彩票，全部有奖，中大奖的概率是 65%，普通奖的概率是 35%。

更一般地，假定一个不确定的事件对应着 s 种相互独立的结果，这些结果分别为 $q_1, q_2, \cdots, q_s$，它们出现的可能性分别是 $\alpha_1, \alpha_2, \cdots, \alpha_s$，则这一不确定的事件就可以表示为 $Q = (\alpha_1, \alpha_2, \cdots, \alpha_s; q_1, q_2, \cdots, q_s)$，或简单地表示为 $Q = (\alpha; q)$，其中 $q = (q_1, q_2, \cdots, q_s)$，而 $\alpha = (\alpha_1, \alpha_2, \cdots, \alpha_s)$ 是这些结果的一个概率分布。对于 $s = 2$ 的情形，可以直接将这张彩票表示为 $Q = (\alpha; q_1, q_2)$。其中，q_1 和 q_2 是可能的两种结果，出现 q_1 的可能性是 α，出现 q_2 的可能性是 $(1-\alpha)$。

用彩票的方式加以表示，消费者在不确定性条件下的选择就可以被视为以一定的价格购买一张彩票 Q。这样，考察这张彩票给消费者带来的效用满足（或效用等级），成为分析消费者最优选择的出发点。

二、消费者对风险方案的偏好

对应于一项具有风险的备选方案而言，消费者相当于持有一张彩票，那么持有这张彩票的效用是多少呢？现代经济学大都采用 20 世纪 40 年代由冯·诺伊曼和摩根斯坦给出的期望效用理论。他们认为，消费者持有或消费一张彩票的效用既取决于彩票的各种可能结果带来的效用满足，又取决于这些结果出现的可能性。具体地说，假设消费者在确定性条件下的效用函数为 u，则出现某种结果比如 i 时获得的效用满足就是 $u(q_i)$。依据期望效用理论，如果消费者选择持有的彩票为 $Q = (\alpha_1, \alpha_2, \cdots, \alpha_s; q_1, q_2, \cdots, q_s)$，那么他由此获得的效用可以表示为：

$$U(Q) = \alpha_1 u(q_1) + \alpha_2 u(q_2) + \cdots + \alpha_s u(q_s) \qquad (2.17)$$

特别地，如果彩票只有两个结果，比如 $Q = (\alpha; q_1, q_2)$，则消费者消费这张彩票获得的效用为：

$$U(\alpha; q_1, q_2) = \alpha u(q_1) + (1-\alpha) u(q_2)$$

这就是说，消费一张彩票的效用，是消费这张彩票中那些确定结果所能获得的效用值的一个加权平均，其中权重恰好是这些结果出现的概率。由于式 (2.17) 的右边恰好是所有可能结果的效用值构成的数学期望，因而该式也被称为期望效用函数，简记为 $U(Q) = E(u)$。同时，也因为冯·诺伊曼和摩根斯坦开创性的工作而将式 (2.17) 定义的函数简称为 NM 期望效用函数，而称

其中的效用函数 u 为贝努利函数，以纪念贝努利更早期的工作。

式（2.17）刻画了消费者对于风险方案的偏好，因而面对不同的风险方案，以追逐个人利益为目标的消费者在不确定性条件下试图使得预期效用最大化。以彩票只有两种结果的情形为例，消费者的最优行为可以表述为：

$$\max_Q U(Q) = \max_Q [\alpha u(q_1) + (1-\alpha) u(q_2)] \qquad (2.18)$$

这样，只要消费者在确定性条件下的效用函数 u 既定，并且他确切地知道不确定性的结果及其出现的可能性，那么消费者就可以根据式（2.18）选择最优的风险方案。

三、消费者对待风险的态度

式（2.17）给出了不确定性条件下消费者的偏好与确定性条件下的偏好以及确定的结果出现的概率之间的联系。借助于这种联系，可以分析消费者对待风险的态度。

先考察一个例子。假定你正在寻找一份工作，但这份工作在付出相同努力程度的条件下却有两种获取报酬的方式。一种付酬方式是每月得到 4 000 元的固定工资。而另外一种方式则要看明年公司的状况：如果明年公司面临的市场需求状况好，每月可以得到 6 000 元的收入；如果市场需求状况不好，只能得到 2 000 元。同时假定明年公司的状况只取决于外部需求状况，与你自身的付出关系不大，而需求旺盛或萧条的可能性分别为 50%。那么，你会选择以何种形式签订工资协议呢？

不同的人可能给出不同的答案，因为他们对待风险的态度不同。直观上说，在上面的例子中，平均来看，你选择任何一种获取报酬的方式都会获得 4 000 元的工资收入，但前者无风险，而后者则有一定的风险。在后者的情形中，有机会获得 6 000 元的高收入，但也有可能只获得 2 000 元。不严格地说，如果选择获取固定收入，那么你就表现出对风险厌恶的态度；相反，如果选择以不确定的方式取得报酬，那么你就表现出对风险偏好的态度。

更一般地说，假定风险方案为一张彩票 $Q = (\alpha; q_1, q_2)$，那么消费者持有这张彩票的效用为 $U(Q) = E(u) = \alpha u(q_1) + (1-\alpha) u(q_2)$。这张彩票的平均值为 $EQ = \alpha q_1 + (1-\alpha) q_2$，是一个确定性的结果。消费者消费这一平均值可以获得的效用为 $U(EQ) = u(EQ)$。对彩票本身和彩票均值所产生的效用进行比较，持有不同风险态度的消费者会给出不同的评判。如果消费者愿意得到平均值而不喜欢持有彩票,即 $U(Q)<U(EQ)$,则称该消费者为风险厌恶者;如果消费者认为持有彩票与得到彩票的平均收入无差异,即 $U(Q)=U(EQ)$,则称该消费者为风险中性者;如果消费者更偏好于持有彩票而不是获得彩票的平均值,即 $U(Q)>U(EQ)$,则称该消费者为风险喜好者。

如图 2-22 所示,假设在彩票 $Q=(\alpha;q_1,q_2)$ 中,q_1 和 q_2 是两个收入,并且有 $q_1<q_2$,而效用曲线上的 A、B 和 C 分别对应着 q_1、EQ 和 q_2 所产生的效用。作 A 和 C 的连线 AC,其中 D 是 AC 线上对应于收入 EQ 的点。很显然,D 点在纵坐标上对应的数值是 A 和 C 点数值的加权平均值 $\alpha u(q_1)+(1-\alpha)u(q_2)$,即 Q 的期望效用值 $U(Q)=E(u)$。这就是说,B 点对应着彩票 Q 的期望值的效用,而 D 点对应着彩票的期望效用。根据上文中对消费者风险态度的界定,图 2-22 给出的是一个风险厌恶者的效用曲线,因为该消费者消费一个确定收入所得到的效用超过了可以产生相同平均收入的两个不确定的收入所带来的效用平均值。

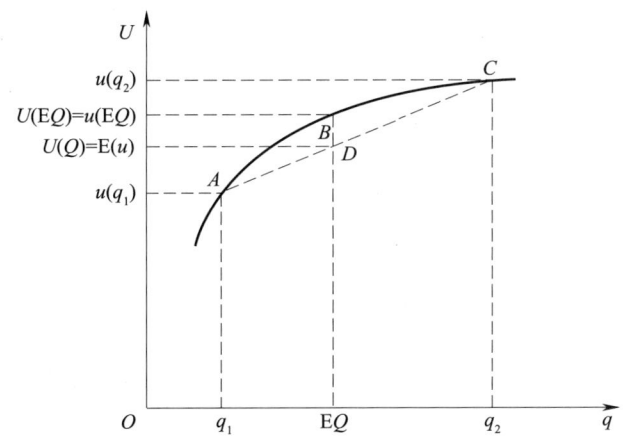

图 2-22 消费者对待风险的态度:风险厌恶

图 2-23 给出了风险中性消费者的效用曲线。对应于风险中性的消费者,其持有彩票 Q 获得的效用 $U(Q)$ 与消费 Q 的期望值所带来的效用 $U(EQ)$ 无差异,因而 B 点与 D 点重合,该消费者的效用曲线是一条直线。

图 2-24 则给出了风险喜好者的效用曲线。对于风险喜好者,其消费确定性收入 EQ 的效用 $U(EQ)$ 要低于消费彩票本身所带来的效用 $U(Q)$。在图 2-24 中,B 点低于 D 点。

由上面的分析可以发现,不同的人可能对风险有不同的态度,即使同一个人对待不同的风险也可能有不同的态度,这取决于消费者在确定性条件下

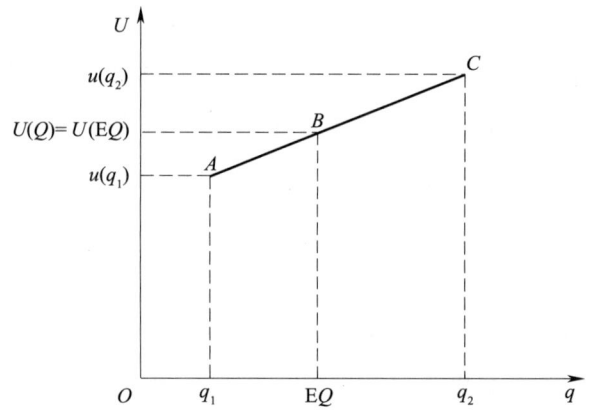

图 2-23　消费者对待风险的态度：风险中性

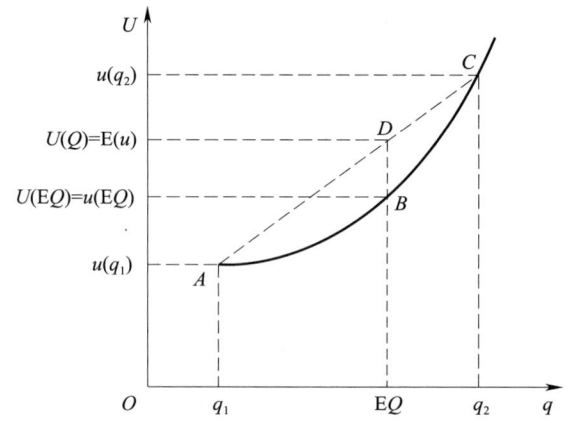

图 2-24　消费者对待风险的态度：风险喜好

对结果的偏好或者效用函数 u。由于风险厌恶与效用函数 u 服从边际效用递减相一致，因而在大多数情况下，西方经济学假定消费者具有风险厌恶的特征。

四、风险条件下的决策：保险市场的例子

消费者对风险方案的偏好决定了消费者在不确定性条件下的选择，并进而决定其对风险产品的需求。下面以消费者购买保险的例子说明其对风险资产的需求。

在现实生活中，人们常常会面临一些不测事件，比如火灾。为了减少损失，人们有时会购买一定数量的保险。在购买保险后，一种可能的情况是，火灾发生，投保人获得一定的补偿；另一种可能是，火灾没有发生，投保人白白浪费了保险费。对准备投保的人而言，这是一种典型的风险条件下的

决策。

假定消费者正在考虑为一项价值为 a 的财产投火灾保险,投保需要支付的保险费为 X。为了简单起见,假定若火灾发生,消费者产生固定的损失 b,并且只要火灾发生,保险公司就向投保人支付价值为 x 的补偿金,那么就资产价值而论,消费者购买保险这一行为的结果是:若发生火灾,其财产净值为 $a_1 = a-b-X+x$;若没有发生火灾,其财产净值为 $a_2 = a-X$。如果消费者没有购买保险,则其行为后果是:若发生火灾,其财产净值为 $a_3 = a-b$;若没有发生火灾,其财产净值保持原值,即 $a_4 = a$。

假定火灾发生的概率是 α,它由外生因素决定,则投保的消费者相当于购买一张彩票 $Q_1 = (\alpha; a_1, a_2)$。根据期望效用理论,消费者持有这张彩票的效用为:

$$U(Q_1) = \alpha u(a_1) + (1-\alpha) u(a_2) \tag{2.19}$$

如果消费者不购买保险,那么他相当于持有另外一张彩票 $Q_2 = (\alpha; a_3, a_4)$,由此获得的效用为:

$$U(Q_2) = \alpha u(a_3) + (1-\alpha) u(a_4) \tag{2.20}$$

很显然,只有当彩票 Q_1 的效用超过(至少不低于)Q_2 的效用时,消费者才会购买保险,否则他就不会购买。

现在假定消费者会购买保险。那么,消费者的保险费 X 是如何决定的呢?为此,定义每获得 1 单位补偿需支付的费用为保险的价格,即 $P=X/x$,并假定它是由市场供求所决定的一个常数。这样,消费者在既定的价格下,选择适当的 X 以便效用最大化。利用 $X=Px$,则消费者购买保险的行为可以描述为:

$$\max_X U(Q_1) = \max_x \{\alpha u(a-b-Px+x) + (1-\alpha) u(a-Px)\}$$

根据效用最大化的条件,上式右面的目标函数关于 x 的边际效用为 0,所以有:

$$\alpha u'(a_1)(1-P) - P(1-\alpha) u'(a_2) = 0$$

式中,$u'(a_1)$ 和 $u'(a_2)$ 分别为确定性条件下消费者在 a_1 和 a_2 处的边际效用。经过整理可以得到:

$$\frac{\alpha}{1-\alpha} \cdot \frac{u'(a_1)}{u'(a_2)} = \frac{P}{1-P} \tag{2.21}$$

与确定性条件下的选择一样,式(2.21)既是消费者获得效用最大化的条件,也决定了消费者相应于保险价格 P 对保险数量 x(或 X)的需求函数。因此，不确定性条件下的选择只不过是本章前一部分分析的一个推广。

第七节 本章评析

本章从一系列有关消费者效用和偏好的假设开始，说明了消费者如何通过寻求效用最大化来选择消费商品的数量，并由此决定市场需求曲线的全过程。运用效用理论，西方经济学把需求曲线与消费者行为联系起来，旨在说明位于需求曲线上的每一点都代表着消费者在该价格下获得最大效用的均衡状态，从而在需求方面为论证"看不见的手"原理奠定基础。因此，效用论不仅仅是对消费者最优选择的一种分析方法，而且更隐含着西方经济学的价值理论。

一、消费者选择理论的缺陷

仅就论证消费者最优选择的效用理论而言，无论是基数还是序数效用论，都存在着一些重要的缺陷。

首先，以基数方式度量商品满足程度的基数效用论存在若干明显的缺陷，主要表现为以下几方面。

（1）基数效用论认为，商品给消费者带来的效用满足可以用某些效用单位（比如"尤特尔"）加以衡量，但是这一"效用单位"的标准却很难得到说明。由于效用是一个主观心理感受，这一标准的界定存在着严重的困难，因而效用的可计量性受到怀疑。退一步说，即使效用计量标准可以"隐含地"确定，充其量也是对单个消费者而言的。我们由消费者需求曲线的推导可以知道，单个消费者的需求曲线背后是可以基数度量的边际效用，参见式（2.3）。然而，市场需求曲线又是所有单个消费者需求曲线的横向加总，这就意味着，每个消费者的效用之间可以相互比较。不同消费者基于自身的心理感受进行效用比较，这显然是不可能的。

（2）基数效用论以边际效用递减规律作为需求曲线向右下方倾斜的依据，但是，这一"规律"本身取决于人们的心理感受，只能依靠消费者"内省"的方式加以验证。但人们的心理感受与个人的喜好和所处的环境密切相关，边际效用递减并没有表现出客观必然性。所以，边际效用递减规律更应该被看成是一种假设。

（3）依照基数效用论，每个人的福利由消费商品获得的效用值所决定，所以社会福利可以由所有社会成员的效用函数加总得到。然而，由于每个社会成员消费商品所获得的边际效用是递减的，单个社会成员在分配中拥有的社会财富越多，边际效用就越低，因而在社会可供分配的财富量既定的条件下，如果将一单位财富从高收入者转向低收入者，那么高收入者损失的效用必然会小于低收入者的所得，社会总效用就会得到增加。因此，基数效用论的消费者行为分析事实上隐含着收入均等化将使得社会福利水平提高。但资本主义市场制度本身与收入均等化并不相容，因而也就与西方经济学试图论证资本主义市场经济制度可以自发达到社会最优不相一致。这或许是西方经济学修改基数效用论的一个重要动机。

其次，再看序数效用论。序数效用论是从消除基数效用论缺陷的角度发展起来的，但是，序数效用论看似简单的假设，实则对消费者的能力及其行为施加了许多严格的限定。

（1）有关消费者的偏好假定中要求消费者能够对任意两个商品组合比较优劣，并且偏好次序具有传递性，但是，在现实的经济生活中消费者可能很难做到这一点。尤其是，现实经济中商品种类繁多，数量庞大，要想判别各种组合的优劣需要消费者具有超常的能力。例如，在对颜色进行判断时，我们有时认为红色比蓝色好，蓝色比绿色好，绿色比紫色好，但当我们比较红色与紫色时，却得到了红色没有紫色漂亮的结论，尤其是颜色差别不大却种类繁多时更容易如此。

（2）人们的需要是有层次的，只有属于同一层次的商品才能对某一层次的需要产生效用满足。例如，马斯洛把人们的需要区分为生理需要、安全需要、社交需要、受尊重需要和自我实现需要五个层次，人们会由低级向高级逐渐满足不同的需要。饥饿为生理需要的一种，只有食品才能满足这种需要，参加朋友聚会或者购买舞会的门票是一种社交需要，只能参与才能得以实现；需要受到尊重，也会对提高个人修养方面的商品产生需求。由于需要的层次不同，任何数量的舞会门票满足不了饥饿的需要，而任何数量的食品又不能满足受尊重的需要。由于人们需要的层次性，处在不同层次上的商品之间很难说是可以相互替代的。因此，以相互替代但又不完全替代为基本特征的无差异曲线分析，也至多适用于同一层次上不同商品数量的选择，而不应作为消费者最优选择的一般理论。

（3）序数效用论用边际替代率递减替代了边际效用递减，但是与后者一样，边际替代率递减规律也是一个较难得到保证的假设条件。如果边际替代率递减不能得到保证，那么无差异曲线就不一定凸向原点，无差异曲线与预算约束线的切点也就不再具有效用最大化的含义，从而使得相应的结论失效。

最后，无论是基数效用论还是序数效用论，偏好外生给定均是消费者选择的基础。正如弗里德曼所言："尽管有一些限制，经济理论基本上将欲望看作是固定的。这是分工的一个例子。经济学家不讨论欲望的形成，这是心理学家的领域。经济学家的任务是探寻给定的一组欲望所导致的后果。"① 这里，弗里德曼强调了偏好变化的外生特征。然而，偏好本身也受到一些重要的经济变量的影响。一些西方学者强调："市场和其他制度不仅仅是配置商品和服务，它们也影响价值、品位和个性的演化……经济制度影响动机和价值的论点是合理的，与这个假说相吻合的证据是令人印象深刻的。"② 如果偏好确实受到经济系统中重要经济变量比如市场价格的影响，那么偏好本身就应该是被决定的一个变量。在这种情况下，以收入约束为条件寻求给定效用函数（偏好）最大化的行为分析就必然会出现偏差。

目前，部分西方学者已经意识到主流理论假设偏好外生给定的基础是不牢固的，并开始分析影响偏好的因素，试图将人们的习惯、他人的偏好、价格和社会制度等因素纳入偏好的决定之中。同时，以演化方法研究偏好内生过程，也成为一些西方学者关注的重点。

总之，西方经济学中用于说明消费者行为的效用论本身就存在着严重与事实脱节的缺陷，从而使得相关结论未必具有说服力。

二、效用价值论和劳动价值论

当代西方经济学虽然已经不再用生产费用或效用单独作为价值理论的基础，而是用均衡价格论来代替价值理论，但是我们已经注意到，作为供求机制两翼的需求和供给背后实际上隐藏着经济当事人的行为，因而用于解释消费者最优选择的效用论也被看成是从需求角度（假设供给既定）提供了西方经济学的价值基础。

---

① M. Friedman: *Price Theory*, Aldine, 1962, p. 13.
② S. Bowles: "Endogenous Preference: The Cultural Consequences of Markets and Other Economic Institutions", *Journal of Economic Literature*, 1998, Vol. XXXVI, pp. 75–111.

笼统地说，效用价值论是认为效用决定商品价值的一种理论。在经济学说史上，效用价值论是作为与劳动价值论直接对立的理论而出现的。早在19世纪初，法国经济学家萨伊就认为，效用是物品满足人们需要的固有属性，物品的效用是价值的基础，效用决定价值；并进而推断，生产是创造效用的过程，而参与生产的不仅有劳动，而且有资本和土地等自然资源，所以它们共同分享物品的价值。19世纪中叶，一些西方学者进一步将价值论推向了主观效用价值论，认为效用是物品具有价值的必要条件，而供给的有限性或者说稀缺性是物品具有价值的充分条件。物品的价值表示人的欲望同物品满足这种欲望能力之间的关系，价值的高低由消费者对物品效用满足的"感觉与评价"所决定。在此基础上，19世纪70年代，边际学派在区分总效用和边际效用的基础上，得出了价格取决于边际效用的结论，从而形成边际效用价值论。

马克思的劳动价值论通过对劳动二重性的阐发，科学地解释了商品使用价值和价值的决定因素。[①]

可以看出，效用价值论与马克思的劳动价值论在价值观上存在根本对立。无论是客观效用价值论还是经过边际分析改造的主观效用价值论，都将商品的价值归于效用，即商品的使用价值，只是前者更强调使用价值的客观属性，而后者则强调使用价值的心理测度。由于否定价值的客观属性，而强调人们主观判断对商品价值的决定作用，将价值形成与决定同劳动割裂开来，从而不可能科学地解释价值的内涵和价值的源泉。事实上，商品的使用价值是商品的有用性，它对不同的消费者或者是同一消费者的不同用途就有不同的功效，以消费者的心理评价给出的"价值"就不会相同。商品交换需要有一个价值尺度。那么，交换的价值标准是什么，它由什么因素所决定？显然，效用价值论并没有对这些问题给出令人信服的答案，因而也就不可能成为科学的价值理论。相反，马克思的劳动价值论通过区分劳动的二重性，将价值核心归结到了一般的人类劳动之上，从而科学地阐明了价值源泉。

回忆本章的一个重要结论：为了效用最大化，消费者将选择商品数量，以便每单位货币支出的边际效用等于货币的边际效用，或者写成 $MU=\lambda P$。如果假设货币的边际效用 λ 为单位 1，那么这一条件似乎暗含着效用价值论的基本含义，即价格由边际效用所决定。但是，从消费者最优选择的分析过程可以知

[①] 参见第一章第六节中关于马克思劳动价值论的简要说明。

道，在这里，价格是外生给定的因素，边际效用一点也没有提供有关价格决定的信息，也就更谈不上价值决定了。事实上，效用价值论具有多重性，一方面强调商品价值由效用所决定，另一方面又认为商品价值量由所有参与生产的各个要素的成本构成，或者隐含地假定供给给定，否则相对稀缺性就无从界定。因此，这一理论中的"价值"最终只能借助于供求均衡来说明。但从上一章的评析中我们已经知道，均衡价值论并不能说明均衡价格背后的决定因素。

此外，由于效用价值论只是从效用的角度论证物品的价值，并不涉及生产过程，因而也就无法揭示商品价值创造以及社会财富扩大的真正源泉。依照效用价值论，效用生产必须借助要素的参与，因而生产要素共同创造商品的价值。劳动只是其中的要素之一，不能单独创造价值。但是，对各个要素应该取得的份额，不借助生产就无从得到说明。由于效用的生产过程就是财富增加的过程，而财富的价值又表现为效用，那么随着生产的增加，稀缺程度下降，效用也就降低，所以，以效用计量的财富并不会持续扩大。于是，社会财富增长就只能寄希望于社会的欲望的扩大，但欲望本身并不是效用论解释的内容。因此，效用论本身将无法解释社会的变动。

最后指出，如果把效用当作价值实体，而效用（或使用价值）可以存在于任何制度之中，那么效用分析就不具备社会制度的特征。因此，效用论也就无法对资本主义的剩余价值生产提供价值论基础，也就无法揭示剩余价值的来源，相反却起到了掩盖剩余价值来源的作用。这也正是西方经济学把效用价值论或边际效用价值论作为其理论基础的原因。

三、作为资源优化配置的边际分析方法

效用论在分析消费者最优选择的过程中采用了边际分析方法。作为一种最优化方法，边际分析在研究资源优化配置以及经营决策时具有应用价值。

近似地说，"边际"是指某一个经济量最后的改变量，故在经济学中应用改变量考察一个经济变量变动的分析方法就是边际分析方法，也因为通常取改变量为增加量，这种分析方法也被称为增量分析方法。

边际的概念以及边际分析方法在西方经济学中得到了普遍使用，一个重要的理论背景在于西方经济学把研究对象确定为资源配置。按照西方经济学的一般定义，经济学要研究稀缺资源的配置问题。由于相对于人们的欲望而言，资源是稀缺的，所以面对稀缺的资源人们不得不做出选择。如果把欲望看成选择

的目标，而资源稀缺又形成对选择的约束，那么资源配置表现为特定约束条件下目标导向的最优，这恰好与数学中最优化问题相吻合。我们知道，处理最优化问题最基本的数学工具是微积分学中的极值原理。所以，西方经济学在分析资源配置时所使用的边际分析方法只不过是极值原理的运用而已。

不过，资源配置并非资本主义所独有的经济问题，任何社会都会以一定的生产目的为出发点，将资源配置到不同的用途之上。就此而论，边际分析方法所应用的极值原理并不仅限于研究西方经济学问题，而是适合于研究各类与寻求最优化相关联的资源配置问题。

在日常经济活动中，许多经济问题都可以归结为这类资源配置问题。例如，追求经济利益的企业在成本既定的条件下，会力争获得最大收益；政府的就业刺激计划则受到财政预算的限制，政府的最优选择就是在不突破预算限制的前提下，创造更多的就业岗位。所有这类问题，都可以借用边际分析的思想和求解极值的数学方法加以处理，当然也包括分析我国社会主义市场经济以及企业日常经营决策中遇到的问题。

思考题：

1. 简要说明总效用和边际效用之间的关系。
2. 钻石用途很小但价格昂贵，水是生命之源却非常便宜。你如何理解这一现象？
3. 根据消费者均衡条件讨论下列问题：

   (1) 如果 $\dfrac{MU_1}{P_1} \neq \dfrac{MU_2}{P_2}$，消费者应如何调整两种商品的消费数量？为什么？

   (2) 如果 $\dfrac{MU_1}{P_1} \neq \lambda$，其中常数 λ 表示货币的边际效用，消费者应如何对该种商品的消费数量进行调整？为什么？

4. 无差异曲线具有哪些特点？试解释其经济意义。
5. 什么是商品的边际替代率？它为什么会出现递减？
6. 什么是消费者均衡？效用的基数和序数假设所得出的均衡条件有什么联系和区别？

7. 何为吉芬商品？其需求曲线形状如何？试利用收入效应和替代效应加以说明。

8. 以基数度量效用的理论存在哪些缺陷？

9. 已知某消费者的效用函数为 $U = \dfrac{1}{3}\ln Q_1 + \dfrac{2}{3}\ln Q_2$，收入为 m，两种商品的价格分别为 P_1 和 P_2。求：

   (1) 消费者分别对两种商品的需求函数；

   (2) 当 $m = 300$，$P_1 = 1$，$P_2 = 2$ 时的均衡购买量。

10. 政府拟对某一种商品采取最低限价的保护政策，请回答下面的问题：

    (1) 价格保护对消费者福利有什么影响？试用消费者剩余加以衡量。

    (2) 需求价格弹性大小对消费者福利损失有什么影响？

▶ 自测习题及参考答案

第三章 企业的生产和成本

在考察了家庭的消费选择行为之后,本章转向分析企业的生产行为。企业的决策目标通常是利润最大化,而利润又等于收益与成本之间的差额,所以,揭示企业的行为需要说明企业生产一定数量的产出所获得的收益和花费的成本是如何决定的。本章侧重于说明企业的生产成本,企业收益状况将在随后两章中通过区分不同的市场结构给出详细说明。

企业生产一定数量的产出所需要的成本取决于生产过程中的投入数量,而投入数量又与企业所使用的生产技术状况有关。因此,探讨生产成本首先要讨论投入与产出之间的技术关系。在生产技术条件既定的前提下,企业对各种投入数量的选择也受到时间因素的制约。因此,本章在明确企业的行为目标之后,将区分短期和长期讨论企业在特定技术条件下对投入数量的选择。在此基础上,分别说明短期和长期成本如何取决于产出数量。

第一节 企 业

本节在简要说明企业类型之后,着重考察企业的利润最大化目标,以便为分析企业的生产和成本决策设定目标动机。

一、企业的类型

与消费者一样,企业是市场经济活动中的另外一个基本单位。企业的形式多种多样,既可以提供有形产品,例如农场、汽车制造厂,也可以提供各种服务,如律师事务所、咨询公司等。但它们的共同特征是,使用各种投入品以制造和销售产品或服务,所以经济学中的企业泛指能够做出统一生产和供给决策的基本单位。

依照基本的法定形式,企业主要包括个人独资企业、合伙制企业和公司三种类型。

个人独资企业是单个自然人投资并所有的企业。例如,大多数杂货店、私人诊所等。在独资企业中,无论是自己经营,还是雇用他人经营,业主承担与生产投入有关的成本以及各种税费等经营所需要的成本，并获取全部的利益，而且所有人对企业负债承担无限责任。

合伙制企业是指由两个或两个以上的自然人共同出资、合伙经营、共享收益、共担风险的企业。律师事务所大多采用这种形式。大多数合伙制企业都会以协议的形式规定合资人的责任和权益。企业可以由出资人经营，也可以聘用他人。同独资企业一样，所有人对企业的债务承担无限连带责任。

公司是按法律程序建立起来的企业组织，包括有限责任公司和股份有限公司。公司是企业法人，享有独立的法人财产权。公司以其全部财产对公司的债务承担责任，有限责任公司的股东以其认缴的出资额为限、股份有限公司的股东以其认购的股份为限对公司负债承担责任。公司的典型特点是企业的所有权与经营权分离。公司股东推举一些人作为董事，组成董事会以代表股东利益，董事会成员可以是股东也可以不是。董事会对股东大会负责，决定公司重大事项，日常经营授权经理进行管理。

与个人独资和合伙制企业相比，公司制企业有利于筹集大量的资金，同时由于股份分散、责任有限，极大地降低了单个股东的风险。但公司制企业的缺点是，所有权与经营权分离，会导致企业不能完全体现股东的利益。

在西方主要国家中，以上三种类型的企业组织都以不同的形式存在着。从数量上看，个人独资和合伙制企业占有相当大的比重，但销售额所占的比重并不高。相反，公司制企业虽然数量相对较少，但销售总额在经济中所占的比重却很大。

二、企业的利润最大化目标

虽然企业大小不一，组织形式也不相同，但其经营都有一个基本目标，那就是获取利润。一般来说，在市场经济中，满足消费者的消费需求并不是企业的直接目的，企业向市场提供产品或服务是为了在销售一定数量的产出之后获得尽可能多的利润。企业的利润，等于销售产品的总收益与生产商品的总成本两者之间的差额。使收益超过成本的差额最大，亦即利润最大化，是企业孜孜以求的目标，是其行为的基本动机。因此，西方经济学通常假定企业的目标是利润最大化。

需要指出，虽然企业可能有许多目标，但不能否认，一方面，利润是一个企业长期生存与发展的必要条件，企业其他目标的实现需要尽可能多的利润予以支持，另一方面，从技术上来看，企业生产需要一个过程，从而使得企业支付投入成本与销售产品获得收益在时间上具有不一致性。因此，这里的利润最大化目标并不意味着企业没有其他的目标，也不表明企业每时每刻都能获得最大利润，它更强调企业的长期利润趋向以及企业的意愿和决策原则。

既然将企业的生产和经营目标确定为利润最大化，那么，简单分析利润的各个组成部分，将有助于了解生产者行为分析的基本线索和理论结构。根据定义①，企业的利润等于总收益与总成本之间的差额，即：

$$利润 = 总收益 - 总成本$$

式中，总收益是企业的销售收入，它等于销售产品的价格与销售数量的乘积，而总成本则是企业生产过程中的各种有形与无形支出，它们都取决于企业的产出数量。为了分析方便，通常对以上有关经济量做一些约定。

首先，关于产品的价格。尽管在消费者可接受的范围内，产品的价格可以由企业任意确定，但与企业利润最大化目标相一致，通常假定企业尽可能确定最高价格。这样，对应于特定的销售数量，企业确定的最高价格就由市场上对其产品的需求来决定。其次，关于销售量。通常，在特定时期内，企业的销售量与产量并不一致，这涉及企业的库存调整等问题。但为了简单起见，理论分析中往往省略这些技术细节，而是假定企业的销售量等于其产量。这样，企业的产量就等于计划销售量，而企业依照利润最大化选择的计划销售量也就对应着特定价格下的需求量。再次，关于成本。企业的成本可能与多种因素有关，但这里考察的目的是为了分析企业的产量决策，因而可以假定企业的成本只取决于生产的数量。此外，企业生产一定数量的产品不仅会给自身带来成本，而且有可能对交易以外的他人带来成本，比如空气污染等。但这里侧重于考察企业的决策行为，因而企业生产以外的成本并不在分析之列，相关内容将在第八章的市场失灵理论中加以论述。

在上述约定的基础上，可以看到以利润最大化为动机的企业行为理论的分析线索。为了分析企业利润最大化的产量选择，必须分析成本和收益与特定产量之间的对应关系。首先是成本。企业生产一定数量的产品花费的成本表现为各种投入的支出，而各种投入与产出之间的关系又与企业选择的生产技术有关，所以为了分析产量与成本之间的关系，需要首先说明投入与产出之间的技

---

① 关于西方经济学中利润的内涵，将在本章第五节中进一步说明。

术关系，进而说明生产一定数量的产品需要花费的投入及相应的成本，并最终得到成本与产量之间的关系。其次是收益。收益简单地表示为价格与产量的乘积，但仍需注意，除了产量这一决策变量之外，企业的收益还取决于它所面对的市场需求，而市场需求又与企业所处的市场结构有关，因此这一方面的内容将在下面的市场理论各章中说明。

三、企业的其他目标

利润对企业的重要性不言而喻，但西方经济学界对于利润最大化目标假设也有不同的看法。批评主要集中在两个方面：第一，由于种种原因企业难以实现利润最大化，所以，企业的目标不是最大化的利润，而是令人满意的利润；第二，企业的目标不是利润最大化而是其他的最大化目标。

企业追求利润最大化是贯穿于决策过程中的一个原则，但是决策往往是事先的，而决策环境是不确定的，因而企业很可能并不确切知道自己的成本和收益，尤其难以预计产品生产出来以后需求的变化情况。此外，企业的利润最大化也要考虑时间因素，即在什么时间范围内获得最大利润。例如，对于一年中获得最大利润，企业或许能够实现，但是以后可能会亏损。短期的利润最大化有可能危及未来的利润。于是，企业根据经验做法寻求一个基本令人满意结果的事例随处可见。

除了对利润最大化难以实现的责难以外，有些经济学家也认为，企业的动机并不一定总是利润最大化，而是与企业的组织结构相关联。正如本节第一部分所言，现实经济中，既有小型的独资企业、合伙制企业，也有大型的股份有限公司。严格地讲，企业并不是单个人的决策单位，个人利益最大化的动机并不必然保证企业作为一个组织的行为动机也必然是利润最大化。只有当企业决策者的利益同公司利益完全一致时，个人追求最大利益的动机才能完全转换为公司追求最大利润的动机。这种情况较适合于所有者与经营者合二为一的小型企业。而在现代经济社会中占主导地位的公司制企业中，公司的所有者往往与经营者相分离，而且由于其规模庞大，公司内部决策也往往存在着众多的委托-代理关系，股东委托经理、经理委托部门经理、部门经理委托员工等相继处理职权范围内的有关事务。代理人的行为动机是自己的利益最大化，而不一定是委托人的利益最大化。在一个信息不完全的环境中，代理人的决策就可能偏离委托人的目标，这也是企业有可能偏离利润最大化目标的原因。

作为对企业利润最大化目标的替代，销售收益最大化以及增长最大化等目标也经常作为某些理论分析的起点。

短期销售收入最大化有时被认为是企业追求的目标。在很多情况下，判定一个经理是否成功的标志常常是销售额。销售额也是一个标志企业健康状态的晴雨表，经理的薪水、权力和声誉大都直接取决于销售额。这样，销售收入最大化就可能超越利润最大化成为企业占统治地位的目标。

企业的目标也可以是企业长期规模增长最大化。有时，管理者寻求的是销售收入或企业资本价值在一定时期内的最大增长。伴随着企业扩张，每个人的晋升机会就会增加，这往往又意味着更高的薪水，更加豪华舒适的办公环境，更加受人瞩目的社会知名度。所以，管理者的利益冲动或许超过了企业的利润最大化目标。

需要指出，虽然企业的经营目标不尽相同，但一般认为，企业最重要的目标是利润。另外，利润最大化分析也为其他最大化目标下的企业行为理论提供了基础。所以，西方主流经济学在考察企业行为时，仍假定其目标是利润最大化。

第二节 生 产 函 数

企业的生产首先表现为投入与产出之间的技术关系，本节阐述用来表示技术关系的生产函数概念。

一、生产和生产函数

现实的企业不仅组织形式各不相同，而且生产不同产品的企业所采用的生产技术也迥异，但是它们却有一个共同特征，那就是，只要从事生产，就必须有投入并能将这些投入转化为产出。因此，生产被定义为把各种投入转换为产出的一个过程，而把投入与产出联系在一起的就是企业所使用的生产技术。例如，一个生产水稻的农场，农民使用农业机械，在土地上播种、施肥、维护、收割等，最终生产出水稻。所以农场通过投入农民的劳动、农业机械、水田等要素，生产出了水稻。

通常，人们把生产过程中的各种投入称为生产要素，并且为了表述方便，把不同类型的生产要素划分为劳动、资本、土地和企业家才能四种基本类型。劳动指劳动者在生产过程中以体力和脑力的形式提供的各种服务。在生产过程中，每个劳动者提供的劳动都会有所差异，在理论研究中为了便于计量，通常将复杂劳动视为简单劳动的倍加，从而劳动可以以"标准化"的劳动者在单位时间内提供的服务为单位，例如人或者小时等，而劳动的价格则表现为工资率。资本是指生产过程中投入的物品和货币资金等，比如厂房、机器设备、动力燃料和流动资金等。很显然，这里的资本是就其技术形态而言的。但在技术意义上，资本形态各异，并且其实物形态在生产过程中基本保持不变，以不断折损的方式持续提供服务。为了便于考察，通常假设经济中存在一个专门从事资本品租赁的公司，它在单位时间内为所有的生产厂家提供任意数量的资本品。这样，就如同中间投入一样，厂房、机器设备以及货币资本将在单位时间内被消耗完毕，其价格也就不再是资本品本身的价格，而是租用价格。土地泛指一切自然资源，它不仅包括土地本身，还包括地上的河流、森林以及地下的矿藏等。与资本类似，凡涉及土地使用，均指租用土地，因而土地的价格也就指租用价格。企业家才能是指建立、组织和经营企业的企业家所表现出来的发现市场机会并组织各种投入的能力。就一般性的技术讨论而言，借助于企业家才能，各种生产要素组合在一起使得企业成为一个有效的生产主体。

由此可见，在特定的生产技术条件下，经过企业家的统一调度，企业把各种生产要素组合在一起，生产出有形或无形产品。在这一过程中，企业选择的生产技术由生产中投入的生产要素数量与产出量之间的关系反映出来，所以企业所使用的技术通常由生产函数加以表示。

生产函数表示，在技术水平不变的条件下，企业在一定时期内使用的各种生产要素数量与它们所能生产的最大产量之间的关系。直观上说，在其他条件不变的情况下，对应于既定的投入，如果产出越多，表明技术越先进。因此，生产函数反映了企业所使用的生产技术状况。换句话说，一个特定的生产函数是以一定时期内生产技术水平保持不变为条件的。此外，生产函数中投入得到的产出量是现有技术条件下这些投入所能生产的最大产量，这隐含地要求企业在生产技术的使用上是有效率的。这也保证了既定的投入数量只可能有一个产出量，从而使得生产函数是一个单值函数。

假定一个企业在生产过程中投入的劳动、资本、土地、企业家才能等生产要素的数量分别由 L、K、N、E 等表示，而这些要素数量组合所能生产出的最

大产量为 Q，那么该企业的生产函数可以一般性地表示为：

$$Q=f(L,K,N,E,\cdots) \qquad (3.1)$$

如果分析的目的仅在于考察企业对不同生产要素投入数量的选择，那么假定只有两种生产要素将不失一般性。因此，我们通常假定生产过程中只使用劳动和资本两种生产要素，因而一个简化的一般生产函数可以表示为：

$$Q=f(L,K) \qquad (3.2)$$

需要指出，企业采用的生产技术不同，其生产函数就会有所不同。例如，修建水渠可以是机械化作业，也可以是人工开凿。同时，同一个企业所使用的生产函数也会因为技术的演变而发生改变。所以，这里所使用的生产函数更多地强调其理论分析上的工具和方法意义。

二、短期和长期

生产是一个过程，它既需要劳动、资本等投入，也需要时间。一个钢铁公司不可能在一个月之内完成从立项到投产的过程，但一旦建成，其厂房和大型机械设备就会得到持续利用，同时也不会无成本地随意更换。因此，在特定的技术条件下，时间维度将对投入与产出之间的关系形成制约，同时也会对企业有关生产要素投入数量的选择形成制约。所以，生产理论被区分为短期和长期。

这里的短期，是指生产者来不及调整全部生产要素的数量，至少有一种生产要素的数量固定不变的一段时期；长期则是指生产者可以调整全部生产要素数量的时期。相应地，将可以调整的生产要素称为可变要素，而把不能或来不及调整的生产要素称为不变（或固定）要素。于是，在短期内，某些生产要素，例如机器设备、厂房以及具有特殊技能的工人或管理者等，企业无法进行调整，视它们为固定不变的要素，这些要素就是不变投入；而另外一些生产要素，例如劳动、原材料等，企业可以根据需要随时调整它们的数量，这些要素就是可变投入。而在长期中，企业可以调整所有的生产要素投入数量，所有的投入都是可变投入。例如，生产者可以根据需要增加或减少厂房和机器设备的数量，甚至可以进入其他行业或退出现有行业。

需要指出，尽管短期和长期与时间密不可分，但经济学中涉及的短期生产和长期生产概念并没有一个严格的时间范围。区分短期和长期的标准只有一个，那就是看生产者能否对全部生产要素投入数量进行调整，而能否做到这一点却与企业所使用的生产技术密切相关。例如，建造一个汽车厂可能需要两年，那么两年内汽车厂就处于生产的短期。同样是两年，早餐售货亭则可以调整它们的各种投入，所以它们就处于生产的长期。

依照短期和长期的区分，生产函数也可以区分为短期和长期生产函数。继续以只有劳动和资本两种投入的生产为例。假定短期内，只有劳动投入 L 可以变动，资本投入 K 保持不变（$K=\bar{K}$），则短期生产函数就可以表示为：

$$Q=f(L,\bar{K}) \tag{3.3}$$

如果企业处于生产的长期，所有的生产要素数量都可以变动，那么生产函数将采用式（3.2）给出的形式。

三、生产函数的例子

以上给出了生产函数的一般形式，在应用研究中，采用具体形式的生产函数将是有益的。下面的两个例子在经济分析中经常被用到。

（一）固定比例的生产函数

在实际生产过程中，有时生产要素按固定的比例搭配。例如，大多数城市的出租车公司都是 1 辆车配备 2 位司机，如果忽略其他投入，则这类公司的生产就是劳动与资本按 2∶1 的比例搭配。设想，如果只有 1 辆车而不断增加司机，那么对出租车的产出量（比如载客量）影响不大；同样的，如果只有 2 个司机，同时要求每个人驾驶 12 小时，则增加汽车也无济于事；只有当按 2∶1 的比例同时增加司机和车辆时，产出量才会成倍增加。

一般地，假定生产过程中只使用劳动 L 和资本 K 两种要素，生产产品的数量为 Q，每单位产出所需要的劳动和资本投入量分别为 a 和 b，它们在生产过程中始终保持不变，则这一固定投入比例的生产函数可以表示为：

$$Q=A\min\left\{\frac{L}{a},\frac{K}{b}\right\} \tag{3.4}$$

式中，A 代表生产技术水平，在上面出租车公司的例子中相当于每一辆出租车 24 小时的业务量；$a∶b$ 给出了生产过程中劳动与资本投入量之间固定不变的比例，在上述例子中，这一比例等于 2∶1。

固定比例的生产函数隐含地表明，在生产过程中，两种要素之间不存在任何替代。尽管这是一种极端的情形，但如果企业对要素的选择结果接近于这种情况，则在应用研究中有时也把其生产函数表示为固定投入比例。

（二）柯布-道格拉斯生产函数

固定比例的生产函数不能反映生产要素之间的替代这一特征，因而它不能作为生产过程的一般描述。1928 年，为了分析美国制造业的经济状况，柯布和道格拉斯共同构造了一个指数形式的生产函数。① 这一生产函数的一般形式表示为：

$$Q = AL^{\alpha}K^{\beta} \qquad (3.5)$$

式中，A、α 和 β 为三个正的参数，并且假定 $0<\alpha$，$\beta<1$。由于符合经济学对模型简单而又有效的基本要求，并且据此给出的估计结果也较为符合实际情况，所以这一生产函数在生产理论及应用研究中被广泛使用。为了纪念他们的开创性工作，式（3.5）给出的生产函数形式被称为柯布-道格拉斯生产函数。

柯布-道格拉斯生产函数的一些有用特征，恰好具有经济学家所关心的含义。下面给出它的一些性质。

首先，这一函数具有指数函数形式，因而很容易被线性化。事实上，对式（3.5）两边取对数可以很容易得到：

$$\ln Q = \ln A + \alpha \ln L + \beta \ln K \qquad (3.6)$$

如果以 L、K 和 Q 的对数数值作为变量，式（3.6）具有线性形式，所以柯布-道格拉斯生产函数属于最简单的函数类。

其次，这一生产函数中的参数 A、α 和 β 都具有明确的经济含义。式中，A 可以看成是一个用来表示技术水平状况的技术系数，A 的数值越大，既定劳动和资本的投入数量所能生产的产量也就越大。α 和 β 分别表示产出关于劳动和资本的弹性值。② 也就是说，如果劳动投入增加 1%，那么产出增加的百分比就等于 α；同样的，β 则是资本投入增加 1% 导致的产出增加的百分比。例如，柯布和道格拉斯通过对美国 1899—1922 年有关经济资料的分析和估算，得到的结果是 α 约等于 0.75，β 约等于 0.25。这表明，这期间美国劳动增加 1%，产出就会增加 0.75%，而资本每增加 1%，产出增加 0.25%。

上述性质，为经济学家运用基本数据估计模型的参数，进而对经济实际状

---

① C. W. Cobb and P. H. Douglas："A Theory of Production"，*The American Economic Review*，1928，Vol. 18，No. 1，Supplement，Papers and Proceedings of the Fortieth Annual Meeting of the American Economic Association（Mar.，1928），pp. 139-165.

② 对式（3.6）两边求偏微分，可以很容易得到这一点。例如，在式（3.6）中，求 $\ln Q$ 关于 $\ln L$ 的偏导数可以得到：

$$\alpha = \frac{\mathrm{d}\ln Q}{\mathrm{d}\ln L} = \frac{\mathrm{d}Q/Q}{\mathrm{d}L/L} = \frac{\mathrm{d}Q}{\mathrm{d}L} \cdot \frac{L}{Q}$$

这表明，α 是劳动投入的产出弹性系数，即 L 增加 1%，产出将增长 α%。同样的，β 就是资本的产出弹性系数。

况给出数量化的说明提供了方便。

第三节　短期生产函数

本节假定企业处于生产的短期,并着重考察只有一种生产要素可变的情形。

一、总产量、平均产量和边际产量

假定企业只使用劳动和资本两种投入,并且处于生产的短期。为了明确起见,进一步假定,在该时期内企业可以根据生产的需要随时调整劳动投入数量,而无法调整资本投入量。所以,在这一生产过程中,劳动是可变要素投入,而资本的投入量保持不变。于是,式(3.3)给出了这里要考察的生产函数,它反映了既定资本投入量 $\bar{K}$ 下,一定数量的劳动投入与它们所能生产出的最大产量之间的对应关系。

通过一种可变要素投入与产出之间的对应关系,可以定义三个重要的产出概念:总产量(TP)、平均产量(AP)和边际产量(MP)。

以劳动可变的情形为例,劳动的总产量是指一定的劳动投入量可以生产出来的最大产量,用 TP_L 表示。由于劳动投入是可以变动的,所以总产量也可以视为这一可变要素投入的一个函数。因此,劳动的总产量事实上就是生产函数式(3.3)的变形:

$$TP_L = f(L, \bar{K}) \tag{3.7}$$

劳动的平均产量是每单位劳动所生产的产量,记成 AP_L。用公式表示为:

$$AP_L = \frac{TP_L}{L} \tag{3.8}$$

最后一个概念是劳动的边际产量,它是指增加1单位的劳动投入量所带来的产出增加量,记成 MP_L。用公式表示为:①

---

① 与边际效用定义中说明的一样,边际产量是在特定的劳动投入量附近定义的:
$$MP_L = \lim_{\Delta L \to 0} \frac{\Delta TP_L}{\Delta L} = \frac{dQ}{dL}$$
在这里,我们常以改变量来近似地表示微分,并对 L 和 $L+\Delta L$ 处的边际产量不加区分。

$$MP_L = \frac{\Delta TP_L}{\Delta L} \tag{3.9}$$

与边际效用类似，边际产量反映了总产量的变动率，或者说是变动速度。

需要指出，上述定义并不局限于劳动，对于任意的生产要素均可以定义总产量、平均产量和边际产量。但同时需要说明，上述概念隐含着"其他条件不变"的假设。

作为一个例子，考察某小型农场生产小麦的情形。该农场采用现有一般的生产技术，运用一定数量的农机机械，耕种10亩土地，种植小麦。表3-1给出了这一农场的劳动投入量与小麦产出量之间的关系。在表中，第（1）列是该农场可能的劳动投入量；第（2）列是固定不变的土地投入量；第（3）列则是这两种投入量下所能生产的最大产量，即总产量；第（4）列是劳动的边际产量，它由第（3）列中产出的改变量除以第（1）列中劳动投入的改变量得到；第（5）列是劳动的平均产量，由第（3）列除以第（1）列相应的数值得到。

表 3-1 农场的生产函数

（1）劳动投入量 L（人）	（2）土地投入量 N（亩）	（3）总产量 Q（千克）	（4）边际产量 MP_L（千克）	（5）平均产量 AP_L（千克）
0	10	0	—	—
1	10	1 000	1 000	1 000
2	10	2 500	1 500	1 250
3	10	3 500	1 000	1 166.7
4	10	4 300	800	1 075
5	10	4 700	400	940
6	10	4 800	100	800
7	10	4 800	0	685.7
8	10	4 700	-100	587.5

二、边际报酬递减

由表3-1给出的数据可以观察到一个基本的经济现象：在其他要素投入量不变的条件下，随着劳动投入量的不断增加，总产量通常会逐渐增加，但增加的速度却并非保持不变，甚至有可能逐渐降低。

上述经济现象被归结为生产要素投入变动对产出的边际贡献递减，被称为"边际报酬递减规律"[①]。所谓边际报酬递减规律是指，在技术水平保持不变的条件下，当把一种可变的生产要素连同其他一种或几种不变的生产要素投入到生产过程之中，随着这种可变的生产要素投入量的逐渐增加，最初每增加1单位该要素所带来的产量增加量是递增的；但当这种可变要素投入量增加到一定程度之后，增加1单位该要素所带来的产量增加量是逐渐递减的。简言之，在其他条件不变的情况下，一种可变投入在增加到一定程度之后，它所带来的边际产量递减。

理解边际报酬递减规律需要注意以下三个方面。

（1）这一规律发挥作用的条件是生产技术水平保持不变。这一规律只能在生产过程中所使用的技术没有发生重大变革的前提下才成立。如果出现技术进步，可变生产要素的边际报酬就可能违反递减规律。例如，水稻杂交技术使得水稻产量得到极大的提高，如果在增加劳动投入的同时采用这种技术，将可能使得原本递减的边际产量转而增加。

（2）边际报酬递减规律只有在其他生产要素投入数量保持不变的条件下才可能成立。与技术水平保持不变一样，其他生产要素投入量保持不变也是边际报酬递减规律成立的前提条件。例如农场生产小麦的例子中的土地应保持不变。如果在增加劳动投入的同时，增加耕种面积，那么小麦的边际产量也不一定递减。

（3）边际产量递减在可变要素投入增加到一定程度之后才会出现。边际产量并非一开始就会出现递减，原因在于，生产过程中存在着固定的不变要素投入，在可变要素投入数量很低时，不变要素投入相对过剩，增加1单位可变要素投入可以使得固定不变的生产要素得到更加有效的使用，因而边际产量也会增加。但随着可变要素投入不断增加，不变要素投入相对不足，从而对产量增加形成制约。在这种情况下，可变要素的边际产量就会出现递减。因此，边际报酬递减规律要在可变要素投入增加到一定程度之后才会发挥作用。

基于边际报酬递减假定，在技术水平和其他要素投入都保持不变的条件下，随着一种可变要素投入的增加，边际产量会出现先增后减的变动趋势，这

[①] 参见第一章第一节中的"需求规律"及脚注。

就迫使企业不得不对可变要素投入的范围做出选择。本节在对总产量、平均产量和边际产量之间的关系进行分析之后，将对此给予说明。

三、总产量、平均产量和边际产量之间的关系

边际报酬递减规律不仅决定了边际产量随着可变要素投入量变动的趋势，而且也决定了总产量和平均产量的变动趋势，并使得它们三者之间的关系更加明晰。

参照表 3-1 中的数据特征，可以描绘出总产量、平均产量和边际产量随着可变要素投入变动而变动的曲线，如图 3-1 所示。在图中，横轴表示可变要素劳动的投入数量 L，纵轴表示产量 Q，相应的总产量、平均产量和边际产量分别由 TP_L 曲线、AP_L 曲线和 MP_L 曲线表示。

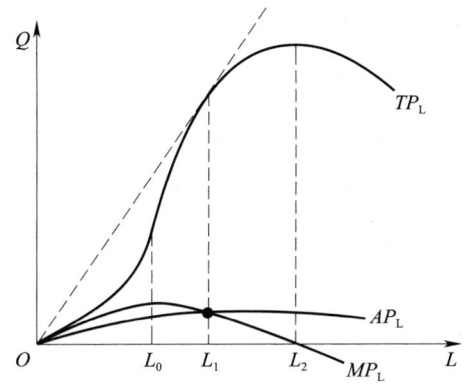

图 3-1 总产量、平均产量和边际产量曲线

考察这三条曲线不难发现下面一系列特征。

（1）在边际报酬递减规律的作用下，劳动的边际产量曲线呈现先增加后递减的趋势。在图中，在劳动投入量未达到 L_0 之前，随着劳动投入量的增加，劳动的边际产量增加；当投入量超过 L_0 之后，劳动的边际产量呈递减趋势。在递减过程中，劳动的边际产量通常大于 0；但当劳动投入增加到 L_2 时，边际产量为 0；这之后，劳动的边际产量为负值，这表明增加 1 单位劳动投入不仅不能使得产出增加，反而还会使得总产量减少。

（2）相应于边际产量先增加后递减以及边际产量由正值转为负值，总产量曲线也会呈现出先增加后递减的趋势。这是因为，在边际产量大于 0 时，增加 1 单位劳动就会带来产出增加，所以总产量会随着劳动投入增加而递增；相反，若边际产量小于 0，增加 1 单位劳动投入将使得总产量减少。因此，当劳动投

入从 0 逐渐增加到 L_2 时，边际产量大于 0，总产量曲线向右上方倾斜；在劳动投入量超过 L_2 之后，边际产量小于 0，总产量曲线向右下方倾斜；而当劳动投入恰好为 L_2 时，边际产量为 0，总产量曲线达到最高点。

进一步，边际产量也反映了总产量变动的速度。在边际产量为正值并且递增的阶段，随着劳动投入量的增加，总产量增加的速度会越来越快；当边际产量递减时，总产量增加的速度越来越慢。在图 3-1 中，随着劳动投入量由 0 逐渐增加到 L_0，总产量曲线越来越陡峭，之后，总产量曲线越来越平缓，直到劳动投入量为 L_2 时总产量曲线达到最高点。

（3）对应于上述总产量曲线，劳动的平均产量曲线是先增加后递减的。从几何图形上很容易看到这一点。对应于特定的劳动投入量，平均产量等于相应的总产量除以劳动投入量，所以它恰好是从原点出发到总产量曲线上相应点的一条射线的斜率值。很显然，由于总产量曲线开始时递增速度越来越大，所以这条射线的倾斜程度最初也会越来越大。当该射线恰好与总产量曲线相切时，平均产量达到最大，此时对应的劳动投入量为 L_1。这之后，平均产量逐渐递减。所以，平均产量曲线具有先增加后递减的特征。不过，只要总产量大于 0，平均产量也一定大于 0，所以平均产量曲线在横轴的上方运行。

（4）边际产量曲线与平均产量曲线相交，并且交于平均产量曲线的最大值点。由于边际产量最初大于平均产量，但随着劳动投入的增加，边际产量最后可以为负值，而只要总产量大于 0，平均产量总为正值，所以边际产量曲线与平均产量曲线相交。同时注意到，当边际产量大于平均产量时，增加 1 单位劳动所增加的产量超过平均水平，因而增加该单位劳动将使得平均产量增加；相反，如果边际产量小于平均产量，增加 1 单位劳动将使得平均产量趋于减少。这就是说，在平均产量递增阶段，边际产量一定大于平均产量，而在平均产量递减阶段，边际产量一定小于平均产量。因此，平均产量曲线与边际产量曲线一定相交于平均产量曲线的最大值点，如图 3-1 中劳动投入量 L_1 对应的平均产量点。

四、生产的三个阶段

通过分析总产量、平均产量和边际产量曲线及其相互关系，可以确定劳动这一可变要素投入量的合理区域。

首先将劳动投入的范围区分为三个连续的不同阶段。如图 3-2 所示，劳动投入量由 O 到 L_1 为第一阶段，由 L_1 到 L_2 为第二阶段，超过 L_2 之后为第三阶段。其中，劳动投入量 L_1 对应着边际产量与平均产量曲线的交点，即平均产量的最大值点；L_2 对应着边际产量等于 0 的点，即总产量最大值点。

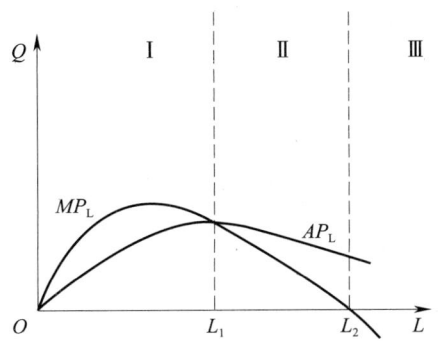

图 3-2　一种可变要素投入的合理区域

假定企业可以选择任意的劳动投入量，那么它会选择多少劳动作为投入呢？在劳动投入的第一阶段内，劳动的边际产量大于平均产量。这意味着，新增加的 1 单位劳动所获得的产量比现有劳动的平均水平都要高。在这种情况下，企业应该雇用这 1 单位的劳动，即企业不会停止增加劳动投入量。因此，如果把劳动投入确定在第一阶段而不增加，那就是不合理的。从这一意义上说，该区域是生产要素的不合理投入区。

再看劳动投入的第三阶段，在这一区域内，劳动的边际产量小于 0，即增加投入不仅不增加总产量，反而会使得产量下降，因而理性的企业也不会把劳动投入确定在这一阶段内。

可见，理性的生产者会把劳动投入选择在第二阶段上，即使得平均产量为最大的 L_1 与使得边际产量为 0 的 L_2 之间的范围内。在这一阶段上，劳动的投入使得平均产量大于边际产量，但又使得边际产量大于 0。这一区域被称为可变生产要素的合理投入区。

需要指出，生产要素的合理投入区只给出了可变要素投入的范围，却并不能说明该要素的最优投入量。事实上，到现在为止有关企业决策的分析还无法确定企业对生产要素的最优选择，因为这一数量的选择还与要素所能生产的产品的价格以及要素本身的价格有关。在产品价格既定的条件下，劳动的工资率越高，企业选择的劳动投入量就越少，最优投入量就越接近于 L_1；相反，劳动的工资率越低，企业选择的劳动投入量就会越多，最优投入量就

越接近于 L_2，但不会超过这一点。这一问题将在要素需求理论中得到进一步说明。

第四节　长期生产函数

上一节讨论的只有一种生产要素变动的情形，是一种特殊的短期生产函数，在长期中，所有的生产要素投入数量都可以调整。本节以劳动和资本两种要素均可变的情形为例考察长期生产函数，并探讨企业如何对生产要素数量的组合做出选择。

一、等产量曲线及其性质

假定企业只使用劳动和资本两种生产要素投入。由于企业处于生产的长期，那么这两种生产要素投入都是可变的。这时，劳动与资本之间的任意一个组合，都对应着某个产出数量，这些投入组合与它们所能生产的最大产量之间的函数关系由式（3.2）给出。为了考察企业在长期中对生产要素投入的选择，经济学家通常采用等产量曲线来描述长期生产技术。

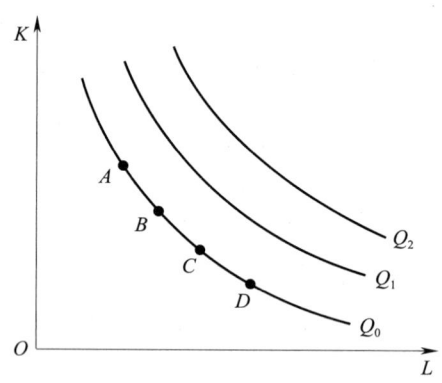

图 3-3　等产量曲线

等产量曲线是在技术水平不变的条件下，由生产相同产量所需的生产要素的不同数量组合所描绘的一条曲线。例如，一个小型建筑公司，计划 1 年内完成 1 500 平方米的建筑，它可以雇用 30 名工人、6 台设备完成这项任务，也可以用 40 名工人、3 台设备完成任务。于是，(30,6) 和 (40,3) 就处于一条等产量曲线上。一般地，劳动和资本的投入组合 (L,K) 可以生产既定的产量 Q_0，那么与这一产量相对应的等产量曲线可以表示为：

$$f(L,K) = Q_0 \qquad (3.10)$$

将式（3.10）给出的等产量曲线描绘在劳动 L 和资本 K 所构成的坐标平面中，如图 3-3 所示。

不难发现，等产量曲线通常具有下列特征。[①]

第一，等产量曲线有无数条，其中每一条都代表着一个产量，并且离原点越远，它所代表的产量就越大。如图 3-3 中的 Q_0、Q_1 和 Q_2，它们表示的产量越来越大。这一特征很容易理解。由于生产要素的投入组合可以任意改变，它们可以生产的产量也有无数个，所以等产量曲线也就有无数条。在这些等产量曲线中，离原点越远，生产过程中投入的劳动和资本数量就越多，它们所能生产的最大产量也就越大。

第二，任意两条等产量曲线不相交。之所以如此是因为在生产技术水平保持不变的条件下，一个特定的生产要素组合所能生产的最大产量只有一个，因而也就只有一条等产量曲线会通过这一点。

第三，等产量曲线向右下方倾斜。在向右下方倾斜的等产量曲线上，增加一种生产要素投入，比如劳动，另外一种生产要素资本的投入会相应地减少。这也意味着，生产同一产量，通常增加一种生产要素投入可以替代另外一种生产要素。

如果一条等产量曲线不具备这一特征而是向右上方倾斜，那么它的含义是什么呢？不妨假定在某一条等产量曲线上存在递增的阶段，比如在图 3-4 中的 Q_4 上由 A 点到 C 点的区域内。这表明，为了生产 Q_4，可以由 A 点投入组合完成，也可以由 C 点的投入组合完成。但是，与 A 点相比，同样是生产 Q_4，C 点花费的劳动和资本投入都要更大。这就是说，为了生产 Q_4，增加劳动投入量，不仅不能替代资本，相反需要更多的资本投入，因而 A 点之后的劳动投入量一定是无效的。在这种情况下，只要生产要素需要花费企业的成本，理性的生产者就不会选择 C 点。所以，C 点所处的区域一定是生产要素的不合理投入区。同样，Q_4 上的 D 点也是如此。

由此可见，每一条等产量曲线上向右下方倾斜的一段所在的区域，就是生产要素的合理投入区，如图 3-4 中 OI 与 OJ 围成的区域。其中，对一个特定的产量而言，最大的劳动投入量处于等产量曲线的切线平行于横轴的点，如 Q_4

[①] 请回忆对无差异曲线类似性质的分析。

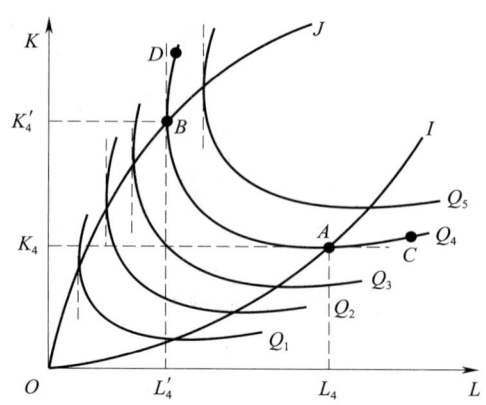

图 3-4 两种生产要素的合理投入区

上的 A 点；最大的资本投入量处于等产量曲线的切线垂直于横轴的点，如 Q_4 上的 B 点。所以，满足特征 3 的等产量曲线隐含着，企业在合理的投入区内选择要素使用量。

第四，等产量曲线凸向原点。这一特征表明，等产量曲线不仅向右下方倾斜，而且越来越平缓。直观上，这要求随着劳动投入等量增加，资本投入的减少量越来越少，即劳动的替代能力越来越弱。

为了进一步说明要素的替代关系，下面引入两种生产要素的边际技术替代率。

二、边际技术替代率

（一）边际技术替代率的定义

边际技术替代率表示，在产出水平保持不变的条件下，增加 1 单位一种要素的投入量可以代替的另外一种生产要素的投入量，用 $MRTS_{1,2}$ 表示。边际技术替代率反映了一种要素对另外一种要素的边际替代能力。例如，在保证产量不变的前提下，增加 1 单位的劳动可以替代的资本数量越多，劳动对资本的替代能力就越强。

用公式表示，劳动 L 对于资本 K 的边际技术替代率定义为：

$$MRTS_{L,K} = -\frac{\Delta K}{\Delta L}\bigg|_{Q\text{不变}} \tag{3.11}$$

式中，ΔL 表示劳动投入的改变量，ΔK 表示资本投入的改变量，而 Q 不变强调上述两种生产要素的改变是以产量保持不变为前提条件的。如上文的讨论，企业会把生产要素选择在合理投入区内，因而等产量曲线向右下方倾斜。

所以，在保持产量不变的条件下，随着劳动投入量的增加，资本投入量会相应地减少，即 ΔL 与 ΔK 的符号相反，因此公式中加一负号保证了边际技术替代率 $MRTS_{L,K}$ 为正值。

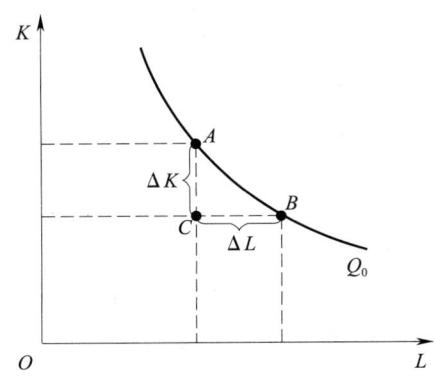

图 3-5　边际技术替代率

如图 3-5 所示，从几何意义上看，边际技术替代率是等产量曲线上某一点斜率的绝对值，它反映了等产量曲线的倾斜程度。在图中的一条等产量曲线 Q_0 上，如果生产要素的投入组合由 A 点移动到 B 点，则劳动投入量增加 ΔL，相应地，资本投入量减少 ΔK。所以，边际技术替代率反映了 AB 连线斜率的绝对值。如果将 ΔL 理解为微小改变量，那么边际技术替代率也可以定义为等产量曲线斜率的绝对值。

（二）边际技术替代率与边际产量的关系

一种要素投入对另外一种要素的边际技术替代率的大小与两种要素的边际产量之间存在密切的关系。正是一种要素的边际产量决定了它对另外一种生产要素的替代能力的大小。

继续观察图 3-5，并同时回想式（2.12）的推导过程。在图 3-5 中，资本投入量由 A 点调整到 C 点，产出改变量为 $MP_K \cdot \Delta K$；生产要素投入量由 C 点变动到 B 点，产出改变量为 $MP_L \cdot \Delta L$。上述变动最终使得投入组合由 A 点变动到 B 点，总产量保持不变，因而有：

$$MP_L \cdot \Delta L + MP_K \cdot \Delta K = 0$$

从中可以得出：

$$MRTS_{L,K} = -\frac{\Delta K}{\Delta L} = \frac{MP_L}{MP_K} \tag{3.12}$$

式（3.12）表明，劳动这一生产要素对另外一种生产要素资本的边际技术替代率与劳动的边际产量成正比，与资本的边际产量成反比。直观上，劳动的

"生产能力"越强，它就越容易替代资本，劳动对资本的边际技术替代率就越大；相反，如果资本的"生产能力"越强，劳动就越不容易替代资本，劳动对资本的边际技术替代率就越小。

式（3.12）给出的边际技术替代率与要素的边际产量之间的关系，有助于我们加深对生产要素合理投入区的理解。事实上，在两种生产要素的合理投入区内，每一种要素的边际产量都应该为非负值。如图 3-6 所示，在等产量曲线的最低点比如 A 点处，曲线的斜率等于 0，而边际技术替代率是等产量曲线斜率的绝对值，所以在 A 点边际技术替代率等于 0。由式（3.12）可以知道，此时劳动的边际产量 MP_L 等于 0。以 A 点为分界点，在其右面等产量曲线向右上方倾斜的区域，劳动的边际产量 MP_L 小于 0。这说明，此时增加劳动投入量会导致产量降低，为了保持产量不变，需要增加资本加以弥补，结果等产量曲线向右上方倾斜。B 点也有类似的性质，只不过这一点之后增加资本会导致资本的边际产量 MP_K 小于 0。所以，两种可变要素的合理投入区排除了任何一种要素边际产量为负值的情况。

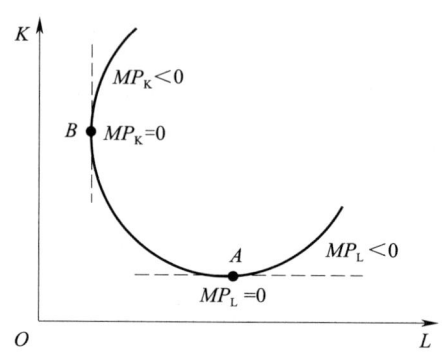

图 3-6　生产要素的边际产量与合理投入区

顺便指出，长期与短期中生产要素的合理投入区是一致的。在只有一种生产要素可以变动的短期，合理投入区内劳动的最大投入量恰好使得劳动的边际产量为 0，超过这一投入就是不合理的。类似地，短期中资本投入量保持不变，减少劳动投入量，相对而言则是资本投入量的不断增加，因而劳动投入量位于第一阶段，则可以理解为资本的边际产量为负值的范围。所以，短期中的合理投入区，对应着这里的等产量曲线向右下方倾斜的合理区间。

（三）边际技术替代率递减规律

在生产要素的合理投入区内，等产量曲线不仅向右下方倾斜，而且凸向原点，这是由边际技术替代率递减规律所决定的。边际技术替代率递减规律是指，在保持产量不变的条件下，随着一种生产要素数量的增加，每增加1单位该要素所能够替代的另外一种生产要素的数量递减，即一种要素对另外一种要素的边际技术替代率随着该要素的增加而递减。

边际技术替代率之所以递减，可以通过式（3.12）获得较好的理解。正如上面指出的那样，在生产要素合理投入区内，所有生产要素的边际产量都服从递减规律。所以，随着劳动投入量的增加，劳动的边际产量 MP_L 递减，它所替代的资本投入量减少；另一方面，由于等产量曲线向右下方倾斜，增加劳动会使得资本投入量减少，资本的边际产量 MP_K 递增，从而劳动越不容易替代资本。所以，随着劳动投入量的增加，劳动与资本边际产量的相对变动，使得劳动对资本的边际技术替代率越来越小。因此，边际报酬递减在一定程度上说明了边际技术替代率递减[①]。

由于边际技术替代率又是等产量曲线斜率的绝对值，所以等产量曲线的倾斜程度就会越来越平缓，从而呈现出凸向原点的特征。

（四）特殊形式的等产量曲线

边际技术替代率递减规律决定了等产量曲线凸向原点，但也存在着两种特殊的情形，如图3-7所示。

在图3-7（a）中，等产量曲线是一条向右下方倾斜的直线，这类等产量曲线对应的生产函数可以表示为：

$$Q = aL + bK \qquad (3.13)$$

式中，a、b 为大于0的常数。在这种情况下，劳动对资本的边际技术替代率等于 a/b。这意味着，劳动与资本之间存在完全的替代关系，替代率不会因一种要素的变动而发生改变。

图3-7（b）则给出了完全不能替代的情况，这类等产量曲线对应的生产函数为式（3.4）给出的固定比例的生产函数。在固定比例的生产过程中，劳动与资本按 $a:b$ 的组合进行生产，例如生产 Q_1 时选择 A 点的投入。此时，只增加劳动或者只增加资本不会带来产量增加。这就意味着，由 A 点增加劳动，劳动的边际产量为0，从而根据式（3.12），劳动对资本的边际替代率等于0。同样的道理，由 A 点增加资本，资本的边际产量为0，从而劳动对资本的边际

[①] 这里用边际报酬递减来说明边际技术替代率递减，并非严格证明。参见第二章第二节"边际替代率"及脚注。

替代率趋向于∞。所以，式（3.4）对应的等产量曲线具有水平或者垂直的特殊形状。

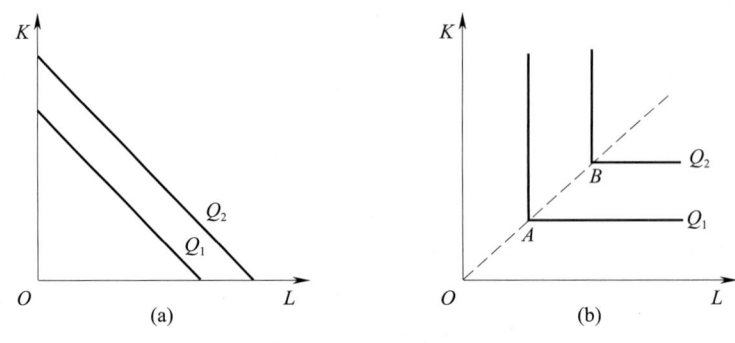

图 3-7 等产量曲线的特例

三、等成本线

以上从生产技术的角度分析了企业生产要素投入的合理范围，界定了投入与产出的关系，或者说，企业生产特定产量时可能的生产要素组合。但这些不同的投入组合对企业而言却未必是经济上最优的。所以，为了最终说明企业对生产要素使用量的选择，有必要引入企业使用要素的成本。

继续假定企业只使用劳动和资本两种生产要素，它们的价格分别为 W 和 r，则企业在一定时期内投入劳动 L 和租用资本 K 所花费的成本 C 可以表示为：

$$C = WL + rK \tag{3.14}$$

式中，WL 是使用劳动的工资总额，rK 是租用资本的租金总额。换一个角度来理解，如果企业计划花费成本 C，在要素价格既定的条件下，它可以使用的两种生产要素的最大数量将由式（3.14）确定下来。因此，式（3.14）表示，在生产要素价格既定的条件下，企业花费相同的成本可以购买到的两种生产要素的不同数量组合，因而该式也被称为企业的等成本方程。

在劳动和资本构成的坐标平面中，等成本方程可以表示为等成本线，如图 3-8 所示。

由于等成本线无论是从代数意义还是几何意义上都完全类似于上一章的消费者预算约束线，所以这里只有两点需要注意。第一，在生产要素价格既定的条件下，如果企业计划花费的成本给定，那么等成本线是一条向右下方倾斜的直线，其斜率为 $-W/r$。等成本线与横轴的交点 A 表示全部成本可以购买到的最大劳动投入量，其数值为 C/W；它与纵轴的交点 B 表示全部成本用于购买资本

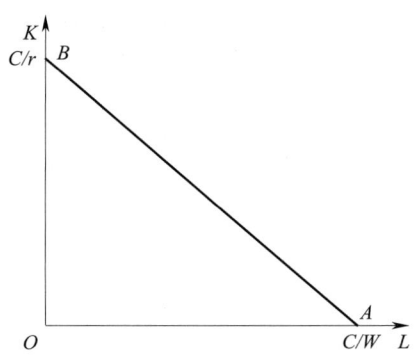

图 3-8 等成本线

的最大数量，数值为 C/r。第二，如果企业花费的成本或者生产要素的价格发生变动，那么等成本线也会相应地变动。具体地说，假定其他条件不变，如果成本 C 增加，企业的等成本线向右上方平行移动；成本 C 减少，等成本线向左下方平行移动。如果企业面对的生产要素价格发生变动，企业的等成本线将会发生旋转。例如，如果劳动的工资率 W 下降，等成本线将以 B 点为中心逆时针旋转；如果 W 提高，等成本线将以 B 点为中心顺时针旋转。对这些问题的具体分析，读者可自行画图说明。

四、生产要素最优组合

理性的企业不仅要考虑投入要素生产最大产量，而且要关注使用这些要素的经济成本，所以，企业总试图在这两方面进行权衡，以便实现生产要素数量的最优选择。现实中，企业面临着两种可能的约束：成本既定或者产量既定。所以，企业对生产要素的选择行为可以表述为，成本既定条件下的产量最大化或者产量既定条件下的成本最小化。当企业在既定约束条件下实现了上述目标，它就会保持这种状态不变，此时称企业处于生产者均衡状态。在生产者均衡状态下，企业所使用的生产要素实现了最优组合。

那么，企业处于生产者均衡状态时，生产要素投入量的最优组合应该满足什么条件呢？两种不同的约束条件下形成的要素最优组合是否一致？下面就这两种约束分别考察企业的要素选择行为。

（一）成本既定条件下的产量最大化

在成本既定条件下，企业寻求产量最大化的生产要素投入组合。这一选择过程，可以借助于等产量曲线与等成本线加以说明。

如前所述，各种生产要素投入组合与产出之间的关系由等产量曲线描述，

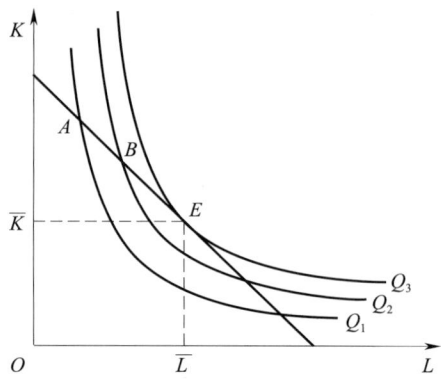

图 3-9　成本既定条件下的产量最大化

而企业使用生产要素的成本由等成本线表示，将两者结合在一起，共同描绘在图 3-9 中。由于成本既定，所以企业只能在等成本线上选择不同的要素组合，如图 3-9 中的 A、B、E 等。这些生产要素组合点虽然都花费相同的成本，但它们所生产的产量却不尽相同。比如，A 点生产 Q_1，B 点生产 Q_2。很显然，在等成本线上，等产量曲线离原点越远，企业所能获得的产量就越大。当等产量曲线恰好与等成本线相切时，企业在既定的成本约束下实现了产量最大化。此时，企业处于生产者均衡状态，由此决定的两种要素的投入量实现了生产要素的最优组合，如图 3-9 中的 E 点所示。

观察生产者均衡点 E。一方面，E 点对应的生产要素组合必须位于等成本线上，因此相应的劳动投入 $\bar{L}$ 和资本投入 $\bar{K}$ 一定满足式（3.14）给出的等成本方程。另一方面，由于均衡点是等产量曲线与等成本线的切点，因而在 E 点，等产量曲线与等成本线斜率相等。等产量曲线斜率的绝对值为要素的边际技术替代率，而等成本线斜率的绝对值等于两种要素的价格之比，因此，等斜率条件要求要素的边际技术替代率等于要素价格比。综合上述两个方面，成本既定条件下产量最大化的要素最优组合条件是：

$$\begin{cases} MRTS_{L,K} = \dfrac{W}{r} \\ WL + rK = C \end{cases} \quad (3.15)$$

式（3.15）中的第二个等式取自等成本方程式（3.14），无须重新解释，这里只考察第一个等式代表的经济含义。该式的左边是劳动对资本的边际技术替代率，它表示从生产技术角度衡量的每增加 1 单位劳动可以代替的资本数量。等式的右边是劳动和资本两种生产要素价格的比率，它表示从市场价格角度衡量的每单位劳动可以换取的资本数量。因此，这一等式意味着，只有当从生产技术角度衡量的劳动对资本的替代率与按市场价格衡量的二者之间的替代率相等时，企业才能在既定的成本条件下生产出最大的产量，才能使得两种要素投入比例达到最优，企业才能处于生产者均衡状态。

例如，假设 $MRTS_{L,K}=2$，$W/r=1$，即 $MRTS_{L,K}>W/r$。这表明，从生产技术角度衡量的劳动相对于资本的比价要比市场衡量的二者之间的比价更高。此时，企业增加 1 单位劳动同时减少 1 单位资本，成本会保持不变。但从生产技术角度来看，1 单位劳动与 2 单位资本等价，若增加 1 单位劳动而只减少 1 单位资本，产量会更高。在这种情况下，生产要素组合没有实现最优。这从一个侧面解释了式（3.15）第二个条件的含义。

进一步，根据式（3.12），边际技术替代率可以表示为两种要素的边际产量之比，即 $MRTS_{L,K}=MP_L/MP_K$，于是，将这一关系代入式（3.15）中的第一个等式并经过简单变形可以得到：

$$\frac{MP_L}{W}=\frac{MP_K}{r} \tag{3.16}$$

这样，式（3.15）给出的既定成本下的产量最大化的生产要素最优组合应满足的条件就可以表示为：

$$\begin{cases} \dfrac{MP_L}{W}=\dfrac{MP_K}{r} \\ WL+rK=C \end{cases} \tag{3.17}$$

考察式（3.16）给出的条件可以得出生产要素最优组合的另外一种解释。这一条件意味着，每单位成本购买任意一种生产要素所得到的边际产量都相等。只有这样，企业才能在成本既定条件下生产出最大产量，生产要素组合才能达到最优。事实上，如果 $MP_L/W>MP_K/r$，即每单位成本购买劳动所带来的边际产量大于每单位成本购买资本所带来的边际产量，那么理性的企业可以在保持成本不变的条件下，将购买资本的 1 单位成本转向购买劳动。通过这一调整，企业因资本投入减少而导致的产量减少量为 MP_K/r，因劳动投入增加而导致的产量增加量为 MP_L/W，结果，总产量必然增加。同样的道理，如果 $MP_L/W<MP_K/r$，企业也可以在保持成本不变的条件下，通过调整生产要素投入组合来提高产量。

因此，只有当式（3.16）成立时，企业对生产要素的投入数量才达到最优组合状态。

(二) 产量既定条件下的成本最小化

企业寻求要素最优组合可能遇到的另外一种约束是产量既定，比如与销售商签订了商品供给协议，那么企业的目标就是在产量既定条件下寻求成本最小化的生产要素最优组合。

如图 3-10 所示，假定企业计划生产的产量 Q_0 保持不变。为了实现这一产量，企业可以在等产量曲线 Q_0 上任意选择一点作为生产要素的投入组合。但是，选择不同组合点花费的成本却并不相同。例如，如果企业选择图 3-10 中的 A 点 (L_1, K_1) 作为生产要素投入组合点，那么在劳动工资率 W 和资本租用价格 r 保持不变的条件下，企业所花费的成本为 $C_1 = WL_1 + rK_1$。构造一条等成本线 $WL + rK = C_1$，则这条等成本线一定经过 A 点且成本为 C_1。换句话说，企业选择 A 点作为要素投入所花费的成本由过这一点且斜率为 $-W/r$ 的等成本线所表示。很显然，C_1 代表的等成本线离原点越远，企业选择 A 点所花费的成本就越高。因此，生产既定产量并试图成本最小化的企业将会尽可能地使得这条等成本线降低。结果，当等成本线降低到与等产量曲线 Q_0 相切时，企业实现了产量既定条件下的成本最小化，生产处于均衡状态，如图 3-10 中的 E 点。

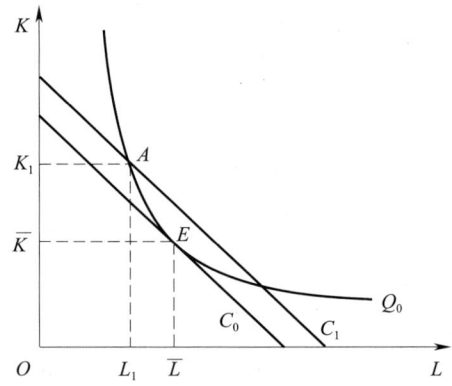

图 3-10 产量既定条件下的成本最小化

对应于 E 点，无须重新说明，企业选择的劳动投入 $\bar{L}$ 和资本投入 $\bar{K}$ 必然满足下面的条件：

$$\begin{cases} MRTS_{L,K} = \dfrac{W}{r} \\ f(L, K) = Q_0 \end{cases} \quad (3.18)$$

式（3.18）中的第一个等式再次来源于等产量曲线与等成本线相切的条件，第二个等式则是生产既定产量 Q_0 所必需的。类似于式（3.17）的推导，在这种情况下，企业选择的生产要素最优组合等价地满足下面的条件：

$$\begin{cases} \dfrac{MP_L}{W} = \dfrac{MP_K}{r} \\ f(L,K) = Q_0 \end{cases} \quad (3.19)$$

观察这里的生产者均衡条件，不难发现，除了约束条件之外，企业按产量既定条件下成本最小化选择最优的要素组合，与上面讨论的成本既定条件下产量最大化完全相同。因此，省略企业面临的成本约束或者产量制约，那么生产要素最优的组合就应该是，两种要素的边际技术替代率等于相应的要素价格之比，或者说，每一单位成本支出用于任意一种生产要素所获得的边际产量都相等。

五、生产扩展曲线

以上分析的企业对于生产要素组合的最优选择，是以成本既定条件下的产出最大或者产量既定条件下的成本最小为目标的。那么，这是否是企业合理的经济行为？它与企业的利润最大化有何关系？为了回答这些问题，请暂时放弃企业的生产要素最优组合，转而讨论企业的利润最大化。

继续假定企业只使用劳动和资本进行生产，它按照利润最大化原则来组织这两种生产要素投入。企业的生产函数表示为 $Q=f(L,K)$，它所使用的两种要素的价格分别为 W 和 r，它们与产品出售的价格 P 一起保持不变。于是，企业的利润 π 可以表示为：

$$\pi = PQ - C = Pf(L,K) - WL - rK \quad (3.20)$$

式（3.20）给出了企业选择劳动和资本的利润最大化目标。

假定企业在某一要素组合点上考虑是否增加 1 单位的劳动投入。增加 1 单位劳动会给企业带来收入的增加，同时成本也会增加。一方面，增加 1 单位劳动带来的产量增加量等于边际产量 MP_L，它按现行价格 P 出售所得到的收入就是这 1 单位劳动给企业增加的收入，即 $P \cdot MP_L$。另一方面，由于劳动的价格为 W，所以增加 1 单位劳动需要增加的成本就等于 W。如果 $P \cdot MP_L > W$，即增加 1 单位劳动为企业带来的收入超过其为此支付的成本，则增加这 1 单位的投入将使得企业获得更多的利润；如果 $P \cdot MP_L < W$，企业减少 1 单位劳动利润会增加。所以，只有当二者相等时，企业才会实现利润最大化，即利润最大化的劳动投入量应满足的条件是：

$$P \cdot MP_L = W \tag{3.21}$$

同样的道理，利润最大化的资本投入量应满足的条件是：

$$P \cdot MP_K = r \tag{3.22}$$

将式（3.21）和式（3.22）相除可以得到：

$$\frac{MP_L}{MP_K} = \frac{W}{r}$$

或

$$\frac{MP_L}{W} = \frac{MP_K}{r}$$

上面这两个等式分别对应着"要素的边际技术替代率等于要素价格比"和"每单位成本购买任何生产要素的边际产量都相等"的生产要素最优组合条件。这说明，从本质上来看，无论是成本既定条件下的产量最大化，还是产量既定条件下的成本最小化，企业选择的生产要素最优组合都与利润最大化目标相一致，或者说是企业为实现利润最大化在面临特定约束条件时的不同表现方式。

既然生产要素最优组合给出了企业利润最大化的选择，那么，无论是计划花费的成本还是计划生产的数量发生改变，以利润最大化为目标的企业都会依据新的限制条件按最优组合标准选择生产要素的投入数量。

假定生产要素价格和其他条件保持不变，企业计划花费的成本增加。如图3-11所示，企业增加成本使得等成本线向右上方平行移动，比如从 A_1B_1 平行移动到 A_2B_2。对应不同的成本，企业的生产要素组合也会发生变动。例如，对应于既定的成本线 A_1B_1，企业的生产要素最优组合位于等成本线 A_1B_1 与等产量曲线 Q_1 的切点 E_1 点上。而当成本增加、等成本线移动到 A_2B_2 后，企业的生产要素最优组合相应地变动到等成本线 A_2B_2 与等产量曲线 Q_2 的切点 E_2 点上。将企业所选择的所有生产要素最优组合点连接起来，形成一条新的曲线，如图3-11中的 E_1、E_2 等连接而成的曲线 OE，即为企业的生产扩展曲线。

企业的生产扩展曲线简称为生产扩展线，它表示在生产要素价格和其他条件不变的情况下，随着成本或者产量增加，按照企业的所有生产要素最优组合点描绘出来的一条曲线。很显然，生产扩展线上任意一点对应的生产要素组合必然是企业在相应产量或成本下利润最大化的投入组合。所以，生产扩展线也就给出了企业利润最大化的扩展路径。

需要指出，尽管在生产扩展线上企业可以获得最大利润，但所能获得的利

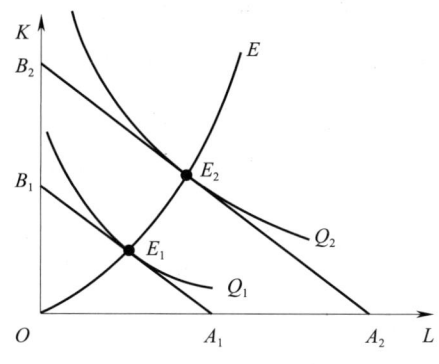

图 3-11　生产扩展曲线

润值却未必相同,在生产要素价格和其他条件不变的情况下,这取决于企业销售产品的价格 P。直观上,价格越高,企业在扩展线上选择的要素最优组合就越大,相应的产量也就越大。但是,由于价格并不能直接与产量进行相互比较,所以,需要借助于生产一个特定产量时的成本作为过渡,比如生产 Q_1 时 A_1B_1 对应的成本 C_1,以便通过比较价格与成本来判断生产 Q_1 是否能获得最大的利润。这也是本章接下来分析成本的重要意义所在。

第五节　短期成本函数

企业生产需要一定的要素投入,而投入又需要花费成本,所以企业生产一定数量的产品对应着一定的成本。企业的生产成本随着产量变动而变动的规律取决于企业对生产要素的选择,而这种选择又受到时间范围的制约,所以成本也被区分为短期成本和长期成本。本节在明确经济学中的成本概念之后着重分析短期成本随产量变动的规律,而长期成本将在下一节中进行说明。

一、经济学中的成本

企业的成本又称生产成本,是指在一定时期内,企业生产一定数量的产品所使用的生产要素的费用。然而,经济学家眼中的成本与会计账户上规定的成本,即经济成本与会计成本,二者在含义上存在较大差异。每个企业都有自己的会计账户,它记录着企业在过去一段时期内生产和经营过程中的实际支出,这些支出被称为会计成本。会计成本常被用于对以往经济行为的审核和评价。而经济学家分析成本的目的在于考察企业的决策,并进而分析资源配置的结果及效率,所以经济学中对成本的使用重在衡量稀缺资源配置于不同用途上的代价。这涉及使用一项资源或做出一项选择放弃掉的机会,即机会成本的概念。

机会成本是指某项资源用于一种特定用途而不得不放弃掉的其他机会所带来的成本,通常由这项资源在其他用途中所能得到的最高收入加以衡量。例如,假定企业使用自己拥有的办公大楼,那么在会计人员看来,如果大楼没有损耗,当期就没有实际支出,因而没有成本。但是在经济学家看来,如果将大楼出租,将会带来租金,企业自己使用无疑损失了将大楼出租获取租金的机会。如果在分析期内这栋办公大楼最多可以获得100万元的租金收入,那么这100万元就构成了企业的经济成本。类似的例子还有很多,例如,企业将自己的资金用做流动资金与从银行贷款获取流动资金,企业的所有者直接经营自己的企业与受雇于其他企业,等等。在经济学家看来,这些资源的使用代价应该由市场的评价来衡量,而不应由企业实际支付的费用计量。特别地,一个企业从事某一行业的经营,势必会损失掉从事其他行业经营的机会,从而不得不放弃获得相应利润的机会。因此,经济学中将企业在竞争的长期环境中所能获得的利润称为正常利润,并将它视为机会成本的一部分。

一般认为,企业的正常利润对应着创办和经营企业的企业家这种生产要素的成本。一个企业从创办到经营,都需要企业家来发现市场机会,组织各种投入。所以,企业家的才能需要获得一定的报酬。另外,企业家创办和组织生产经营也承担了一定的风险。通常人们总是风险厌恶者,承担风险就需要一定的报酬,以抵消这种对风险的厌恶。假如种植小麦比种植橡胶树风险更大,但平均说来二者获得相同的收益。那么,在没有风险报酬的情况下,厌恶风险的人就会放弃小麦的生产而转移到橡胶的生产上。这势必导致小麦供给减少,价格上升,从而使得生产小麦的获利足以抵消掉人们对风险的厌恶。所以,生产小麦的所有企业就有一部分额外的利润,这构成了小麦生产者的正常利润。所以,正常利润被视为与企业家才能相关的报酬,特别是承担风险的补偿,而被纳入机会成本之中。

由此看来,企业生产过程中花费的成本有时表现为明显的支出,有时则由隐含的支出来确定。因此,企业生产成本又分为显性成本和隐性成本两部分。显性成本是指企业为生产一定数量的产品购买生产要素所花费的实际支出。例如,企业雇用工人所支付的工资、购买原材料的费用等都是显性成本。隐性成本是指企业使用自己拥有但并非从市场上购买的生产要素的机会成本。可见,经济学中使用的成本概念与通常的会计成本有着明显的不同。如无特别说明，经济学中使用按"机会"衡量的成本，并称之为经济成本，以示与会计成本的区别。因此，企业的生产成本可表示为：

$$经济成本 = 显性成本 + 隐性成本$$

由于经济学家眼中的成本概念与会计成本有所不同，所以在企业销售一定数量的产品获得的收入相同的条件下，按经济成本和会计成本计算，所得到的企业利润就会存在差异。与经济成本和会计成本的区别相一致，企业的利润也区分为经济利润和会计利润。

经济利润是指企业销售产品获得的收益与经济成本之间的差额，即：

$$经济利润 = 收益 - 经济成本$$

会计利润则是指企业销售产品获得的收益与会计成本之间的差额，即：

$$会计利润 = 收益 - 会计成本$$

二者的主要差异在于对成本的内涵理解不同，其中经济成本包含了隐性成本支出，而会计成本只记录实际支出。所以，会计利润通常会超过经济利润。特别地，由于企业从事经营活动获得的正常利润构成了经济成本的一部分，所以，经济利润也必然是在正常利润水平之上的那一部分利润，因而经济利润更像人们日常理解的超额利润。

那么，企业的生产成本又是如何决定的？一般而论，生产成本主要取决于三个方面的因素：生产技术、生产要素价格和企业对生产要素数量的选择。不难理解，企业所使用的技术水平越高，生产既定的产量所需的成本就越低；企业使用生产要素的价格越高，生产成本就越高；企业对生产要素的选择越合理，生产成本就越低。但是，在生产技术和要素价格既定的条件下，企业对生产要素数量的选择受到时间的制约，从而使得短期成本和长期成本会有所不同。下面考察短期内企业的成本与其生产量之间的关系。

二、短期成本的概念

在短期内，对应于产量的变动，企业使用的生产要素被区分为可变投入和不变投入，企业只能对可变要素的投入数量进行调整。相应于生产要素的不变与可变的区分，企业的生产成本也有不变成本和可变成本的区分，进而可以相应于产量定义平均成本和边际成本，这些重要的短期成本概念涵盖在下面的三组定义之中。

（1）企业为生产既定产量所需要的生产要素投入的费用就是该产量下的总成本，它由不变成本和可变成本两部分构成。不变成本又称固定成本，是指不随企业产量变动而变动的那部分成本，它对应着不变投入的费用；可变成本是指随着企业产量变动而变动的那部分成本，它对应着可变投入的费用。用 TC、FC 和 VC 分别表示总成本、不变成本和可变成本，则有：

$$TC = FC + VC \tag{3.23}$$

（2）依照某一产量下的总成本、不变成本和可变成本，可以定义相应的平均成本、平均不变成本和平均可变成本的概念。

平均成本是指每单位产量所花费的总成本，用公式表示为：

$$AC = \frac{TC}{Q} \tag{3.24}$$

平均不变成本是指每单位产量分摊到的不变成本，用公式表示为：

$$AFC = \frac{FC}{Q} \tag{3.25}$$

平均可变成本是指每单位产量所花费的可变成本，用公式表示为：

$$AVC = \frac{VC}{Q} \tag{3.26}$$

由于总成本等于不变成本与可变成本之和，因而在式（3.23）两边同时除以产量 Q 可以得到平均成本、平均不变成本以及平均可变成本的关系：

$$AC = AFC + AVC \tag{3.27}$$

（3）上述三个成本也可以相应于产出的改变量来定义边际成本。边际成本是指增加 1 单位产量所增加的成本。不变成本不随产量变动而变动，随着产量的增加，不变成本的改变量等于 0，所以，总成本的改变量完全来源于可变成本。因此，边际成本用公式可以定义为：①

$$MC = \frac{\Delta TC}{\Delta Q} = \frac{\Delta VC}{\Delta Q} \tag{3.28}$$

式中，ΔQ 表示企业的产量改变量，ΔTC 和 ΔVC 分别表示因产量改变而导致的总成本和可变成本的改变量，它们二者相等。

三、短期成本曲线

企业的生产成本以产量为前提条件，所以这些成本也会随着产量的变动表

---

① 参见前文对边际效用和边际产量等概念的注解。

现出一定的规律性特征。为了便于分析短期成本的变动特征，继续假定企业使用劳动 L 和资本 K 两种生产要素，并且在短期内劳动是可变投入，而资本的投入量保持不变，并取 $K=\overline{K}$。同时假定劳动和资本投入的价格 W 和 r 保持不变。

首先考察短期不变成本、可变成本和总成本，如图 3-12 所示。容易知道，不变成本不随产量的改变而变动，所以不变成本曲线 FC 是一条平行于产量轴的直线。企业的可变成本会随着产量的增加而递增，所以可变成本曲线 VC 是从原点出发的一条向右上方倾斜的曲线。这是因为，随着产量的增加，所需要的劳动投入数量相应地增加，从而在劳动价格既定的条件下，企业的可变成本也会增加。至于总成本，它等于不变成本与可变成本的和，而不变成本为常数，因而总成本曲线 TC 也是一条向右上方倾斜的曲线，只是出发点不同而已。

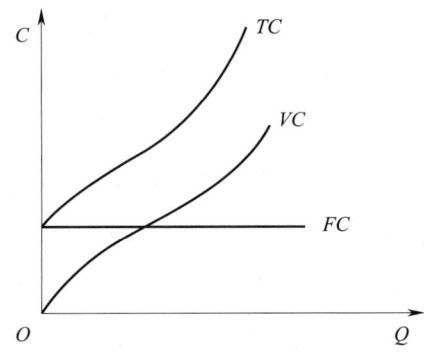

图 3-12　不变成本、可变成本和总成本曲线

不过，需要说明的是，总成本曲线和可变成本曲线虽然都向右上方倾斜，但它们并不是一条直线，其变动率取决于边际成本的大小。关于这一点，在考察短期成本曲线之间的关系时将予以补充。

其次考察平均不变成本、平均可变成本和平均成本曲线，如图 3-13 所示。在这三条曲线中，随着产量的逐渐增加，平均不变成本曲线 AFC 递减，平均可变成本曲线 AVC 以及平均成本曲线 AC 则都呈现出先递减后增加的 U 形形状。

容易理解，由于不变成本是一个常数，因而随着产量的增加，平均每单位产量分摊到的不变成本逐渐降低，所以平均不变成本曲线是一条向右下方倾斜的曲线，并且随着产量无限增大，其数值也逐渐趋于 0。

平均可变成本曲线 AVC 之所以呈现 U 形，源于生产要素的边际报酬递减规律。为了说明这一点，考察只有劳动可变的生产过程。在这一例子中，$VC=WL$，于是根据定义，平均可变成本为：

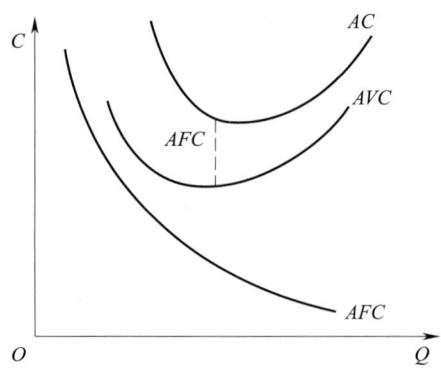

图 3-13　平均不变成本、平均可变成本和平均成本曲线

$$AVC = \frac{VC}{Q} = \frac{WL}{Q} = \frac{W}{Q/L} = \frac{W}{AP_L} \tag{3.29}$$

由式（3.29）知道，在要素价格 W 不变的条件下，平均可变成本与可变要素劳动的平均产量呈反方向变动关系。回忆图 3-1 的说明过程可以知道，在边际报酬递减规律的作用下，随着劳动投入量的增加，平均产量先增加后递减，呈现倒 U 形，所以平均可变成本曲线必然呈现出先减少后增加的 U 形。

上述结果表明，随着劳动投入量的增加，如果平均每单位劳动所生产的产量是递增的，那么反过来说，每单位产量所需要的劳动就是递减的，在劳动的工资率既定的条件下，企业花费在劳动上的可变成本也会相应地减少；如果平均每单位劳动所生产的产量是递减的，那么情况正好相反。因此，在边际报酬递减规律的作用下，平均可变成本曲线呈现 U 形。

平均成本曲线 AC 的形状可以由平均不变成本曲线 AFC 和平均可变成本曲线 AVC 得到说明。事实上，由于平均成本等于平均不变成本与平均可变成本之和，所以它的形状完全由后两者所决定。随着产量增加，由于平均不变成本递减，而平均可变成本先递减后递增，因而，在平均可变成本曲线递减阶段，平均成本曲线一定递减。同时注意到，尽管在产量超过平均可变成本最低点之后平均成本仍会下降，但由于平均成本高于平均可变成本，并且平均不变成本会逐渐趋向于 0，所以平均成本必然在平均可变成本曲线的上方，并最终呈现出与后者相近的形状。因此，平均成本曲线也会像平均可变成本曲线一样，呈现先递减后递增的 U 形。

最后考察边际成本曲线。如图 3-14 所示，边际成本曲线 MC 也呈现先递减后递增的 U 形。

边际成本曲线的形状也可以通过只有劳动可变的例子得到说明。根据

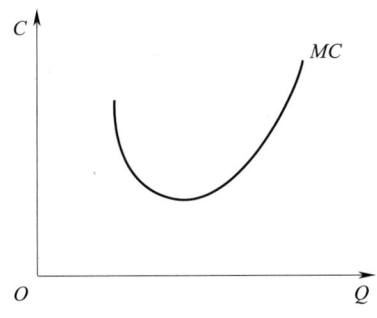

图 3-14 边际成本曲线

定义：

$$MC = \frac{\Delta VC}{\Delta Q} = \frac{\Delta(WL)}{\Delta Q} = \frac{W}{\Delta Q/\Delta L} = \frac{W}{MP_L} \qquad (3.30)$$

从中可以看出，在劳动的工资率 W 保持不变的条件下，企业的边际成本与劳动的边际产量成反比。但在边际报酬递减规律的作用下，劳动的边际产量先递增后递减，因而这也就决定了短期边际成本必然随着产量增加先递减后递增。

式（3.30）表明，企业的边际成本与可变要素的边际产量呈反方向变动。事实上，一方面，增加劳动所带来的产量增加越多，增加 1 单位的产量所需要增加的劳动投入量越小。在工资率既定的条件下，所需要增加的成本就越低。另一方面，随着产量的增加，所需要的劳动投入量就越大。但随着劳动投入量的增加，在边际报酬递减规律的作用下，边际产量呈现先递增后递减的趋势，这也就决定了边际成本曲线呈现出先递减后递增的 U 形特征。

已知边际成本的 U 形特征，就很容易理解图 3-12 中总成本曲线和可变成本曲线的形状了。事实上，由于边际成本是它们的变动率，所以，无论是总成本曲线还是可变成本曲线，在上升过程中，最初增加速度越来越慢，曲线越来越平缓，但之后随着产出数量增加，其增加速度越来越快，曲线越来越陡峭。

四、短期成本曲线之间的关系

上一目分别得出了短期内三条成本曲线（不变成本、可变成本和总成本曲线）、三条平均成本曲线（平均不变成本、平均可变成本和平均成本曲线）以及边际成本曲线随着产量变动而变动的基本特征，但它们并不是孤立存在的，而是相互联系的。这些成本在不同的生产阶段上表现出来的变动特征，主要由边际成本所决定。

首先，边际成本是总成本和可变成本的改变率，所以它反映了它们的变动速度。根据定义，边际成本是增加 1 单位产量所增加的总成本，因而边际成本越小，总成本增加的速度就越慢。反之，边际成本越大，总成本增加的速度就越快。因此，在边际成本递减的阶段，总成本增加的速度递减，即总成本曲线越来越平缓；而在边际成本递增阶段，总成本增加的速度越来越快，即总成本曲线越来越陡峭。

由于边际成本也是可变成本的变动率，所以上述分析也适合于边际成本与可变成本曲线之间的关系。

图 3-15（b）重新描绘了图 3-14 给出的边际成本曲线，在边际报酬递减规律的作用下，随着企业的产量逐渐增加，企业的边际成本递减；当产量达到 Q_0 时，边际成本最低；之后，边际成本递增。对应于满足这一特征的边际成本曲线，在产量由 0 逐渐增加到 Q_0 时，企业的总成本和可变成本虽然增加，但增加速度越来越慢，两条曲线也就越来越平缓；当产量超过 Q_0 之后，总成本和可变成本曲线增加速度越来越快，两条曲线也就越来越陡峭，如图 3-15（a）所示。

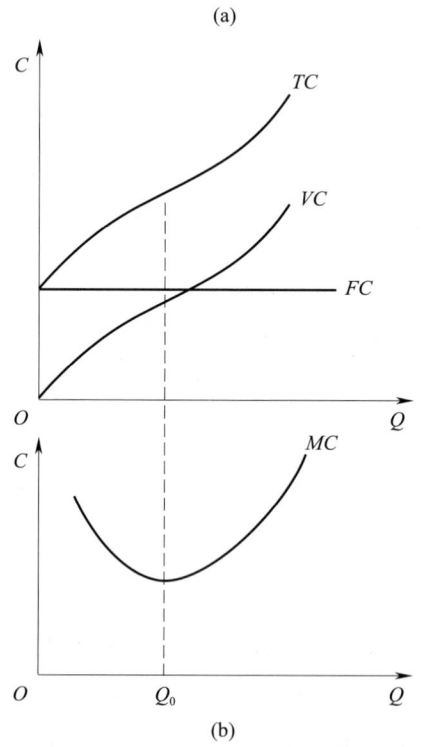

图 3-15 边际成本与总成本和可变成本曲线之间的关系

其次，边际成本曲线与平均成本曲线和平均可变成本曲线相交，并且分别交于它们的最低点。边际成本曲线与平均成本曲线虽然都为 U 形，但是由于在平均成本曲线下降阶段，新增加 1 单位产量所增加的成本低于原有的平均成本，所以边际成本曲线在平均成本曲线的下方；反之，在平均成本曲线递增的阶段，边际成本曲线在平均成本曲线的上方。因此，对应于 U 形的平均成本曲线，边际成本曲线一定与其相交于平均成本曲线的最低点。由于边际成本同时也反映了可变成本的变动率，所以，基于同样的理由，边际成本曲线也必然与平均可变成本曲线相交于后者的最低点。如图 3-16 所示。

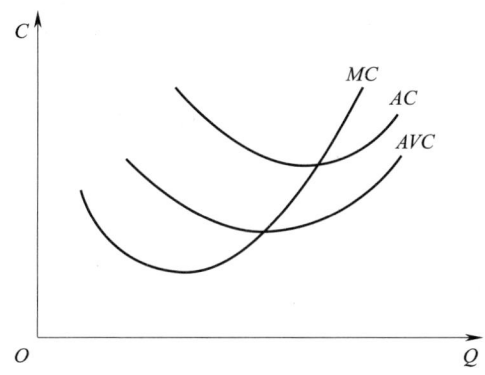

图 3-16　边际成本曲线与平均成本和平均可变成本曲线之间的关系

最后，提及边际成本和平均可变成本分别与边际产量和平均产量之间的关系将有助于理解上述短期成本之间的关系。回想式（3.29）和式（3.30）的证明，边际成本与边际产量呈反方向变动的关系，平均可变成本与平均产量之间呈反方向变动关系，并且在平均产量最大值点上，即边际产量与平均产量相交时，平均可变成本也一定处于最低点，此时，边际成本与平均可变成本曲线相交，如图 3-17 所示。在图（a）中，当劳动投入为 L_1 时，平均产量达到最大，相应产量记为 Q_1。于是，在图（b）中，对应于产量 Q_1，平均可变成本最小，此时边际成本与平均可变成本曲线相交。也就是说，从图形形状来看，图（b）恰好是图（a）的一个整体反转 180°。

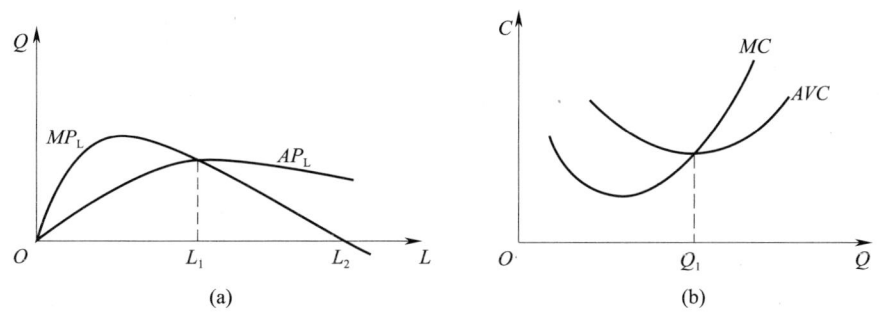

图 3-17　成本曲线与产量曲线之间的关系

总之，短期成本来源于短期生产，而边际报酬递减规律决定了短期产量曲线的基本特征，所以也就间接决定了企业短期成本曲线变动的特征以及这些成本之间的相互关系。

第六节 长期成本函数

本节讨论长期中企业的生产成本随产量变动的规律性特征。

一、长期成本的概念

在长期中，企业可以对所有的生产要素进行调整，因而所有生产要素都是可变投入，长期内没有不变成本和可变成本的区分。因此，有关长期成本的讨论只涉及长期总成本、长期平均成本和长期边际成本。

长期总成本是指企业在长期中生产一定产量水平时通过改变生产规模所能达到的最低成本。为了区别于短期总成本，通常把长期总成本表示为 LTC。

相应于长期总成本，可以定义长期平均成本和长期边际成本。长期平均成本是指从长期来看，企业平均每单位产量所花费的总成本，用公式表示为：

$$LAC = \frac{LTC}{Q} \quad (3.31)$$

长期边际成本是指从长期来看，企业每增加 1 单位产量所增加的总成本，用公式表示为：

$$LMC = \frac{\Delta LTC}{\Delta Q} \quad (3.32)$$

除了关注长期调整之外，总成本、平均成本和边际成本的概念与上一节的含义相同。下面着重分析这三个成本量在长期中相应于规模的调整以及随产量变动的基本特征。

二、长期总成本曲线

长期中，企业可以根据计划产量对所有的生产要素投入量进行调整，从而在每一个产量水平上企业都将实现生产要素的最优组合，所以，企业的长期成本会呈现出比短期成本"更低"的特征。

既然长期中企业可以对短期内固定不变的要素进行调整，那么长期总成本曲线就是这些短期总成本曲线不断调整的一个结果。

如图 3-18 所示。为了表示方便，假定企业使用特定的生产技术进行生产，但只有三种短期内固定不变的投入可供调整，例如厂房数量只有 K_1、K_2 和 K_3 三个规模。企业相应的短期不变成本分别为 FC_1、FC_2 和 FC_3。在短期内，如果企业选择使用的厂房数量为 K_1，那么其短期总成本曲线就是 TC_1。类似地，对应于 K_2 和 K_3，企业的短期总成本曲线分别为 TC_2 和 TC_3。

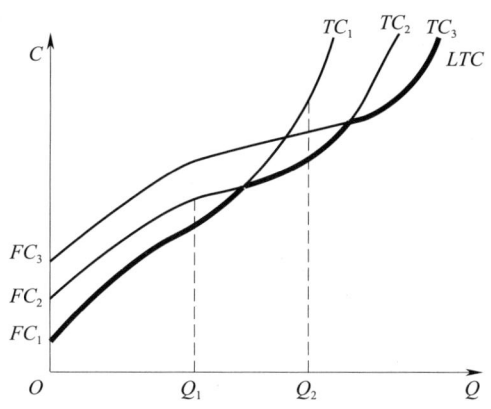

图 3-18　短期总成本向长期总成本曲线的调整

假定企业最初使用 K_2 进行生产，并计划生产产量 Q_1，那么该企业的生产成本为 TC_2。但是，如果企业选择在 K_1 下生产 Q_1，则只需成本 TC_1。由于企业处于长期，它可以根据需要调整厂房的数量，所以为了节约成本，企业会选择由 K_2 调整到 K_1。这样，生产 Q_1 的长期成本就是 TC_1 而不是 TC_2。在企业将厂房的投入数量选择为 K_1 之后，它进入另外一个短期。如果它计划生产 Q_2，那么其生产成本短期内必然为 Q_2 在 TC_1 上对应的数值。继续允许企业进一步调整所有的生产要素，则企业会将厂房调整为 K_2。所以，企业生产 Q_2 的长期成本为 TC_2 上对应的数值。

不难看出，随着产量的变动，企业在不断地调整短期内固定不变的生产要素投入数量 K，以便使得生产任意产量时所对应的成本都是可供选择的短期生产成本中生产该产量所能达到的最低成本点。由这些成本点描绘出来的曲线就构成了企业的长期总成本曲线，如图 3-18 中由较粗的线条描绘出来的 LTC。

在上述分析中，短期内固定不变的要素投入量 K 只有三种选择。如果假设，短期内固定不变的生产要素投入量以微小的单位逐一增加，那么，短期总成本曲线就有无数条。于是，企业生产任何一个产量在长期中所花费的成本，就是所有生产该产量的这些短期成本中最低的成本点。随着产量变动，这些最低成本点连成的一条曲线就是该企业的长期总成本曲线 LTC。

比较短期和长期总成本曲线可以发现，LTC 在所有短期总成本曲线的下方，而在长期总成本曲线的每一点上都有一条短期总成本曲线与之相切，即长期总成本曲线是无数条短期总成本曲线的包络曲线，如图 3-19 所示。包络曲线体现出长期总成本曲线的两个特征：长期中生产每一个特定产量花费的成本在所有短期成本中最低，而这种状态必然通过某一个短期内的最优选择来实现。

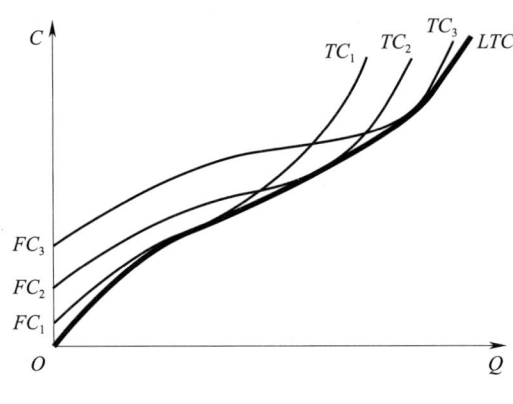

图 3-19　长期总成本曲线

三、长期平均成本曲线

长期平均成本是基于长期总成本定义的，所以与短期分析一样，可以很容易地从长期总成本曲线中得到长期平均成本曲线，这里不再重复。下面集中考察长期平均成本曲线与短期平均成本曲线之间的关系。

继续以上文中提到的企业只能在 K_1、K_2 或 K_3 中选择厂房数量的情形为例。根据式（3.31）关于平均成本的定义，可以得到分别对应于图 3-18 中三条短期总成本曲线的短期平均成本曲线 AC_1、AC_2 和 AC_3，如图 3-20 所示。由于长期总成本是所有短期总成本中"最低的那些部分"连成的一条曲线，所以长期平均成本也必然是这些最低的部分对应的平均成本连成的一条曲线。例如，如果企业计划生产的产量为 Q_1，那么企业选择的最优厂房数量为 K_1，所花费的长期成本由该产量对应的 TC_1 上的点所决定，因此，企业生产 Q_1 的长期平均成本就是 AC_1。同样，如果企业计划生产的产量为 Q_2，则企业选择的最优厂房数量为 K_2，其长期总成本为 TC_2，相应的长期平均成本为 AC_2。可见，对应于每一个产量，长期平均成本是生产这一产量的所有短期平均成本中最低的成本。随着产量的变动，这些最低的成本点连成的曲线就是企业的长期平均成本曲线。

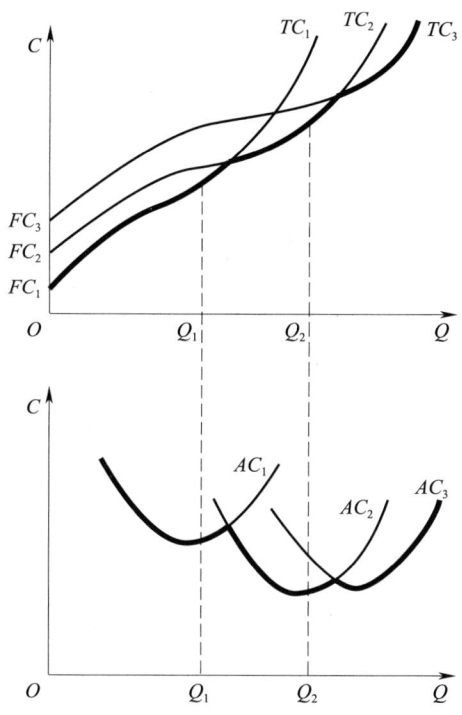

图 3-20　长期平均成本与长期总成本曲线

假如企业可以以任意的数量单位调整短期内固定不变的要素投入，那么对应于每一个产量，所有短期成本中最低的成本点构成的长期平均成本曲线 LAC，是所有短期平均成本曲线的包络曲线。这条长期平均成本曲线位于所有短期平均成本曲线的下方，并且在每一个产量水平上，都有一条特定的短期平均成本曲线 AC 与之相切，如图 3-21 所示。

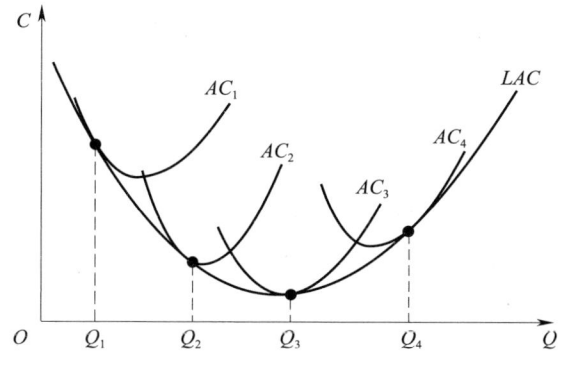

图 3-21　长期平均成本曲线

需要指出，长期平均成本曲线并不是所有短期平均成本曲线最低点的连线。事实上，尽管企业在长期中能以更低的成本生产一个特定的产量，这的确包含着企业寻求平均成本最低的含义，但这里的最低并不是在每一条短期平均成本曲线上选择最低点，而是在产量给定的条件下比较短期内固定不变的要素（这里是 K）的不同投入量，从中选择一个使得生产该产量所花费的平均成本为最低的投入，那么这一投入对应的短期平均成本就是该产量的长期平均成本，而这时该短期平均成本是否为最低则无关紧要。例如，在图 3-21 中，AC_1 的最低点就不在长期平均成本曲线上。

四、规模经济和长期平均成本曲线的形状

尽管长期总成本曲线向右上方倾斜容易理解，但我们并不能马上知道长期平均成本曲线的形状，也不能根据短期平均成本曲线推断其必然为 U 形。理由很简单，短期平均成本曲线呈 U 形的原因在于边际报酬递减规律，而这一规律发挥作用的前提需要其他固定的生产要素投入量维持不变。但在长期内，企业可以对所有的生产要素投入数量进行调整，因而伴随着企业产出增加，边际报酬递减规律不再适用。

经验结果表明，企业的长期平均成本曲线也呈 U 形。原因是，伴随着产量增加和规模扩大，企业经历着由规模经济到规模不经济的生产过程。

在企业扩大生产的过程中，如果产量扩大一倍，而生产成本的增加小于一倍，则称企业的生产存在规模经济。在这种情况下，通过规模的扩大，收益的增加会超过成本的增加，因而扩大生产规模是增加利润的一个途径。与规模经济相对立的是规模不经济，即如果企业的产量扩大一倍，而生产成本的增加大于一倍，则称企业的生产存在规模不经济。

在生产的外部环境保持不变的条件下，企业在生产过程中的规模经济状况可以借助于生产函数加以说明。事实上，企业规模扩大表现为生产要素投入的增加，而投入增加一方面表现为产量增加，另一方面也表现为成本增加。因此，如果生产要素投入增加（从而成本扩大），导致产量增加的倍数更大，则生产存在着规模经济；反之，如果生产要素投入增加所导致的产量增加的倍数低于投入扩大的倍数，则生产就是规模不经济的。

进一步，如果假定生产要素按相同的比例增加，那么，规模经济的概念可以借助于生产的规模报酬特征得到说明。具体地说，在生产过程中企业同比例扩大所有的生产要素投入，如果产量增加的倍数大于生产要素增加的倍数，则称生产过程是规模报酬递增的；若产量增加的倍数等于生产要素增加的倍数，

则称生产过程是规模报酬不变的；若产量增加的倍数小于生产要素增加的倍数，则称生产过程是规模报酬递减的。

更具体地说，假设企业的生产函数为 $Q=f(L,K)$，在生产规模扩大过程中，企业同比例增加劳动和资本两种生产要素的投入量，使之为原来的 λ 倍（约定 $\lambda>1$），则相应的生产量为 μQ，即：

$$\mu Q = f(\lambda L, \lambda K) \tag{3.33}$$

很显然，若 $\mu>\lambda$，则生产是规模报酬递增的；若 $\mu=\lambda$，则生产是规模报酬不变的；若 $\mu<\lambda$，则生产是规模报酬递减的。

为了分析方便，经济学中通常假定生产函数是 n 次齐次函数，即对于任意的生产要素以及任意常数 $\lambda(\lambda>1)$，生产函数 $Q=f(L,K)$ 满足：

$$\lambda^n Q = f(\lambda L, \lambda K) \tag{3.34}$$

对应于齐次生产函数，式（3.34）界定的规模报酬情况为：若 $n>1$，则生产是规模报酬递增的；若 $n=1$，则生产是规模报酬不变的；若 $n<1$，则生产是规模报酬递减的。

例如，对式（3.5）给出的柯布-道格拉斯函数而言，若企业将所有的生产要素投入量扩大 λ 倍，则有：

$$f(\lambda L, \lambda K) = A(\lambda L)^\alpha (\lambda K)^\beta = \lambda^{\alpha+\beta} A L^\alpha K^\beta$$

即产量将扩大 $\lambda^{\alpha+\beta}$ 倍。因此，若 $\alpha+\beta>1$，则生产就是规模报酬递增的；若 $\alpha+\beta=1$，则生产是规模报酬不变的；若 $\alpha+\beta<1$，则生产是规模报酬递减的。

那么，生产过程中为什么会出现不同的规模经济状况（或者狭义地说，不同的规模报酬）？事实上，随着企业生产规模的扩大和产量的增加，生产存在着有利于节约成本的若干因素。这些因素包括以下几方面。

（1）规模扩大有利于专业分工。在实际生产过程中，劳动并不是等质的，对不同的劳动者而言，不同的岗位意味着不同的生产率。而大规模生产便于进行细致的劳动分工，从而使得专业化水平得到提高，以致劳动生产率提高。

（2）规模扩大有利于更加充分地发挥已有技术的作用。在实际中，机器设备往往具有不可分割性，有些设备只有在较大的生产规模下才能得到使用，而这些大型设备往往又与更加先进的技术密不可分。例如，飞播造林需要大面积的林场，整体锻造只有在大型钢铁公司使用才有效率。所以，在生产规模扩大过程中，使用这些设备往往伴随着平均成本降低。

（3）随着规模扩大，企业更便于开展多级生产，也可以更为充分地开发和利用副产品。例如，钢铁公司对二氧化碳的回收，对冷却水的再利用，等等，都需要一定的生产规模。

（4）规模扩大可以降低营销和研发支出。对于一个企业而言，有时营销和研发开支在较长的时期内是一笔固定支出。大规模的生产有利于分摊这些费用，从而降低平均成本。

（5）从事大规模生产的企业可以在生产要素购买、融资和产品销售等方面获得更多的优势。例如，大型企业可以在要素购买方面获得优惠，也可能在融资方面更容易获得银行的授信，从而企业可以借助于生产规模来降低平均成本。

上述这些方面是企业可在规模扩大过程中促使生产成本降低的因素。但是，企业的生产规模也并非越大越好。对于特定的生产技术而言，企业规模的扩大也有使得成本增加的因素，并最终导致生产出现规模不经济。造成规模不经济的原因主要包括以下几方面。

（1）随着企业生产规模的扩大，组织系统越来越复杂，信息交流范围扩大，层次增多。相应地，信息传递的准确性和费用都会随之增加，管理难度加大，管理成本也就会更高。同时，由于企业内部存在着各种各样的委托代理关系，不同经济当事人行为动机不完全相同。伴随着规模扩大，信息不完全就越发严重，从而加重了企业的成本负担。

（2）企业生产技术工艺上的相互依赖性随着企业规模的扩大而增加，这就导致局部意外事件影响的范围扩大，造成的损失也更大。

（3）企业规模越大，专业分工就越细致，但过细的分工会导致劳动者因工作单调而降低生产效率，从而增加成本。

上述分析表明，企业规模扩大可能使得成本降低，也可能导致成本增加。一般说来，在规模较小时，随着产量增加，促使规模经济的因素占主导，从而企业的平均成本递减。但当企业的规模达到一定程度之后，促使规模不经济的因素逐渐占据主导，从而抵消规模经济的积极影响，直至出现规模不经济。正是由于企业规模扩大导致企业生产由规模经济逐渐转向规模不经济，结果长期平均成本曲线呈现 U 形。

五、长期边际成本曲线

与长期平均成本一样，通过长期总成本曲线也可以得到企业的长期边际成本曲线。由于边际成本反映了总成本的变动率，即总成本曲线的斜率，所以把每一个产量上对应的长期总成本曲线的斜率值描绘在坐标平面中，就得到了长期边际成本曲线 LMC。

在长期中，生产逐渐由规模经济转向规模不经济，从而企业的长期平均成本曲线呈现 U 形，这同时也就决定了长期边际成本曲线通常也为 U 形。直观上，最初由 0 增加 1 单位产量，LMC 等于 LAC；在平均成本递减阶段，LMC 低于 LAC；而在平均成本递增阶段，LMC 高于 LAC。所以，对应于 U 形的长期平均成本，长期边际成本会随着产量增加最初在 LAC 下方逐渐下降，之后转而增加，并最终穿过 LAC 曲线的最低点，上升到长期平均成本曲线的上方，如图 3-22 所示。

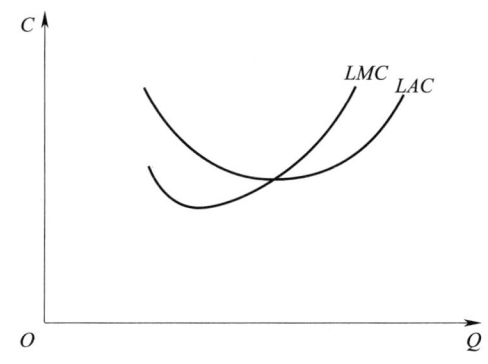

图 3-22 长期边际成本曲线与长期平均成本曲线

类似于短期分析（回忆图 3-15），对应于 U 形的长期边际成本曲线，长期总成本曲线在 LMC 递减阶段以递减的速度增长，而在 LMC 递增阶段，它以递增的速度增长。请读者自行画图说明。

最后需要指出，虽然长期边际成本曲线也为 U 形，但它并不是所有短期边际成本曲线的包络曲线，如图 3-23 所示。观察这一图形不难发现，在 LMC 曲线下方却可以存在短期边际成本曲线，如图中的 MC_3。不过，这并不是说，长期边际成本与短期边际成本之间不存在任何关系。事实上，由于长期平均成本是短期平均成本的包络曲线，所以在每一个产量水平上都存在一条短期平均成本曲线与长期平均成本曲线相切，比如图 3-23 中产量为 Q_1 时，AC_1 与 LAC 相切。此时，长期总成本曲线 LTC 也一定与短期总成本曲线 TC_1 相切。这就决定了，在此产量下二者的边际成本必然相等，因而在 Q_1 点长期边际成本曲线 LMC 与短期边际成本曲线 MC_1 相交。

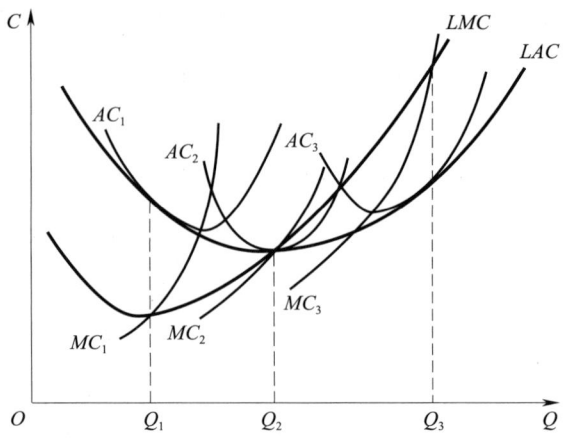

图 3-23　长期边际成本曲线与短期边际成本曲线

第七节　本章评析

本章主要考察企业的生产活动，试图论证理性的生产者在利润最大化动机的驱使下如何在可行的生产技术条件下选择最优的生产要素投入组合，并基于这种选择讨论了企业生产不同产量与成本之间的联系，从而为企业供给提供了一个成本最小化的行为基础。西方经济学将实用性很强的主题与某些错误的理论成分交织在一起，因而我们有必要进行剖析。

一、生产的技术属性和社会属性

生产可以从不同的层次上进行考察。从抽象意义上说，生产是在特定的技术条件下，通过将人的劳动作用于劳动对象和劳动资料，生产人们所需要的各种物品或服务的过程。在这一过程中，人们会运用整个人类在改造自然和利用自然的过程中积累起来的各种经验、知识和操作技巧来改造自然物质。这里的生产具有一般的技术属性，反映了人与自然的相互关系，是作为人类生存的永恒的自然条件而存在的。但同时，人又处于特定社会形态之中，现实中的生产总是在一定社会发展阶段上具有特殊社会属性的生产。如果只考察"生产一般"，就不可能理解任何一个现实的历史阶段上的生产过程。生产是人类基于特定社会关系而进行的基本实践活动，它不但具有一般的自然或技术属性，而且还具有特殊的社会属性。

生产的社会属性是指生产过程中所包含的社会关系。作为社会的生产，生产活动总是在一定社会关系下进行的。作为"生产一般"，生产活动生产出来的是产品，体现为产品的有用性，即使用价值。而作为特定历史发展阶段上的生产，生产活动生产出来的产品体现着生产过程中人与人之间的关系。资本主义经济制度中生产资料的私人占有关系决定了生产过程特殊的资本主义的社会属性。资本主义生产过程不是单纯的价值形成过程，而是价值增殖过程，雇佣劳动者在生产过程中不但创造出劳动力再生产所需要的价值，而且还创造出超过劳动力价值的价值，即剩余价值，这部分价值为资本家无偿占有。追求高额剩余价值是资本主义生产的目的，它支配着资本主义生产的一切主要方面和主要过程，制约着流通过程、分配过程和消费过程。

西方经济学承认企业生产追求利润最大化，但不承认剩余价值规律，更不承认剥削。从本章的分析中不难看出，西方经济学所论及的生产过程是"生产一般"，是既定的资源生产最大产量的技术选择过程。这显然抽掉了社会制度的影响，也不可能说明资本主义制度的历史局限性。在这里，劳动被看成了与资本以及其他自然资源完全类似的生产要素，完全忽视了劳动力与劳动的区别。马克思主义经济学则对劳动力与劳动进行了明确区分。马克思说："我们把劳动力或劳动能力，理解为一个人的身体即活的人体中存在的、每当他生产某种使用价值时就运用的体力和智力的总和。"[①] 劳动力作为一种特殊商品，其使用价值就是劳动，而劳动是能够创造价值的。资本家购买劳动力，就是看中了劳动力商品的使用价值有这样的特殊属性。西方经济学没有区分劳动力与劳动，忽略了要素所有者在生产过程中形成的特定经济关系，所以就无法对利润的来源及性质作出科学的界定。用生产函数表示出来的只能是投入与产出之间的技术关系，只能是不同要素的比例关系，而不可能表示按这一比例关系进行的生产活动的社会关系属性。不同的社会关系决定了企业具有不同的行为动机，这种动机必然对企业行为产生影响，而单纯的生产技术关系与企业的动机及其行为特征无关。所以说，生产函数以及相应的成本分析只能说明生产的技术属性，而无法揭示生产的社会属性。

由于没有涉及生产过程中的经济关系，没有涉及劳动与资本的社会属性，所以与工资一样，正常利润被计入企业的生产成本之中。其结果是，资本因所有权

[①]《马克思恩格斯全集》第42卷，人民出版社2016年版，第156页。

而得到的收入与工人的工资没有了本质区别，这就起到了掩盖剥削性质的作用。

二、生产函数和成本函数存在的问题

本章在一般意义上讨论了生产过程中的投入与产出之间的关系以及由此形成的成本随产量变动的规律，但就此而论，这一理论本身也存在着若干缺陷值得我们加以注意。

首先，作为对生产过程的一种简化，生产函数反映了投入与产出之间的关系。可是，在实物意义下，一类生产要素必须具备统一的计量单位，这种计量单位的存在性却难以解决，特别是"资本衡量"的问题。

我们已经知道，西方经济学在讨论生产函数时，将同一种生产要素特别是资本，处理成同质的而且是无限可分的实物单位。但是实际情况是，不同的生产要素本质上互不相同但可以相互替代，如果需要这些要素的投入量就必须确定它们的实物单位。然而，在生产过程中，资本以不同的形态出现，比如厂房、机器等，并不存在一个共同的计量单位。如果采用购买这类资本品的价格来衡量，那么就意味着不同特征的资本品存在完全替代性，这显然不是实物形态的生产函数。

此外，对同一种生产要素而言，本章的分析在假定其实物形态完全同质的条件下也同时假定了这一要素具有无限可分性。这显然与实际情况相去甚远，所以西方经济学假定存在一个租赁公司，以便使得生产要素数量可以以分、秒甚至更小的单位衡量。但是，现实经济中不仅没有这样的租赁公司，而且很多企业都有自身的专用设备。这些实物上不同质的生产要素投入的度量问题，仍构成生产函数应用的重要障碍。

其次，无论是生产理论还是成本分析，都必须假定生产技术水平保持不变。在这一理论中，不仅短期分析，例如边际报酬递减规律，而且长期分析也假定了技术水平保持不变，例如企业的等产量曲线是在技术水平不变条件下得到的。这一抽象假定的合理性是值得怀疑的，至少应该说，它将技术进步这一重要特征排斥在生产过程之外，不能很好地反映技术变动对生产的作用。

以长期分析中的等产量曲线为例。等产量曲线是在技术水平不变的条件下由可以生产相同产量的不同的生产要素的组合构成的。然而，生产过程中使用的某些要素的投入数量与技术进步密切联系在一起，不同的生产要素组合往往意味着不同的生产技术。在同一条等产量曲线上，较多的劳动和较少的资本，

逐渐转变为较多的资本和较少的劳动,是从劳动密集型技术到资本密集型技术的转变。较多的资本不仅仅是数量的增加,而且也包含着对资本设备的改进。因此,当企业调整生产要素组合时,也就在同时调整技术状态。于是,如果要求企业可以任意调整生产要素投入组合,那么也就意味着企业必须掌握所有的生产技术状况,而不只是一种。这显然对企业提出了过分的要求。

事实上,在生产和成本理论中,技术完全由外在因素所决定,与企业自发的研发行为无关,并且这些技术是可以根据需要任意免费使用的。但是,现实经济中,技术主要来自企业的创新行为,而由此得到的技术成果也都是有成本的。所以,忽略技术进步是对现实经济的一个错误设定,由此得到的结论也就难以说明实际的情况。以柯布-道格拉斯生产函数为例,假设企业的生产函数为 $Q=AL^{0.5}K^{0.4}$,函数中表示技术水平的系数 A 是一个常数,它与企业对生产要素的选择无关。在这种情况下,随着规模的扩大,生产是规模报酬递减的,因而企业的长期平均成本曲线向右上方倾斜。但是,如果假定技术水平 A 取决于企业生产过程中投入的资本量 K,比如 $A=K^{0.3}$,则原有的生产函数就变成为 $Q=L^{0.5}K^{0.7}$,此时,生产具有规模报酬递增的特征,企业的长期平均成本曲线向右下方倾斜。这就是说,因忽略技术进步而对模型造成的错误设定将导致截然不同的结果。对此所进行的更加深入的分析,将在经济增长理论中给出。

再次,成本理论是生产理论的一个自然延伸,只是将企业在成本既定条件下产量最大化的生产要素选择表述为产量既定条件下最小化的成本与该产量之间的关系,因而两者只是表现形式不同而已。所以,由生产技术假定所导致的生产理论的不精确性也在成本理论中被反映出来,这里对此不再重复。但也需要指出,并不是成本理论中的所有方面都来自生产理论中的假设,例如,企业的长期平均成本曲线呈 U 形的结论并非来源于边际报酬递减规律或者边际技术替代率递减,只能借助于规模报酬随着产量增加由递增转向递减加以说明。

三、生产和成本分析的借鉴意义

正如我们上面指出的那样,西方经济学讨论了生产的技术属性,是生产一般,因而也就适合于所有社会的生产。由于生产和成本分析以实际生产过程为基础,因而应用于理论和经验研究的数据具有可得性。所以,生产过程中经过证实的一些规律和结论对我们的经济理论发展和企业经营管理都具有一定的启发意义。

首先,尽管存在资本衡量等问题,但在实物意义上,生产函数仍是一个对生产技术状态的方便概括。就生产的一般而论，生产是将各种投入组合在一起生产产品的过程，所以用投入量与产出量表示这一过程中体现出来的技术关系是一个恰当的方式。由于函数概念的抽象性，使得生产函数可以作为生产技术的一般描述。同时，由于具体生产过程的复杂性，以至于很难准确地表示这一过程，因而用一个特定生产函数近似表示生产过程也是研究具体生产的第一步。

其次，成本函数反映了生产量与成本之间的关系，这一关系同样也可以在经验上加以使用。事实上，一个企业的生产成本既取决于生产技术，也取决于投入品的价格，同时也取决于企业的行为。而企业的行为又取决于企业的行为动机。利润最大化动机激励着企业采用最有效率的方式进行生产，即在每个产量上，企业依照生产要素最优组合来安排要素投入量，将投入配置到更加富有效率的要素上。这一原则不仅适用于一般的私人企业，也适用于肩负国有资产保值增值责任的国有企业。

再次，生产与成本理论所涉及的一些概念和结论也具有重要的实践意义。例如，尽管严格的边际产量或许难以得到，但这一概念所包含的"增量"分析方法是研究资源配置的重要方法；边际报酬递减规律告诉我们，在受到其他环境制约的条件下，一种生产要素的投入数量不能过低，也不能过大，否则就会出现投入低效率；每增加1单位成本所增加的产量必须在所有的生产要素上实现均等，只有这样，企业才能在产量既定目标下确定最优的生产要素组合。再比如，机会成本虽然并不一定构成实际支付，但它时刻提醒我们，一种资源有许多潜在的用途，从资源使用中获取好处，只是资源最优配置的必要条件而非充分条件，从所有可能的用途中选择利益最大者才是最优选择。

思考题：

1. 什么是边际报酬递减规律？这一规律适用的条件有哪些？
2. 在单一生产要素可变的条件下，请问：
   （1）生产的三个阶段是如何划分的？
   （2）为什么企业的理性决策应在第二阶段？
   （3）如果 $W=0$ 或 $r=0$，企业应在何处经营？
3. 边际技术替代率递减规律与边际报酬递减规律之间的联系如何？请给出详细说明。

4. 如果一个生产过程的规模报酬不变,那么,其生产要素的边际技术替代率是否一定是不变的?为什么?
5. 为什么说理性的企业会按照最优组合来安排生产要素投入?
6. 举例说明什么是机会成本。区分机会成本与会计成本的意义何在?
7. 产量曲线与成本曲线之间有何内在联系?
8. 有人认为:"既然长期平均成本曲线 LAC 是无数条短期平均成本曲线 AC 的包络线,它表示在长期对于所生产的每一个产量水平企业都可以将平均成本降到最低,因此,长期平均成本曲线 LAC 一定相切于所有的短期平均成本曲线 AC 的最低点。"你认为这句话正确吗?请说明理由。
9. 假设某企业的短期边际成本函数为 $MC = 3Q^2 - 12Q + 10$,且当 $Q = 5$ 时,$TC = 55$,求解:

    (1) TC、TVC、AC、AVC 函数。

    (2) 当企业的平均产量最大时,企业的平均成本为多少?

10. 逢年过节,餐饮服务业需求旺盛,但却时常遭遇基层服务人员的"奇缺"。据某酒楼的一位大堂经理介绍:"大厅的桌位,之前一般配比是 1 名服务员负责 3 张桌子,但现在 1 人要同时照看 6 张桌子。有时客人叫得急,酒楼的管理层都要出来帮忙端菜。这个门店人员最多时曾有 70 名员工,但现在门店总人数才 40 余人。"基于某酒楼的上述基本情况,请利用本章介绍的原理回答下面的问题:

    (1) 酒楼的资本劳动比是由什么因素决定的?是如何决定的?

    (2) 按照你对第一问的答案去投入资本和雇用劳动,是否一定能得到最大利润?

    (3) 为什么该酒楼前后会有"3∶1"和"6∶1"两种不同的资本劳动比?

    (4) 这个例子中边际报酬递减规律是如何起作用的?

▶ 自测习题及参考答案

第四章 完全竞争市场

第三章讨论了企业利润最大化理论的一个方面,即成本。但是,为了解决利润最大化产量的决定以及利润最大化产量上的盈亏问题,还必须考虑企业的收益,并把成本与收益进行比较。由于企业的收益与企业所处的市场环境或市场结构密切相关,故为了弄清楚企业的收益及其利润最大化,就需要根据不同的市场类型分别予以讨论。本章讨论完全竞争市场和完全竞争企业,第五章分析不完全竞争市场和不完全竞争企业。[①]

第一节 企业收益、市场结构和利润最大化

一、企业收益

企业的总收益(简称收益)是企业销售产品之后所得到的收入,即等于产品的销售价格与销售数量的乘积。

为简单起见,假定企业的销售量和产量总是相等的。于是,可以更加方便地把价格与销售量的关系看成是价格与产量的关系,从而把企业的收益看成是价格与产量的乘积。若用 R、P 和 Q 分别表示收益、价格和产量,则有:

$$R = P \cdot Q = P(Q) \cdot Q \tag{4.1}$$

这就是企业的收益函数。其中,$P = P(Q)$ 被称为"企业(产品)面临的需求函数",或者"对企业(产品)的需求函数",有时也简称为"企业的需求函数"。它反映了市场对企业的产品的需求,或者说,反映了企业的产品所面临的市场需求。从式(4.1)可以看到,$P = P(Q)$ 的性质决定了企业的收益函数的性质。

在理解"企业面临的需求函数"时,要避免一种可能的混淆,就是不要把它误解为"市场需求"。"市场需求"指的是对某个市场上全部产品的需求(参见第一章中的讨论),而"企业面临的需求"则是对市场上某个企业的产品

[①] 实际上,这里所说的与企业收益相关的市场主要是指"产品"市场。因此,本章和第五章涉及的分别是完全竞争和不完全竞争的产品市场。关于"要素"市场的讨论则放在第六章中。要素市场的情况在很大程度上决定了企业的成本。

的需求。后者仅仅是前者的一个部分。① 市场需求函数取决于消费者的行为，企业面临的需求函数不仅取决于消费者行为，常常还要取决于同一市场中其他企业的行为。

由收益函数的表达式（4.1），可以进一步得"平均收益"和"边际收益"。平均收益等于收益与产量的比率。用 AR 表示平均收益，则有：

$$AR = \frac{R}{Q} = \frac{P(Q) \cdot Q}{Q} = P(Q) \tag{4.2}$$

因此，平均收益也是产量的函数，而且，它就等于企业面临的需求函数或价格。

边际收益是增加一单位产量所引起的收益的增量，即收益增量与产量增量之比的极限，或者，收益函数对产量的一阶导数。用 MR 表示边际收益，则有：

$$MR = \frac{dR}{dQ} = \frac{dP(Q)}{dQ} Q + P(Q) \tag{4.3}$$

因此，边际收益也是产量的函数。

由此可见，要了解收益函数（以及平均收益函数和边际收益函数），首先要了解企业面临的需求函数 $P(Q)$。企业面临的需求函数不同，相应的收益函数（以及平均收益函数和边际收益函数）也就不相同。

企业面临的需求函数要回答的问题是：当企业的产量 Q 变化时，相应的价格 P 会如何变化？这里，最为重要的一个影响因素是企业在整个市场（或行业）中所处的"地位"，或者说得更加明确一点，是企业的产量在整个市场的全部产量中所占的"份额"或"比率"。一个企业的产量在市场中所占的份额越大，则它改变产量的行为对市场价格的影响可能就越大，反之就越小。

由此可见，企业的收益与企业所处的市场结构（或市场环境）密切相关：收益等于产品数量与产品价格的乘积，产品价格取决于产品的市场需求，产品的市场需求则依赖于市场的类型。

二、市场结构及划分依据

市场是由一些生产者和消费者为买卖某种商品而结成的相互联系，或者说得更加简单一点，市场就是把买卖商品的各方联系在一起的纽带。在市场的这

---

① 第五章将要提到的垄断是一个例外。在垄断情况下，企业面临的需求就是整个市场的需求。

一定义中，有几个重要的方面需要进一步加以说明。

第一是"买卖"。任何一个市场都离不开买者和卖者。没有买者和卖者，也就没有市场，而买者和卖者的行为就是市场的需求和供给。不仅买卖双方的存在是市场存在的必要条件，而且，买卖双方的数量也是区分各种不同市场类型的最重要的根据之一。数量的多少会影响市场的运行，会导致不同的运行效率。

第二是"商品"。所谓商品，既可以是指某种特殊的商品，如大米、猪肉等，也可以是指许多不同商品的集合，如劳动、资本和产出等。当然，在现实生活中，存在的都是一些具体的市场，如大米市场，而并没有那种抽象的市场，如产出市场。因为产出是多种多样的，每一种产出都与其他产出很不相同。之所以使用产出市场这个术语，仅仅是强调这些不同商品的一个共同的特点，即都是经济的产出而已。实际上，这些不同的产出并不能构成一个现实的有意义的市场。

第三是"联系"。市场是将买者和卖者联系起来的纽带。这种联系包括三个方面。首先是买者之间的联系。所有的买者都应当对这个市场有一定程度的了解，然后有一定程度的参与。其次是卖者之间的联系。所有的卖者也应当对这个市场有一定程度的了解和一定程度的参与。最后是买者和卖者之间的联系。市场把买卖双方"拉"到一起，让它们进行自由的交换，各取所需，实现自己的愿望。因此，市场是这三种联系的总合。作为这种联系的形式或者手段，市场则可以是多种多样的。从原始的集市贸易到现代的证券交易所等所谓的"有组织"市场，从面对面的讨价还价到网络交易，都是市场这条联系纽带的具体表现。

第四是进出市场的难易程度。有的市场进出比较容易，有的市场进出则相对困难，如进入会遇到严重的障碍，退出会遭受很大的损失。以后会看到，进出市场的难易程度对企业和市场的长期均衡有很大影响。

在一个市场中，买者或卖者的数量可以多一些，也可以少一些；他们买卖的商品可以完全一样，也可以略有差异；他们之间的相互联系既可以比较紧密，也可以相对松散；进入和退出可以比较容易，也可以相对困难。根据这些不同的特点，西方经济学家们划分出各种各样的市场类型。一般来讲，如果在一个市场上，买卖双方的人数很多，买卖的商品完全相同，市场参与者之间的相互联系非常紧密，以至于每个参加者都具有充分的信息，进出该市场又不存在任何的障碍,那么,这就是一个"完全竞争市场"。反之,如果在这个市场上,由于存在对进出的限制,只有一个卖主或买主,那就是"垄断市场"。如果卖主和买主都很多,且对进出的限制很少,但买卖的产品却略有差异,则这个市场就是"垄断竞争市场",因为它既具有"竞争"的特点(很多的买主和卖主),又具有一定的"垄断"的特点(产品具有一定的差异)。最后,如果卖主或者买主不止一个,但也不是很多,而是只有少数几个,就构成一个"寡头市场"。寡头市场通常也存在严重的进出限制。"完全竞争""垄断""垄断竞争"和"寡头"是西方经济学家们分析经济问题时常用的四种基本的市场结构,如表4-1所示。

表4-1 市场结构及划分依据

市场类型	买方或卖方的人数	产品差异	进出限制
完全竞争	很多	无	无
垄断竞争	很多	有	无
寡头	少数几个买方或卖方	有或无	有
垄断	一个	无	有

企业所处的市场结构不同,面临的需求函数也就不尽相同,其中有两个极端情况。一个极端情况是:企业的产品在市场上所占的份额大到了"独占"整个市场的程度。在这种情况下,企业改变产量的行为对价格的影响也达到了最大。这类企业就是所谓的"垄断企业"。实际上,在垄断场合,企业的产量就是整个市场的供给量,企业面临的需求函数就是整个市场的需求函数。因此,我们可以把垄断企业所处的市场称为"垄断市场"。①

另外一个极端情况是:企业的产品在市场上所占的份额小到了可以忽略不计。在这种情况下,企业改变产量的行为对价格的影响也非常小,小到了可以忽略不计。这类企业就是"完全竞争企业"。如果在一个市场中,所有的企业都是完全竞争的,则我们就称该市场为"完全竞争市场"。

进一步考察可以看到,在同一市场中,不同企业的产品并不一定完全相同。它们可能存在某些"差异"。当企业生产的是差异产品时,即使其规模相

---

① 本章主要是从产品的供给方面来讨论市场的结构。例如,我们把只有一个供给者的市场叫作垄断市场(卖方垄断)。当然也可以从产品的需求方面来讨论市场的结构。在这种情况下,可以把只有一个需求者的市场叫作垄断市场(买方垄断)。参见第六章第六节。

当小，其行为也可能会对价格有一定的影响。因此，一个企业是否是完全竞争的，实际上不是取决于它的产品在整个市场中所占的份额，而是取决于它的产品在市场上与其完全相同的产品中所占的份额。完全竞争企业生产的产量在市场上与其毫无区别的产品中所占的份额微不足道。按照这个要求，完全竞争企业应当具备如下两个特点：一是其产量在整个市场中相对很少，二是其产品与同一市场中其他企业的产品毫无区别。① 显而易见，完全竞争企业和完全竞争市场只是理论上的抽象，在现实生活中并不真正存在。

如果一个企业只是具有上述的第一个特点而不具有第二个特点，则该企业就是所谓的"垄断竞争企业"。换句话说，垄断竞争企业指的是：第一，其产量在整个市场中所占的份额非常之小，小到可以忽略不计。第二，其产品与同一市场上其他企业的产品不完全相同，即存在所谓的"产品差异"。一个由垄断竞争企业组成的市场称为"垄断竞争市场"。

根据"市场份额"的标准，完全竞争企业和垄断竞争企业属于一个极端，垄断企业属于另外一个极端。在这两个极端之间，还存在着大量的"中间"情况——企业占市场的份额既不是小到可以忽略不计，也不是大到独占整个市场。这些"中间"企业改变产量的行为到底能否影响价格以及在多大程度上影响价格，除了取决于它们的"市场份额"之外，还要取决于许多其他复杂的因素，特别是要取决于这些企业的行为对同一市场中其他企业的影响以及其他企业因此而做出的"反应"：一个企业在改变自己的产量之后，其他企业会不会也跟着进行改变？如果会的话，改变的程度又如何？这些复杂的问题在完全竞争（包括垄断竞争）和垄断中并不存在。例如，在完全竞争和垄断竞争场合，企业改变产量的影响被假定为小到可以忽略不计，故不会引起其他企业的反应；在垄断场合，市场中根本就不存在"其他企业"，故也没有必要考虑其他企业的反应。

最重要的一类"中间"企业是所谓的"寡头"。寡头企业的产出占市场的份额尽管还没有大到像垄断企业那样独占整个市场，但也不像完全竞争企业或垄断竞争企业那样"微不足道"。无论如何，寡头是那些在市场上具有"举足轻重"地位的企业，其产出的市场份额相当大，因而其改变产量的行为对市场

---

① 实际上，并不要求完全竞争企业生产的产品与同一市场中所有其他企业生产的产品完全相同，而只要求它与相当数量的产品没有差异即可。

的价格具有显而易见的影响。

在寡头市场（该市场包括若干个寡头企业）中，企业与企业之间的产品既可以是"同质"的，也可以是有"差异"的。"同质"意味着，如同完全竞争企业的产品一样，寡头企业的产品也与同一市场中其他企业的产品之间存在着完全的替代性；"差异"意味着，如垄断竞争企业一样，寡头企业也具有一定程度的"垄断"。在这种情况下，寡头企业改变产量的行为对市场的价格就有"双重"的影响：来自"市场份额"的影响和来自"产品差异"的影响。

到此为止，我们根据市场份额的大小、产品差异的有无以及进出的难易程度等讨论了四种重要的企业类型，即完全竞争企业、垄断企业、垄断竞争企业和寡头企业，以及与此相应的四种重要的市场类型，即完全竞争市场、垄断市场、垄断竞争市场和寡头市场。这些不同的企业类型和市场类型将对企业的收益函数以及利润最大化行为产生不同的影响。这就是我们后面要讨论的问题。

三、企业的利润最大化原则

第三章在论及企业目标时，已经初步讨论了利润最大化问题。这里再从企业利润最大化产量决定的视角，进行进一步的讨论。

在具体讨论不同类型企业的利润最大化问题之前，我们先来分析一下利润最大化的一般原理。该原理既适用于完全竞争企业，也适用于包括垄断、垄断竞争和寡头在内的不完全竞争企业。

前面说过，在西方经济学中，利润最大化所说的利润指的是经济利润（或超额利润），而非作为机会成本一部分的正常利润。为了叙述的方便以及避免混淆，以后就用"利润"这个简短的词语来代表"经济利润"或"超额利润"。

那么，如何才能使利润达到最大？或者，需要满足什么样的条件才可以使利润达到最大？一个显而易见的方法是直接根据利润的定义来进行分析，因为：

$$利润 = 收益 - 成本$$

或者用符号表示为：

$$\pi(Q) = R(Q) - C(Q) \tag{4.4}$$

式中，π、R 和 C 分别表示利润、收益和成本，它们都是产量 Q 的函数。按照这一公式，所谓的利润最大化，就是要设法找到这样一个产量水平，使得在该产量水平上，收益和成本之间的差额达到最大。这是根据"总"的收益和"总"的成本来确定利润最大化。

相应地，也可以根据"边际"的收益和"边际"的成本来确定利润的最大化。利润本身按其定义等于收益与成本之差，而收益和成本对产量的一阶导数就是边际收益和边际成本。因此，如果我们在式（4.4）的两边分别对产量求一阶导数，即可得到：

$$\pi'(Q) = MR(Q) - MC(Q)$$

式中，π'、MR 和 MC 分别表示边际利润、边际收益和边际成本。它们同样也是产量 Q 的函数。根据数学上的极值定理，一个连续函数取得最大值的必要条件是它的一阶导数等于零。这意味着，利润最大化的条件可以表示为：

$$\pi'(Q) = 0$$

或者

$$MR(Q) = MC(Q) \tag{4.5}$$

即边际利润等于零，或边际收益等于边际成本。因此，所谓的利润最大化，就是去求恰好使得边际利润为零或者边际收益等于边际成本的产量水平。这是根据边际收益和边际成本来确定利润最大化的方法。[1]

第二节 完全竞争企业面临的需求曲线和收益曲线

一、完全竞争企业面临的需求曲线

前面说过，完全竞争企业有两个最突出的特点，一是其产量相对于整个市场而言微不足道，二是其产品与同一市场中其他企业的产品毫无区别。

这两个特点意味着，对于完全竞争企业来说，市场价格是一个既定的"参数"，即不会因为完全竞争企业的行为而改变：在现行的市场价格水平上，完全竞争企业可以多生产一点，也可以少生产一点，市场价格不会因此而下降或

---

[1] 利润函数的一阶导数等于零，或收益函数的一阶导数等于成本函数的一阶导数，或边际收益等于边际成本，只是利润最大化的必要条件，而非充分条件。利润最大化的充分条件是：在满足利润最大化的必要条件的产量水平上，如果利润函数的二阶导数小于零，或收益函数的二阶导数小于成本函数的二阶导数，或边际收益函数的一阶导数小于边际成本函数的一阶导数，则该产量水平即实现了利润的最大化。

上升。在这种情况下，完全竞争企业就是所谓的"价格接受者"，只能被动地接受现行的市场价格，因而，它所面临的需求函数也非常简单，即：

$$P = P(Q) = P_0 \quad (4.6)$$

式中，P_0 是某个既定的市场价格，它不因完全竞争企业的产量改变而改变。

完全竞争企业面临的需求函数式（4.6）的几何表示是一条位于市场价格上的水平线，如图 4-1 所示。图中，横轴 Q 表示某个完全竞争企业的产量，纵轴 P 表示市场价格。设一开始时，市场价格为 P_0，该企业相应的产量为 Q_0。现在，企业考虑改变产量，例如，把产量从 Q_0 增加到 Q_2，或者减少到 Q_1。由于这个行为不会对市场价格造成任何影响，故市场价格仍然保持在 P_0 的水平上。这意味着，完全竞争企业面临的需求曲线是一条由市场价格决定的水平线。

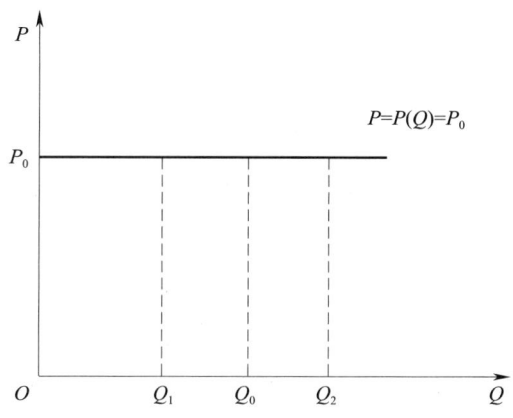

图 4-1 完全竞争企业面临的需求曲线

这里需要提醒注意的是，式（4.6）和图 4-1 并不意味着市场价格是固定不变的。它们只是说，市场价格不会因为某个完全竞争企业改变自己产量的行为而改变。至于市场价格本身则取决于市场的供给和需求并因供给与需求的变化而变化（参见第一章第三节中的讨论）。

二、完全竞争企业的收益曲线

根据完全竞争企业面临的需求函数，容易推导相应的（总）收益函数为：

$$R = PQ = P_0 Q \quad (4.7)$$

因此，完全竞争企业的收益是其产量的线性函数，且与其产量成正比，斜率则等于市场价格 P_0。参见图 4-2 中过原点且向右上方倾斜的曲线 $R = P_0 Q$。

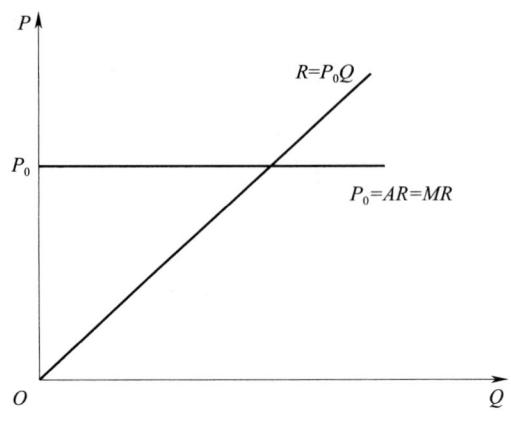

图 4-2 完全竞争企业的收益曲线

完全竞争企业的平均收益 AR 和边际收益 MR 的计算公式同样也很简单：

$$AR = \frac{R}{Q} = \frac{P_0 Q}{Q} = P_0 \tag{4.8}$$

$$MR = \frac{dR}{dQ} = (P_0 Q)' = P_0 \tag{4.9}$$

因此，完全竞争企业的平均收益等于市场价格，边际收益也等于市场价格。这意味着，完全竞争企业面临的需求曲线、平均收益曲线和边际收益曲线正好重合。参见图 4-2 中的水平直线 $P_0 = AR = MR$。

需要指出的是，不光完全竞争企业的平均收益等于市场价格，所有的企业都如此。完全竞争企业不同于一般企业的地方在于：它的边际收益也恰好等于价格。这是因为，对完全竞争企业来说，市场价格是一个既定的"参数"，它总是在该价格水平上出售自己的产品，因此，它每增加一个单位的产量，所增加的收益就等于不变的市场价格。

第三节 完全竞争企业的短期均衡

一、利润最大化产量的决定

在完全竞争的条件下，由于企业的产品的边际收益等于产品的市场价格，故利润最大化产量的条件——产品的边际收益等于产品的边际成本——变得相当简单，即产品的市场价格等于产品的边际成本。

如图 4-3 所示，横轴 Q 表示产品的数量，纵轴 P 表示产品的价格，同时也表示相应的边际收益和边际成本。水平直线 MR 为产品的边际收益曲线，它恰好等于产品的价格。产品的边际成本曲线 MC 则如前一章中一样为 U 形，即随着产量的增加先下降然后上升。利润最大化产量由边际收益曲线和边际成本曲线的交点决定。但是，由于如前所说，边际成本曲线为 U 形，故它与水平的边际收益曲线的交点就可能有两个，如图 4-3 中的点 A 和点 B。与这两个交点相对应的产量分别为 Q_A 和 Q_B。其中，Q_A 是利润最大化的产量，Q_B 是利润最小化的产量。为了说明这个结论，我们来看这两点"附近"的情况。

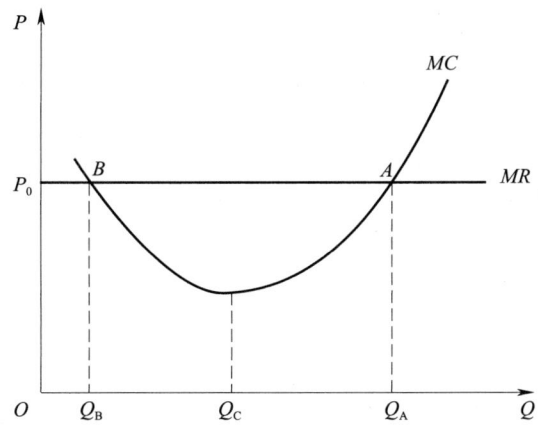

图 4-3　完全竞争企业的短期利润最大化

首先来看 Q_B 左右两边的情况。一方面，当产量比 Q_B 略小时，边际成本大于边际收益，此时，增加产量所增加的成本要大于所增加的收益。这意味着，与略小的产量相比，Q_B 处的利润要更小一些。另一方面，当产量比 Q_B 略大时，边际收益大于边际成本，此时，增加产量所增加的收益要大于所增加的成本。这意味着，与略大的产量相比，Q_B 处的利润也更小一些。由此可见，Q_B 是利润最小化的产量。

再来看 Q_A 左右两边的情况。一方面，当产量比 Q_A 略小时，边际收益大于边际成本，此时，增加产量所增加的收益要大于所增加的成本。这意味着，与略小的产量相比，Q_A 处的利润更大。另一方面，当产量比 Q_A 略大时，边际成本大于边际收益，此时，减少产量所减少的成本要大于所减少的收益。这意味着，与略大的产量相比，Q_A 处的利润也更大。由此可见，Q_A 是利润最大化时的产量。

从图 4-3 中可以看到，在产品的边际收益曲线与边际成本曲线的两个交点中，左边的利润最小化的交点位于边际成本曲线向右下方倾斜的部分，右边的利润最大化的交点位于边际成本曲线向右上方倾斜的部分。实际上，对完全竞争企业来说，这个结果具有一般性，即它的利润最大化产量一定位于边际成本曲线最低点的右边。因此，以后在画产品的边际成本曲线时，可以省略掉它的向右下方倾斜的部分，只需画出向右上方倾斜的部分即可。

从图 4-3 中还可以看到企业向利润最大化产量 Q_A 调整的"动态"过程。例如，当产量比 Q_A 稍小时，由于边际收益总是大于边际成本，企业将不断地增加产量。随着产量的增加，边际收益保持不变，但边际成本却不断上升，于是，边际收益与边际成本之间的差距不断缩小。这个调整的过程要一直持续到产量增加到 Q_A 时为止。另一方面，当产量比 Q_A 稍大时，由于边际成本总是大于边际收益，企业将不断地减少产量。随着产量的减少，边际收益保持不变，但边际成本却不断下降，于是，边际成本与边际收益之间的差距也不断缩小。这个调整的过程也要一直持续到产量减少到 Q_A 时为止。

现在来看产品价格下降的一个特殊的情况，如图 4-4 所示。如前一样，假定一开始时，产品的市场价格为 P_0，相应的边际收益曲线为 MR_0，它与边际成本曲线 MC 的交点为 A 和 B，其中，右交点 A 决定了利润最大化产量 Q_A，左交点 B 决定了利润最小化产量 Q_B。随着价格的下降，边际收益曲线也将下降，它与边际成本曲线的两个交点将相互靠近，导致利润最小化的左交点向右，利润最大化的右交点向左。当产品价格下降到 P_1 时，边际收益曲线下降到 MR_1，恰好与边际成本曲线的最低点 C 相切。此时，导致利润最小化的左交点和导致利润最大化的右交点合二为一。现在要问：与点 C 相对应的产量 Q_C 是利润最大化的，还是利润最小化的？

按照上面讨论利润最大化产量 Q_A 和利润最小化产量 Q_B 的方法，容易说明 Q_C 既不是利润最大化的，也不是利润最小化的。因为现在无论产量比 Q_C 略大一些还是略小一些，边际成本都将大于边际收益，因而，减少产量总是有利的——减少产量所减少的成本要大于所减少的收益。这表明，与略大一些的产量相比，Q_C 具有更多的利润，而与略小一些的产量相比，它又具有更少的利润。由此可见，Q_C 既不是利润最大化产量，也不是利润最小化产量。

以后将会看到，在完全竞争的条件下，如果产品的市场价格下降到边际成本曲线的最低点，企业就会由于平均收益低于平均可变成本而决定停产。此时，利润最大化产量可以看成等于零。

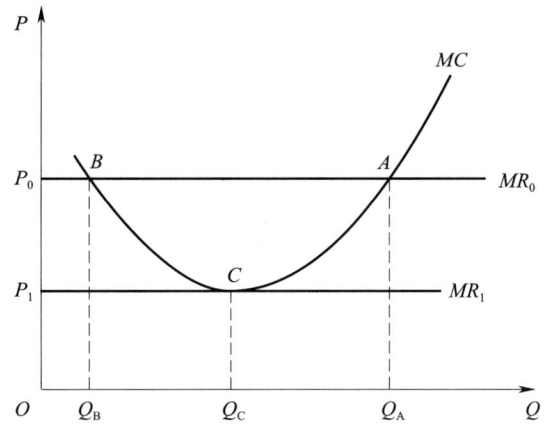

图 4-4 利润既非最大亦非最小的情况

二、利润最大化和盈亏

现在要进一步讨论：当完全竞争企业按照水平的边际收益曲线与 U 形的边际成本曲线的右交点决定的利润最大化产量进行生产时，到底是盈利还是亏损？

与利润最大化产量的决定不同，企业的生产到底是盈还是亏，不再取决于边际收益和边际成本的比较，而是取决于平均收益和平均成本的比较。在利润最大化的产量水平上，企业有三种可能的情况：第一种是平均收益大于平均成本，此时企业盈利；第二种是平均收益小于平均成本，此时企业亏损；第三种是平均收益恰好等于平均成本，此时企业不盈不亏。图 4-5 同时反映了这三种情况。

图 4-5 中，MC 和 AC 表示某个完全竞争企业的边际成本和平均成本曲线（其中的边际成本曲线略去了向右下方倾斜的左半部分）。

假定一开始时，产品的市场价格为较高的 P_0，即高于平均成本曲线的最低点，从而，相应的边际收益曲线和平均收益曲线都是位于 P_0 上的水平线 $MR_0 = AR_0$。MR_0 和边际成本曲线 MC 的交点 A 决定了利润最大化产量为 Q_0。在 Q_0 上，平均收益为产品的市场价格 P_0，但平均成本却是较低的 P_0'。此时，按利润最大化产量生产可以盈利。换句话说，企业此时可以获得经济利润。经济利润等于总收益减去总成本，或者等于平均收益与平均成本之差再乘以利润最大化产量。在图 4-5 中，它的数量为 $(P_0 - P_0')Q_0$，即相当于矩形 P_0ABP_0' 的面积。

其次，假定产品的市场价格为不高不低的 P_1，即恰好等于平均成本曲线的

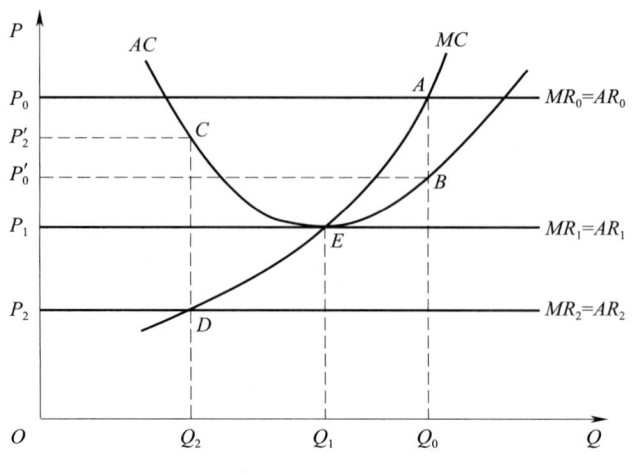

图 4-5 利润最大化产量上的盈亏

最低点,从而,相应的边际收益曲线和平均收益曲线都是位于 P_1 上的水平线 $MR_1=AR_1$。MR_1 与边际成本曲线 MC 的交点 E 决定了利润最大化产量为 Q_1。在 Q_1 上,平均收益为产品的市场价格 P_1,平均成本也恰好为 P_1。此时,按利润最大化产量生产既不亏也不盈。换句话说,企业此时不能得到经济利润,但刚好获得全部的正常利润。

最后,假定产品的市场价格为较低的 P_2,即低于平均成本曲线的最低点,从而,相应的边际收益曲线和平均收益曲线都是位于 P_2 上的水平线 $MR_2=AR_2$。MR_2 与边际成本曲线 MC 的交点 D 决定了利润最大化产量为 Q_2。在 Q_2 上,平均收益为产品的市场价格 P_2,但平均成本却是较高的 P'_2。此时,按利润最大化产量生产出现亏损,亏损的数量为 $(P'_2-P_2)Q_2$,即相当于矩形 P'_2CDP_2 的面积。换句话说,企业此时不仅没有得到经济利润,而且也没有得到全部的正常利润(甚至有可能得不到任何的正常利润)。

综上所述,当产品的市场价格高于、低于和等于平均成本曲线的最低点时,企业按利润最大化产量生产的相应结果分别是盈利、亏损和不亏不盈。

从以上讨论亦可看到,企业的利润最大化和盈亏的含义并不相同。利润最大化意味着,企业在现有的条件下已经做到了最好。但是,由于客观条件的限制,如市场需求不足导致价格过低,做到了最好仍然有可能出现亏损。在发生亏损的情况下,利润最大化意味着,企业已经把亏损降到了最小。此时,利润最大化等价于损失的最小化。因此,可以从两个方面去理解利润最大化:如果企业是盈利的,则它意味着企业把这种盈利扩大到了最大;如果企业是亏损的，则它意味着企业把这种损失减少到了最小。

三、亏损时的决策

在利润最大化产量上生产时，如果出现亏损，则企业就面临一个新的决策：是继续生产，还是决定停产？

答案取决于停产是否会有损失，以及如果有损失，这个损失又有多大。如果没有任何损失，则停产当然就比继续生产好，因为停产的收益和成本此时都为 0，结果是不亏不盈，好于继续生产的亏损。①

但是，停产的损失通常不会等于 0。这是因为，在短期中，存在所谓的"不变要素"和相应的"不变成本"。如果所有的要素都是可变的，则企业在亏损情况下的最优决策就是停产——停产可以不再使用要素，从而可以避免所有的成本损失。但是，在存在不变要素的情况下，停产会导致不变成本的损失。为简单起见，这里假定停产的损失就等于全部的不变成本。如果由于停产而导致的不变成本的损失比继续生产的损失还要大，则当然还是应该继续生产。在继续生产的过程中，不变成本部分会通过折旧而逐渐地收回，因而，由于停产而遭受的不变成本损失也随之逐渐减少。当停产的不变成本损失减少到小于继续生产的损失时，企业便可决定停产。

如图 4-6 所示，MC 和 AC 代表边际成本曲线和平均成本曲线，新增加的一条 U 形曲线 AVC 是平均可变成本曲线，平均成本曲线 AC 与平均可变成本曲线 AVC 之间的垂直距离（亦即平均成本减去平均可变成本）等于平均不变成本。平均不变成本与产量的乘积等于总的不变成本。

假定产品的市场价格分别为 P_2、P_3 和 P_4，从而边际收益曲线和平均收益曲线分别为 $MR_2=AR_2$、$MR_3=AR_3$ 和 $MR_4=AR_4$。在所有这些情况下，由于产品的市场价格都低于平均成本曲线 AC 的最低点 E，故企业生产利润最大化产量都会亏损。但是，在这三种情况下，产品的市场价格分别高于、低于和等于平均可变成本曲线 AVC 的最低点 H，故企业在是否停产的问题上有相应的三种不同的决策。

首先，设产品的市场价格为高于平均可变成本曲线最低点的 P_2，从而边际

---

① 注意，这里的"继续生产"是指在短期中规模不变基础上的继续生产。在长期中，企业可以通过改变规模来改善盈亏状况。参见本章第四节。

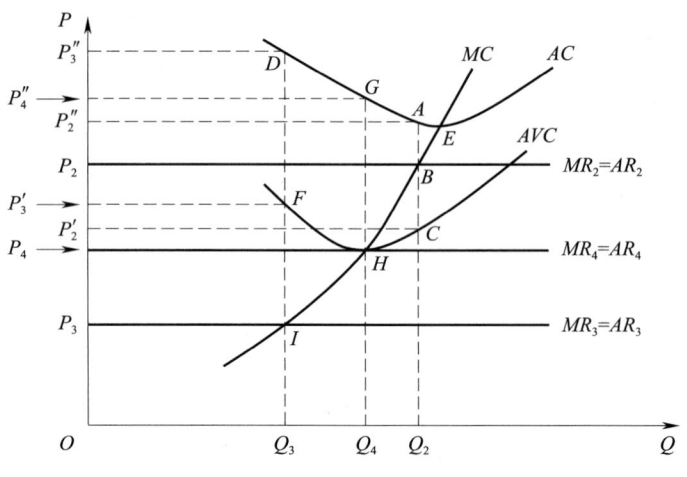

图 4-6 亏损情况下的生产和停产决策

收益曲线和平均收益曲线为 $MR_2=AR_2$。此时，企业的利润最大化产量为 Q_2。在 Q_2 上，平均成本为 P_2''，平均收益为 P_2，两者之差（$P_2''-P_2$）是继续生产的平均损失，继续生产的全部损失则等于（$P_2''-P_2$）Q_2，即相当于矩形 $P_2''ABP_2$ 的面积。另一方面，由于在利润最大化产量 Q_2 上，平均成本为 P_2''，平均可变成本为 P_2'，故平均不变成本为（$P_2''-P_2'$），总的不变成本即停产的损失为（$P_2''-P_2'$）Q_2，相当于矩形 $P_2''ACP_2'$ 的面积。由于这个停产的损失大于继续生产的损失（$P_2''-P_2$）Q_2，故企业最好是继续生产。继续生产可以减少损失，减少的损失量为：

$$(P_2''-P_2')Q_2-(P_2''-P_2)Q_2=(P_2-P_2')Q_2$$

即相当于矩形 P_2BCP_2' 的面积。换句话说，当产品的市场价格为 P_2 时，在利润最大化产量 Q_2 上继续生产得到的全部收益 P_2Q_2 可以弥补全部的可变成本 $P_2'Q_2$ 还有余。多出的部分 P_2BCP_2' 可以用来弥补一部分不变成本的损失。

其次，设产品的市场价格为低于平均可变成本曲线最低点的 P_3，从而边际收益曲线和平均收益曲线为 $MR_3=AR_3$。此时，企业的利润最大化产量为 Q_3。在 Q_3 上，平均成本为 P_3''，平均收益为 P_3，两者之差（$P_3''-P_3$）是继续生产的平均损失，继续生产的全部损失则等于（$P_3''-P_3$）Q_3，即相当于矩形 $P_3''DIP_3$ 的面积。另一方面，由于在利润最大化产量 Q_3 上，平均成本为 P_3''，平均可变成本为 P_3'，故平均不变成本为（$P_3''-P_3'$），总的不变成本即停产的损失为（$P_3''-P_3'$）Q_3，相当于矩形 $P_3''DFP_3'$ 的面积。由于这个停产的损失小于继续生产的损失（$P_3''-P_3$）Q_3，故企业最好是停止生产。停止生产可以减少损失，减少的损失量为：

$$(P_3''-P_3)Q_3-(P_3''-P_3')Q_3=(P_3'-P_3)Q_3$$

即相当于矩形 $P_3'FIP_3$ 的面积。换句话说，当产品的市场价格为 P_3 时，在利润最大化产量 Q_3 上继续生产得到的全部收益 P_3Q_3 不足以弥补全部的可变成本 $P_3'Q_3$。

最后，设产品的市场价格为恰好等于平均可变成本曲线最低点的 P_4，从而边际收益曲线和平均收益曲线为 $MR_4=AR_4$。此时，企业的利润最大化产量为 Q_4。在 Q_4 上，平均成本为 P_4''，平均收益为 P_4，二者之差 $(P_4''-P_4)$ 是继续生产的平均损失，继续生产的全部损失则等于 $(P_4''-P_4)Q_4$，即相当于矩形 $P_4''GHP_4$ 的面积。另一方面，由于在利润最大化产量 Q_4 上，平均成本为 P_4''，平均可变成本为 P_4，故平均不变成本为 $(P_4''-P_4)$，总的不变成本即停产的损失为 $(P_4''-P_4)Q_4$，即相当于矩形 $P_4''GHP_4$ 的面积。由于这个停产的损失恰好等于继续生产的损失，故企业可以继续生产，也可以停产。结果完全一样。换句话说，当产品的市场价格为 P_4 时，在利润最大化产量 Q_4 上继续生产得到的全部收益 P_4Q_4 正好弥补全部可变成本。恰好等于企业平均可变成本曲线最低点的市场价格（如这里的 P_4）称为企业的"停业点"——当市场价格高于停业点时，企业继续生产；当市场价格低于停业点时，企业停止生产。

四、企业和市场的短期供给曲线

（一）完全竞争企业的短期供给曲线

企业的供给曲线可以定义为：在每一个给定的价格水平上，企业愿意并且能够提供给市场的产品数量。现在要根据这个定义，从完全竞争企业的短期利润最大化条件推导它的短期供给曲线。

完全竞争企业的短期利润最大化实际上有两个不同的条件：第一，当价格大于或等于平均可变成本曲线的最低点时，利润最大化产量由价格线与边际成本曲线的交点决定；第二，当价格小于平均可变成本曲线的最低点时，利润最大化产量等于 0。

如图 4-7 所示，边际成本曲线 MC 和平均可变成本曲线 AVC 在点 B 处相交。点 B 是平均可变成本曲线 AVC 的最低点。与该最低点相对应的价格为 P_B。

首先来看价格大于或等于 P_B 时的情况。此时，利润最大化产量由价格线与边际成本曲线 MC 的交点决定。这意味着，在 P_B 或点 B 以上的边际成本曲线部

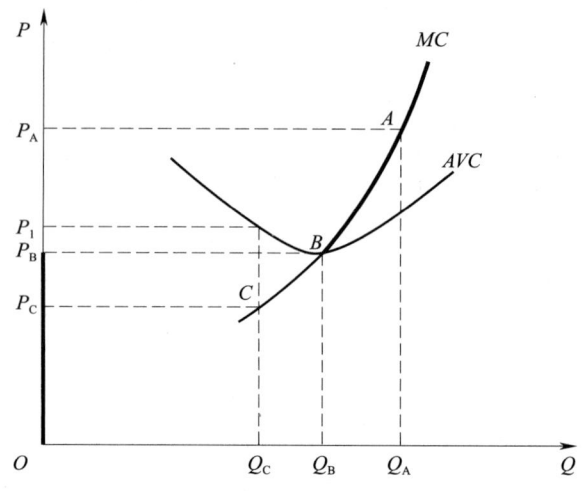

图 4-7 完全竞争企业的短期供给曲线

分，同时也是短期供给曲线的一部分。例如，任意选取该部分中的一点如 A，与点 A 相对应的价格为 P_A。当价格为 P_A 时，利润最大化产量为 Q_A。由此可见，点 $A(P_A, Q_A)$ 是短期供给曲线上的一点。

其次，如果价格小于 P_B，则利润最大化产量为 0。这意味着，此时的短期供给曲线是纵轴，而非边际成本曲线上的相应部分。例如，任意选取边际成本曲线上相应部分中的一点如 C，与点 C 相对应的价格为 P_C，产量为 Q_C。然而，当价格为 P_C 时，尽管价格线和边际成本曲线正好在点 C 处相交，但利润最大化产量却不是 Q_C。这是因为，在 Q_C 上，平均收益为 P_C，平均可变成本为 P_1，由于 $P_C<P_1$，故最优的决策是停产。

由此可见，完全竞争企业的短期供给曲线是由两段相互不连接的曲线共同构成：当价格高于或等于 P_B，从而平均收益大于或等于平均可变成本时，它是边际成本曲线上相应的部分（参见图4-7中 B 点以上的粗线段 MC）；当价格低于 P_B，从而平均收益小于平均可变成本时，它是纵轴上相应的部分（参见图4-7中的粗线段 OP_B）。

产品供给曲线与边际成本曲线重合意味着，当产品价格变化时，产品的供给量是沿着一条既定的边际成本曲线而变化的。这又意味着，当产品价格变化时，边际成本曲线不会随之改变，否则产品供给曲线将不再与边际成本曲线重合。例如，当边际成本曲线随着产品价格的变化而变化时，给定一个产品价格 P_0，就有一条相应的边际成本曲线 MC_0，而根据利润最大化条件 $P_0=MC_0$，可以得到一个产品供给量 Q_0。点 (P_0, Q_0) 位于 MC_0 上。如果再给定另外一个

产品价格 P_1，则有另外一条相应的边际成本曲线 MC_1。再根据利润最大化条件 $P_1=MC_1$，又可得到一个产品供给量 Q_1。新点 (P_1, Q_1) 位于新的边际成本曲线 MC_1 而非原来的 MC_0 上。因此，产品供给曲线不再与某一条边际成本曲线重合。

由此可见，当我们说完全竞争企业的产品供给曲线等于其边际成本曲线时，实际上有一个暗含的假定，即假定边际成本曲线不受产品价格变化的影响。当局限于只是讨论单个的完全竞争企业时，这个假定是可以成立的，但是，如果考虑完全竞争市场中所有企业的共同行动，则这个假定就不再合理，从而也不能再用企业的边际成本曲线来代表其产品的供给曲线。因此，在多个企业共同调整的情况下，完全竞争企业的供给曲线一般来说就不再等于其边际成本曲线。这是下面讨论完全竞争市场的供给曲线时需要注意的。

(二) 完全竞争市场的短期供给曲线

如前所说，完全竞争企业在短期中的供给曲线恰好与它的边际成本曲线（这里不考虑它在纵轴上的相应部分）重合。有人可能会由此而认为，完全竞争市场的供给曲线就是该市场中所有完全竞争企业的边际成本曲线的简单相加。这就犯了所谓的"加总错误"——对单个企业而言是正确的结论，对整个市场而言并不一定是正确的。

这里的关键问题是：当产品市场的价格发生变化时，该市场中所有的完全竞争企业均会根据价格的变化来调整自己的利润最大化产量，从而改变它们对要素的需求。在这种情况下，相应的要素市场的价格是否也会发生变化？

对这个问题的回答要取决于所有这些企业对要素的需求在整个要素市场上所占的比重。如果所有这些企业对要素的需求构成整个要素市场上一个举足轻重的部分，则它们改变要素需求的行为就必然会改变要素的价格，从而改变它们自己的成本状况。在这种情况下，每个企业的边际成本（以及平均成本）曲线就会变动。反之，如果所有这些企业对要素的需求在整个要素市场上也是微不足道的，则它们改变产量从而改变要素需求量的行为就不会影响要素市场的价格，从而不会影响每个企业的成本状况。

上述两种情况对市场的供给曲线具有极不相同的影响。在后一种情况下，由于产品价格变化之后，所有企业改变产量的行为并不影响要素价格，从而不影响它们的成本，故每个企业仍然是根据原来的边际成本曲线（以及价格线）来确定自己的利润最大化产量。也就是说，这条既定的边际成本曲线仍然是企业的短期供给曲线。于是，整个市场的短期供给曲线自然就可以看成是所有单个企业的边际成本曲线的简单相加。如图4-8所示，图（a）中的MC是某个典型企业的边际成本曲线，图（b）中的S是整个产品市场的短期供给曲线。假定市场中所有企业的数量为n，并假定所有企业的产量都与典型企业相同。由于产品价格的变化不影响要素市场的价格，故产品市场的供给曲线S是所有企业边际成本曲线的简单水平相加。例如，当价格为P_0时，典型企业的利润最大化产量为Q_0，市场的供给量为nQ_0。

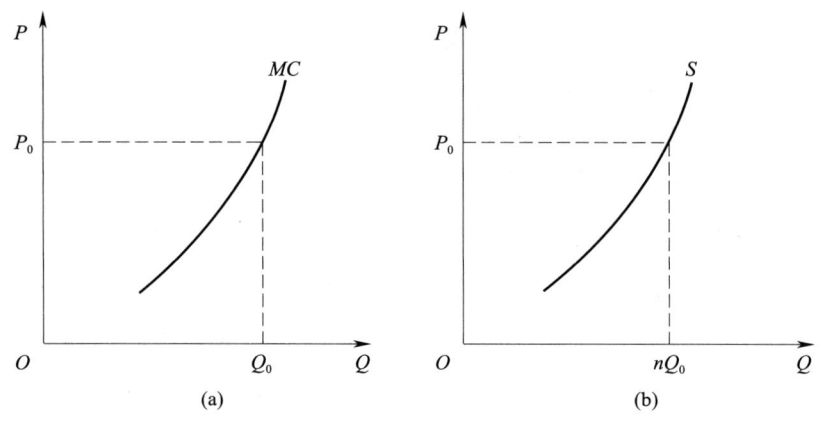

图4-8　短期供给曲线：从企业到市场（1）

另一方面，在前一种情况下，由于产品价格变化之后，所有企业改变产量的行为会改变要素的价格，从而改变它们的成本，故每个企业现在是根据新的边际成本曲线（以及价格线）来确定自己的利润最大化产量。由于对每一个新的产品价格，都有一条新的边际成本曲线，故企业的短期供给曲线不再等于某一条既定的边际成本曲线，市场的短期供给曲线当然也就不再等于所有企业的边际成本曲线的简单相加。

如图4-9（a）所示，设一开始时，企业的边际成本曲线为MC，价格为P_0，利润最大化产量为Q_0。于是，P_0和Q_0的组合即边际成本曲线MC上的点A是供给曲线上的一点。现在让价格上升到P_1。如果不考虑其他企业的调整，或者假定所有企业的共同调整相对于整个要素市场是微不足道的，从而要素价格不随产品价格的变化而变化，则企业的边际成本曲线就不会变化，即仍然为MC。于是，企业的利润最大化产量将增加到Q_1。P_1和Q_1的组合，即边际成本曲线MC上的点B也是供给曲线上的一点。

但是，如果假定所有企业都根据价格的上升而增加产量，则它们都将增加

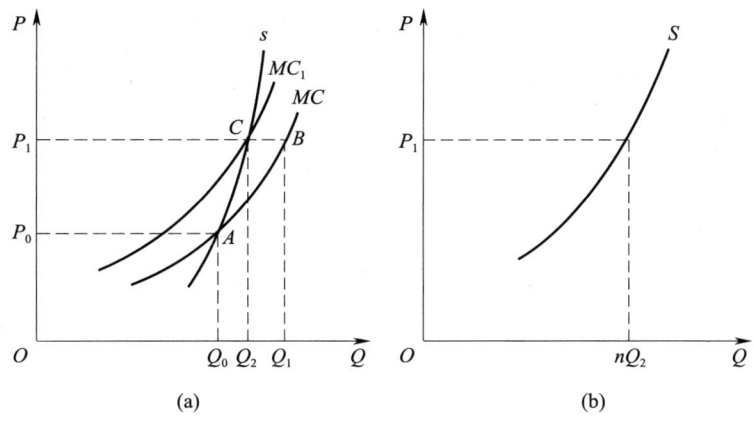

图 4-9　短期供给曲线：从企业到市场（2）

对要素的需求。于是，要素的价格也将上升。① 要素价格的上升最终会提高每一个企业的边际成本曲线。例如，在图 4-9（a）中，相对于价格从 P_0 上升到 P_1，企业的边际成本曲线从 MC 上升到 MC_1。于是，现在相对于价格 P_1，企业的利润最大化产量不再是 Q_1，而是略小一些的 Q_2。这样，我们就得到了供给曲线上的另外一个点 C。通过这种方法，可以作出其他供给曲线上的点。把所有这些点连接起来，就是整条供给曲线，如图 4-9（a）中的曲线 s 所示。这是完全竞争企业在其他企业共同调整产量时的短期供给曲线。它像边际成本曲线一样向右上方倾斜，但要比后者更加陡峭一些。

市场的短期供给曲线是所有企业的真正的短期供给曲线的水平相加。从图 4-9（a）容易推导相应的市场供给曲线，如图 4-9（b）中的 S 所示。它是图 4-9（a）中所有企业的真正的供给曲线 s 水平相加的结果。例如，当价格为 P_1 时，企业的利润最大化产量为 Q_2，市场的供给量为 nQ_2。

五、生产者剩余和市场总剩余

第二章在讨论消费者行为时曾经指出，任意一个消费者在购买商品时的意愿支付（即他愿意支付的最高代价）与实际支付之间常常存在一定的差额，这个差额被称为该消费者的消费者剩余，其大小则等于这个消费者的需求曲线以下和市场价格之上的公共部分。

尽管第二章是从单个消费者的角度来讨论消费者剩余的，但显而易见，同

---

① 要素价格也可能下降或不变。下一节将详细讨论这两种特殊情况及其影响。

样的概念也适用于任意一个市场中的所有消费者。参见图 4-10。图中,某商品的市场需求曲线 D 和市场供给曲线 S 的交点决定的市场均衡价格和均衡数量分别为 P_0 和 Q_0。在该市场上,所有消费者的消费者剩余等于市场需求曲线以下和市场均衡价格之上的公共部分,即等于 $\triangle P_1 P_0 E$ 的面积。它代表了所有消费者参与该市场交易所得到的好处。

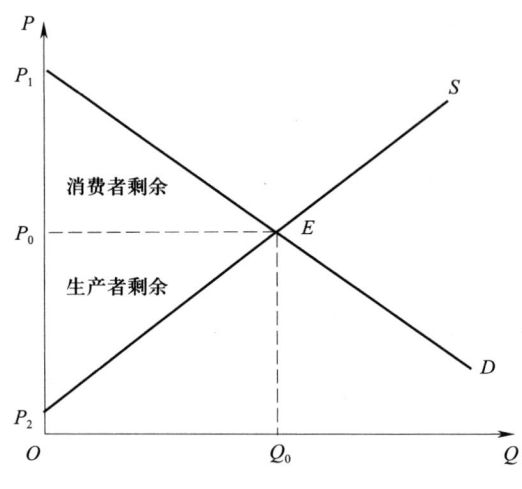

图 4-10 生产者剩余和市场总剩余

在生产者场合,也有类似的概念。任意一个生产者在生产和出售商品时得到的实际收益和意愿收益(即他愿意接受的最小收益)之间常常也存在一定的差额。这个差额就是该生产者的"生产者剩余"。由于生产者的意愿收益可以用相应的成本来衡量,故任意一个生产者的生产者剩余就等于该生产者的边际成本曲线亦即供给曲线以上和市场价格之下的公共部分,①而在任意一个市场中,所有生产者的生产者剩余就等于该市场的供给曲线以上和市场价格之下的公共部分。例如,在图 4-10 中,所有生产者的生产者剩余等于 $\triangle P_2 P_0 E$ 的面积,代表了所有生产者参与市场交易所得到的好处。

在同一个市场上,消费者剩余与生产者剩余之和被称为这个市场的"总剩余"。容易看到,总剩余恰好等于市场的需求曲线以下和供给曲线以上的公共部分,即图 4-10 中 $\triangle P_1 P_2 E$ 的面积,代表了所有供求双方参与该市场交易所得到的好处。

完全竞争的一个重要结论是,它将导致总剩余的最大化。例如,容易看

---

① 为方便起见,这里假定了供给曲线与边际成本曲线是完全一致的,尽管严格而言并非如此(参见本章第三节"四、企业和市场的短期供给曲线"中的相关讨论)。

到，在图 4-10 中，完全竞争决定的均衡价格和均衡产量分别为 P_0 和 Q_0，相应的总剩余即 $\triangle P_1P_2E$ 的面积是最大的。这是因为，当实际产量小于 Q_0 时，增加产量会增加总剩余；而当产量大于 Q_0 时，减少产量会增加总剩余。因此，只有当产量恰好为 Q_0 时，总剩余才达到最大。

第四节 完全竞争企业和市场的长期均衡

长期是生产者可以调整全部生产要素数量的时期。这里所说的"可以调整全部生产要素的数量"有两层含义。第一，企业可以调整全部生产要素，即改变企业的生产规模，称为"企业规模调整"。在这种调整中，企业通过选择最优的生产规模来实现长期的利润最大化。第二，行业可以调整全部生产要素，即新的企业可以进入，旧的企业可以退出，称为"行业规模调整"。通过这种调整，行业可以达到最终的长期均衡状态。

一、企业规模调整

先来看短期的利润最大化。在短期中，企业的规模是固定的。如图 4-11 所示，设该规模由短期边际成本曲线 MC_1 和短期平均成本曲线 AC_1 表示，简称为规模 1。再设企业面临的产品的市场价格为 P_0，因而，边际收益曲线和平均收益曲线是位于 P_0 上的水平线 $MR_0=AR_0$。边际收益曲线 MR_0 和边际成本曲线 MC_1 的交点决定了短期的利润最大化产量 Q_1。在 Q_1 上，平均收益 P_0 大于平均成本 P_1，企业获得经济利润 $(P_0-P_1)Q_1$。

与短期不同，在长期中，企业的规模是可变的。我们用不同的短期边际成本曲线和短期平均成本曲线来表示不同的规模。图 4-11 中，除了由 MC_1 和 AC_1 代表规模 1 之外，还给出了另外两个代表性的规模，即由 MC_2 与 AC_2 代表的规模 2 和由 MC_3 与 AC_3 代表的规模 3。其中，MC_3 和 AC_3 代表的是较大的规模，而 MC_2 和 AC_2 代表的是中等规模。

如图 4-11 所示，当价格为 P_0 时，企业在规模 2 和规模 3 上也获得了经济利润。例如，在规模 2 上，边际成本曲线 MC_2 与边际收益曲线 MR_0 的交点决定的利润最大化产量为 Q_2，相应的经济利润为 $(P_0-P_2)Q_2$；在规模 3 上，边际成本曲线 MC_3 与边际收益曲线 MR_0 的交点决定了利润最大化产量 Q_3，相应的经

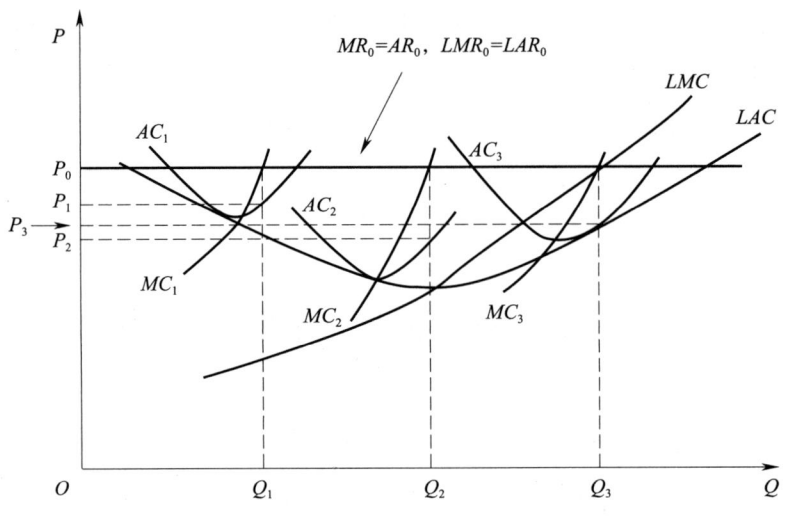

图 4-11　完全竞争企业的长期规模调整

济利润为 $(P_0-P_3)Q_3$。

在长期当中,企业会选择哪一个规模来生产呢?是规模 2,还是规模 3?或者,仍然为规模 1?换句话说,企业会选择哪一个短期的利润最大化产量?是 Q_2,还是 Q_3?或者,仍然为 Q_1?

结果取决于,在所有这些规模(或短期利润最大化产量)中,哪一个可以带来最大的经济利润。例如,在图 4-11 中,三个短期利润最大化产量分别为 Q_1、Q_2 和 Q_3,相应的经济利润分别为 $(P_0-P_1)Q_1$、$(P_0-P_2)Q_2$ 和 $(P_0-P_3)Q_3$。通过比较,即可找出最大的经济利润。比如说,设 $(P_0-P_3)Q_3$ 是所有经济利润中最大的,则企业就选择规模 3,生产 Q_3 的产量。由此可见,所谓长期的规模调整,或者长期的利润最大化,就是在所有的短期均衡中选择一个"最优"的短期均衡。

但是,一般来说,企业在长期中可以选择的规模并不会只有三种,而是有很多种,甚至是无数种。在这种情况下,如何才能从所有可能的规模中找到能够带来最大经济利润的那个规模?为了回答这个问题,我们先来讨论长期的利润最大化条件,并根据该条件来确定长期的利润最大化产量,然后再由长期的利润最大化产量来确定相应的规模,并选择该规模进行生产。

容易想到,长期利润最大化条件不过是短期利润最大化条件的简单推广。在短期中,利润最大化条件是(短期)边际收益等于(短期)边际成本,而在长期中,利润最大化的条件自然就是长期边际收益等于长期边际成本。企业在长期利润最大化产量上的盈利和亏损状况也可以用相应的长期平均收益和长期平均成本的相对大小来确定。

第三章第六节曾经详细地讨论过长期边际成本曲线和长期平均成本曲线——它们分别由图 4-11 中的 LMC 曲线和 LAC 曲线表示。和短期的情况一样，长期边际成本曲线和平均成本曲线也都为 U 形（图中的长期边际成本曲线省略了向右下方倾斜的左半部分），并且前者经过后者的最低点。长期边际收益曲线 LMR_0 和平均收益曲线 LAR_0 则仍然是位于市场价格 P_0 上的水平线——刚好与短期的边际收益曲线和平均收益曲线重合。其原因仍然是完全竞争企业改变自己产量（包括在长期中通过改变规模来改变产量）的行为不会影响产品的市场价格。

由图 4-11 容易看到，长期边际收益曲线 LMR_0 与长期边际成本曲线 LMC 正好在产量 Q_3 上相交。因此，Q_3 是长期的利润最大化产量。任何其他产量，都不能使长期利润达到最大。例如，当产量小于 Q_3 时，长期边际收益大于长期边际成本，因而增加产量有利——企业通过扩大规模而增加产量，并通过增加产量来增加利润；当产量大于 Q_3 时，长期边际成本大于长期边际收益，因而减少产量有利——企业通过缩小规模而减少产量，通过减少产量来增加利润。

通过长期边际收益和长期边际成本确定长期利润最大化产量之后，就可以进一步来确定与长期利润最大化产量相应的规模。在图 4-11 中，由于长期利润最大化产量为 Q_3，故企业选择规模 3，并在规模 3 的基础上生产出利润最大化产量 Q_3。于是，规模 3 就是此时的"最优规模"。与原来的规模 1 相比，在最优的规模 3 上，企业获得的经济利润更多。

现在的 Q_3 既代表了长期的利润最大化产量（因为此时长期边际收益和长期边际成本正好相等），又代表了短期（即选定规模 3 生产时）的利润最大化产量（因为此时短期边际收益和短期边际成本也正好相等）。企业在根据长期的利润最大化产量决定采用规模 3 来进行生产之后，问题又从长期转为短期；在给定规模 3 的短期之中，企业的短期利润最大化产量由此时的短期边际收益曲线 MR_0 和短期边际成本曲线 MC_3 的交点决定——恰好也为 Q_3。

长期利润最大化产量和短期利润最大化产量均为 Q_3 的结果并非偶然。如果短期利润最大化产量不等于长期利润最大化产量，则从长期来看，企业就没有实现利润的最大化，因而必须进一步调整，直到最后调整到与长期的利润最大化产量相等。换句话说，企业的短期利润最大化产量一定等于长期利润最大化产量，否则企业就不会达到长期均衡。

此外，从图 4-11 中还可以看到，在长期和短期的利润最大化产量上，长期的边际成本和短期的边际成本也正好相等，即在 Q_3 上，LMC 曲线与 MC_3 曲线正好相交。这是因为，Q_3 是长期利润最大化的产量，满足长期利润最大化的条件 $LMC=LMR_0=P_0$，同时又是规模 3 时的短期利润最大化产量，满足此时的短期利润最大化条件 $MC_3=MR_0=P_0$。于是在 Q_3 上必然有 $LMC=MC_3$。

二、行业规模调整

和短期均衡时的情况一样，企业在经过长期的规模调整之后，生产长期利润最大化产量仍然有三种可能的结果，即盈利、亏损和不亏不盈。如图 4-12 所示，设一开始时，企业面临的长期状况如下：产品的市场价格为 P_0，从而长期的边际收益曲线和平均收益曲线为 $LMR_0=LAR_0$；长期边际成本曲线和长期平均成本曲线则分别为 LMC 和 LAC。LMR_0 与 LMC 的交点决定了长期利润最大化产量 Q_3。在 Q_3 上，长期平均收益大于长期平均成本，企业得到经济利润。

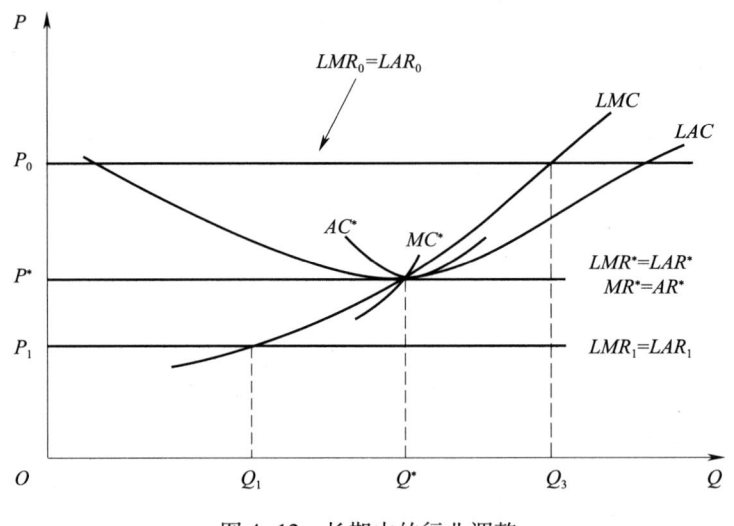

图 4-12　长期中的行业调整

现在来看价格下降的影响。随着价格的下降，长期的边际收益和平均收益曲线同步下降，长期边际收益曲线与长期边际成本曲线 LMC 的交点将沿着后者向左下方移动，从而长期利润最大化产量将减少。随着长期利润最大化产量的减少，经济利润暂时可能减少，也可能不变，甚至还可能增加，但最终肯定会减少。特别是，当价格下降到等于长期平均成本曲线 LAC 的最低点 P^* 时，经济利润将减少到 0。此时，长期边际收益曲线为 LMR^*，长期利润最大化产量为 Q^*。在 Q^* 上，长期平均收益正好与长期平均成本相等。

如果价格进一步下降，例如下降到 P_1，则经济利润将为负数，即出现亏损。此时，长期边际收益曲线为 LMR_1，长期利润最大化产量为 Q_1。在 Q_1 上，长期平均收益小于长期平均成本。

企业的盈利或亏损会引起行业的规模调整。例如，当企业获得经济利润时，会引起新的企业进入。新企业的进入可以看成是企业规模调整的极端情况，即把规模从原来的 0 调整到大于 0。新企业的不断进入使市场上的产品供给量不断增加。尽管单个的完全竞争企业改变产量的行为不会影响市场价格，但新企业的不断涌入和由此而来的供给量的不断增加，最终却会使得产品的市场价格下降。这个过程一直要持续到价格下降到 P^* 时为止。[①] 此时，全部的经济利润都将消失，企业不再有进入的动机。

另一方面，如果企业在经过所有可能的规模调整之后仍然无法避免亏损，则它就会选择退出。例如，在图 4—12 中，只要市场价格位于长期平均成本曲线 LAC 的最低点以下，则在现有技术条件下，无论企业如何进行规模调整，都无法避免亏损的结果。退出也可以看成是企业规模调整的极端情况，即将规模缩小到 0。随着原有企业的不断退出，市场上的产品供给量会不断减少。尽管单独一个完全竞争企业的退出和由此而引起的供给量的减少不会影响市场价格，但很多个企业的连续不断的退出和由此引起的供给量的不断减少，最终会使得产品的市场价格上升。这个过程也一直要持续到价格上升到 P^* 时为止。此时，全部的亏损都将消失。于是，仍然留在该行业中的企业不再有退出的动机。

总之，在长期中，企业的进入和退出调整着整个行业的规模。直到最后，在该行业中，所有的完全竞争企业都处于不盈不亏的状态。此时，不再有新的企业进入，也不再有老的企业退出，整个行业以及该行业中的所有完全竞争企业都达到了最终的均衡。这就是图 4—12 中当价格为 P^*，即恰好等于长期平均成本曲线最低点时的情况。当然，这里所说的最终均衡并不具有任何"永久"的含义。一旦技术条件或市场条件发生变化，则均衡状态本身就会变化，于是

---

① 为简单起见，这里假定新企业的进入不影响要素市场的价格，从而不影响企业的成本状况。本节后面讨论长期供给曲线时将考虑新企业的进入对要素价格也即成本的影响。在这种情况下，则价格将不会下降到 P^*。

朝向新均衡的又一轮调整过程将再次开始。

三、长期均衡

最终的长期均衡的性质可以从"长期"和"最优短期"两个方面来讨论。仍然参见图 4-12。

首先，完全竞争企业的最终长期均衡完全由市场价格 P^*、长期边际成本曲线 LMC 和长期平均成本曲线 LAC 三项因素确定。价格 P^* 决定了长期边际收益曲线 LMR^* 和长期平均收益曲线 LAR^*。LMR^* 和 LMC 决定了长期利润最大化产量为 Q^*。在 Q^* 上，一方面，长期边际收益等于长期边际成本，即 $LMR^* = LMC$，这是长期利润最大化的条件；另一方面，长期平均收益等于长期平均成本，即 $LAR^* = LAC$，这是长期中不亏不盈的条件。由于在完全竞争条件下，长期边际收益和长期平均收益都等于市场价格 P^*，故上述两条性质可以综合为：

$$P^* = LMR^* = LMC = LAR^* = LAC$$

式中，$LMC = LAC$ 意味着生产是在长期平均成本曲线的最低点即"最有效率"的规模上进行的。

其次，Q^* 不只是长期利润最大化产量，同时也是相应的最优规模上的短期利润最大化产量，即最优的短期利润最大化产量。它由图 4-12 中代表最优规模的短期边际成本曲线 MC^* 和短期平均成本曲线 AC^* 所确定。此外，在最优规模上，短期平均成本曲线 AC^* 正好与长期平均成本曲线 LAC 的最低点相切。

从最优短期利润最大化的角度来看，图 4-12 中的完全竞争最终均衡也由三项因素完全确定，即市场价格 P^*、短期边际成本曲线 MC^* 和短期平均成本曲线 AC^*。价格 P^* 决定了短期边际收益曲线 MR^* 和短期平均收益曲线 AR^*。MR^* 和 MC^* 决定了最优的短期利润最大化产量为 Q^*。在 Q^* 上，一方面，短期边际收益等于短期边际成本，即 $MR^* = MC^*$，这是短期利润最大化的条件；另一方面，短期平均收益等于短期平均成本，即 $AR^* = AC^*$，这是短期中不亏不盈的条件。由于在完全竞争中，短期边际收益和短期平均收益都等于市场价格，故上述两条性质也可以综合为：

$$P^* = MR^* = MC^* = AR^* = AC^*$$

式中，$MC^* = AC^*$ 意味着生产是在短期平均成本曲线的最低点即"最优规模"的"最低成本"上进行的。

把上述讨论综合起来，可以得到如下一连串的等式：

第四节 完全竞争企业和市场的长期均衡

$$P^* = LMR^* = LAR^* = LMC = LAC$$
$$= MR^* = AR^* = MC^* = AC^*$$

这就是关于完全竞争企业的最终长期均衡的完整描述。

完全竞争的一个重要结论是它可以导致经济效率。这是因为，完全竞争企业面临的需求曲线是一条水平线。水平的需求曲线导致相应的边际收益曲线也是水平的，且恰好与需求曲线重合，因而相应的边际收益总是等于价格。在这种情况下，利润最大化的条件即边际成本等于边际收益就简化为边际成本等于价格（参见图 4-3 和图 4-12 关于完全竞争企业的短期和长期利润最大化）。边际成本等于价格意味着增加额外一单位产量所引起的成本等于消费者愿意为该单位产量所支付的价格——这正好是经济效率所要求的。如果不是这样，则通过调整生产，可以提高经济效率。例如，设边际成本小于价格（以后会看到，这是不完全竞争中的常见情况），则它意味着，增加额外一单位产量所引起的成本要小于消费者愿意为该单位产量所支付的价格。在这种情况下，如果企业能够增加生产，则整个社会付出的代价就小于所得到的好处，因而对社会有好处。

四、长期供给曲线

前面我们从完全竞争企业的短期均衡推导出完全竞争企业与完全竞争市场的短期供给曲线。类似地，现在我们要从完全竞争企业的长期均衡来推导完全竞争企业与完全竞争市场的长期供给曲线。

完全竞争企业的长期均衡条件是价格等于长期边际成本，且等于长期平均成本。根据长期边际成本和长期平均成本的关系，该条件又意味着，价格总是等于长期平均成本曲线的最低点。图 4-13 是某个典型的完全竞争企业的情况。假定一开始时，价格线为 P_0，长期边际成本曲线为 LMC，长期平均成本曲线为 LAC。它们共同相交于点 A（即长期平均成本曲线 LAC 的最低点），并决定了长期的利润最大化产量 Q_0。

由于在长期中，给定某个价格之后，利润最大化产量总是位于长期平均成本曲线的最低点处，故可以通过考察价格与长期平均成本曲线最低点之间的关系来确定长期供给曲线的形状。

首先，假定由于某种原因，价格从原来的 P_0 上升到 P_t。当价格上升到 P_t 时，相应的企业利润最大化产量开始时会增加到 Q_t。但是，P_t 和 Q_t 的组合（即

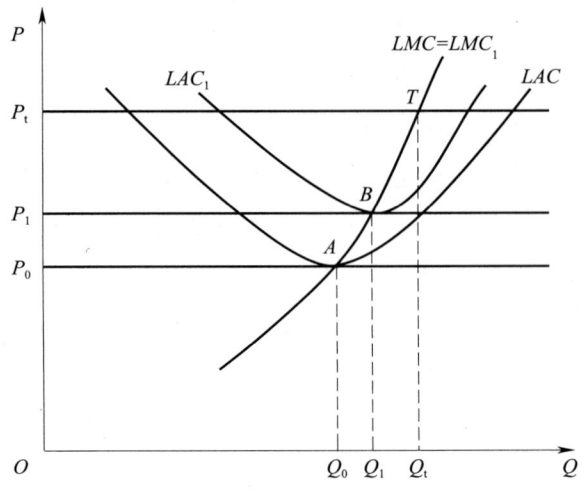

图 4-13　产品价格和要素成本的关系（1）

点 T）并非最后的均衡，因为在 Q_t 上，平均收益大于平均成本，因而存在经济利润。经济利润导致新企业的进入。新企业的进入一方面增加了产品市场的供给，另一方面增加了相应的要素市场的需求。① 产品市场的供给增加会引起产品的市场价格从 P_t 处下降；要素市场的需求增加则会引起要素的市场价格上升，从而导致企业的生产成本上升，最终使长期平均成本曲线从 LAC 处上升（以及长期边际成本曲线从 LMC 处上升）。产品价格下降和长期平均成本曲线上升使得最终的均衡既不会在原来的点 A 处，也不会在点 T 处，而是位于二者之间的某个地方，例如点 B 处。在点 B 处，价格下降到 P_1，长期平均成本曲线上升到 LAC_1（为简单起见，图 4-13 中仍然用原来的长期边际成本曲线 LMC 来表示变化之后的 LMC_1）。此时，价格 P_1 正好等于长期平均成本曲线 LAC_1 的最低点。于是，点 B 为此时的最新均衡点。②

其次，假定价格从 P_0 下降到 P_u（参见图 4-14）。此时，相应的利润最大化产量减少到 Q_u。在 Q_u 上，平均收益小于平均成本，因而出现亏损。亏损导致一部分原有企业退出。这些企业的退出一方面减少了产品市场的供给，另一方面减少了要素市场的需求。产品市场的供给减少引起产品市场价格从 P_u 处上

---

① 前面讨论完全竞争企业的长期均衡时曾经假定企业的进出调整不影响要素市场的价格。这样的假定在进一步考察整个行业的供给曲线时显然不再恰当。
② 在图 4-13 中，由于我们假定长期边际成本曲线没有变化（即 $LMC=LMC_1$），故新均衡点 B 处的利润最大化产量 Q_1 大于原均衡点 A 处的 Q_0。如果考虑长期边际成本曲线的变化，Q_1 既可能大于 Q_0，也可能小于或等于 Q_0。

升；要素市场的需求减少则引起要素价格下降，从而导致企业生产成本下降，最终使长期平均成本曲线从 LAC 处下降（同时长期边际成本曲线从 LMC 处下降）。产品价格上升和长期平均成本曲线下降使得最终的均衡位于点 C。在点 C 处，价格上升到 P_2，长期平均成本曲线下降到 LAC_2。此时，价格 P_2 正好等于长期平均成本曲线 LAC_2 的最低点。于是，点 C 为此时的最新均衡。

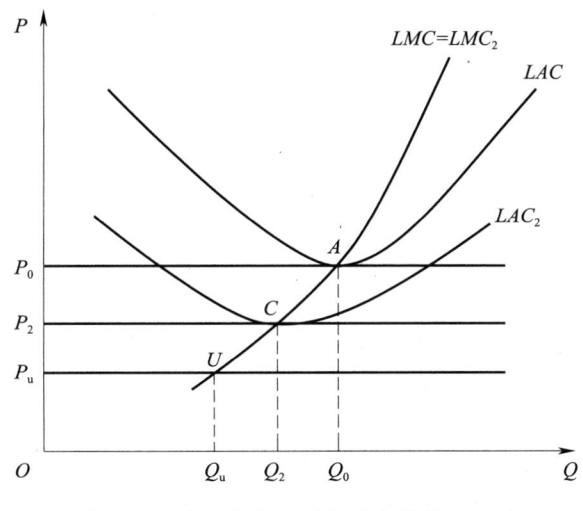

图 4-14　产品价格和要素成本的关系（2）

通过比较图 4-13 和图 4-14 中新长期均衡与原来长期均衡中的价格与产量，即可了解完全竞争企业和整个完全竞争市场的长期供给曲线的大致情况。例如，我们先来比较原均衡点 A 与价格上升后的新均衡点 B（参见图 4-13）。在原来的长期均衡点 A 处，企业的价格和产量分别为 P_0 和 Q_0，整个市场的价格和产量则分别为 P_0 和 nQ_0。这里的 n 表示完全竞争市场中当价格为 P_0 时的原有企业的数量（假定所有的完全竞争企业都一样）。在新的长期均衡点 B 处，企业的价格和产量分别为 P_1 和 Q_1，整个市场的价格和产量则分别为 P_1 和 $(n+m_1)Q_1$。其中，n 代表原有企业的数量，m_1 代表新进入企业的数量，从而 $(n+m_1)$ 代表经过进入调整之后当价格为 P_1 时的所有企业的数量。

以上讨论可以用图 4-15 来说明。图中，原来的长期均衡点为 A'（相应于图 4-13 中完全竞争企业初始的长期均衡点 A）。在点 A' 处，产品的市场价格为 P_0，市场的供给量为 nQ_0。当价格上升到 P_1 并引起一系列的进入调整之后，新的长期均衡点为 B'（相应于图 4-13 中的完全竞争企业的新的长期均衡点 B）。在点 B' 处，产品的市场价格为 P_1（大于 P_0），市场的供给量为 $(n+m_1)Q_1$（大于 nQ_0）。

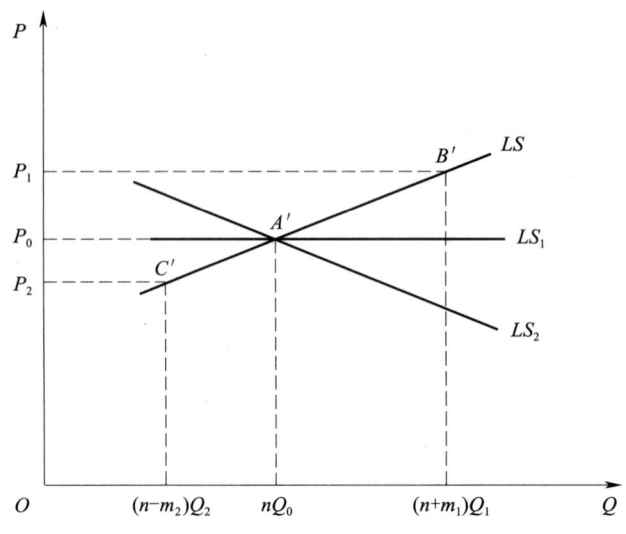

图 4-15 完全竞争市场的长期供给曲线

其次来比较原均衡点 A 与价格下降后的新均衡点 C（参见图 4-14）。在新的长期均衡点 C 处，企业的价格和产量分别为 P_2 和 Q_2，整个市场的价格和产量分别为 P_2 和 $(n-m_2)Q_2$。其中，n 为原有企业的数量，m_2 为退出企业的数量，从而 $(n-m_2)$ 是经过退出调整之后当价格为 P_2 时的所有企业的数量。如图 4-15 所示，在经过价格下降到 P_0 所引起的一系列的退出调整之后，新的长期均衡点位于点 C'（相应于图 4-14 中的完全竞争企业的新的长期均衡点 C）。在点 C' 处，产品的市场价格为 P_2（小于 P_0），市场的供给量为 $(n-m_2)Q_2$（小于 nQ_0）。

总之，当新企业的进入引起要素价格上升时，或者当原有企业的退出引起要素价格下降时，完全竞争市场的长期供给量随产品价格的上升而增加，随其下降而减少。这意味着完全竞争市场的长期供给曲线和短期一样也向右上方倾斜，如图 4-15 中的 LS 曲线所示。

以上讨论假定了新企业的进入会导致要素价格的上升，原企业的退出会导致要素价格的下降。然而，在某些特殊的情况下，进出调整也可能不会影响要素价格，有时甚至会使要素价格出现相反的变化。例如，当所讨论的整个行业对生产要素的需求量只占要素市场需求量很小一部分的时候，进出的调整就不会影响要素价格。另一方面，要素市场也可能存在"外部经济"，即单位成本随行业的扩张而下降。① 例如，随着行业的扩张，运输条件会改善，从而每个

---

① 注意，这里所说的要素市场的"外部经济"不同于后面第八章中所说的"外部性"。

企业的单位成本会下降。在这种情况下，当新企业进入（原有企业退出）导致要素需求量增加（减少）时，要素的价格反而可能会下降（上升）。

当要素价格不随企业进出调整而变化时，长期供给曲线呈水平状态，如图 4-15 中的 LS_1 曲线所示，即位于市场价格上的水平线。这是因为，在要素价格不受影响的条件下，无论产品市场的价格一开始时如何变化，通过进出调整，最终还是会回到原来的长期均衡水平，即与原来的没有变化的长期平均成本曲线的最低点相切。在这种情况下，变动的只是企业的数量和市场的产品供给量，而不是产品的价格。

当要素价格随着新企业的进入（或原有企业的退出）不升反降（或不降反升）时，长期供给曲线呈现向右下方倾斜的"反常"形状，如图 4-15 中的 LS_2 曲线所示。例如，设一开始时的价格上升引起新企业进入。新企业进入导致要素价格不升反降，要素价格的下降使得长期平均成本曲线下移，从而长期平均成本曲线的最低点也下移。于是，最终新的长期均衡点将在比原来更低的价格水平上达到。在该较低的价格水平上，产品市场上的供给量由于新企业的进入而增加。这意味着，随着价格的下降，市场的长期供给量不减反增。

以上讨论可以总结如下：在完全竞争的条件下，如果产品价格的上升导致相应的要素价格上升，从而企业长期平均成本曲线的最低点上升，则长期供给曲线就向右上方倾斜；反之，如果产品价格的上升导致要素价格下降，从而企业长期平均成本曲线最低点下降，则长期供给曲线就向右下方倾斜；最后，如果产品价格上升之后并未引起要素价格的变化，从而企业长期平均成本曲线的最低点没有变化，则长期供给曲线就是水平的。

第五节 本章评析

一、完全竞争假定及其非现实性

在西方经济学中，完全竞争既是一种为了分析的方便而做出的理论假设，更被看成是一个社会的理想状态和应当追求的目标。西方经济学家普遍认为，现实社会中出现的许多问题如效率低下、分配不公等主要都是因为市场的不完全性而造成的，因此，他们提出的解决问题的办法也主要是一些促进和改善市场竞争的政策建议。有些人甚至还因此把建立在资本主义私有制基础上的市场经济看成是最好的，因为它崇尚个人所有、个人决策和自由竞争，最接近完全竞争的要求。

在分析完全竞争假定以及在此基础上建立的完全竞争理论时，必须注意到如下三点：

第一，完全竞争假定不是资本主义现实的反映。实际上，在现实的资本主义经济中，符合完全竞争假定的市场和企业并不存在。这一点也是绝大多数西方经济学家都承认的。

第二，完全竞争的政策不能解决现实资本主义经济中出现的种种问题，如两极分化、经济危机等。许多西方经济学家认为，资本主义现实中出现的问题都是由于竞争的不完全性，因而，只要消除这些不完全性，就能够解决资本主义的问题。他们不知道（或者不愿意承认），这些问题的根源在于资本主义的私人占有制度和剥削制度，而不是竞争的不完全性。从某种意义上甚至可以说，自由放任的政策实际上进一步加剧而非减轻了资本主义固有的两极分化和经济危机等问题。

第三，完全竞争状态不是社会主义市场经济的理想模式。即使是在社会主义公有制经济存在的条件下，由于完全竞争本身所具有的一些局限性，如不能有效地促进技术进步（参见第五章第五节）、不能提供充分的公共物品（参见第八章第三节）、不能很好地克服两极分化和经济危机等，我们也不能走自由放任的道路。

总之，我们切不可误认为，完全竞争就是资本主义经济的现实，也不可误认为，完全竞争能够解决资本主义制度固有的矛盾和问题，更不可误认为，完全竞争是我国社会主义市场经济的理想模式。

当然，作为一种分析方法，首先建立完全竞争的理论模型，然后再讨论更加现实一些的不完全竞争的各种情况，还是有一定的合理性的，在很多情况下也是必要的。此外，完全竞争模型本身也有一定的现实意义——它可以用来说明某些重要的经济现象。例如，从完全竞争企业的利润最大化可以推导出完全竞争市场的短期和长期供给曲线，以此作为参考，可以进一步去说明现实市场中的供给的性质。

二、完全竞争和利润的最大化

本章详细讨论了完全竞争企业的利润最大化行为。应当说，假定企业追求利润的最大化，在一定程度上反映了资本主义制度的现实。正如马克思所说，"资本主义生产过程的动机和决定目的，是资本尽可能多地自行增殖，也就是尽可能多地生产剩余价值，因而也就是资本家尽可能多地剥削劳动力"①。"生产剩余价值或赚钱，是这个生产方式的绝对规律。"②

但是，从本章的讨论中我们却又看到，根据西方经济学的理论，在长期的完全竞争条件下，追求利润最大化的行为最终将导致利润的"消失"，因为按照该理论的说法，完全竞争企业在长期中不能得到经济利润或超额利润，只能得到正常利润，而正常利润又是成本的一部分。这样一来，在长期的完全竞争条件下，利润最大化的结果就是没有利润！

为什么会有这样的结果呢？西方经济学给出的理由是：由于在长期的完全竞争条件下，没有进出市场的障碍，故如果存在经济利润，就会引起新企业的进入，新企业的进入又会导致供给增加、价格下降，最终使得经济利润消失。

然而，仔细分析一下就会发现，西方经济学的上述说法显然不符合实际。这是因为，根据这一说法，在一个资源可以充分自由流动的经济中，企业的进入或退出，完全在于它能否得到正常利润，只要能够得到正常利润，企业就不会选择退出。但是，获得正常利润意味着获得的经济利润等于零。因此，换成经济利润的术语来说就是：企业选择进入或退出的标准是零经济利润或零（经济）利润率。这就是说，企业可以安于获得零经济利润或零（经济）利润率的现状，而不为其他可以获得正经济利润的行业所动，不想进入可以进入且可以获得正经济利润的其他行业。这显然违背了企业的利润最大化目标。

在现实中，企业选择退出还是留下的决策当然与利润率有关，但不是零利润率，而是某个大于零的利润率。这个作为进出标准的利润率应该是平均利润率。平均利润率的大小不是固定不变的。但是，在一定的时期内和在一定的范围内，平均利润率的水平通常是一定的。特别是，它总是大于零，而不会是零，更不会是负值。每个企业都期望至少能够实现这个平均利润率，即根据平均利润率的高低得到一个正的平均利润。如果在长期中都得不到正的平均利润，企业就会选择退出。另一方面，在一个自由竞争的经济中，如果某个行业的实际利润率高于整个经济的平均利润率，则又会引起新的企业进入。这种进

---

① 《马克思恩格斯全集》第42卷，人民出版社2016年版，第338页。
② 《马克思恩格斯全集》第42卷，人民出版社2016年版，第636页。

入和退出的调整，最终导致每一行业的利润率大体相同，即都等于平均利润率的水平。因此，调整企业进出的不是正常利润，不是零经济利润，不是零利润率，而是大于零的平均利润率。

从马克思主义经济学的观点来看，在资本主义经济条件下，平均利润是剩余价值的转化形式，与之相联系，平均利润率则是剩余价值率的转化形式。以实现利润最大化为目标的企业至少要获得作为剩余价值转化形式的平均利润，即按照作为剩余价值率转化形式的平均利润率计算的平均利润。因此，它绝不能是零或负值。

由于调节企业进入和退出的不是零利润率，而是正的平均利润率，故调节的结果，企业最终得到的也不是零经济利润，而是某个正的经济利润（平均利润）。由此可见，即使假定资源可以充分地自由流动，不存在任何的进入或退出障碍，经济利润照样可以存在。换句话说，在长期均衡中，完全竞争企业不仅可以得到正常利润，而且可以得到一个平均利润。

综上所述，如果我们假定存在着平均利润率，且平均利润率还大于零，则经济利润的存在就并不一定会导致进入，特别是，如果经济利润低于平均水平，则它反而还会引起退出；另外，进入也不足以导致经济利润下降到零，而是导致它下降到平均水平。因此，在长期中，完全竞争企业也可以得到超过正常利润的经济利润，即平均利润。只有在假定平均利润率等于零的条件下（而这显然是不现实的），西方经济学关于只要存在进出竞争就没有经济利润的说法才能够成立。

思考题：

1. 企业面临的需求和市场需求有什么区别与联系？
2. 划分市场结构的依据有哪些？
3. 为什么说完全竞争企业改变产量的行为不会影响市场价格？
4. 完全竞争企业在进行短期生产决策时，要解决哪几个相互联系的问题？
5. 完全竞争企业在利润最大化产量上生产是否会亏损？为什么？
6. 在短期中，完全竞争企业停产会有多大的损失？为什么？
7. 为什么说在长期均衡状态中，长期利润最大化与最优的短期利润最大化是一致的？

8. 如何正确认识完全竞争假定和在该假定基础上建立起来的完全竞争理论?

9. 设某企业的边际收益和平均收益恒相等,且当产量为 1 时,总收益为 0.5。试确定:

(1) 总收益函数;

(2) 边际收益函数;

(3) 平均收益函数;

(4) 企业的类型。

10. 设某个完全竞争企业的短期总成本函数为 $C = 0.03Q^3 - 0.6Q^2 + 8Q + 20$。其产品的市场价格($P$)为 5。该企业在利润最大化产量上是盈还是亏?

▶ 自测习题及参考答案

第五章 不完全竞争市场

上一章讨论了完全竞争条件下企业的利润最大化行为，并据此推导了完全竞争企业和完全竞争市场的产品供给曲线。本章则要分析不完全竞争（包括垄断、垄断竞争和寡头）环境中的类似问题。由于在不完全竞争的条件下，企业的产品供给函数不存在，① 故这里主要讨论各种不完全竞争企业利润最大化产量和价格的决定过程。

第一节 垄　　断

一、垄断及其原因

垄断意味着在整个市场上"只此一家"。由于垄断企业是市场上独一无二的生产者，故它生产的产量在市场上的占有率为 100%。

按形成垄断的原因分，可以把垄断分为四类，即资源垄断、特许垄断、专利垄断和自然垄断。

所谓资源垄断是指，如果某种产品的生产必须要有某种关键性的资源，而这种关键性的资源又为某个企业所独有，则在这种情况下，该企业不仅垄断了这种关键性的资源，还可以垄断必须具备这种关键性资源的生产。

所谓特许垄断是指，政府利用行政或法律的强制手段，把生产某种产品的权利给予某个企业，而不允许任何其他企业染指。在现实生活中，这样的垄断也很常见，如许多公用事业企业就是这种类型的垄断企业。

除了上述两种基本的垄断之外，还有一种垄断也非常重要，就是专利垄断——某个企业拥有生产某种商品的专利权。专利垄断可以归为上述的资源垄断或特许垄断。从专利的授予方面来看，它是一种特许垄断，因为专利是政府赋予的一种权利；从专利的性质方面来看，它是一种资源垄断，因为和其他的生产要素一样，专利也是一种资源，拥有专利的企业可以利用它进行生产，也可以出售它以获得收益。

---

① 参见本章第一节"垄断企业的短期均衡"中的讨论。

与前面三种垄断相比，自然垄断的概念以及它形成和持续存在的原因要更加复杂一些。简单而言，自然垄断的产生常常与规模经济有关：某种生产的不变成本相当之大，而可变成本及边际成本又相当之小，结果，随着产量的增加，平均成本不断下降，一直下降到充分大的产量上才达到最低点。这里，所谓充分大的产量是指在可盈利的价格水平上能够完全地满足市场的需要。在这种情况下，如果有不止一个企业生产该产品，则它们就都无法达到最低的成本。于是，为了减少成本，每个企业都将努力地增加各自的产量，并相应地降低价格。这就是所谓的价格战。价格战的胜者就成为市场的垄断者。

例如，考虑某个具有相当大规模经济的市场。在该市场中，所有企业的长期平均成本曲线都如同图 5-1 中的 AC 一样，在可盈利的价格水平上一直下降。当然，不同的企业仍然具有不同的效率，从而它们的长期平均成本曲线也有高低之别。为明确起见，我们假定图中的 AC 代表的是所有企业中最有效率的那个企业的长期平均成本曲线。换句话说，在该市场中，所有可能的其他企业的长期平均成本曲线都高于 AC。在这种情况下，这个最有效率的企业就可以通过不断地增加生产，同时，不断地让价格跟随自己的平均成本的下降而下降，把其他的企业一个一个地排挤出去，直到最后独占整个市场，形成垄断。一旦形成垄断，它就可以凭借垄断地位而根据利润最大化的要求来重新决定自己的产量和价格。例如，假定市场的需求曲线为 $D=AR$，垄断企业的利润最大化状态由点 A 所示，则它就可以把自己的产量定在 Q^*，把相应的价格定在 P^*。

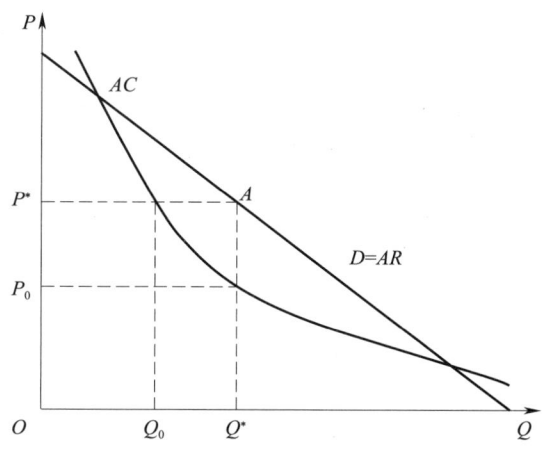

图 5-1　自然垄断的形成和维持

那么，垄断企业这样来决定自己的产量和价格，会不会引起其他企业的再度"进入"？答案是不会。这是因为，按照假定，垄断企业的长期平均成本曲

线 AC 在所有的可能竞争者之中是最低的,故在任何的产量水平上,潜在的进入者都无法与已经形成垄断的企业竞争。首先,如果潜在竞争者真的要进入该市场,其产量就不能低于 Q_0,否则其成本就会高于垄断企业的利润最大化价格 P^*,因而注定要亏损。其次,如果潜在竞争者把产量定在大于 Q_0 但小于 Q^* 的水平上,则又会遭到垄断企业的价格竞争——例如,垄断企业在维持自己的产量为 Q^* 不变的条件下,把价格从 P^* 处往下降,一直降到 P_0。在 P^* 到 P_0 的整个区间,垄断企业都仍然有利可图。最后,如果潜在竞争者的产量大于 Q^*,则垄断企业也可以把自己的产量增加到相同的水平,并收取等于或略高于其长期平均成本的价格——这不过是重复了前面所说的价格战。因此,无论如何,在存在相当大的规模经济的条件下,最有效率的企业既可以通过竞争而形成垄断,也可以通过竞争来维持自己的垄断地位。

二、垄断企业的需求曲线和收益曲线

如前所说,垄断企业是整个市场中唯一的生产者,因此,对垄断企业的产品的需求就是整个市场的需求,垄断企业面临的需求函数就是整个市场的需求函数。

为简单起见,假定垄断企业面临的需求函数是线性的,即:

$$P = \alpha - \beta Q \tag{5.1}$$

式中,α,$\beta>0$,均为给定的常数,其几何表示是一条纵截距为 α、斜率为 $-\beta$ 的向右下方倾斜的直线。

由需求函数式(5.1)可以分别求得总收益函数、平均收益函数和边际收益函数如下:

$$R = PQ = (\alpha - \beta Q)Q = \alpha Q - \beta Q^2 \tag{5.2}$$

$$AR = \frac{PQ}{Q} = P = \alpha - \beta Q \tag{5.3}$$

$$MR = (\alpha Q - \beta Q^2)' = \alpha - 2\beta Q \tag{5.4}$$

上述各个收益函数的几何表示如图 5-2 所示。首先,和以前一样,平均收益曲线 AR 与需求曲线完全重合,即也是一条纵截距为 α、斜率为 $-\beta$ 的向右下方倾斜的直线。其次,边际收益曲线 MR 的纵截距与平均收益曲线(或需求曲线)一样,都等于 α,但斜率是后者的 2 倍。如果在上面的式子中令 AR 和 MR 等于 0,求出相应的产量水平,则它们分别等于 α/β 和 $\alpha/2\beta$。由此可知,边际

收益曲线 MR 与横轴的交点正好是平均收益曲线 AR 与横轴的交点的一半。实际上，在图 5-2 中作任意一条水平线，则边际收益曲线与该水平线的交点都正好是平均收益曲线与该水平线的交点的一半。最后，总收益函数的几何表示即总收益曲线 R 可由边际收益曲线 MR 确定：当边际收益大于、小于和等于 0 时，或者，当产量 Q 小于、大于和等于 $\alpha/2\beta$ 时，收益函数上升、下降和达到最大。

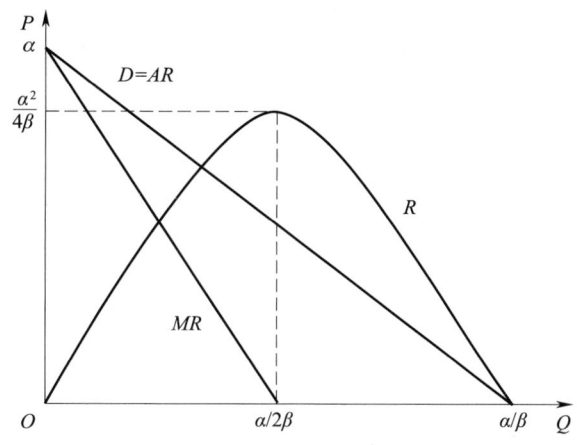

图 5-2　垄断企业面临的需求曲线和收益曲线

三、垄断企业的短期均衡

（一）利润最大化产量和价格

在短期中，垄断企业和完全竞争企业一样，也无法改变不变要素的投入，而只能在既定规模的限制条件下实现利润的最大化。

如图 5-3 所示，垄断企业的既定规模由短期的边际成本曲线 MC 和平均成本曲线 AC 表示。它面临的需求曲线（亦即市场的需求曲线）为 d。如前所述，d 既是平均收益曲线 AR，又决定了相应的边际收益曲线 MR。

边际收益曲线 MR、边际成本曲线 MC 和需求曲线 d 共同决定了垄断企业的短期均衡：首先，边际收益曲线 MR 与边际成本曲线 MC 的交点决定了利润最大化产量 Q_0，在 Q_0 上，边际收益和边际成本都等于 P_2；其次，利润最大化产量 Q_0 和需求曲线 d 决定了相应的利润最大化价格 P_0。

通过比较垄断企业与完全竞争企业的利润最大化决定过程即可发现，二者之间有一个重要的不同。在完全竞争的条件下，市场价格是既定的参数，因此，企业只需要决定利润最大化产量。而在垄断条件下，为了实现利润的最大化，企业不仅要决定产量，还要决定价格。只有当产量和价格都被正确选定之

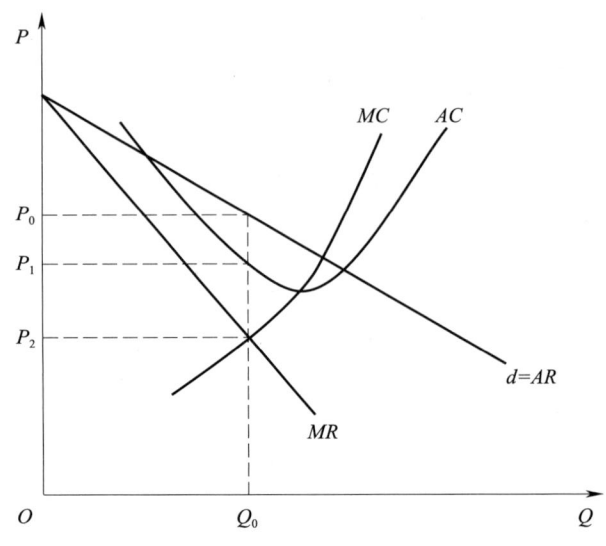

图 5-3 垄断企业的短期利润最大化

后,垄断企业才可以说是满足了利润最大化的要求。

需要注意的是,在上面的讨论中,尽管我们是先根据边际收益和边际成本来确定垄断企业的利润最大化产量,然后再根据利润最大化产量以及需求曲线来决定利润最大化的价格,但在实际的利润最大化决定过程中,产量和价格必须同时确定。例如,在图 5-3 中,当价格 P_0 未被决定之前,我们不能断定 Q_0 就是利润最大化产量。实际上,当产量为 Q_0 时,如果选定任何不等于 P_0 的价格,则 Q_0 都不是利润最大化的产量——尽管它对应着边际收益曲线和边际成本曲线的交点。因此,只有 Q_0 和 P_0 同时决定,才意味着真正的利润最大化。

(二) 盈亏状况

图 5-3 给出的是垄断企业盈利的情况:在利润最大化产量 Q_0 上,平均收益为 P_0,平均成本为 P_1;由于 P_0 大于 P_1,故存在经济利润(此时的经济利润就是垄断利润),其大小等于 $(P_0-P_1)Q_0$。

与完全竞争企业一样,在短期的利润最大化产量上,垄断企业也可能亏损。例如,在图 5-4 中,由于在给定的规模上成本过高,或者市场的需求过低,整个的市场需求曲线 d 都低于平均成本曲线 AC。此时,无论利润最大化的产量和价格组合是何种情况,平均收益都将低于平均成本,从而都将出现亏损。如图 5-4 所示,利润最大化产量为 Q_0,在 Q_0 上,平均收益 P_0 小于平均成本 P_1,亏损的数量为 $(P_1-P_0)Q_0$。与完全竞争企业一样,在短期亏损的情况下，垄断企业是否停产，也要看平均收益与平均可变成本的相对大小。如果平均收益大于平均可变成本，则继续生产，否则就停产。

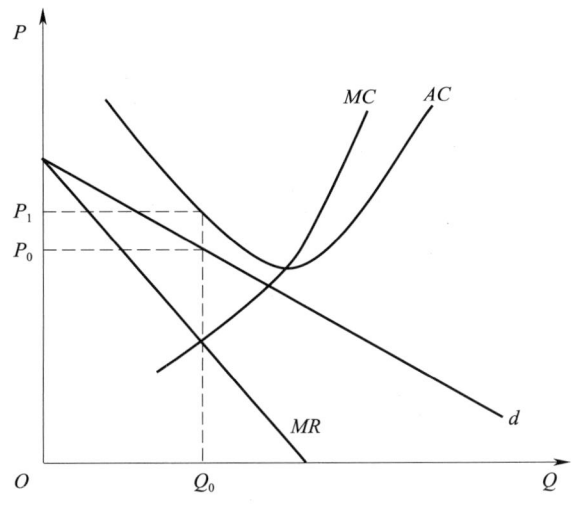

图 5-4　垄断企业的短期亏损

当然，由技术条件决定的成本和由市场条件决定的收益也可能使利润最大化时的平均收益和平均成本恰好相等，从而使垄断企业不亏不盈。不过，与完全竞争企业的长期均衡不同，垄断企业的这种不亏不盈只是出于偶然的巧合，而非必然的结果。

（三）垄断企业的供给曲线：不存在

在上一章讨论完全竞争的时候，我们曾经从完全竞争企业的利润最大化推导出它的供给曲线。现在要问：我们能否同样地从垄断企业的利润最大化推导出相应的供给曲线？回答是否定的。

我们知道，供给曲线反映的是供给量与价格之间的函数关系——给定一个价格水平，有唯一一个企业愿意且能够提供的产品量。然而，在垄断的条件下，这种确定的函数关系并不存在。

如图 5-5 所示，当垄断企业面临的需求曲线为 d_1 时，相应的边际收益曲线为 MR_1，MR_1 与边际成本曲线 MC 的交点决定的利润最大化产量和价格分别为 Q_1 和 P^*；当垄断企业面临的需求曲线为 d_2 时，相应的边际收益曲线为 MR_2，MR_2 与边际成本曲线 MC 的交点决定的利润最大化产量和价格分别为 Q_2 和 P^*。在这两种情况下，利润最大化的价格都是 P^*，但与 P^* 相应的利润最大化产量却有 Q_1 和 Q_2 两个（当然，也可能不止两个），这就违背了供给曲线的要求。①

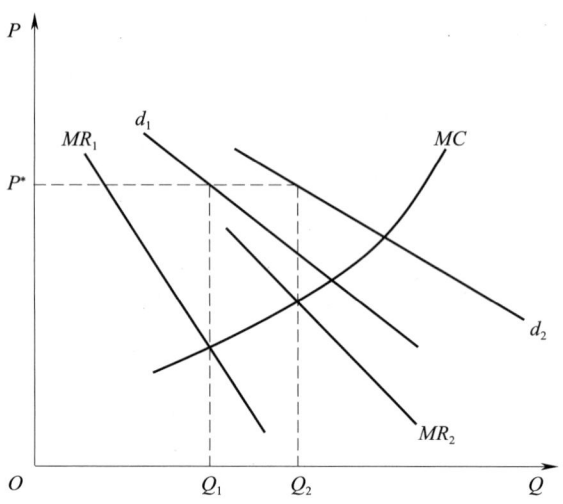

图 5-5 垄断企业的供给曲线:不存在

从图 5-5 可以看出,在垄断场合,之所以不存在供给曲线,是因为垄断企业面临的需求曲线是向右下方倾斜的(不像完全竞争时那样为一条水平线)。向右下方倾斜的需求曲线导致边际收益曲线不同于需求曲线(不像完全竞争时那样与需求曲线重合),并进而导致在同一个价格水平上有不同的供给量与之对应。但是,并不是只有垄断企业面临的需求曲线才向右下方倾斜。实际上,所有的不完全竞争企业(包括垄断竞争企业和寡头企业)面临的需求曲线都是向右下方倾斜的,尽管倾斜的程度可能有所不同。因此,上述关于垄断企业不存在供给曲线的结论也可以更加一般地推广到所有的不完全竞争企业,即对于任意的不完全竞争企业,供给曲线都不存在。

四、垄断企业的长期均衡

在讨论完全竞争条件下的长期均衡时,我们曾分别研究了"企业规模调整"和"行业规模调整"两个方面。对垄断条件下的长期均衡亦可按同样的方法来分析。

首先来看企业规模调整。如图 5-6 所示,垄断企业面临的市场需求曲线为 d,它同时也是短期和长期的平均收益曲线 AR 和 LAR。由 d 决定的短期和长期

---

① 容易想到,也可能出现另外一种情况,即给定一个利润最大化的产量,有不同的利润最大化价格与之对应。

边际收益曲线为 $MR=LMR$。① 长期的边际成本和平均成本则为 LMC 和 LAC。设一开始时，既定的短期规模由 MC_0 和 AC_0 表示。短期的利润最大化产量和价格由 MC_0、MR 和 d 决定，分别为 Q_0 和 P_0。垄断的经济利润为 $(P_0-P_1)Q_0$。长期的利润最大化产量和价格由 LMC、LMR 和 d 决定，分别为 Q^* 和 P^*。与长期利润最大化相应的最优规模由 MC^* 和 AC^* 表示。最优的短期利润最大化产量和价格也分别为 Q^* 和 P^*。垄断的经济利润为 $(P^*-P_2)Q^*$。

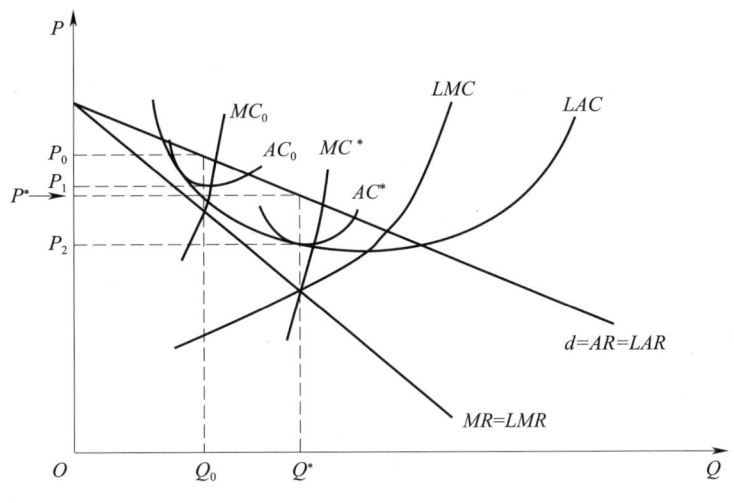

图 5-6 垄断企业的长期规模调整

其次来看行业规模调整。与完全竞争时的情况不同，在垄断条件下，行业规模调整是只有退出而没有进入。垄断企业在进行了所有的规模调整之后，如果仍然无法避免亏损，则自然就会退出，但如果获得了带有垄断性质的经济利润，却不会引起进入。尽管经济利润的存在会使其他企业产生进入的动机，但由于各种各样的垄断限制，这种进入的动机却不会成为进入的现实。正是这种进入和退出之间的不对称，导致了垄断企业的长期均衡不再像完全竞争企业那样只有一个结果，即不亏不盈，而是可能有两个结果——不亏不盈或盈利。当然，在垄断的情况下，后者是更加常见的现象。

需要说明的是，在前面对垄断企业的讨论中，利润最大化产量都位于长期平均成本曲线最低点的左边，即小于所谓"最有效率"的产量。但是，垄断企业的利润最大化产量也完全可能位于长期平均成本曲线最低点的右边。例如，

---

① 这里，区别短期和长期的主要依据在供给而非需求方面（参见第三章第二节中的讨论）。因此，我们假定企业面临的需求曲线以及相应的收益曲线在短期和长期没有区别。

在图 5-7 中，由于需求相对过高或成本相对过低，长期边际收益曲线 LMR 与长期边际成本曲线 LMC 的交点 E^* 高于长期平均成本曲线 LAC 的最低点 E_0。此时，相应的利润最大化产量 Q^* 大于由长期平均成本曲线最低点决定的"效率产量" Q_0。

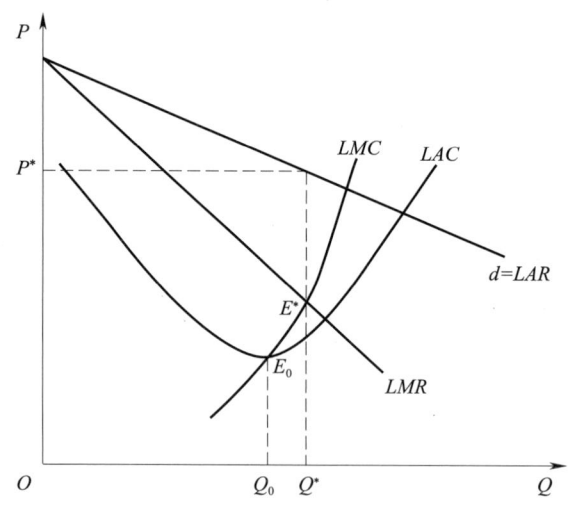

图 5-7 垄断企业产量过高的情况

类似于对完全竞争条件下的长期均衡的讨论，图 5-6 或图 5-7 中垄断企业的最优产量和价格组合 (Q^*, P^*) 也可以从两个角度去看，即一方面把它看成是长期的利润最大化产量和价格，另一方面把它看成是最优的短期利润最大化产量和价格。在前一个场合，(Q^*, P^*) 意味着长期的边际收益等于长期的边际成本、长期的平均收益大于或等于长期的平均成本，即有：$LMR = LMC$，$LAR \geqslant LAC$；在后一个场合，(Q^*, P^*) 意味着短期边际收益等于最优（规模的）短期边际成本、短期平均收益大于或等于最优（规模的）短期平均成本，即有：$MR = MC^*$，$AR \geqslant AC^*$。综合起来有：

$$LMR = LMC = MR = MC^*$$
$$LAR = AR \geqslant LAC = AC^*$$

这就是垄断企业的最终均衡。

由图 5-3 和图 5-6 显而易见，无论在短期还是在长期中，垄断企业的利润最大化状态都是低效率的。这是因为，垄断企业面临的需求曲线总是向右下方倾斜。向右下方倾斜的需求曲线导致相应的边际收益曲线低于需求曲线，或者说，相应的边际收益小于价格。在这种情况下，垄断企业的利润最大化条件即边际成本等于边际收益就意味着边际成本小于价格。这就违背了经济效率的要求。

五、垄断和价格歧视

垄断企业由于具有一定的制定价格的能力，同时又不存在来自其他企业的竞争，故它有时可以通过价格歧视来掠夺消费者剩余，从而进一步增加自己的利润。

（一）价格歧视的含义及其条件

所谓价格歧视，就是将相同成本的一种产品以不同的价格来出售。价格歧视的概念也可以扩大到产品并不完全相同的场合：如果这些不同产品的价格差异显著地不同于它们的成本差异，则也可以说存在价格歧视。

成功地实行价格歧视至少需要两个方面的条件：一是生产者之间不存在产品的竞争，二是消费者之间不存在产品的转售。因此，并不是在任何的情况下，任何的企业都能够对任何的消费者实行价格歧视。从企业方面来看，为了实行价格歧视，它首先必须具备某种程度的制定价格的能力。这是实行价格歧视的前提条件。一个企业，如果没有制定价格的能力，如完全竞争企业，显然谈不上实行价格歧视。其次，试图实施价格歧视的企业不存在来自其他企业的竞争。一个企业（如垄断竞争企业或寡头企业）即使拥有制定价格的能力，但同时也存在来自其他企业的竞争，仍然无法实行价格歧视。例如，一个寡头企业打算针对A、B两个不同的消费集团制定高、低两种不同的价格。如果存在竞争者，则竞争者就会以低于高价格的价格将A消费集团的消费者从该寡头企业那里吸引走，从而打破它的价格歧视。

另外，从消费者方面来看，也要具备一定的条件。首先他们必须是"相互不同"的，例如具有不同的偏好，从而实行价格歧视的企业才可以对他们收取不同的价格。其次，这些不同的消费者或消费者群体还必须是"相互隔离"的。相互隔离的含义是：在不同的消费者或消费者群体之间，不存在倒买倒卖的行为。如果不是这样，则在企业实行价格歧视的过程中，能够以较低价格买到商品的消费者就可以将这些商品以较高的价格转卖给那些本来只能以更高的价格才能买到这些商品的消费者。这样一来，价格歧视就不再能够持续下去，不会再有人购买高价商品。

（二）一级价格歧视

一级价格歧视又叫作完全的价格歧视。这里，"完全"的含义是：垄断企业对每一单位的产品都按照消费者愿意接受的最高价格来出售,即将价格总是定在消费者的意愿支付水平上。

如图 5-8 所示,向右下方倾斜的 D 是市场的需求曲线。它表示当所有其他非价格因素均保持不变时,某种商品的需求量与该商品价格之间的关系。需求曲线上的任意一点均代表一个价格与需求量的组合。例如,点 A 代表了价格为 P_0、需求量为 Q_0 的组合。它意味着:当价格为 P_0 时,买者的需求量(即他们愿意且能够购买的商品数量)为 Q_0。也可以"反过来"理解点 A 或由点 A 所代表的价格-需求量组合。按照这种理解,与点 A 相对应的 P_0 是当商品数量为 Q_0 时的买者的"需求价格"。它代表买者在购买 Q_0 数量的商品时,最后 1 单位商品在其心目中的"价值"。它决定了买者在购买 Q_0 时愿意为最后 1 单位商品所支付的最高价格,即所谓的"边际意愿支付"——如果价格高于 P_0,买者就不再愿意购买这最后 1 单位的商品,因而其总的购买量就会减少到 Q_0 以下。把对点 A 的上述解释推广到整个需求曲线,即可得到如下的一般结论:在需求曲线上,任意一点的"高度"代表了既定商品数量上买者的需求价格或边际意愿支付——即在他们心目中最后 1 单位商品的价值,或者他们为最后 1 单位商品所愿意支付的最高价格。

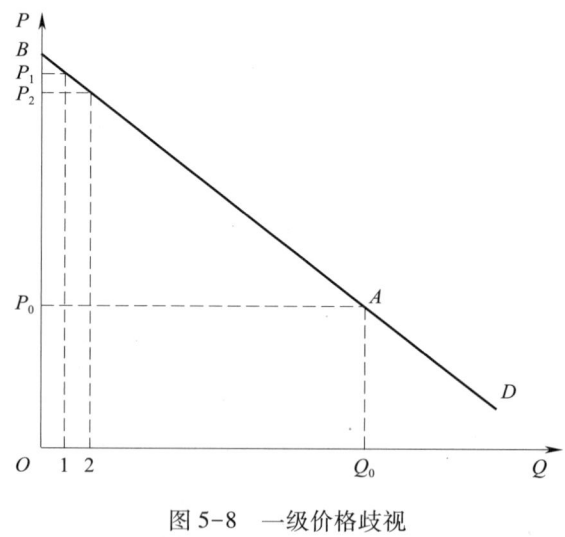

图 5-8 一级价格歧视

根据图 5-8 中的需求曲线,当产量为 1 时,消费者的边际意愿支付为 P_1,于是垄断企业按价格 P_1 出售第 1 个单位的产品;在产量为 2 时,消费者的边际意愿支付为 P_2,于是垄断企业按价格 P_2 出售第 2 个单位的产品……当产量为 Q_0 时,消费者的边际意愿支付为 P_0,于是垄断企业按价格 P_0 出售第 Q_0 个单位的产品。这就是所谓的一级价格歧视。

由图 5-8 显而易见,一级价格歧视的结果是垄断企业夺走了全部的消费者剩余。例如,假定垄断企业的全部产量为 Q_0。如果不实行价格歧视,则所有产品均按价格 P_0 出售。此时,垄断企业得到的收益为 OP_0AQ_0,消费者得到的剩余为 P_0BA。如果实行一级价格歧视,消费者得到的剩余减少到 0,垄断企业得到的收益增加到 $OBAQ_0 = OP_0AQ_0 + P_0BA$。其中,$P_0BA$ 部分就是原来的消费者剩余。因此,一级价格歧视的结果是将全部的消费者剩余从消费者那里转移到垄断企业手中。

一级价格歧视对资源配置的影响初看起来似乎有点出人意料:它可以使得垄断市场实现经济效率。前面说过,垄断是低效率的,因为在垄断企业的利润最大化产量上,价格总是大于边际成本。[①] 现在我们看到,如果实行一级价格歧视,垄断企业就可以使得价格等于边际成本。这是因为,在一级价格歧视的条件下,由于垄断企业总是根据消费者的边际意愿支付来制定价格,故其边际收益曲线将与需求曲线重合,而不再是低于需求曲线,从而其边际收益就等于价格。于是,利润最大化的条件即边际成本等于边际收益也就变成了边际成本等于价格。[②]

一级价格歧视是一种理想化的情况,它的实施要求垄断企业了解消费者对每一单位商品的边际意愿支付。这当然是不可能的。

(三)二级价格歧视

一级价格歧视是对每一单位产品都按消费者的边际意愿支付来制定价格。与此相比,二级价格歧视要更加"宽松"一些,它不是针对每一单位产品来定价,而是把全部的产品分成若干"堆",对每一"堆"产品按消费者的边际意愿支付来定价。二级价格歧视的典型例子是所谓的"数量折扣",即对购买超过某一数量的产品部分给予较低的价格优惠。

如图 5-9 所示,垄断企业的全部产品数量为 Q_3,Q_3 被分为三堆,即 OQ_1、Q_1Q_2 和 Q_2Q_3,消费者对它们的边际意愿支付分别为 P_1、P_2 和 P_3,垄断企业对不超过 Q_1 的产品部分收取 P_1 的价格,对超过 Q_1 但不超过 Q_2 的产品部分收取 P_2 的价格,对超过 Q_2 但不超过 Q_3 的产品部分收取 P_3 的价格。这就是所谓的

[①] 垄断企业的利润最大化条件是边际成本等于边际收益,但是,垄断企业的边际收益通常小于产品价格,从而垄断企业的边际成本通常小于产品价格。

[②] 请参阅本章第五节中的说明。

二级价格歧视。

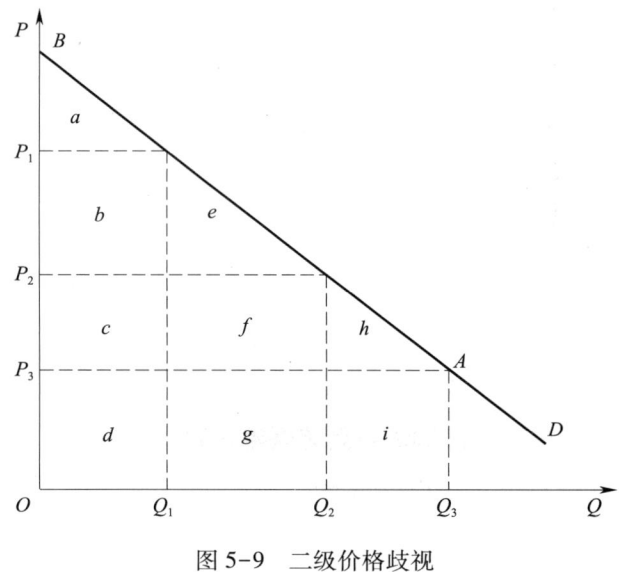

图 5-9 二级价格歧视

从图 5-9 中可以看到，在实行二级价格歧视时，垄断企业的全部收益为 $b+c+d+f+g+i$，其中，$b+c+f$ 部分是从消费者那里夺走的剩余，消费者自己仍然保留的剩余为 $a+e+h$。

由于在二级价格歧视下垄断企业并未夺走全部的消费者剩余，故它的边际收益曲线不会与需求曲线重合，其边际收益不会恰好等于价格。因此，实行二级价格歧视的垄断不能达到经济效率。

（四）三级价格歧视

三级价格歧视是最普遍的价格歧视形式，如航空公司的常规机票和特价机票，对学生和老人的折扣等都是这类价格歧视的常见例子。

具体来说，三级价格歧视针对的是具有不同的需求价格弹性的消费群体，并根据这些不同的需求价格弹性对这些消费群体收取不同的价格，特别是，对需求价格弹性较大的消费群体收取较低的价格，对需求价格弹性较小的消费群体收取较高的价格。例如，设有 a、b 两个消费群体，它们对产品需求的价格弹性分别为 E_a 和 E_b，垄断企业对它们收取的价格分别为 P_a 和 P_b。在这种情况下，如果消费群体 a 的需求价格弹性大于消费群体 b 的需求价格弹性，即 $E_a > E_b$，则垄断企业对消费群体 a 收取的价格就一定小于对消费群体 b 收取的价格，即 $P_a < P_b$，反之则有 $P_a > P_b$。具体说明如下。

首先，我们知道，企业的边际收益 MR 与价格 P 和需求的价格弹性 E 之间

存在着如下的关系:

$$MR = P\left(1 - \frac{1}{E}\right) \tag{5.5}$$

这是因为,根据总收益函数 $R = P(Q) \cdot Q$,两边对产量 Q 求一阶导数后即得:

$$\begin{aligned} MR &= P(Q) + \frac{\mathrm{d}P}{\mathrm{d}Q}Q \\ &= P\left(1 + \frac{\mathrm{d}P}{\mathrm{d}Q}\frac{Q}{P}\right) \\ &= P\left(1 - \frac{1}{-\frac{\mathrm{d}Q/Q}{\mathrm{d}P/P}}\right) \end{aligned}$$

于是,垄断企业从 a、b 两个消费群体得到的边际收益应分别为:

$$MR_a = P_a\left(1 - \frac{1}{E_a}\right)$$

$$MR_b = P_b\left(1 - \frac{1}{E_b}\right)$$

其次,为了利润的最大化,垄断企业必须保证它所制定的价格能够使得从两个消费群体得到的边际收益相等,即 $MR_a = MR_b$,亦即:

$$P_a\left(1 - \frac{1}{E_a}\right) = P_b\left(1 - \frac{1}{E_b}\right) \tag{5.6}$$

这是因为,如果来自两个消费群体的边际收益不相等,垄断企业就可以通过改变对他们收取的价格从而改变在他们之间的销售量来增加自己的利润。这个调整过程同时会改变来自两个消费群体的边际收益,并将一直进行到使他们重新相等时为止。例如,当 $MR_a > MR_b$ 时,垄断企业就将通过降低 P_a 从而增加 Q_a(同时提高 P_b 从而减少 Q_b)的办法来增加利润。这个过程同时会降低 MR_a 和提高 MR_b,并最终使二者一致。

最后,在式(5.6)中,如果 $E_a > E_b$,则有:

$$\frac{1}{E_a} < \frac{1}{E_b}, \quad 1 - \frac{1}{E_a} > 1 - \frac{1}{E_b}$$

于是必然有 $P_a < P_b$,否则式(5.6)中的等式将不再成立。例如,设 $E_a = 3$,$E_b = 2$,代入式(5.6)后得到:

$$\frac{2}{3}P_a = \frac{1}{2}P_b$$

或者

$$P_a = \frac{3}{4}P_b$$

从而有:

$$P_a < P_b$$

这就证明了前面的结论:实行三级价格歧视的垄断企业将对价格变化反应较为敏感的消费群体制定较低的价格,对价格变化反应较不敏感的消费群体制定较高的价格。

第二节 垄断竞争

一、垄断竞争的特点

在垄断竞争市场上,存在许多企业,其中每一个企业在整个市场中所占的份额都微不足道,而且它们所生产的产品略有差异。这里所说的差异,不仅包括商品的质量、规格、品牌,还包括购物环境、售后服务等。总之,如果在消费者看来,某一企业生产的产品与同一市场中的其他产品并不完全相同,则该企业生产的就是"差异产品"。

可以把垄断竞争企业看成完全竞争企业的一个"发展"。实际上,垄断竞争企业是具有产品差异的完全竞争企业。一个完全竞争企业,如果在发展的过程中渐渐地形成了自己产品的差异性,就可以"升格"为垄断竞争企业;反之,一个垄断竞争企业,如果在发展的过程中渐渐地失去了自己产品的差异性,也会"降格"为完全竞争企业。

一方面,垄断竞争企业与完全竞争企业的区别从表面上看是"微不足道"的,但这一微不足道的区别却导致了两类企业在行为以及后果上的重大不同。我们知道,完全竞争企业改变产量的行为不影响价格,但垄断竞争企业改变产量的行为却会对价格产生一定的影响。这是因为,尽管垄断竞争企业的产量占整个市场的"份额"很小,但这个很小的份额却是"独特"的有差异的产品。由于产品的差异性,垄断竞争企业可以像垄断企业那样,对价格施加一定程度的影响。

另一方面，尽管垄断竞争企业生产的是差异产品，但它却并不是真正的垄断者。对于真正的垄断者来说，其产品将完全不同于其他企业的产品。借用产品替代性的概念则可以说，垄断竞争企业的产品与同一市场上的其他产品之间存在着极高的"替代性"，而垄断企业的产品与其他企业的产品之间的替代性则要小得多。如果垄断竞争企业产品的替代性与垄断企业一样小，则垄断竞争企业也就成了垄断企业；反之，如果垄断企业产品的替代性与垄断竞争企业一样大，则垄断企业也就成了（某个更大市场上的）垄断竞争企业。实际上，正是这种替代程度上的重大区别使得垄断竞争企业的行为对价格的影响较之真正的垄断企业来说可以算是"小巫见大巫"。

二、垄断竞争企业的需求曲线和收益曲线

（一）需求曲线

如同垄断竞争企业不同于完全竞争企业和垄断企业一样，垄断竞争企业面临的需求曲线也不同于这两类企业的需求曲线。具体来说，垄断竞争企业面临的需求曲线既不会像完全竞争企业那样水平——对垄断竞争企业来说，由于其产品的差异，使其具有一定的"垄断"性质，故它提高价格之后，不会失去所有的购买者，也不会像垄断企业面临的需求曲线那样"陡峭"——因为垄断竞争企业的产品仍然和同一市场中很多其他产品属于同一种类，相互之间存在着极大的替代性，故它提高价格之后仍然会失去大量的购买者，如图 5-10 所示。

图 5-10 中的水平虚线 $P_0(Q)$ 和向右下方倾斜的虚线 $P_1(Q)$ 分别代表完全竞争企业和垄断企业面临的需求曲线。位于这两条虚线之间向右下方倾斜的实线 dd' 则代表垄断竞争企业面临的需求曲线。这里，为了方便比较，假定垄断企业是在一个相对较小的市场上的小企业，从而其规模与完全竞争企业和垄断竞争企业差不多。

为了说明垄断竞争企业面临的需求曲线 dd'，假定开始时，垄断竞争企业处于图中 $P_0(Q)$ 和 $P_1(Q)$ 的交点 A 的位置，即价格为 P_0，相应的产量为 Q_0。现在让垄断竞争企业的产量从 Q_0 减少到 Q_1 或增加到 Q_2，并观察其价格的可能变化。

根据图中所示，当产量从 Q_0 减少到 Q_1 后，完全竞争企业的价格保持在 P_0 的水平上不变，垄断企业的价格从 P_0 上升到 P_1，垄断竞争企业的价格则变动

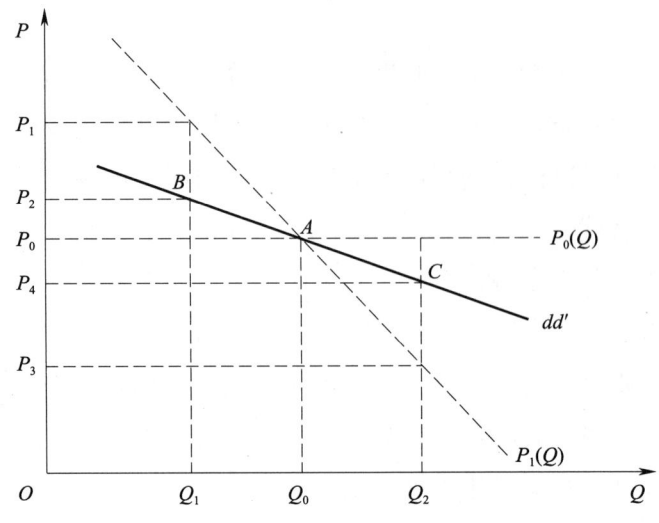

图 5-10 垄断竞争与完全竞争和垄断的比较

到 P_2, 位于 P_0 和 P_1 之间。这是因为,垄断竞争企业的产品与其他垄断竞争企业(简称其他企业)的产品之间的替代性既不像完全竞争市场中那么大,也不像垄断市场中那么小。由于前一个原因,垄断竞争企业的产品价格不会像完全竞争时那样保持不变,而必然上升;由于后一个原因,垄断竞争企业产品价格的上升也不会像垄断时那么大,而必然比它小。这就说明,当产量从 Q_0 减少到 Q_1 之后,垄断竞争企业的价格将高于完全竞争时的 P_0,但低于垄断时的 P_1。于是,可以得到垄断竞争企业面临的需求曲线上的另一个点 B。

同理可以说明:当产量从 Q_0 增加到 Q_2 之后,垄断竞争企业的价格也将介于完全竞争和垄断之间,即低于 P_0,但高于 P_3,例如为 P_4。这样,就得到了垄断竞争企业面临的需求曲线上的又一个点 C。

将初始的点 A 与后来的点 B 和点 C(以及其他类似的点)连接起来,就能得到整个垄断竞争企业面临的需求曲线 dd'。它恰好介于完全竞争企业面临的需求曲线 $P_0(Q)$ 和垄断企业面临的需求曲线 $P_1(Q)$ 之间。

我们也可以换个方式来说明垄断竞争企业面临的需求曲线 dd'。仍然假定垄断竞争企业开始时位于 dd' 曲线上的点 A 处,即价格为 P_0,产量为 Q_0。现在来看它改变价格的后果。由于在垄断竞争的条件下,产品的替代性小于完全竞争而大于垄断,故其价格变化所引起的产量变化要比完全竞争时小而比垄断时大。例如,当垄断竞争企业把价格从 P_0 提高到 P_2 或者降低到 P_4 时,它的产量相应地从 Q_0 减少到 Q_1 或增加到 Q_2。这两个数量都小于完全竞争但大于垄断时由于相同的价格变动而引起的产量变动。

上述讨论暗含了一个假定，即垄断竞争企业改变价格（或产量）的行为不会引起其他企业也同时改变价格（或产量）。这是因为，垄断竞争企业占市场的份额非常之小，小到可以忽略不计，所以，它的行为不会对其他企业造成重大影响，从而不会引起其他企业的明显"反应"。在这种情况下，垄断竞争企业改变价格会产生两方面的影响：一是会改变原有顾客的购买数量——原有顾客对垄断竞争企业产品的购买量随其价格的下降或上升而增加或减少；二是会改变购买其产品的顾客数量——当其他企业的价格均不变化时，垄断竞争企业降低或提高自己价格的行为意味着，它的产品相对来说变得更加便宜或者更加昂贵了。于是，当垄断竞争企业降低价格时，一部分顾客会从同一市场中其他企业那里转向它，而当它提高价格时，一部分顾客将从它那里转向同一市场中的其他企业。

需要提醒注意的是，上述假定仅仅是说，垄断竞争企业改变价格不会引起其他企业改变价格，但这并不意味着其他企业自己就不会改变自己的价格。其他企业只是不会因为我们所讨论的这个原因而改变价格，但完全可以由于其他原因而改变价格。在这种情况下，垄断竞争企业改变价格的结果就不再是图 5-10 中的曲线 dd'。例如，我们假定同一市场中的其他企业都类似于我们所讨论的这个垄断竞争企业。于是，它们将和垄断竞争企业一样，出于自身的原因，同时和同等程度地改变价格。此时，垄断竞争企业面临的需求曲线就比图 5-10 中的 dd' 曲线更加陡峭。这是因为，当其他企业均保持原来的价格不变时，垄断竞争企业的价格变化既会改变原有顾客的购买量，也会改变顾客的总量，而当其他企业也同时和同等程度降低价格时，它只能改变原有顾客的购买量，而无法改变顾客的总量，因为它的产品相对于其他企业的产品现在并未变得更加便宜。

如图 5-11 所示，当垄断竞争企业把价格从 P_0 降低到 P_4 时，如果其他企业均保持原来的价格不变，则该企业的产量就会增加得较多，即按照相对平缓的 dd' 曲线从 Q_0 扩大到 Q_2；但是，如果其他企业也同时和同等程度地降低价格，则该企业的产量就将增加得较少，即按照更加陡峭的 DD' 曲线从 Q_0 扩大到较小的 Q_4。

同样，当垄断竞争企业把价格从 P_0 提高到 P_2 时，如果其他企业均保持原来的价格不变，则该企业的产量下降的幅度就较大，即按照 dd' 曲线从 Q_0 下降

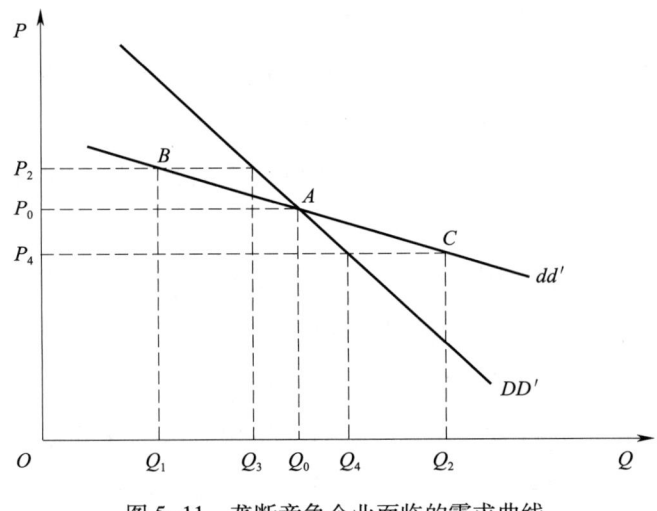

图 5-11 垄断竞争企业面临的需求曲线

到 Q_1；但是，如果其他企业也同时和同等程度地提高价格，则该企业的产量的下降幅度就较小，即按照 DD' 曲线从 Q_0 下降到 Q_3。

（二）收益曲线

从形式上看，垄断竞争企业面临的需求曲线和垄断企业面临的需求曲线有一个共同的特点，即都向右下方倾斜。因此，我们可以按照上一节讨论垄断企业的类似方法，从垄断竞争企业面临的需求曲线推导其相应的收益曲线。

但是，如前所说，垄断竞争企业面临的需求曲线不是只有一条，而是有两条，即相对平缓的 dd' 和更加陡峭的 DD'。前者对应于其他企业均保持价格不变的条件，后者对应于其他企业均同时和同等程度改变价格的条件。

进一步分析可以发现，垄断竞争企业面临的需求曲线 dd' 和 DD' 反映的仅仅是两种极端情况，即其他企业的价格要么根本不改变，要么同时和同等程度地改变。实际上，在这两个极端之间，存在无限多的其他可能。如一部分企业改变价格，另一部分企业不改变价格。相对于每一种可能性，都有一条垄断竞争企业面临的需求曲线，而且所有这些需求曲线都介于 dd' 和 DD' 之间。

那么，垄断竞争企业的收益曲线应当由哪一条需求曲线来决定？答案是应当由 dd' 曲线来决定。这是因为，垄断竞争企业在整个市场上占的份额非常小，因而它的行为不会引起其他企业的反应。据此，垄断竞争企业在改变自己的价格（或产量）时，就可以合理地认为其他企业并不会因此而跟着改变价格（或产量）。换句话说，垄断竞争企业可以把其他企业的价格（或产量）视为固定不变的。于是，它所面临的需求曲线就是 dd' 而非 DD' 或其他曲线。

如图 5-12 所示，垄断竞争企业的平均收益曲线为 $dd'=AR$，边际收益曲线为 MR。与任何其他企业一样，垄断竞争企业的平均收益总是等于价格，从而平均收益曲线总是与其面临的需求曲线重合；当平均收益曲线为直线时，边际收益曲线的纵截距总与平均收益曲线相同，且斜率总是后者的 2 倍。

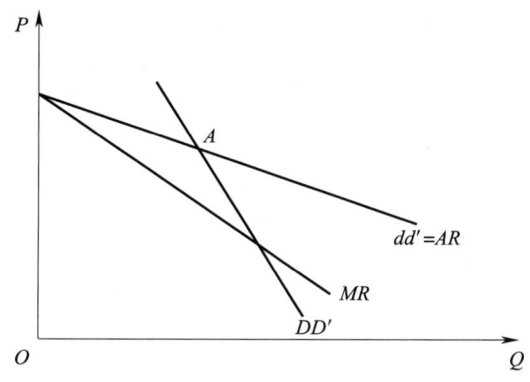

图 5-12　垄断竞争企业的收益曲线

三、垄断竞争企业的短期均衡

由于垄断竞争企业面临的需求曲线也像垄断企业一样向右下方倾斜，但没有后者那么"陡峭"，故可以预料，垄断竞争企业的短期利润最大化在形式上不会与垄断企业有多少差别。

图 5-13 描述了垄断竞争企业的短期利润最大化情况。① 在图 5-13 中，边际收益曲线 MR 和边际成本曲线 MC 在点 E 处相交，点 E 决定的利润最大化的产量和价格分别为 Q_0 和 P_0。与分析垄断时的情况一样，我们可以先根据 MR 和 MC 来决定 Q_0，然后再根据需求曲线 d 决定相应的 P_0，尽管在实际上它们是同时决定的。图中，由于利润最大化产量上的平均收益 P_0 大于相应的平均成本 P_1，故存在经济利润，其大小为 $(P_0-P_1)Q_0$。②

不同于垄断情况的是，在垄断竞争条件下，短期利润最大化的实际调整过程要复杂得多。

例如，考虑这样一个垄断竞争市场，在该市场中，所有的垄断竞争企业的情况都完全一样，如具有完全相同的成本曲线，面临完全相同的需求曲线。在

---

① 图 5-13 和前面讨论垄断企业时的图 5-3 完全一样，只是这里讲的不是垄断企业，而是垄断竞争企业。
② 垄断竞争企业在短期利润最大化时当然也可能亏损或不亏不盈。

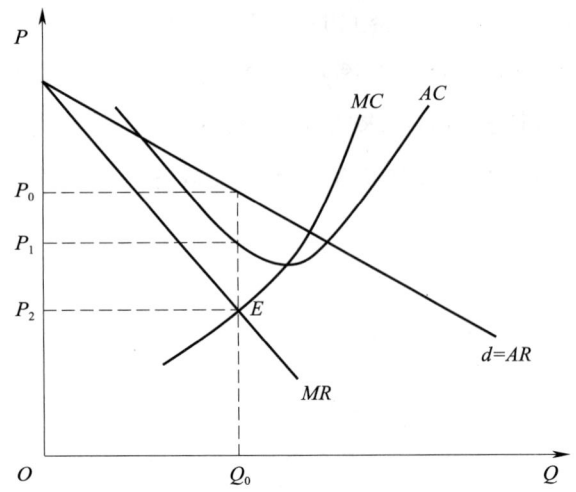

图 5-13 垄断竞争企业的短期利润最大化

这种情况下，可以对垄断竞争企业的短期利润最大化的调整过程给出一个完整的说明。

为此，我们从上述的垄断竞争市场中取出一个典型的垄断竞争企业来进行分析。设该典型企业的价格和销售量（产量）分别为 P_0 和 Q_0，即位于图 5-14 中的点 A。根据前面的假定，这意味着该市场中所有其他企业的价格和销售量也都是 P_0 和 Q_0。

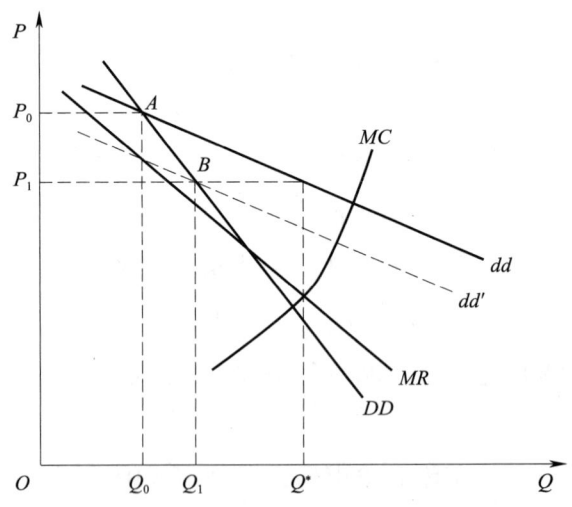

图 5-14 垄断竞争企业短期均衡的调整过程

如前所述，典型企业改变价格对其销售量的影响要取决于同一市场上其他企业是否同时改变价格。这里有两种可能。一方面，由于单个垄断竞争企业的销售量在整个市场中所占的份额微不足道，其改变价格的行为不会对市场和其他企业造成任何显著的影响，故典型企业可以合理地假定，它改变价格不会导致其他企业跟着改变价格。另一方面，由于我们假定，垄断竞争市场上所有企业的情况都完全一样，故如果典型企业改变价格，则其他企业也一定会同样改变价格。由此可见，典型企业在改变价格之后，实际上面临的是两种极端情况：① 所有其他企业均不改变价格——这是典型企业预期的结果；② 所有其他企业都同样改变价格——这是实际发生的结果。

在情况①下，典型企业面临的需求曲线是图 5-14 中比较平缓的 dd——这是典型企业心目中的需求曲线，因为此时，它提高和降低价格对其销售量的影响较大。在情况②下，典型企业面临的需求曲线是比较陡峭的 DD——这是实际上的需求曲线，因为此时，它提高和降低价格对其销售量的影响较小。由于典型企业的初始状态为 P_0 和 Q_0，故曲线 dd 和 DD 在点 A 处相交。

现在的问题是：点 A 是否代表了典型企业的利润最大化？或者说得更加具体一点，Q_0 和 P_0 是否是典型企业的利润最大化产量和价格？在图 5-14 中，典型企业的边际收益曲线和边际成本曲线分别为 MR 和 MC。MR 和 MC 的交点决定的利润最大化产量为 Q^*。因此，初始状态点 A 是否是利润最大化的条件就看 Q^* 和 Q_0 是否相等。

初始的销售量 Q_0 既可能等于也可能不等于 Q^*。如果等于，则典型企业就已经实现利润最大化；如果不等于（即大于或小于），则典型企业就要进行调整。图 5-14 中给出的是小于的情况，下面就以此为例讨论典型企业的调整过程。

典型企业为了实现利润最大化，采取的步骤有两个：首先是把自己的产量从一开始时的 Q_0 增加到利润最大化的 Q^*，其次是适当降低价格以保证生产出来的 Q^* 能够全部卖出。例如，在假定其他企业的价格保持不变，即在典型企业认为自己面临的需求曲线为 dd 时，它将把价格从 P_0 降到 P_1。

但是，由于我们假定所有的企业都一样，故所有其他的企业也都会像典型企业一样，为了自己的利润最大化而把价格从 P_0 降到 P_1。进一步来看，由于所有其他企业也同时改变价格，故典型企业面临的需求曲线实际上并不是它所假定的那条比较平缓的 dd，而是更加陡峭一些的 DD。可是，当需求曲线为 DD 时，典型企业在 P_1 的价格上所能卖出的产量就不是它想卖出的 Q^*，而是更小一些的 Q_1。于是，再根据前面关于所有企业均相同的假定，现在所有企业的产量都应当

是 Q_1，价格都应当为 P_1。这样，我们就达到了图 5-14 中的点 B。这可以看成是一个新的"初始状态"。

从这个新的初始状态点 B 出发，我们可以重复上面的分析过程。现在，典型企业的价格为 P_1，销售量（产量）为 Q_1。当它进一步改变价格时，如果其他企业均同时改变价格，则它面临的需求曲线就是 DD（与原来的一样）；如果其他企业的价格保持不变，则它面临的就是一条新的需求曲线——图 5-14 中的虚线 dd'。dd' 经过新的初始状态点 B，可以看成是由原来的需求曲线 dd 沿着 DD 从点 A 向右下方移动到点 B 而得到。

在上面的调整过程中，DD 曲线保持不动而 dd 曲线沿着 DD 曲线向右下方移动。这导致两个结果：一方面，典型企业的销售量将增加，因为该销量由 dd 曲线和 DD 曲线的交点决定；另一方面，典型企业的利润最大化产量将下降，因为随着 dd 曲线的这一移动，相应的边际收益曲线 MR 会向左下方移动，MR 与边际成本曲线 MC 的交点会左移。

如果增加后的销售量与减少后的利润最大化产量恰好相等，则典型企业即实现了利润最大化，所有其他企业亦实现了利润最大化。于是，典型企业和整个垄断竞争市场都达到短期的均衡。如果增加后的销售量仍然小于减少后的利润最大化产量，则典型企业还将进一步降低价格，于是又引起如前所说的进一步的调整，直到二者相等时为止。

由此可见，垄断竞争企业的短期均衡条件是：由 dd 曲线与 DD 曲线的交点所决定的现实产量恰好等于由边际收益曲线 MR 与边际成本曲线 MC 的交点所决定的利润最大化产量。这就是图 5-15 中所表示的情况。

四、垄断竞争企业的长期均衡

在长期中，垄断竞争企业的规模调整与垄断企业完全一样，这里不再赘述。但二者的行业规模调整却有很大不同，从而最终的长期均衡状态也有很大不同。这是因为，在垄断竞争情况下，企业既可以退出，也可以进入，而不再像垄断时那样只能出不能进。自由进出导致最终的均衡只有一种可能，即"不亏不盈"。例如，在图 5-13 中，由于存在着经济利润，引起新的企业进入，新企业的进入以及伴随而来的产品供给量的增加，促使需求曲线和边际收益曲线向左下方移动。当需求曲线下移到在利润最大化产量上与平均成本曲线相切时，就达到了最终的长期均衡。这就是图 5-16 描述的情况。其中，Q_0（以及

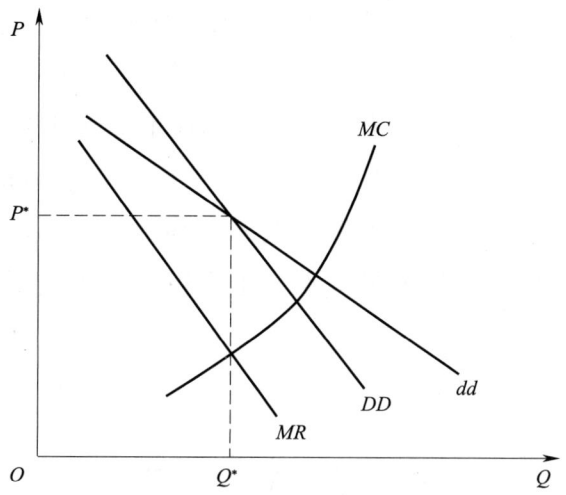

图 5-15 垄断竞争企业短期均衡的调整结果

P_0）代表了垄断竞争企业最终的长期均衡。在 Q_0 上：首先，长期边际收益曲线 LMR 与长期边际成本曲线 LMC 相交；其次，短期边际收益曲线 MR 与最优的短期边际成本曲线 MC^* 相交；再次，长期平均收益曲线 LAR 和长期平均成本曲线 LAC 相切；最后，短期平均收益曲线 AR 和最优的短期平均成本曲线 AC^* 相切。

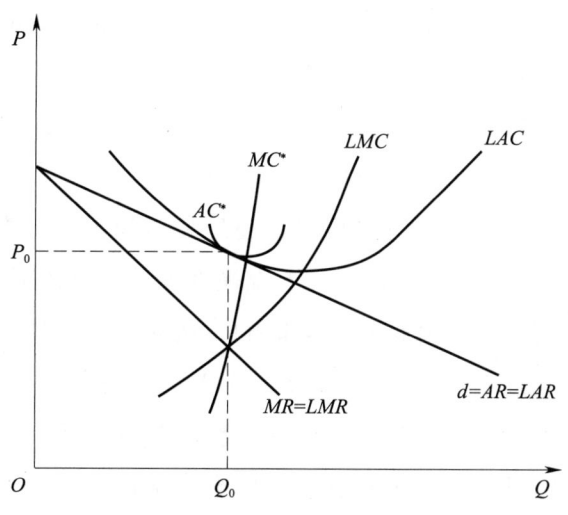

图 5-16 垄断竞争企业的长期均衡

由此可见，垄断竞争企业的最终长期均衡的条件是：

$$LMR = LMC = MR = MC^*$$
$$LAR = LAC = AR = AC^*$$

最后需要指出的是，与完全竞争企业相比，垄断竞争企业也像垄断企业一样被认为是缺乏效率的。这一点从图 5-16 中可以看得很清楚。例如，尽管在利润最大化产量 Q_0 上，P_0 是所有可能的平均成本中最低的，但 Q_0 本身却不是平均成本最低的产量。实际上，由于在 Q_0 上，长期边际成本不等于长期平均成本，且短期边际成本也不等于短期平均成本，故垄断竞争企业的生产既不在长期平均成本曲线的最低点，也不在最优短期平均成本曲线的最低点。

第三节 寡　　头

一、寡头的含义及其特征

在寡头市场中，少数几个大的企业控制着全部或者大部分产品的生产和销售。

与形成垄断的原因类似，形成寡头的原因也包括资源控制、政府特许、专利技术和规模经济等。例如，某种产品的生产需要某种关键性的生产资源，而这种关键性的生产资源的大部分为少数企业所控制。又如，政府利用行政或法律的手段，把生产某种产品的权利给予少数企业。再如，某些产品的生产具有相当大的规模经济，使得只有少数大企业才可以充分地利用规模经济的效率。在所有这些情况下，这些少数企业都有可能成为所谓的寡头。

无论是和完全竞争或垄断竞争相比，还是和垄断相比，寡头的情况都要复杂得多。完全竞争和垄断竞争企业由于规模非常小，故在决定自己行动的时候，没有必要考虑其行动对其他企业的影响，从而没有必要考虑其他企业可能因此而有的反应；垄断企业由于在市场上是"只此一家"，也没有必要考虑自己的行动对其他企业的影响。然而，寡头的情况却完全不同。寡头企业的行为会在较大程度上改变整个市场的状况，从而会影响同一市场中的其他企业；这些企业因而必定会对寡头企业的行为做出反应，它们的反应反过来又会再一次地改变市场的状况，从而改变寡头企业最初行动的效果。

总之，在寡头的情况下，企业行为最重要的特点是相互依赖，即存在一个连续不断的"影响—反应"的链条，寡头企业最初行动的结果到底如何，要取决于其他企业的反应情况。因此，寡头企业在进行决策的时候，必须考虑到这一系列相互作用的"影响—反应"过程。但是，其他企业的反应是一个非常复杂的问题，受到各种各样复杂因素的影响。下面讨论三种典型的情况：假定其他企业的产量或价格不随寡头企业的改变而改变的古诺模型；假定其他企业跟随寡头企业同时和同等程度地改变价格的价格领导模型；假定其他企业跟随寡头企业同时和同等程度地降低价格，但不随寡头企业提高价格的斯威齐模型。

二、古诺模型

19世纪法国经济学家古诺曾经对两个寡头企业如何分割市场的行为展开过详细的分析。

古诺模型依据的一个重要假定是，其他企业的产量或价格不随寡头企业的改变而改变。在这种情况下，寡头企业面临的需求曲线可以很容易地从市场需求曲线中推导出来。例如，假定无论寡头企业采取什么行动，其他企业的产量都保持不变，则就可以简单地从市场的总需求中减去这个不变的其他企业的产量，得到寡头企业面临的需求曲线。

图5-17中，D为市场的需求曲线，ΔQ是其他企业的产量。从市场需求曲线D减去ΔQ（这相当于让曲线D向左边移动ΔQ个单位），即得到寡头企业面临的需求曲线d。

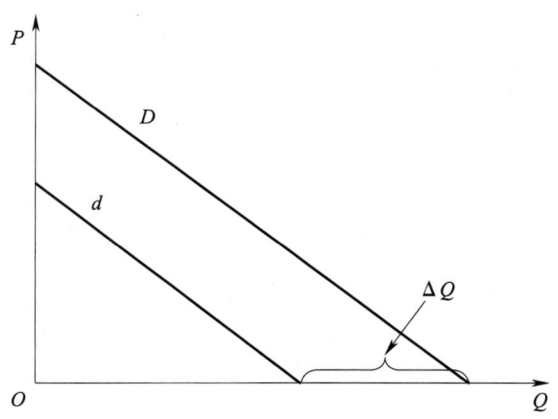

图5-17 寡头的需求曲线：古诺模型

古诺模型的进一步假定包括：市场上只有两个企业，如企业1和企业2，即所谓的"双寡头"市场；两个企业生产的产品完全相同。为简单起见，设它们的生产成本均为0，且面临的都是线性的需求曲线；每一个企业对对方的情况了如指掌,并总是在把对方的产量看成固定不变的情况下来决定自己的利润最大化产量。

现在来求寡头市场的产量。设图 5-17 中的市场需求曲线 D 的表达式为:
$$P=\alpha-\beta Q=\alpha-\beta(Q_1+Q_2)$$

式中,α 和 β 均为大于 0 的常数;Q_1 和 Q_2 分别是企业 1 和企业 2 的产量,二者之和恰好等于整个市场的全部产量 Q。

如果市场是完全竞争的,即市场中所有的企业均是完全竞争的,则这些完全竞争企业的利润最大化产量之和将恰好等于 α/β。这是因为,在完全竞争条件下,利润最大化的条件是价格等于边际成本。由于现在的边际成本为 0,故价格也应当为 0;而当价格为 0 时,相应的产量正好为 α/β。

如果市场是垄断的,即市场上只有一个企业,则该企业面临的需求曲线就是市场的需求曲线 D。相应的边际收益曲线 MR 与横轴的交点正好是需求曲线 D 与横轴交点的一半,即等于 $\alpha/2\beta$。在垄断条件下,利润最大化的条件是边际收益等于边际成本。由于现在的成本总为 0,故边际成本曲线 MC 与横轴重合。于是,利润最大化产量等于 $\alpha/2\beta$,正好是完全竞争时的 1/2。

现在来看"双寡头"的情况。企业 1 的总收益函数可以表示为:
$$R_1=PQ_1=\alpha Q_1-\beta Q_1 Q_2-\beta Q_1^2$$

相应的边际收益函数(即 R_1 对 Q_1 的一阶导数)为:
$$MR_1=\alpha-\beta Q_2-2\beta Q_1$$

令其等于 0(因为边际成本等于 0),可解出企业 1 的利润最大化产量为:
$$Q_1=\frac{1}{2}\left(\frac{\alpha}{\beta}-Q_2\right)$$

同理,企业 2 的利润最大化产量为:
$$Q_2=\frac{1}{2}\left(\frac{\alpha}{\beta}-Q_1\right)$$

联立求解企业 1 和企业 2 的利润最大化产量可得:
$$Q_1=Q_2=\frac{\alpha}{3\beta}$$

于是,整个寡头市场的总产量为:
$$Q=Q_1+Q_2=\frac{2\alpha}{3\beta}$$

由此可见,寡头市场的产量小于完全竞争市场的产量 α/β,但大于垄断市

场的产量 $\alpha/2\beta$。

三、价格领导模型

考虑这样一个市场：在该市场中，存在一个具有支配地位的大企业（即寡头）和一群不具有支配地位的小企业；改变价格的决定总是由居支配地位的大企业作出，其他小企业则紧随其后，即跟随大企业同时和同等程度地改变价格。

在这种情况下，大企业就是所谓的"价格领导"。它为市场制定价格，并让其余的小企业在这一价格上出售任意数量的产品，自己则提供市场需要的剩余部分，而不管这个部分是多少。这里，我们假定大企业制定的价格不会过高，而小企业的生产能力又相对有限，因而它们在支配性企业制定的价格水平上不能够完全满足市场的需要。

由于所有的小企业都让自己的价格与寡头制定的价格"保持一致"，故对这些小企业来说，支配性企业制定的价格就是既定的参数，就像完全竞争企业把市场价格当作参数一样。换句话说，这些小企业都是"完全竞争"的——它们的边际收益等于价格，并且在价格等于边际成本处进行生产。[①]

如图 5-18 所示，D 代表市场需求曲线，S 是所有小企业的供给曲线（即所有小企业的边际成本曲线的水平相加）。在每一价格水平上，D 与 S 的水平差距是寡头企业准备提供的产量。例如，当价格为 P_0 时，市场的需求量为 Q_0，所有小企业提供的总供给量为 Q_1，支配性企业面临的"剩余"需求量为 $(Q_0-Q_1)=Q^*$。D 与 S 水平相减后得到的 d 是寡头企业面临的需求曲线。根据需求曲线 d，支配性企业的边际收益曲线为 MR。MR 与边际成本曲线 MC 的交点决定了支配性企业的利润最大化产量为 Q^*，相应的利润最大化价格为 P_0。

四、斯威齐模型

美国经济学家斯威齐提出了关于寡头理论的另外一种假定，即当寡头企业改变价格时，其他企业的反应具有"不对称"的特点：如果寡头企业降低价

[①] 在价格领导模型中，如果率先改变价格的企业并不具有支配地位，则这样的企业就叫作测温计型企业。

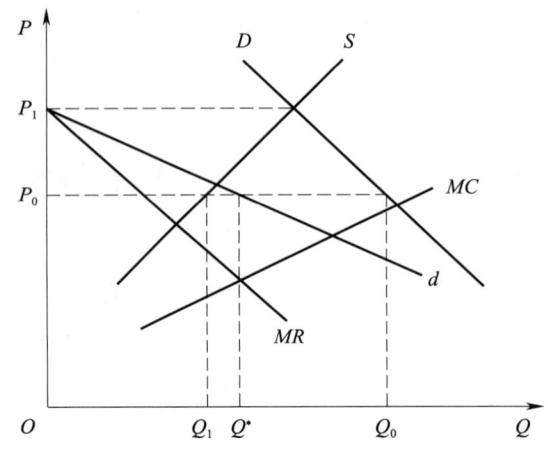

图 5-18　价格领导模型

格，其他企业也会同样降低价格，但是，如果寡头企业提高价格，其他企业却不会同样提高价格，而往往是维持原来的价格不变。在这种情况下，寡头企业面临的需求曲线会在现行价格处发生"扭折"，如图 5-19 中的曲线 ABC。

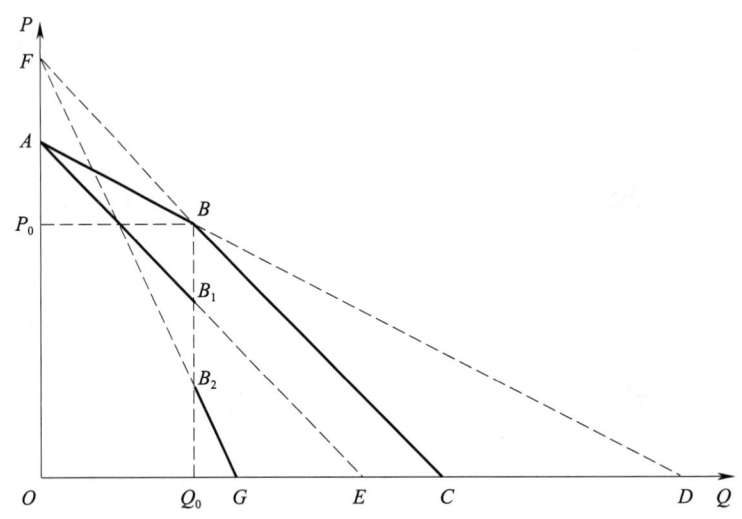

图 5-19　扭折的需求曲线和间断的边际收益曲线

为什么在斯威齐模型中，寡头企业面临的需求曲线会在现行价格处出现扭折呢？为了回答这个问题，我们假定一开始时寡头企业和同一市场中的其他企业都把价格定在 P_0。现在，寡头企业考虑改变价格。如果寡头企业降低价格，则根据假定，所有其他企业也都会跟着同样降低价格，故它的销售量不会增加很多。这意味着，在现行价格 P_0 之下，寡头企业面临的需求曲线应当比较陡峭。反之，如果寡头企业提高价格，则根据假定，所有其他企业不会同样地提高价格，故它的销售量将会减少很多。这意味着，在现行价格 P_0 之上，寡头企业面临的需求曲线应当比较平缓。于是，整个需求曲线就在现行价格 P_0 处扭折。

现在来看寡头企业的边际收益曲线。相应于寡头企业的需求曲线被分为扭折的两部分，即 AB 和 BC，它的边际收益曲线现在被分为"间断"的两个部分，即 AB_1 和 B_2G。

我们先来推导相应于扭折需求曲线上半段 AB 的边际收益曲线 AB_1。首先，做 AB 的延长线 BD，并把 AB 和 BD 合在一起看成一条虚拟的需求曲线 ABD。其次，求与虚拟需求曲线 ABD 相应的边际收益曲线 AB_1E。AB_1E 的纵截距和 ABD 相同，均为 OA，但与横轴的交点 E 只有 ABD 的一半。最后，在边际收益曲线 AB_1E 中去掉 B_1E 部分，剩下的 AB_1 就是相应于扭折需求曲线 ABC 上半段 AB 的边际收益曲线。

按照同样的办法可求出相应于扭折需求曲线下半段 BC 的边际收益曲线：做 BC 的延长线 BF，求 BC 及其延长线 BF 的边际收益曲线 FG，去掉其中的 FB_2 部分，剩下的 B_2G 就是相应于真实需求曲线 ABC 下半段 BC 的边际收益曲线。

借助扭折的需求曲线和间断的边际收益曲线，可以比较容易地解释人们在寡头市场上观察到的一种现象，即寡头企业的价格往往具有所谓的"刚性"——成本和需求在一定范围之内的变化不会引起价格的变化。

如图 5-20 所示，设寡头企业的现行价格为 P_0，产量为 Q_0，即处于点 V 处。其需求曲线为 DVD'，在点 V 处扭折。扭折的需求曲线 DVD' 决定了边际收益曲线为间断的 RA 和 BR'。边际成本曲线为 MM'。尽管 MM' 与边际收益曲线并不相交，但是容易知道，Q_0 是利润最大化产量，与此相应的 P_0 则是利润最大化的价格。当产量小于 Q_0 时，边际收益大于边际成本，增加产量有利；当产量大于 Q_0 时，边际成本大于边际收益，减少产量有利。

由图 5-20 显而易见，一方面，当需求状况不变，从而边际收益曲线不变时，即使边际成本曲线发生变化，例如，从 MM' 下降到 HH'，或者上升到 GG'，利润最大化产量和价格仍然为 Q_0 和 P_0；另一方面，当边际成本曲线保持为 MM' 时，即使需求曲线发生一定程度的变化（只要扭折点还在点 V 处），利润最大化产量和价格可能仍然是 Q_0 和 P_0。这就是寡头市场的价格刚性。

斯威齐模型从假定现行价格为 P_0 开始，说明了 P_0 具有一定程度的刚性，

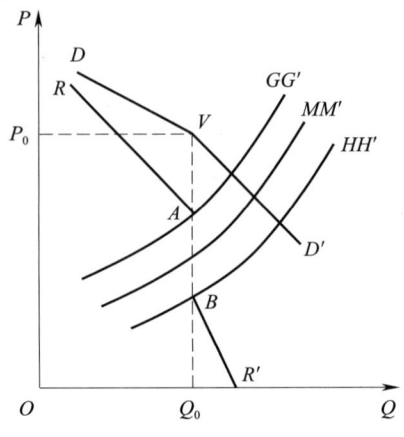

图 5-20 斯威齐模型和价格刚性

但却没有解释为什么现行价格会在 P_0。这是该模型的不足之处。

五、勾结和卡特尔

前面关于寡头企业利润最大化的讨论隐含着一个假定，即寡头企业相互之间没有串通或共谋的情况。换句话说，这些寡头企业的行为都是"独立"的——尽管它们在进行独立的决策时需要考虑其他企业的反应以及这些反应对自己的影响。

然而，在现实生活中，人们常常看到一些寡头企业公开地或秘密地勾结在一起，共同制定价格、限定产量和瓜分利润。勾结的好处是十分明显的，因为联合行动可以排除寡头企业之间的相互竞争，从而获得对市场的垄断，得到垄断利润，而且，这一垄断利润将大大高于每一个寡头企业单独行动时所得的利润之和，然后再在它们之间分配产量（销售量）以瓜分这些垄断利润。在寡头市场上，达成勾结的可能性很大。这是因为，在寡头市场上，只有少数几家相互依赖的大企业，串通或共谋要相对容易一些，而在包括大量小企业的完全竞争或垄断竞争市场上形成联合则要困难许多。

当若干个企业达成公开或正式的协议，试图控制整个市场的利润最大化产量和价格时，这些企业的总和就是所谓的"卡特尔"。换句话说，卡特尔是勾结在一起的一群企业，像一个垄断企业一样行动，追求总的利润的最大化。

图 5-21 描述了由两个寡头企业组成的卡特尔的利润最大化产量和价格。卡特尔面临的需求曲线（即整个市场的需求曲线）和边际收益曲线分别为 D 和 MR，卡特尔的边际成本曲线为 MC——它由组成卡特尔的成员企业的边际成本

曲线水平相加而得到,① MR 和 MC 的交点决定了卡特尔的利润最大化产量和价格分别为 Q^* 和 P^*。容易看到,这里的卡特尔利润最大化与第一节中讨论的垄断企业的利润最大化是完全一样的,唯一的区别在于,卡特尔的边际成本曲线是由其成员的边际成本曲线相加而来。

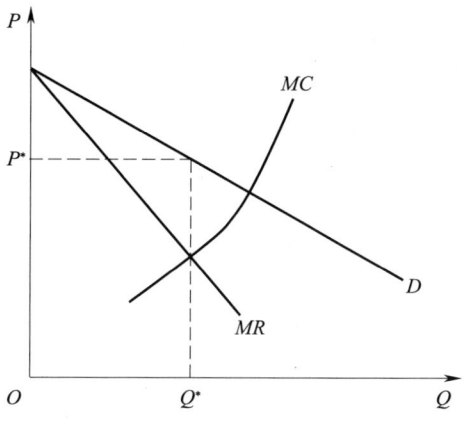

图 5-21 卡特尔的利润最大化

为了说明卡特尔的垄断利润大于其成员单独行动时的利润之和,我们假定市场的需求曲线为:

$$P=\alpha-\beta Q=\alpha-\beta(Q_1+Q_2)$$

式中,Q_1 和 Q_2 分别是组成卡特尔的两个寡头企业的产量,α,$\beta>0$。并设这两个寡头企业的成本为零,从而卡特尔的成本亦为零(成本大于零的情况不影响结论的正确性)。

在这种情况下,卡特尔的收益(亦即利润)为 $R=PQ=\alpha Q-\beta Q^2$,边际收益为 $MR=\alpha-2\beta Q$,利润最大化的一阶必要条件为 $\alpha-2\beta Q=0$,因而,利润最大化产量为 $Q^*=\alpha/2\beta$,利润最大化价格为:

$$P^*=\alpha-\beta Q^*=\alpha-\beta\frac{\alpha}{2\beta}=\frac{\alpha}{2}$$

最大的利润为:

$$\pi^*=P^*Q^*=\frac{\alpha}{2}\frac{\alpha}{2\beta}=\frac{\alpha^2}{4\beta}$$

另一种情况,如果两个寡头企业不合作,例如,按照古诺模型行事,则两个企业的产量 Q_1^* 和 Q_2^* 均为 $\alpha/3\beta$,两个企业的总产量为 $Q^*=Q_1^*+Q_2^*=2\alpha/3\beta$

---

① 假定当卡特尔增加生产时,投入要素的价格保持不变。

（参见前文关于"古诺模型"的讨论），利润最大化价格为：

$$P^* = \alpha - \beta Q^* = \frac{\alpha}{3}$$

两个企业的最大利润均为：

$$\pi_1^* \, (=\pi_2^*) = P^* Q_1^* = \frac{\alpha}{3}\frac{\alpha}{3\beta} = \frac{\alpha^2}{9\beta}$$

它们的利润之和为：

$$\pi_1^* + \pi_2^* = \frac{2\alpha^2}{9\beta}$$

由此可见，卡特尔的最大利润 $\alpha^2/4\beta$ 大于其成员单独行动时的利润之和 $2\alpha^2/9\beta$；此外还可见，卡特尔的产量 $\alpha/2\beta$ 小于其成员单独行动时的产量之和 $2\alpha/3\beta$，卡特尔的价格 $\alpha/2$ 则大于其成员独立行动时的价格 $\alpha/3$。

尽管卡特尔可以通过联合行动获得垄断利润，但是如何在成员之间分配垄断利润却是一个难题。由于卡特尔的利润最大化产量和价格是给定的，故成员之间的利润的分配就取决于产量或销售量的分配。理想的（亦即利润最大化的）分配方式当然是按照使每个企业的边际成本都相等的办法在各企业中分配产出。如果边际成本不相等，卡特尔总可以通过在各企业中重新分配产量的办法来减少卡特尔的成本和增加总的利润。然而，这种理想的利润分配方式常常难以实现。现实中常见的分配标准包括：① 按企业影响力的大小；② 按企业过去的销售水平；③ 按企业的生产潜力；④ 按企业所在的区域或国家。

卡特尔的最大问题是它的不稳定性——它总是面临其成员的欺骗，即不遵守已经达成的价格和产量协议。这种不稳定性的根源在于：假定其他企业均坚持卡特尔价格，则某个企业改变价格时其需求曲线将有相当大的弹性，因此，该企业稍微降低价格就可以大大增加销售量，从而获得更多的利润。由此可见，卡特尔的成员天生就有秘密降价或公开退出的动机。如果一个企业秘密降价或公开退出了，其他企业往往也会跟上。这样，卡特尔就将不复存在。

第四节 博弈论和策略行为

一、博弈模型

上一节讨论的寡头市场有一个突出的特点，即在该市场中，各个寡头企业之间的行为是相互影响的，因而，每个寡头企业都需要了解其他企业对自己所要采取的行动的反应，并根据这些反应制定自己的决策和采取最有利的行动。

通常把类似寡头市场的环境叫作"策略性环境"。在该环境中，每一个人进行的决策和采取的行动都会对其他人产生影响。在策略性环境中进行的决策和采取的行动叫作"策略性决策"和"策略性行动"。或者说得更加具体一点，所谓策略性决策和策略性行动是指，每个人都要根据其他人的可能反应来决定自己的决策和行动。它们与非策略性决策和行动不同——后者在决策和行动时，无须考虑这些决策和行动对其他人的影响以及由此而引起的其他人的反应。在策略性环境中进行策略性决策和采取策略性行动，就是所谓的"博弈"，而对如何进行博弈的专门研究就是所谓的"博弈论"。

任何博弈都有三个基本的要素，即参与人、参与人的策略和参与人的支付。所谓参与人也称局中人，是在博弈中进行决策的个体，其行为是通过在博弈中选择最优的决策和行动来使自己的目标函数达到最大。参与人的策略则是一种规则，根据该规则，参与人在博弈的每一时点上选择如何行动。当所有的参与人都选择了各自的策略并完成博弈之后，他们将得到一定的收益（或遭受一定的损失）。这些收益（或损失）被称为参与人的"支付"。

对于一个只有两个参与人的简单博弈（二人博弈），可以用一个简单的平面矩阵来加以描述和分析。例如，假定在某个寡头市场上，只有A、B两个企业。每个企业都有两个可供选择的策略，即合作和不合作。如果两个企业都采取合作的策略，则分别可得到7个和8个单位的支付；如果两个企业都采取不合作的策略，则分别只得到2个和3个单位的支付；如果一个企业采取合作的策略而另一个企业采取不合作的策略，则采取合作策略的企业只能够得到1个单位的支付，采取不合作策略的企业却可以得到4个单位的支付。

上述博弈可以用表5-1所示的矩阵（即所谓的博弈矩阵，亦称为支付矩阵）来描述。表的左边表示企业A的两种策略（合作或不合作），上边表示企业B的两种策略（合作或不合作），中间四个带数字的单元格分别表示博弈的四个结果（即支付），其中，每一单元格的第一个数字是企业A的支付，第二个数字是企业B的支付。例如，当企业A选择合作、企业B也选择合作时，结果是具有数字（7，8）的单元格，其中，第一个数字7是企业A的支付，第二个数字8是企业B的支付；当企业A选择合作、企业B选择不合作时，结果是具有数字（1，4）的单元格，其中，第一个数字1是企业A的支付,第二个数字 4 是企业 B 的支付。

表 5-1 寡头博弈:合作和不合作

企业 A \ 企业 B	合作	不合作
合作	<u>7</u>, <u>8</u>	1, <u>4</u>
不合作	<u>4</u>, 1	<u>2</u>, <u>3</u>

二、纳什均衡

在由表 5-1 给出的二人博弈中,企业 A 和企业 B 都有合作和不合作两个策略,合起来看,两个企业共有四个策略组合,即(合作,合作)、(合作,不合作)、(不合作,合作)、(不合作,不合作),其中,每一个括号里的前一项是企业 A 的策略,后一项是企业 B 的策略。现在的问题是:在这四个策略组合中,哪一个或哪一些会是最终的结果呢?

我们把作为博弈最终结果的策略组合,叫作博弈的解或博弈均衡。① 换句话说,所谓博弈均衡,就是博弈各方最终选取的策略组合。

例如,在表 5-1 中,策略组合(合作,合作)就是一个博弈均衡。这是因为,在该策略组合上,无论哪一个参与人都不会单独地改变自己的策略——单独改变策略将导致自己的支付减少:如果企业 A 单独改变策略,即从选择合作改变为不合作,则它的支付就会从原来的 7 减少到 4;同样,如果企业 B 单独改变策略,即从选择合作改变为不合作,则它的支付会从原来的 8 下降到 4。

由于在策略组合(合作,合作)上,没有人会单独改变自己的策略,故在该策略组合上,所有的参与人都处于均衡状态。这种均衡被称为"纳什均衡"——以美国数学家纳什的名字命名。更加严格一点说,所谓纳什均衡,指的是参与人的这样一种策略组合,在该策略组合上,任何参与人单独改变策略都不会得到好处。或者换个说法:如果在一个策略组合中,当所有其他人都不改变策略时,没有人会改变自己的策略,则该策略组合就是一个纳什均衡。在纳什均衡的定义中,"不会得到好处"是指参与人在改变策略之后支付不会增

---

① 与消费者均衡等一样,在博弈论中,均衡一词也意味着没有变化的状态。在博弈均衡中,若其他因素不变,博弈各方就不会有改变策略的动机。

加。这包括两种情况：支付减少或者支付不变。我们假定，在后面这种情况下（即支付不变时），由于存在改变的成本和风险，参与人也不愿意单独改变策略。例如，设某企业原来的支付为1，单独改变策略后的支付仍然为1，则该企业就不会单独进行这种改变。借用纳什均衡的概念，我们可以说，在表5-1的博弈模型中，策略组合（合作，合作）是一个纳什均衡。

纳什均衡可能不止一个。例如，在表5-1中，除了（合作，合作）之外，（不合作，不合作）也是一个纳什均衡。这是因为，在该策略组合上，如果企业A单独改变策略，即从不合作变为合作，其支付将从原来的2下降到1；如果企业B单独改变策略，即从不合作变为合作，其支付将从原来的3下降到1。因此，在策略组合（不合作，不合作）上，企业A和企业B都不会单独地改变自己的策略。这就说明，策略组合（不合作，不合作）也是一个纳什均衡。

在表5-1的博弈模型中，除了策略组合（合作，合作）和（不合作，不合作）是纳什均衡外，剩下的都不是纳什均衡。例如，策略组合（合作，不合作）不是纳什均衡。这是因为，在该策略组合上，企业A会单独改变策略，即从合作变为不合作，通过这一改变，它的支付将从原来的1提高到2；企业B也会单独改变策略，即从不合作变为合作，通过这一改变，它的支付将从原来的4增加到8。同样，策略组合（不合作，合作）也不是纳什均衡。这是因为，在该策略组合上，企业A会单独改变策略，即从不合作变为合作，通过这一改变，它的支付将从原来的4提高到7；企业B也会单独改变策略，即从合作变为不合作，通过这一改变，它的支付将从原来的1增加到3。

如何从一个博弈模型中找出所有的纳什均衡呢？为此，我们引入"相对优势策略"或"条件优势策略"的概念。某个参与人的"相对优势策略"或"条件优势策略"，是在其他参与人已经选定其策略的条件下，该参与人的最优策略。例如，在表5-1中，当企业B选择合作时，企业A的最优策略也是合作，因此，合作就是企业A（在企业B选择合作的条件下）的相对优势策略；当企业B选择不合作时，企业A的最优策略也是不合作，因此，不合作就是企业A（在企业B选择不合作的条件下）的相对优势策略。

借助相对优势策略的概念，可以把寻找纳什均衡的过程分为如下三个步骤：

第一步，确定参与人A的所有的相对优势策略。如前所述，在表5-1

中，当企业 B 选择合作时，企业 A 的相对优势策略是合作，此时，企业 A 得到的支付为 7，我们在这个 7 的下面画一条线；当企业 B 选择不合作时，企业 A 的相对优势策略是不合作，此时，企业 A 得到的支付为 2，我们在这个 2 的下面画一条线。

第二步，确定参与人 B 的所有的相对优势策略。在表 5-1 中，当企业 A 选择合作时，企业 B 的相对优势策略是合作，此时，企业 B 得到的支付为 8，我们在这个 8 的下面画一条线；当企业 A 选择不合作时，企业 B 的相对优势策略是不合作，此时，企业 B 得到的支付为 3，我们在这个 3 的下面画一条线。

第三步，确定纳什均衡。在表 5-1 中，找到所有在两个数字之下都画有一条线的单元格。与这些单元格相对应的策略组合就是所要求的纳什均衡。左上方的单元格的两个数字即 7 和 8 之下都画有一条线，故该单元格对应的策略组合（合作，合作）是一个纳什均衡；右下方的单元格的两个数字即 2 和 3 之下都画有一条线，故该单元格对应的策略组合（不合作，不合作）也是一个纳什均衡。除此之外，其他单元格都没有两个数字之下均画有一条线的情况，故与这些单元格对应的策略组合都不是纳什均衡。

当然，并不是所有的博弈模型都存在纳什均衡。表 5-2 给出了一个反例。其中，所有的策略组合都不是纳什均衡。

首先，策略组合（上，左）不是纳什均衡。在该组合上，企业 A 单独改变策略可以使自己的支付从 5 增加到 7。其次，策略组合（上，右）不是纳什均衡。在该组合上，企业 B 改变策略可以使自己的支付从 1 增加到 6。再次，策略组合（下，左）不是纳什均衡。在该组合上，企业 B 改变策略可以使自己的支付从 4 增加到 8。最后，策略组合（下，右）不是纳什均衡。在该组合上，企业 A 改变策略可以使自己的支付从 2 增加到 9。若采用相对优势策略画线法则可以看到，在表 5-2 中，没有一个单元格的两个数字之下均被画线。

表 5-2 不存在纳什均衡的博弈

企业 A \ 企业 B	左	右
上	5, 6	9, 1
下	7, 4	2, 8

三、博弈分析的简单应用

现在,我们利用上面所说的博弈模型和博弈均衡的原理,来分析两个具体的问题。

(一)卡特尔的不稳定性

利用博弈论的矩阵工具,可以很容易地说明卡特尔的不稳定性。如表 5-3 所示,表中只有一个纳什均衡,即两个企业都选择不合作,这样做的结果为矩阵右下角单元格中的支付(2,3),即企业 A 得到 2,企业 B 得到 3。

容易看到,在表 5-3 中,纳什均衡(不合作,不合作)不是最优的。例如,它劣于策略组合(合作,合作),即两个企业都选择合作。在两个企业都选择合作时,结果为矩阵左上角单元格中的支付(5,6),即企业 A 得到 5,企业 B 得到 6,均大于它们在纳什均衡下所得到的支付。

表 5-3 寡头博弈:合作的不稳定性

企业 A \ 企业 B	合作	不合作
合作	5, 6	1, 7
不合作	7, 1	2, 3

由此可见,在面临表 5-3 中的博弈时,企业 A 和企业 B 都有勾结的动机,即达成协议,承诺选择合作的策略。如果它们真的这样做,那就真的能够得到更好的支付结果(5,6),避免相对不利的支付结果(2,3)。

但是即使一开始时它们真的达成了合作的协议,这种合作也是不长久的,很快就会被破坏,并最终回到不合作的老路上去。例如,假定一开始,两个企业都遵守协议,采取策略组合(合作,合作),得到支付组合(5,6)。然而,企业 A 马上就会发现,如果企业 B 继续遵守承诺,即仍然采取合作的策略,则它就可以通过违背承诺来提高自己的支付,从合作变为不合作可以使自己的支付从 5 增加到 7。因此,在(合作,合作)的策略组合或合作协议上,企业 A 有背离该策略组合或违背合作协议的动机。同样,企业 B 在这种情况下也有违背协议的动机。因为企业 B 马上也会发现,如果企业 A 继续遵守承诺,仍然采取合作的策略,则它也可以通过违背承诺来提高自己的支付,从合作变为不合作可以使自己的支付从 6 增加到 7。

由于在策略组合（合作，合作）上，企业 A 和企业 B 都有改变策略的动机，故它们之间的合作是不稳定的，它们的合作协议是不可靠的。两个企业均违背协议的结果导致最后采取的策略组合为（不合作，不合作），即仍然是我们在一开始所说的纳什均衡。

（二）策略性贸易政策

将博弈论运用于分析国际分工和贸易问题的一个结果是所谓策略性贸易政策的提出。考虑如下 A、B 两个企业关于是否生产某种新产品的博弈。其中，企业 A 属于一个国家，企业 B 属于另外一个国家，因此，两个企业之间的竞争实际上代表了两个国家之间的竞争。此外，每一企业都有两个可供选择的策略，即生产或者不生产。其博弈如表 5-4 所示。

表 5-4　策略性贸易政策（1）

企业 A \ 企业 B	生产	不生产
生产	-2, -2	8, 0
不生产	0, 8	0, 0

首先，如果两个企业都不生产这种新产品，则它们所得到的支付自然就是 0；① 其次，如果只有一个企业生产，则生产的企业得到正的支付 8，不生产的企业得到支付 0；最后，如果两个企业都生产，则由于整个市场的容量有限，两个企业均将遭受损失，所得到的支付都是 -2。

在这种情况下，结果如何取决于哪个企业先行一步。如果企业 A 先生产，则企业 B 只好不生产；反之，如果企业 B 先生产，企业 A 也只好不生产。我们这里假定，实际情况是企业 A 先行了一步，它进行生产并占领了市场。于是，企业 A 得到支付 8，企业 B 得到支付 0。此时，如果企业 B 硬要闯进来，也进行生产，则不仅会害了别人（企业 A 的支付从 8 减少到 -2），也会害了自己（企业 B 的支付从 0 减少到 -2）。

企业 A 的先发优势能否被打破呢？回答是肯定的。一个办法是，企业 B 所在的国家政府给予企业 B 一定数量的生产补贴。例如，假定企业 B 得到 5 个单位的政府补贴。加入政府补贴的结果如表 5-5 所示。

---

① 可以把这里的支付理解为利润。

表 5-5 策略性贸易政策（2）

企业A \ 企业B	生产	不生产
生产	-2, 3	8, 0
不生产	0, 13	0, 0

现在，无论企业 A 如何选择，企业 B 总是决定生产并可以获得利益。例如，当企业 A 选择生产时，企业 B 会选择生产，因为此时生产得到的支付为 3，大于不生产的支付 0；当企业 A 选择不生产时，企业 B 仍然会选择生产，因为此时生产得到的支付为 13，大于不生产的支付 0。因此，生产是企业 B 的优势策略。

那么，在新的情况下，企业 A 又如何决策呢？企业 A 知道，现在无论如何，企业 B 都是要生产的，而在企业 B 生产的条件下，自己最好是不生产——尽管不生产的支付为 0，但仍然要好于生产时的支付-2。

最终的策略组合是（不生产，生产），即企业 A 选择不生产，企业 B 选择生产。于是，对企业 B 的政府补贴打破了企业 A 的先发优势，实际上，现在是企业 B 获得了优势。最终的支付组合是（0，13），即企业 A 得到 0，企业 B 得到 13。这里特别值得注意的是，与原来没有政府补贴时的均衡相比，企业 B 的支付增加了 13 个单位，即从 0 增加到 13，远远超过了政府补贴的数量 5。

第五节 不同市场的比较

在上一章中，我们讨论了完全竞争市场和完全竞争企业的利润最大化。在本章中，我们又讨论了垄断、垄断竞争和寡头等不完全竞争市场以及相应的不完全竞争企业的利润最大化。现在，我们要从静态和动态两个方面对这些不同的市场和企业类型做一比较。比较的基础是它们各自在长期利润最大化中的情况。[1]

---

[1] 实际上，到目前为止，我们讨论的还只是产品市场。不过，这里关于产品市场类型及其优劣的比较也适用于要素市场。

一、静态效率的比较

西方经济学研究"如何用最恰当的资源满足最迫切的需要",或者"用最少的资源生产最需要的产品"。这里包括两个方面的要求。一是"生产最需要的产品"。这是解决通常所说的"生产什么"的问题。二是"用最恰当的或最少的资源来生产"。这是解决通常所说的"如何生产"的问题。一个能够同时满足这两方面要求的经济,就是一个有"效率"的经济。

根据上述的效率含义,不同的市场类型对效率具有极为不同的影响。简单来说,从成本、价格、产量、利润以及价格与长期边际成本的关系等方面来看,可以得出明确的结论,即完全竞争市场是有效率的,不完全竞争市场则缺乏效率,而且在不完全竞争市场中,垄断的程度越高就越缺乏效率。也就是说,垄断市场的效率最低,其次是寡头市场,最后是垄断竞争市场。为了比较的方便,下面假定不同市场的需求曲线和不同企业的成本曲线都是相同的,并请参考第四章的图4-12和本章的图5-6、图5-16。

一是比较成本。完全竞争企业的长期均衡出现在长期平均成本曲线最低点,不完全竞争企业的长期均衡通常出现在长期平均成本曲线最低点之前的下降阶段。① 因此,在长期均衡中,完全竞争企业的成本最小——小于不完全竞争企业。

二是比较价格。在完全竞争企业的长期均衡中,价格总是等于最低的长期平均成本,而在不完全竞争企业的长期均衡中,价格总是高于最低的长期平均成本。例如,在垄断企业的长期均衡中,不仅价格常常高于长期平均成本,而且这个长期平均成本还高于最低水平;在垄断竞争企业的长期均衡中,尽管价格等于长期平均成本,但这个平均成本却并非最低。因此,完全竞争企业的价格最低——低于不完全竞争企业。

三是比较产量。尽管从单独一个企业来讲,完全竞争企业的产量不一定会大于不完全竞争企业(例如,完全竞争企业的产量通常要小于垄断企业——假定它们在同样的市场和技术条件下生产同样的产品),但从整个行业的角度而言,完全竞争行业的产量一定大于不完全竞争行业的产量。这是因为,不完全竞争市场的价格常常高于完全竞争时的情况,从而不完全竞争市场的产量常常

---

① 在某些特殊情况下,不完全竞争企业的长期均衡也可能会位于长期平均成本曲线的最低点。本节中的比较主要是针对"常态"而言的,不考虑那些偶然的例外。

低于完全竞争时的产量。

四是比较利润。在完全竞争和垄断竞争企业的长期均衡中，由于价格总是等于长期平均成本，故只存在正常利润而没有经济利润。在垄断和寡头企业的长期均衡中，由于价格通常大于长期平均成本，故不仅有正常利润，而且有经济利润。在一个行业中，如果存在经济利润，则它意味着分配给该行业的资源太少，不能满足社会的需要。通常，这是由于存在着进入障碍的缘故。如果不存在进入的障碍，经济利润的存在就会引起其他企业的进入，直到经济利润消失从而资源配置恰当时为止。

五是比较价格与长期边际成本的关系。在完全竞争企业的长期均衡中，价格总是等于长期边际成本，而在不完全竞争企业的长期均衡中，价格总是大于长期边际成本。前者意味着效率，而后者意味着缺乏效率。关于这一点，可以解释如下。

企业在长期中的利润最大化条件是长期边际收益等于长期边际成本。但是，在完全竞争市场中，由于企业面临的需求曲线是一条水平线，其长期边际收益就等于市场价格，故利润最大化条件被简化为价格等于长期边际成本。一般而言，在不存在价格扭曲①的情况下，价格可以很好地测量产品的"边际社会价值"——消费者对最后一单位产品的意愿支付，而长期边际成本则可以近似地看成是产品的边际社会成本。因此，完全竞争企业的长期利润最大化条件实际上意味着边际社会价值等于边际社会成本。这显然是具有效率的表现。如果不是这样，例如，如果边际社会价值大于边际社会成本，则消费者对最后一单位产品的意愿支付就超过生产者生产最后一单位产品的边际成本，此时增加生产就对社会有利。

如果市场是不完全竞争的（无论是垄断市场，还是寡头市场或者垄断竞争市场），企业的长期利润最大化条件都仍然只能是长期边际收益等于长期边际成本，而不像完全竞争企业那样为价格等于长期边际成本。特别是，由于在不完全竞争场合，企业面临的需求曲线都是向右下方倾斜的，故市场价格往往大于它们的长期边际收益。于是，不完全竞争企业的长期利润最大化条件实际意味着价格大于长期边际成本。如前所述，这是缺乏效率的表现。

最后需要说明的是，在上面的比较中，有意忽略了一些重要的因素，如垄

---

① 引起价格扭曲的因素包括所谓的"外部性"，可参见第八章第二节的讨论。

断和寡头企业可能拥有的规模经济、寡头和垄断竞争企业可能拥有的产品差别等。如果考虑到所有这些因素，不完全竞争企业（相对于完全竞争企业）的低效率也许就不像上面所说的那么明显了。

例如，当某个行业是垄断时，垄断企业可能会得到规模经济的好处，因而，它的长期平均成本曲线就可能要比完全竞争企业更低一些。这样，尽管垄断企业并未达到其长期平均成本曲线的最低点，但仍然有可能比完全竞争企业的长期平均成本曲线的最低点更低。

又例如，垄断竞争市场上的丰富多彩的差别产品显然要比完全竞争市场上的单调的无差别产品更加有利于消费者福利的提高。这种福利的提高在一定程度上也可以抵消垄断竞争市场的效率损失。

二、动态因素的比较

前面说过，从静态的角度来看，完全竞争企业是有效率的，而不完全竞争企业（包括垄断企业、寡头企业和垄断竞争企业）则是无效率的。这里，"静态"的意思是指技术不变。换句话说，我们的结论实际上是说，如果不考虑技术的变化，则完全竞争企业比不完全竞争企业具有更高的效率。

但是，一旦引入技术进步的因素，结果就可能大不相同。一方面，相对于完全竞争企业，不完全竞争企业的技术进步可能要更快一些；[1] 另一方面，不完全竞争企业的更快的技术进步可能会抵消掉其静态的低效率还有余，从而使得它的综合的（同时包括静态效率和技术进步在内的）效率超过完全竞争企业。

不完全竞争企业的技术进步可能要比完全竞争企业更快，这可以从创新的成本和收益两个方面来说明。就创新的成本而言，许多创新（特别是那些具有重要意义的创新）都需要投入巨额的资金，而这种巨额的资金通常很难由那些规模较小的、利润也很少的完全竞争企业来提供。[2] 与此不同，大企业通过利用对市场的垄断力量，获得大量的超额垄断利润。这些超额垄断利润为创新的研究和实施提供了资金的保障。就创新的收益而言，尽管创新的成功可以带来

---

[1] 这里的不完全竞争企业主要是指那些规模相对较大的垄断企业和寡头企业，而不包括与完全竞争企业大小差不多的垄断竞争企业。

[2] 根据定义，完全竞争企业占市场的份额微不足道，且在长期中只能得到正常利润，不能获得经济利润。

巨大的收益，但这些收益却不一定能够完全被进行创新的企业所得到。我们知道，在完全竞争经济中，任何企业都无法控制市场，也无法防止别的企业对其创新成果的模仿和利用。因此，即使一个完全竞争企业能够通过自己的努力进行创新，创新的好处也会很快地被众多的模仿者所瓜分，进行创新的企业本身仍然可能得不偿失。由此可见，无论是从创新的资金方面来看，还是从创新的动机方面来看，不完全竞争企业进行创新的可能性都要比完全竞争企业大得多，因此前者基于创新的技术进步也要比后者快得多。

第六节 本章评析

一、从竞争到垄断

在西方经济学中，垄断的原因被归结为四种，即资源垄断、特许垄断、专利垄断和自然垄断。这固然有些道理，但却过于简单，过于表面化。特别是，它没有看到竞争在垄断形成过程中的重要作用，更不用说去揭示竞争导致垄断的具体过程。实际上，有些垄断本身就源于竞争。这是因为，竞争常常会引起资本的积累和集中，而资本的积累和集中发展到一定的程度，可能就会形成垄断。

例如，我们从一个完全竞争的市场开始，看看它最终如何有可能走向垄断。如前所述，在一个完全竞争的市场中，所有的企业都是一样的，如具有同样小的生产规模，生产完全相同的产品，面对同样的市场价格，等等，但有一点可以不同，即可以具有不同的生产成本。由于成本的高低不同，它们的短期均衡结果也不一样：有的盈利（即不仅得到正常利润，而且得到经济利润），有的不盈不亏（即不能得到经济利润，只能得到正常利润），有的亏损（即不仅不能得到经济利润，而且不能得到全部的正常利润）。在进一步的调整过程中，亏损的企业自然选择了退出，盈利的企业则可以将所得到经济利润（或至少经济利润的一部分）用于扩大生产。① 于是，那些盈利的企业现在不再与其他企业（无论是原有的企业还是新进入的企业）相同——前者的规模更大了，而且成本越小、盈利越多的企业，规模也变得越大。这个过程不断地重复下

---

① 为了获得更多的利润，盈利企业至少会将一部分经济利润再用于生产。

去，最终就会出现一些规模巨大的企业——它们所占市场的份额不再是微不足道，它们对价格的影响也不再可以忽略不计。因此，完全竞争的格局被打破，取而代之的是寡头市场。寡头们再通过竞争或者联合，最终可以形成对整个市场的垄断。

从完全竞争走向垄断的另外一个途径可能是通过产品差别。即使在一开始时，所有的完全竞争企业都生产完全一样的产品，但那些成本较低从而盈利较多的企业可以把一部分经济利润用于形成产品差别的技术创新。这个过程不断地重复下去，完全竞争市场就会逐渐发展成为垄断竞争市场。在垄断竞争市场上，企业可以通过进一步的技术创新使自己的产品差别不断扩大，或者通过进一步的竞争（排斥与自己产品相同或相近的竞争者）使自己的生产规模不断扩大。当一个企业的产品差别（以及生产规模）扩大到一定程度之后，也会形成寡头或垄断。

特别需要指出的是，在西方经济学中，垄断仅仅被看成是一种特殊的市场类型或市场结构，并常常被归因于所谓的"产品差别"，这是相当肤浅的。他们没有认识到，垄断是生产集中发展到一定阶段的产物；垄断代替竞争，是资本主义发展的一个重要阶段。正如列宁所说，"这种从竞争到垄断的转变，不说是最新资本主义经济中最重要的现象，也是最重要的现象之一"①。"如果必须给帝国主义下一个尽量简短的定义，那就应当说，帝国主义是资本主义的垄断阶段。"②

二、垄断企业面临的需求曲线和垄断价格

在西方经济学中，垄断企业的利润最大化理论有一个重要的前提假定，即垄断企业面临的需求曲线就是整个市场的需求曲线。由于垄断企业面临的需求曲线是整个市场的需求曲线，而市场的需求曲线又向右下方倾斜，故垄断企业的边际收益曲线也向右下方倾斜，且总是位于需求曲线之下。这意味着，在垄断企业达到均衡（即边际收益曲线与边际成本曲线相交）时，相应的价格（它由需求曲线的高度决定）通常大于平均成本，从而可以得到超额的垄断利润。

然而，必须指出的是，西方经济学关于垄断企业的这个前提假定并不一定

---

① 《列宁全集》第 27 卷，人民出版社 2017 年版，第 333 页。
② 《列宁全集》第 27 卷，人民出版社 2017 年版，第 401 页。

正确。这个假定实际上意味着：在任何可行的价格水平上，市场上都只有垄断企业这一个生产者。但是我们知道，在某些垄断市场上并不是完全没有竞争的，而是可能存在大量潜在的竞争者。这些潜在的竞争者随时都有可能进入市场，成为现实的竞争者。价格越高，这种潜在竞争成为实际竞争的可能性就越大。由此可见，通常所说的垄断市场并不是绝对的：它在相对较低的价格水平上，可能只有一个企业，从而是垄断的；但在较高的价格水平上，可能会引起潜在竞争者进入，出现多个生产者，从而不再是垄断的。

潜在竞争者的存在以及它们在较高的价格水平上的进入使得垄断企业面临的需求曲线不再完全与整个市场的需求曲线相同。一般来说，在较低的不会引起进入的价格水平上，垄断企业仍然可以保持垄断的地位，从而在这些价格水平上，它所面临的需求曲线就是相应的市场需求曲线。但是，在较高的足以导致新企业进入的价格水平上，垄断企业的垄断地位就会被打破，不再是真正的垄断者。在这种情况下，它面临的需求曲线也不再是市场的需求曲线，而是要比市场的需求曲线更加平缓一些——新进入的企业会抢走一部分市场需求。

由此可见，一旦考虑到高价格引起的进入，原来的垄断企业所面临的需求曲线实际上是由两个不同的部分构成。这两个不同的部分被"进入价格"（即恰好引起新企业进入时的价格）一分为二：在进入价格之下的部分与市场的需求曲线相同，而在进入价格之上的部分则比市场需求曲线更加平缓。这里我们看到，与寡头企业相类似，垄断企业的需求曲线也会扭折，尽管扭折的原因不同——后者是由于高价格引起的进入，而前者则是由于作为竞争者的其他企业的不对称行为，即在寡头企业降价时跟着降价，在寡头企业提价时不跟着提价。①

扭折的需求曲线的后果是什么呢？如果垄断企业（为方便起见，我们仍然这样称呼它，尽管它现在已经不再是原来意义上的名副其实的垄断企业）的均衡恰好位于扭折点或位于扭折点之右，则垄断企业仍然根据市场的需求曲线（因为此时的市场需求曲线就是垄断企业面临的需求曲线）来决定相应的价格，但是，如果垄断企业的均衡位于扭折点的左边，则垄断企业决定价格的根据就不再是市场的需求曲线，而是要更加平缓一些的它自己所面临的需求曲线，因

---

① 实际上，在进入价格之上，垄断企业面临的需求曲线还可以再分为若干个部分，因为对于不同的潜在竞争者，存在不同的进入价格。换句话说，垄断企业的需求曲线会发生多次扭折。

而，最后的价格也不再像西方经济学中垄断理论所说的那样，而是要更低一些。

思考题：

1. 在短期中，垄断企业是否会亏损？为什么？
2. 试比较垄断企业与完全竞争企业的最终均衡。
3. 谈谈你对自然垄断的看法。
4. 为什么垄断竞争企业可以对价格施加一定的影响？
5. 试比较垄断竞争企业与完全竞争企业、垄断企业的联系和区别。
6. 为什么同一个垄断竞争企业会面临各种不同的需求曲线？
7. 寡头企业与其他类型企业（如完全竞争企业、垄断企业、垄断竞争企业）最主要的区别是什么？
8. 根据西方经济学，在长期中，之所以存在超额利润或经济利润，是因为存在各种各样的"进入障碍"。这种看法对吗？为什么？
9. 假定某企业面临的需求函数是线性的。试证明：对该企业来说，价格减边际收益之差与产量的比率为常数。
10. 设某垄断企业的总成本函数为 $C = \frac{1}{3}Q^3 - 7Q^2 + 111Q + 50$，市场的需求函数为 $Q = 100 - P$。试求：

    （1）利润最大化产量；
    （2）利润最大化价格；
    （3）利润最大化产量上的盈亏状况；
    （4）经济利润（垄断利润）的大小。

▶ 自测习题及参考答案

第六章 生产要素市场和收入分配

第三章至第五章讨论了产品的数量和价格的决定。本章转入生产要素市场，讨论要素使用量和要素价格的决定。对要素市场的研究可以看成是对产品市场研究的继续和发展。无论是对产品的需求还是对产品的供给，都离不开要素市场。例如，对产品的需求与消费者的收入有关，而消费者的收入则取决于他们所拥有的要素数量和要素价格；对产品的供给又与生产者的成本有关，而生产者的成本同样取决于他们所使用的要素数量和要素价格。此外，要素市场理论本身也有非常重要的意义——由于要素的价格和使用量决定了消费者的收入水平，故对要素市场的分析构成了西方经济学收入分配学说的理论基础。[①]

第一节 完全竞争和要素需求

和一般商品的价格决定一样，生产要素的价格也由要素的需求和供给共同决定。本节讨论完全竞争市场中的要素需求问题。由于现在涉及的不仅是产品市场，而且还有要素市场，所以这里所说的完全竞争意味着产品市场和要素市场都是完全竞争的。

一、完全竞争企业的要素使用原则

为简单起见，这里假定完全竞争企业只使用一种生产要素、生产单一产品、追求利润最大化。与产品数量的决定一样，要素使用量的决定也要满足"边际收益"等于"边际成本"的必要条件。不过在这里，"边际收益"和"边际成本"有不同的含义。

（一）完全竞争企业使用要素的边际收益：边际产品价值

根据定义，每一个企业（无论是完全竞争企业还是不完全竞争企业）的收

---

① 在西方经济学中，除生产要素理论外，分配理论还包括收入分配的不平等程度及收入之间差异的原因等。

益都等于其产品价格与产品数量的乘积。但是,在完全竞争的条件下,由于企业的数量很多且产品毫无差别,故任何一家企业单独增加或减少其产量都不会影响产品价格,从而产品价格是一个固定不变(即不随完全竞争企业的产量变化而变化)的参数。在这种情况下,企业的收益便可以被看成是产量的函数,即有:

$$R(Q) = PQ \tag{6.1}$$

式中,P、Q 和 R 分别表示价格、产量和收益,$R(Q)$ 表示收益 R 是产量 Q 的函数。

进一步来看,产品是使用要素生产出来的,因此,产量又是要素的函数,从而收益是要素的"复合"函数。若设完全竞争企业使用的生产要素为 L(L 代表劳动或其他任何一种生产要素),则有:

$$R(Q(L)) = P \cdot Q(L) \tag{6.2}$$

其中的产品价格仍然是固定不变的参数。

现在可以求解完全竞争企业使用要素的边际收益——从数学上讲,这个边际收益就是式(6.2)中收益函数 $R(Q(L))$ 对要素使用量 L(注意,不是产量 Q)的一阶导数。它显然等于:

$$\frac{dR}{dL} = \frac{dR}{dQ} \frac{dQ}{dL} = P \frac{dQ}{dL} = P \cdot MP \tag{6.3}$$

式中,$dQ/dL = MP$ 是要素的边际产品(或边际生产率),它表示增加使用一个单位的要素所增加的产量。要素的边际产品 MP 与既定产品价格 P 的乘积 $P \cdot MP$ 则表示增加使用一单位要素所增加的收益。这就是完全竞争企业使用要素的"边际收益"。为了与前面讨论过的产品的边际收益(通常用 MR 表示)概念相区别,我们把 $P \cdot MP$ 叫作边际产品价值,并用 VMP 表示,即:

$$VMP = P \cdot MP \tag{6.4}$$

换句话说,所谓的边际产品价值,就是完全竞争企业增加使用一单位要素所带来的收益的增加量。

由于要素的边际产品 MP 是产量对要素的导数,所以它也是要素的函数,可以写成 $MP(L)$。而根据"边际产品递减规律",该函数的几何表示即边际产品曲线是向右下方倾斜的,即随着要素使用量的增加,相应的边际产品将不断地下降。由于要素的边际产品是要素的函数,故要素的边际产品价值 VMP 也是要素的函数，也可以写成 $VMP(L)$，并且由于产品价格 P 为正的常数，故与边际产品曲线一样，边际产品价值曲线也向右下方倾斜。

如图 6-1 所示，横轴表示要素的使用量 L，纵轴表示相应的边际产品 MP 和边际产品价值 VMP，边际产品价值曲线与边际产品曲线一样均向右下方倾斜。二者的相对位置关系则取决于产品价格是大于还是小于或等于 1。如果产品价格大于 1，则对于给定的某个要素数量，边际产品价值大于边际产品，因而整个边际产品价值曲线高于边际产品曲线（图中给出的是 $P=2$ 的情况）。如果产品价格小于 1，则情况恰好相反，边际产品价值曲线将位于边际产品曲线的下方。如果产品价格等于 1，则边际产品价值曲线与边际产品曲线恰好重合。

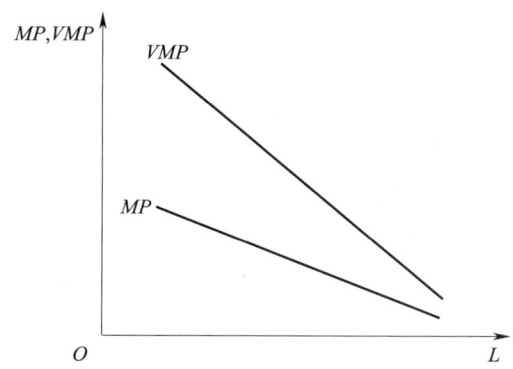

图 6-1 完全竞争企业的边际产品和边际产品价值

（二）完全竞争企业使用要素的边际成本：要素价格

和收益的情况类似，每一个企业（无论是完全竞争企业还是不完全竞争企业）的成本都等于要素价格与要素使用量的乘积。但是，在完全竞争的条件下，由于要素的买卖双方数量很多且要素毫无区别，故任何一家企业单独增加或减少要素的购买量都不会影响要素的价格，从而要素价格是一个固定不变（即不随完全竞争企业的要素购买量的变化而变化）的参数。在这种情况下，企业的成本便可以看成是要素使用量的函数，[①] 即有：

$$C(L)=WL \tag{6.5}$$

式中，W、L 和 C 分别表示要素价格、要素使用量和成本，$C(L)$ 表示成本 C 是要素使用量 L 的函数。

[①] 注意，也有另外一种形式的成本函数，即把成本看成产量的函数。参见第三章第五节和第六节中的讨论。

同样，与边际收益的情况类似，完全竞争企业使用要素的边际成本（它表示完全竞争企业增加使用一单位要素所增加的成本）也容易求解。从数学上讲，这个边际成本就是式（6.5）中成本函数 $C(L)$ 对要素使用量 L 的一阶导数，它显然等于：

$$\frac{\mathrm{d}C(L)}{\mathrm{d}L}=W \quad (6.6)$$

由此可见，在完全竞争的条件下，企业使用要素的边际成本函数非常简单，即恰好等于固定不变的要素价格。

图 6-2 中的水平直线是要素的边际成本函数即式（6.6）的几何表示。图中横轴为要素使用量，纵轴为使用要素的边际成本即要素价格。假定要素价格也即要素的边际成本为 W_0，则 W_0 不随要素使用量 L 的变化而变化。

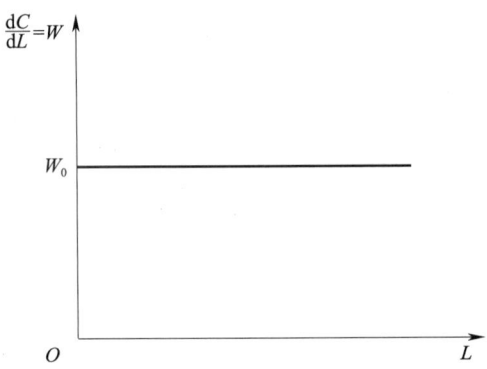

图 6-2 完全竞争企业使用要素的边际成本

式（6.6）或图 6-2 的含义并不难理解。例如，设劳动价格为固定的每小时 2 元，则企业每增加使用 1 小时劳动就需要且仅需要付出 2 元的成本，于是它所使用的劳动的边际成本为 2 元。

（三）完全竞争企业的要素使用原则：边际产品价值=要素价格

由于在完全竞争的条件下，企业使用要素的边际收益为边际产品价值 $VMP=P \cdot MP$，使用要素的边际成本为要素价格 W，故完全竞争企业使用要素的原则可以表示为：

$$VMP=W \quad (6.7)$$

或者

$$P \cdot MP=W \quad (6.8)$$

这是利润最大化的一般原则（即边际收益等于边际成本）在完全竞争企业的要素使用量的决定问题上的具体运用。当式（6.7）或式（6.8）被满足时，完全竞争企业就达到了利润的最大化。此时的要素数量为最优的要素数量。

为了说明式（6.7）或式（6.8）是完全竞争企业的利润最大化的要素使用原则，我们来看 $VMP \neq W$ 的情况。首先，如果 $VMP > W$，则意味着，增加使用一单位要素所带来的收益大于所引起的成本，于是，企业为了提高利润，应当增加要素的使用量。随着要素使用量的增加，要素的边际产品及边际产品价值将下降（要素的价格保持不变），最终导致 $VMP = W$。其次，如果 $VMP < W$，则意味着，减少使用一单位要素所损失的收益小于所节省的成本，于是，企业为了提高利润，应当减少要素的使用量。随着要素使用量的减少，要素的边际产品及边际产品价值将上升（要素的价格保持不变），最终也将导致 $VMP = W$。由此可见，无论要素的边际产品价值大于还是小于要素的价格，相应的要素使用量都不是最优的。只有当边际产品价值与要素价格恰好相等时，相应的要素使用量才是最优的要素使用量。

二、完全竞争企业的要素需求曲线

完全竞争企业的要素需求曲线是相应的要素需求函数的几何表示。它反映的是：在其他条件不变时，完全竞争企业对要素的需求量与要素价格之间的对应关系。这个对应关系可以直接从完全竞争企业的要素使用原则即式（6.7）中推导出来。

首先，我们把式（6.7）写为：

$$VMP(L) = W \qquad (6.9)$$

式中，$VMP(L)$ 表示要素的边际产品价值是要素使用量的函数。于是，满足式（6.9）的 L 是最优的（即使利润最大化的）要素使用量。

其次，由式（6.9）表示的方程实际上是一个关于要素价格和最优要素使用量的"隐函数"：给定一个要素价格 W，根据式（6.9），就有一个唯一的最优要素使用量 L 与之对应。换句话说，式（6.9）确定了完全竞争企业的一个要素需求函数。

前面曾经说过，产品的需求曲线是向右下方倾斜的（参见第一章），现在可以看到，完全竞争企业的要素需求曲线具有同样的形状。为了说明这一点，假定在一开始时，企业使用的要素数量为最优，即式（6.9）已经满足。现在让要素价格 W 上升，于是有 $VMP(L) < W$。为了重新恢复均衡，企业必须调整

要素的使用量 L，使要素的边际产品价值 VMP 上升；而根据边际产品递减的性质，只有通过减少要素使用量才能达到这个目的。于是得到结论：企业对要素的最优使用量即需求量随着要素价格的上升而下降。这意味着，完全竞争企业的要素需求曲线与边际产品价值曲线一样向右下方倾斜。

实际上，完全竞争企业的要素需求曲线与边际产品价值曲线不仅都向右下方倾斜，而且在所给的条件下，二者还刚好重合。

在式（6.9）中，等号左边的边际产品价值已知是要素 L 的函数，如图 6-3 所示，它由向右下方倾斜的曲线 VMP 表示。如果把等号右边的要素价格 W 也看成是 L 的函数，则由于完全竞争企业改变要素使用量的行为不会影响要素市场的价格，它的形状就是一条水平线。于是给定一个要素价格 W_0，就有一条水平直线（仍然用 W_0 表示，并且为方便起见，这里把它画成虚线）。最后，要素使用原则 $VMP=W$ 在几何上的表示就是 VMP 曲线与 W_0 曲线的交点 A。点 A 表明，当要素价格为 W_0 时，要素需求量为 L_0。换句话说，边际产品价值曲线 VMP 上的点 A 也是要素需求曲线上的一点。同样，如果给定另外一个要素价格如 W_1，则有另外一条水平虚线（用 W_1 表示）与 VMP 相交于另外一点，如点 B。点 B 表明，当要素价格为 W_1 时，要素需求量为 L_1。换句话说，边际产品价值曲线 VMP 上的点 B 亦是要素需求曲线上的一点。由此可见，完全竞争企业对要素的需求曲线（在图中用 d 表示）与要素的边际产品价值曲线恰好重合。

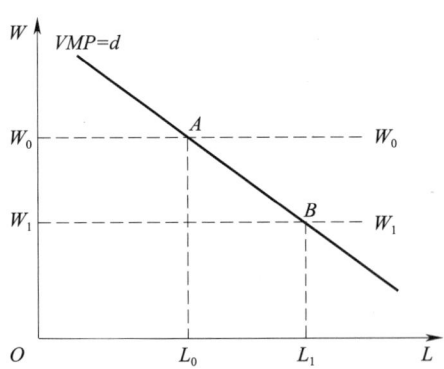

图 6-3 完全竞争企业的要素需求曲线

三、完全竞争市场的要素需求曲线

由单个的完全竞争企业的要素需求曲线就是其要素的边际产品价值曲线这一点，似乎可以认为，通过简单加总某一市场上所有完全竞争企业的边际产品价值曲线即可求得整个完全竞争市场的要素需求曲线。可惜事实并非如此。

上述简单加总的方法之所以行不通是因为，只有在一定的条件下，单个的完全竞争企业的要素需求曲线才等于边际产品价值曲线。条件之一是，必须假定其他企业均不进行调整。否则，企业的要素需求曲线与边际产品价值曲线就不会保持一致。当我们从单个企业转到研究整个市场的情况时，这个条件显然不再能够得到满足。

那么，在其他企业均可以进行调整的情况下，单个的完全竞争企业的要素需求曲线会发生什么样的变化呢？为了回答这个问题，我们考虑某个完全竞争企业 i 对生产要素 L 的需求曲线。不难想到，如果不考虑其他企业的调整活动，则要素 L 的价格变化就不会影响企业 i 的产品价格，从而不会改变其要素的边际产品价值曲线。这是因为，在其他企业均不调整的条件下，要素 L 的价格变化只会引起企业 i 的要素需求量和使用量的变化，从而只会引起它的产品数量的变化，而由于企业 i 是产品市场上的完全竞争者，故其产量变化并不能改变产品的价格。但是，如果考虑其他企业也进行调整，则情况将完全不同，因为现在的要素价格变动不仅会引起企业 i 的要素需求量和使用量的变动，而且会引起所有其他企业的要素需求量和使用量的变动，进而引起整个产品市场的产量和价格的变动。产品价格的改变再反过来使每一个企业的边际产品价值曲线改变。于是，企业 i 的要素需求曲线不再等于其边际产品价值曲线。

如图 6-4 所示，横轴表示要素的使用量，纵轴表示要素价格，设开始时要素价格为 W_0，产品价格为 P_0，从而边际产品价值曲线为 $P_0 \cdot MP$。根据该曲线可知，当要素价格为 W_0 时，相应的要素需求量为 L_0。于是，点 (W_0, L_0) 即点 A 为所求的要素需求曲线上一点。如果这时没有其他企业的调整，则 $P_0 \cdot MP$ 就可以看成是要素的需求曲线。此时，如果让要素价格下降到 W_1，则要素的需求量就会增加到 L_2。但是，现在由于其他企业也要进行调整，要素价格下降到 W_1 导致产品价格也下降，例如下降到 P_1，从而边际产品价值曲线向左下方移动到 $P_1 \cdot MP$。根据这一新的边际产品价值曲线，在要素价格 W_1 下，要素的需求量不再是 L_2，而是更少一些的 L_1。于是得到要素需求曲线上另外一点 (W_1, L_1)，即点 B。

可以得到其他与 A、B 性质相同的点。这些点的集合就是多个企业调整情

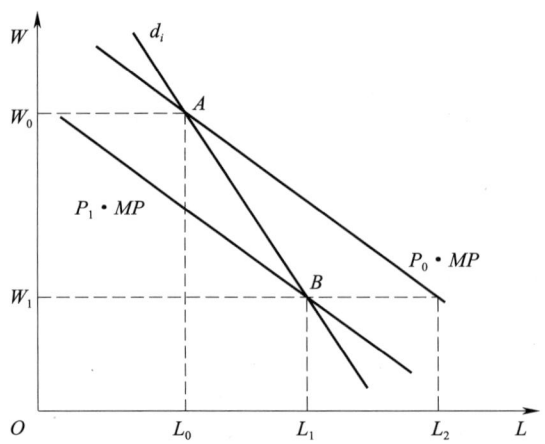

图 6-4 多个企业同时调整时企业 i 的要素需求曲线

况下企业 i 对要素 L 的需求曲线 d_i。称 d_i 为"行业调整曲线",因为它是经过多个企业相互作用的调整,即经过整个行业调整之后得到的第 i 个企业的要素需求曲线。d_i 仍然向右下方倾斜,但比边际产品价值曲线更加陡峭。

因此,在考虑整个市场时,不能再把单个的完全竞争企业的边际产品价值曲线看成是其要素需求曲线,从而也不能把它们的简单加总看成是整个市场的要素需求曲线。但是一旦求得单个完全竞争企业的行业调整曲线 d_i,则整个完全竞争市场的要素需求曲线(设用 D 表示)就不难从中推出。例如,假定在某个完全竞争的要素市场中包含 n 个企业,第 i 个完全竞争企业的行业调整曲线(亦即经过行业调整后的要素需求曲线)为 d_i($i=1, 2, \cdots, n$)。整个完全竞争市场的要素需求曲线 D 就是所有这些完全竞争企业的行业调整曲线的简单水平相加,即:

$$D = \sum_{i=1}^{n} d_i \tag{6.10}$$

特别地,如果假定这 n 个完全竞争企业的情况均一样,即:

$$d_1 = d_2 = \cdots = d_n$$

则整个完全竞争市场的要素需求曲线就是:

$$D = \sum_{i=1}^{n} d_i = n \cdot d_i$$

式中,d_i 为任何一个完全竞争企业的行业调整曲线。

如图 6-5 所示,图 (a) 是某单个完全竞争企业的行业调整曲线 d_i,图 (b) 是整个完全竞争市场的要素需求曲线 D。当要素价格为 W_0 时,单个完全竞争企业的要素需求量为 L_0,整个完全竞争市场的要素需求量为 nL_0。

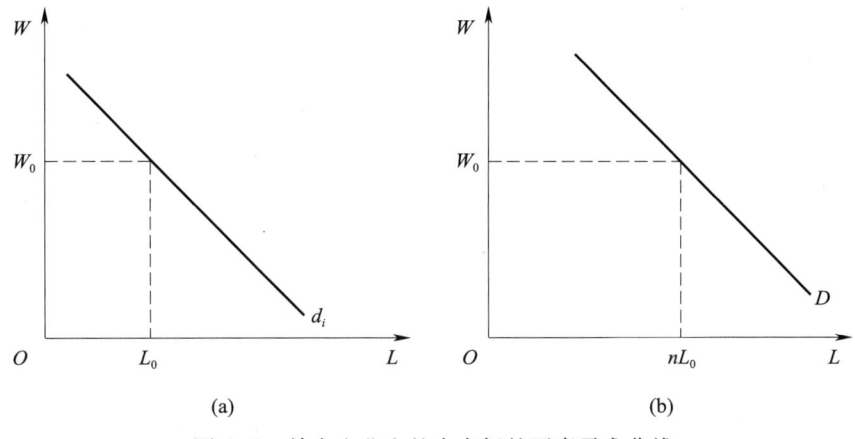

图 6-5 单个企业和整个市场的要素需求曲线

第二节 要素供给的一般理论

本章第一节从要素使用者的角度讨论了完全竞争企业和完全竞争市场的要素需求。本节开始则要从要素所有者的角度研究要素的供给,并通过对要素供给和需求的综合分析,推导要素价格和使用量的决定理论。

一、要素供给问题

由上一节的讨论可知,要素需求理论是从要素使用者的最大化行为出发来研究其对要素的需求量如何随要素价格的变化而变化。类似的,要素供给理论可以看成是从要素所有者的最大化行为出发来研究其对要素的供给量如何随要素价格的变化而变化。

但是,在要素需求方面,要素使用者(即生产者或企业)及其目标(即利润最大化)都是"单一"的,而在要素供给方面,要素所有者既可以是生产者,也可以是消费者。作为生产者的要素所有者,其目标是利润最大化,并为此而生产出将要再次投入生产过程的"中间"产品或"中间"生产要素;作为消费者的要素所有者,其目标是效用最大化,并为此而向市场提供诸如劳动等"原始"的生产要素。

容易想到,中间要素的供给与一般产品的供给其实并没有什么不同,因为中间要素本身就是一般的产品,而关于一般产品的供给理论在产品市场,特别是在第四章关于完全竞争产品市场的分析中已经详细讨论过。因此,这里关于要素供给的讨论就可以限制在要素所有者为消费者、其行为目的为效用最大化这一范围之内，即是从消费者的效用最大化行为出发来讨论其原始要素的供给量与要素价格之间的关系。

消费者对于原始要素的供给有一个明显的特点，即他拥有的要素数量（简称资源）在一定时点上或一定时期内总是既定不变的。例如，消费者每天拥有的可自由支配的时间是有限的，如只有 16 小时（除去吃饭睡觉等）；他在一定时点上拥有的土地数量也是固定的，如只有 5 公顷；他在一定时期内拥有的收入也是有限的，如 500 元。

当资源的数量给定时，消费者只能将其中的一部分作为生产要素来提供市场，即把全部的既定资源一分为二，分为供给市场的部分和保留自用（简称自用）的部分。因此，可以把消费者的要素供给问题概括为：在一定的要素价格水平下，将其全部既定资源在要素供给和保留自用两种用途上进行分配以获得最大效用。

二、要素供给原则

消费者在要素供给问题上的效用最大化条件是：作为要素供给的资源的边际效用与作为保留自用的资源的边际效用必须相等。如果二者不相等，例如，要素供给的边际效用小于保留自用的边际效用，则可以将原来用于要素供给的资源转移一部分到保留自用上去从而增大总的效用，这是因为，减少一单位要素供给所损失的效用要小于增加一单位保留自用的要素所增加的效用；另一方面，如果要素供给的边际效用大于保留自用的边际效用，则可以根据同样的理由，将原来保留自用的资源转移一部分到要素供给上去，从而使总的效用增大。

那么，什么是要素供给的效用和边际效用？什么是自用资源的效用和边际效用？显然，要素供给的效用是"间接"的，因为把资源作为生产要素供给市场本身对消费者来说并无任何效用，消费者之所以供给生产要素是因为这样做可以得到收入，从而享受消费，并从消费中得到效用。换句话说，要素供给是通过收入和消费与效用相联系的。

自用资源的情况更加复杂一些。自用资源既可以带来间接效用，亦可以带来直接效用。例如，时间资源如果不作为劳动要素去供给市场，则可以用来做家务、休息或锻炼身体。做家务可以节省本来必须请别人来帮忙做家务的昂贵开支，因而和要素供给一样，也是间接地带来了效用；休息或锻炼身体则直接满足消费者的健康需求，因而是直接增加了消费者的效用。为了简单起见，我们假定自用资源的效用都是直接的，即不考虑上述时间可以用来做家务这类现象。

下面来正式地推导要素供给原则。设消费者拥有的单一既定资源总量为 $\bar{L}$（$\bar{L}$ 是一个固定不变的常数），资源价格（即要素价格）为 W。一般来说，单个消费者只是要素市场上众多的要素所有者之一，即他是要素市场上的完全竞争者，他增加或减少要素的供给量不会影响要素的市场价格。在这种情况下，他所面临的要素需求曲线就是一条水平线，或者说，要素价格 W 是所谓的参数。在该要素价格下，消费者的自用资源量为 H，要素供给量为 $\bar{L}-H$，从要素供给中得到的收入为 $W(\bar{L}-H)$。

消费者的效用来自两个方面，即通过要素供给得到收入和消费（用 C 来表示，C 同时也表示全部的消费支出）以及自用资源，且随消费和自用资源的增加而增加（因而随要素供给的增加而减少），故效用函数为：

$$U = U(C, H) \tag{6.11}$$

相应地，约束条件可写为：

$$C = W(\bar{L} - H) \tag{6.12}$$

式（6.12）表示消费（支出）的总量应当等于收入的总量（这里暂不考虑非要素收入）。于是消费者的要素供给问题可以表述为：在约束条件式（6.12）之下使效用函数式（6.11）达到最大。

求解上述问题的一个方法是：先利用约束条件式（6.12）将效用函数式（6.11）改写为一个"一元"函数，然后对这个一元函数求解效用最大化的均衡条件。例如，我们将约束条件式（6.12）直接代入效用函数式（6.11），得到一个关于自用资源 H 的一元（复合）函数：

$$U = U(W(\bar{L} - H), H)$$

它的一阶必要条件是 $dU/dH = 0$（注意，资源总量 $\bar{L}$ 和要素价格 W 为常数），即：

$$\frac{\partial U}{\partial C} \frac{dC}{dH} + \frac{\partial U}{\partial H} = 0$$

由于 $dC/dH = -W$，故上式意味着：

$$\frac{\partial U/\partial H}{\partial U/\partial C} = W \tag{6.13}$$

或者

$$MRS_{H,C} = W$$

这里，

$$MRS_{H,C} = \frac{\partial U/\partial H}{\partial U/\partial C}$$

是自用资源 H 对消费 C 的边际替代率。其中，等式右边的分子部分 $\partial U/\partial H$ 为自用资源的边际效用，表示增加一单位自用资源所带来的效用增量；分母部分 $\partial U/\partial C$ 是消费的边际效用，表示增加一单位消费所带来的效用增量。它们仍然是 H 和 C 的函数。因此，自用资源对消费的边际替代率 $MRS_{H,C}$ 也是 H 和 C 的函数。

式（6.13）意味着，消费者的既定资源总量在保留自用和供给市场两种用途上的最优分配的条件是：自用资源的边际效用与消费的边际效用的比率（即自用资源对消费的边际替代率）必须等于要素的价格。这就是所谓的要素供给原则。

三、预算线-无差异曲线分析

上面关于要素供给原则的讨论也可以利用预算线-无差异曲线的分析工具来进行说明。

如图 6-6 所示，横轴 H 表示自用资源的数量，纵轴 C 表示消费，图中每一个点均代表一个消费 C 和自用资源 H 的组合。U_0、U_1 和 U_2 是消费者的三条无差异曲线。在同一条曲线上，不同的点代表着相同的效用水平。它们与通常的无差异曲线一样，向右下方倾斜和凸向原点。此外，较高的无差异曲线代表较高的效用，即 $U_2 > U_1 > U_0$。

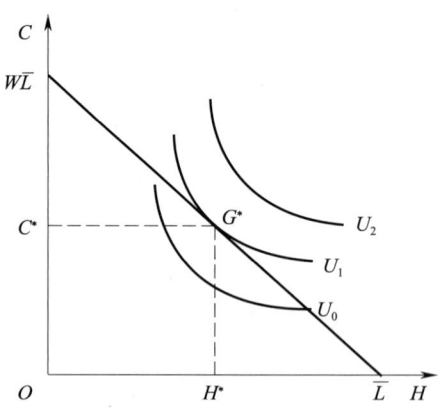

图 6-6 要素供给原则：无差异曲线分析

再设消费者在初始时拥有的既定资源总量为 $\bar{L}$。如果消费者将其全部的 $\bar{L}$ 都作为生产要素供给市场，则所得到的全部收入（假定不存在来自其他方面的非要素收入）就是 $W\bar{L}$（W 为要素价格）。由于 $W\bar{L}$ 是最大可能的消费，故连接横轴上点 $\bar{L}$ 和纵轴上点 $W\bar{L}$ 的直线显然就是该消费者的预算线。

消费者现在要在预算约束之下选择最优的消费 C 和自用资源 H 的组合。显而易见，这个最优组合就是预算线与无差异曲线 U_1 的切点 G^*。这意味着，消费者的效用最大化行为就是在初始的全部资源 $\bar{L}$ 中，保留数量为 H^* 的资源自己使用，而将其余的 $\bar{L}-H^*$ 部分作为生产要素供给市场以获得收入，从而使自己的消费恰好达到最优的 C^*，即 $W(\bar{L}-H^*)$。

由图 6-6 可知，最优点 G^* 所需满足的条件是无差异曲线的斜率等于预算线的斜率。预算线的斜率显然为：

$$-\frac{W\bar{L}}{\bar{L}}=-W$$

即等于要素价格的相反数。另一方面，无差异曲线的斜率可以表示为消费增量与自用资源增量之比的极限值 dC/dH，即消费对自用资源的导数。于是，最优点 G^* 的必要条件可以写为：

$$\frac{dC}{dH}=-W$$

两边同乘 -1 得：

$$-\frac{dC}{dH}=W \tag{6.14}$$

式（6.14）的左边是自用资源对消费的边际替代率，表示消费者为增加一单位自用资源所愿意减少的消费量；右边的要素价格可以看成是消费者为增加一单位自用资源所必须放弃的消费量。因此，式（6.14）意味着，消费者为增加一单位自用资源所愿意减少的消费量要等于必须减少的消费量。

容易知道，自用资源对消费的边际替代率 $-dC/dH$ 恰好等于自用资源和消费的边际效用之比：①

---

① 设要素所有者的效用函数为：

$$U = U(C, H)$$

则其全微分为：

$$dU = \frac{\partial U}{\partial C}dC + \frac{\partial U}{\partial H}dH$$

由于在无差异曲线上有 $dU=0$，故：

$$\frac{\partial U}{\partial C}dC + \frac{\partial U}{\partial H}dH = 0$$

解之，得：

$$-\frac{dC}{dH}=\frac{\partial U/\partial H}{\partial U/\partial C}$$

$$-\frac{\mathrm{d}C}{\mathrm{d}H}=\frac{MU_H}{MU_C}$$

将上式代入式（6.14）即得到上一目得到的要素供给原则式（6.13）。

四、要素供给曲线

现在利用图 6-6 来进一步推导要素的供给曲线。如图 6-6 所示，消费者的要素供给量等于既定资源总量减去最优自用资源量，即 $\bar{L}-H^*$。其中，H^* 取决于无差异曲线与预算线的切点 G^* 的位置。在给定偏好即无差异曲线不变的条件下，这又取决于预算线的斜率，即要素价格 W。反过来说，如果给定消费者的初始资源数量和偏好，则对于每给定一个要素价格，相应地就有一个要素供给量。这正是我们所要确定的要素供给函数或要素供给曲线。

如图 6-7 所示，横轴 H 和纵轴 C 仍然表示消费者的自用资源和消费，U_0、U_1 和 U_2 为三条无差异曲线。当要素价格为 W_0 时，将所有的资源都作为要素供给市场时，全部收入和消费就等于 $W_0\bar{L}=C_0$，于是预算线为 $\overline{LC_0}$。现在让要素价格上升，例如上升到 W_1 和 W_2，则将所有的资源都作为要素供给所得到的全部收入和消费将分别为 $W_1\bar{L}=C_1$ 和 $W_2\bar{L}=C_2$，从而相应的预算线分别为 $\overline{LC_1}$ 和 $\overline{LC_2}$。这意味着，随着要素价格的上升，预算线将绕着横轴上的点 $\bar{L}$ 顺时针旋转。随着预算线绕点 $\bar{L}$ 顺时针旋转，它与既定的无差异曲线簇的切点亦不断变化。将所有这些切点联结起来，即得到所谓的价格扩展曲线 PEP。PEP 曲线反映了自用资源数量 H（以及消费 C）如何随着要素价格 W 的变化而变化，从而反映了要素供给量（它等于固定资源总量减去自用资源数量）如何随着要素价格的变化而变化。

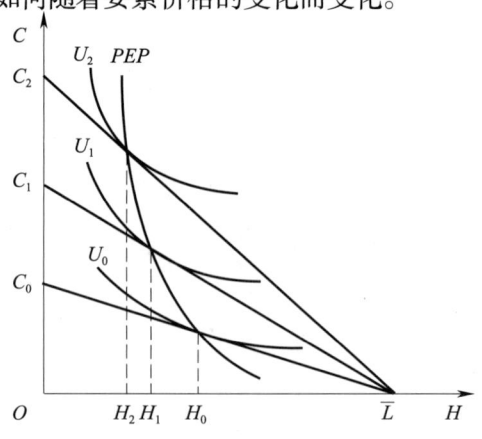

图 6-7 价格扩展线

现在介绍从价格扩展线得到要素供给曲线的方法。给定要素价格 W_0，由图 6-7 可知，预算线为 $\overline{L}C_0$，从而最优自用资源量为 H_0，要素供给量为 $\overline{L}-H_0$，于是得到图 6-8 中要素供给曲线上的一点 A $(W_0, \overline{L}-H_0)$。设要素价格上升到 W_1，再上升到 W_2，则预算线为 $\overline{L}C_1$ 和 $\overline{L}C_2$，从而最优自用资源量下降到 H_1 和 H_2，要素供给量上升到 $\overline{L}-H_1$ 和 $\overline{L}-H_2$，于是又得到图 6-8 中要素供给曲线上两点，即点 B $(W_1, \overline{L}-H_1)$ 和点 C $(W_2, \overline{L}-H_2)$。重复以上做法可以得到与点 A、B 和 C 性质相同的其他点，所有这些点的集合即为图 6-8 中向右上方倾斜的要素供给曲线 S。

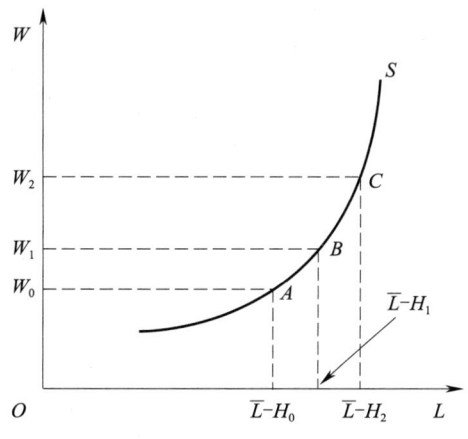

图 6-8 要素供给曲线

需要说明的是，经由图 6-7 推出图 6-8 中向右上方倾斜的要素供给曲线，并不意味着所有的要素供给曲线都是向右上方倾斜的。要素供给曲线的具体形状究竟如何取决于无差异曲线的形状，或者说，取决于效用函数 $U=U(C,H)$ 的性质，特别是，取决于效用函数中保留自用资源 H 的特点。根据自用资源或生产要素的不同特点，要素的供给曲线既可以向右上方倾斜，也可以垂直，甚至还可以向右下方倾斜。在以下几节中，我们分别讨论劳动、土地和资本三种生产要素。

第三节 劳动和工资

一、劳动供给和闲暇需求

上一节中讨论一般要素供给的方法容易运用于分析特殊的劳动供给问题。

劳动供给涉及时间资源的最优分配。如前所述，消费者拥有的时间资源是既定的。例如，每天只有 24 小时，而且，在这 24 小时中，还有一部分必须用于睡眠而不能挪作他用。为了简单起见，假定消费者每天必须睡眠 8 小时。这样，消费者可以自由支配的时间资源每天就不能超过 16 小时。

消费者的劳动供给只能来自这 16 小时之中，而不可能超过它。一方面，若设消费者每天的劳动供给量为 L 小时，则全部时间资源中的剩余部分为 $16-L$，就是消费者每天的闲暇时间。闲暇时间包括除必需的睡眠时间和劳动供给之外的全部活动时间。例如，用于吃、喝、玩、乐，即用于各种消费活动的时间（这里不考虑闲暇时间被用于非市场活动的"劳动"，如干家务活等）。另一方面，若用 H 表示闲暇，则 $16-H$ 就代表消费者的劳动供给量。由此可见，劳动供给就是闲暇需求的反面。在时间资源总量给定的条件下，劳动供给的增加就是闲暇需求的减少，反之，就是闲暇需求的增加。二者之间存在确定的反方向变化的关系。总之，劳动供给问题可以看成是消费者如何决定其固定的时间资源中闲暇所占的部分，或者如何决定其全部资源在闲暇和劳动供给两种用途上的分配。

当消费者在享受闲暇和供给劳动之间进行选择时，享受闲暇可以直接增加效用，但供给劳动却不是如此。供给劳动首先是带来收入，通过收入用于消费再增加效用。因此，从实质上说，消费者并非是在闲暇和劳动二者之间进行选择，而是在闲暇和消费之间进行选择，或者说，是在自用资源和消费之间进行选择。

二、劳动供给均衡

根据上文的讨论可知，求解劳动供给的一个方法是先求解闲暇需求，而闲暇需求属于消费者行为，故可以利用消费者的效用最大化原理来解决（参见第二章）。

考虑某个典型的消费者。该消费者拥有的时间资源总量为 $\bar{L}$（$\bar{L}$ 是一个固定不变的常数），其中，用于劳动的部分为 L，用于闲暇的部分为 H，则 $H=\bar{L}-L$。假定消费者的效用来自两个方面，即其享受的闲暇和消费（用 C 表示），且随着闲暇和消费的增加而增加。于是有如下的效用函数：

$$U=U(C,\bar{L}-L) \quad (6.15)$$

消费者的收入分为劳动收入和非劳动收入两个部分，即 $WL+\bar{Y}$，其中，W

代表工资，$\bar{Y}$ 代表非劳动收入。于是，消费者的预算约束可表示为：

$$C = WL + \bar{Y} \tag{6.16}$$

式（6.16）表示消费总量应等于收入总量（包括劳动收入和非劳动收入）。

式（6.15）和式（6.16）构成一个完整的关于消费者的劳动供给模型。下面用拉格朗日方法来求解该模型。首先建立相应的拉格朗日函数如下：

$$f = U(C, \bar{L} - L) + \lambda(WL + \bar{Y} - C) \tag{6.17}$$

效用最大化的必要条件是拉格朗日函数 f 对它的两个自变量（即消费 C 和劳动 L）的一阶偏导数都等于零，即有：

$$\frac{\partial f}{\partial C} = \frac{\partial U}{\partial C} - \lambda = 0$$

$$\frac{\partial f}{\partial L} = \frac{\partial U}{\partial L} + \lambda W = 0$$

解之可得：

$$-\frac{\partial U/\partial L}{\partial U/\partial C} = W \tag{6.18}$$

式（6.18）意味着，在消费者的最优劳动量或劳动供给量上，劳动和消费的边际效用之比的相反数必须等于工资。这就是劳动供给的均衡条件。

三、劳动供给曲线

容易看到，在劳动供给的均衡条件即式（6.18）中，蕴涵着所谓的劳动供给函数。这是因为，任意给定等式右边的一个工资水平，等式左边有且只有一个劳动供给量，恰好能够使得式（6.18）成立。[①]

现在的问题是：这样的劳动供给函数具有什么性质？或者换个说法，随着工资水平的上升，消费者为了使效用达到最大，会增加还是减少其劳动供给量？

遗憾的是，在给定具体的效用函数之前，我们无法得到确定的答案。一般而言，工资水平的提高会提高消费者的劳动供给量，但是，当工资水平已经非常高时，它的进一步提高反而可能使消费者减少其劳动供给量。下面借助几何方法来说明这一点。

如图 6-9 所示，横轴 H 表示闲暇，纵轴 C 表示消费，消费者的初始状态为

---

① 关于这一结果的严格证明需要用到隐函数定理。

点 E，它表示非劳动收入 $\bar{Y}$ 与时间资源总量 $\bar{L}$ 的组合。如果劳动价格即工资为 W_0，则最大可能的消费为 $C_0=W_0\bar{L}+\bar{Y}$，即劳动收入与非劳动收入之和。于是消费者在工资 W_0 条件下的预算线为连接初始状态点 E 与纵轴上点 C_0 的直线 EC_0。EC_0 与无差异曲线 U_0 的切点为 A。与点 A 对应的最优闲暇量为 H_0，从而劳动供给量为 $\bar{L}-H_0$。于是得到图 6-10 中劳动供给曲线上的点 $A(W_0,\bar{L}-H_0)$。

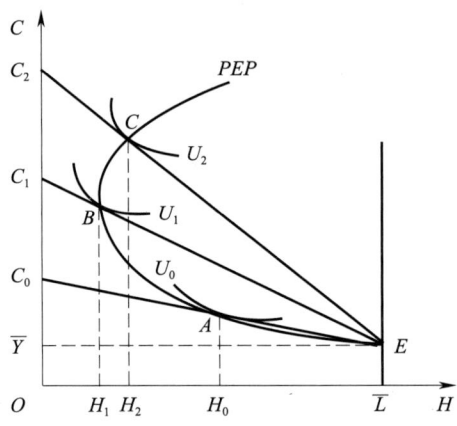

图 6-9 时间在闲暇和劳动之间的分配

回到图 6-9，现在让劳动价格上升到 W_1 和 W_2，则消费者的预算线将绕初始状态点 E 顺时针旋转到 EC_1 和 EC_2，其中 $C_1=W_1\bar{L}+\bar{Y}$，$C_2=W_2\bar{L}+\bar{Y}$。预算线 EC_1 和 EC_2 与无差异曲线 U_1 和 U_2 相切，切点为 B 和 C。与 B 和 C 对应的最优闲暇量为 H_1 和 H_2，从而相应的劳动供给量为 $\bar{L}-H_1$ 和 $\bar{L}-H_2$。于是又得到图 6-10 中劳动供给曲线上的点 $B(W_1,\bar{L}-H_1)$ 和点 $C(W_2,\bar{L}-H_2)$。

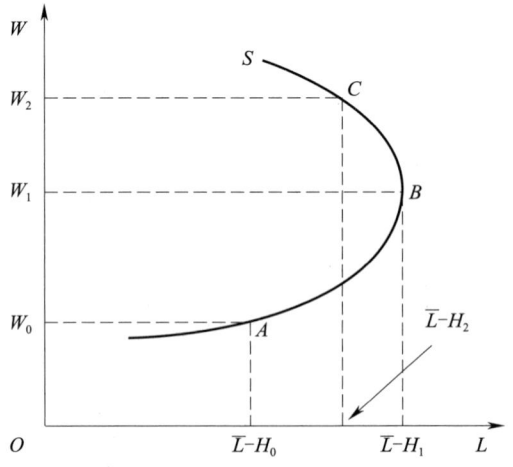

图 6-10 消费者的劳动供给曲线

重复上述过程，可在图 6-9 中得到类似于 A、B 和 C 的其他点。这些点的集合即为价格扩展线 PEP；相应地，在图 6-10 中可得到类似于 A、B 和 C 的其他点，这些点的集合即为消费者的劳动供给曲线 S。

与图 6-8 中给出的供给曲线不同，图 6-10 中的劳动供给曲线并非总是向右上方倾斜，而是包括了一段"向后弯曲"的部分。具体来说就是，当工资较低时，随着工资的上升，消费者会被较高的工资吸引而减少闲暇，增加劳动供给。此时，劳动供给曲线是向右上方倾斜的。但是，工资上涨对增加劳动供给的作用是有限的。当工资已经处于较高水平时，此时如果继续增加工资，则劳动供给量可能非但不会增加，反而会减少。这意味着劳动供给曲线在较高的工资水平上可能向后弯曲。例如，在图 6-10 中，当工资上涨到 W_1 之后就会出现这种情况。

四、替代效应和收入效应

借助第二章第五节中关于"价格变动的替代效应和收入效应"的讨论，我们来说明劳动供给曲线为什么会向后弯曲。如前所述，劳动供给和闲暇需求的变化方向正好相反：当时间总量固定不变时，劳动供给的增加就是闲暇需求的减少，反之，劳动供给的减少就是闲暇需求的增加。另一方面，工资实质上就是闲暇的价格：增加一单位时间的闲暇，意味着失去本来可以得到的一单位劳动的收入，即工资。于是，劳动供给随工资的上升而先增后减就可以等价地表示为闲暇需求随闲暇价格的上升而先减后增。

那么，对闲暇的需求为什么会随闲暇价格的上升而先减后增呢？其原因与对普通商品的需求一样，也是由于价格变动的替代效应和收入效应。我们知道，对正常品的需求总是随价格的上升而下降。随着正常品的价格上涨，一方面，由于替代效应，消费者转向相对便宜的其他替代品；另一方面，由于收入效应，消费者变得相对"更穷"一些，以致减少对正常品的购买。因此，在正常品的情况下，替代效应和收入效应在同一个方向上起作用，使其需求曲线向右下方倾斜。

现在来考虑闲暇商品的情况。对闲暇商品的需求亦受到替代效应和收入效应两个方面的影响，但这两个效应并非总是在同一个方向上起作用。首先来看替代效应。随着闲暇的价格即工资上涨，闲暇这个商品相对于其他商品变得更加"昂贵"，消费者将减少对它的"购买"，即减少对闲暇的需求。因此，由于替代效应，闲暇需求量与闲暇价格反方向变化。这一点与其他正常品一样。其次来看收入效应。对于正常品，价格上升意味着消费者实际收入下降，但闲暇价格的上升却正相反，意味着实际收入的上升。在这种情况下，消费者在享受同样的闲暇即供给同样的劳动时可以获得更多的收入。随着收入的增加，消费者将增加对商品的消费，从而亦增加对闲暇商品的消费。换句话说，在收入效应的作用下，闲暇需求量与闲暇价格的变化方向相同。这样一来，对正常品在同一方向起作用的替代效应和收入效应，对闲暇商品却起着相反的作用。因此，随着闲暇价格的上升，闲暇需求量究竟是下降还是上升取决于这两种效应的相对大小。如果替代效应大于收入效应，则闲暇需求量随其价格上升而减少；反之，则随其价格的上升而增加。

对一般商品来说，收入效应通常要小于替代效应。这是因为，消费者消费的商品有很多种，而每一种只占消费者整个预算的很小部分，而且具有很相近的替代品。因此，单种商品的价格变动通常不会对消费者的收入造成很大影响，但非常容易引起消费者的替代行为。然而闲暇商品的情况却极不同。对于作为劳动者的消费者来说，劳动供给可能是其收入的主要来源。在这种情况下，闲暇价格即工资的上升会大大增加消费者的收入水平。因此，闲暇价格变化的收入效应较大。如果原来的工资较低，则此时工资上涨的收入效应不一定能超过替代效应，因为此时的劳动供给量亦较小，从而由工资上涨引起的劳动收入增量不会很大；但如果工资已经处于较高水平（此时劳动供给量也相对较大），则工资上涨引起的劳动收入增量就会很大，从而收入效应可能超过替代效应。于是，在较高的工资水平上，劳动供给曲线就可能向后弯曲。

五、劳动市场的供求均衡和工资的决定

市场的劳动供给曲线是所有单个消费者的劳动供给曲线的水平相加。尽管单个消费者的劳动供给曲线可能会向后弯曲，但整个市场的劳动供给曲线却不一定也是如此。这是因为，在较高的工资水平上，随着工资的进一步提高，现有的工人也许会减少自己的劳动供给，但高工资会吸引新的工人进来，因而整个市场的劳动供给还是会随工资的上升而增加，从而市场的劳动供给曲线仍然向右上方倾斜。

另一方面，根据第一节的分析，由于要素的边际产品递减，要素的市场需求曲线通常向右下方倾斜。劳动的市场需求曲线也是如此。向右下方倾斜的劳

动需求曲线和向右上方倾斜的劳动供给曲线合起来决定了均衡的工资水平。如图 6-11 所示，劳动需求曲线 D 和劳动供给曲线 S 的交点决定了均衡工资 W_0 和均衡劳动数量 L_0。总之，均衡的工资水平由劳动市场的供求曲线决定，且随这两条曲线的变化而变化，特别是，它随劳动供给曲线的右移而下降，随劳动需求曲线的右移而上升。

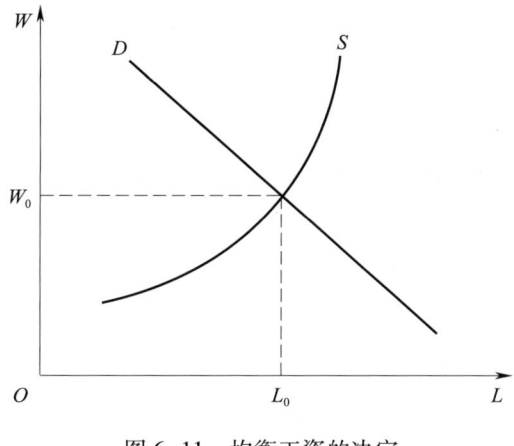

图 6-11 均衡工资的决定

第四节 土地和地租

在西方经济学中，土地通常泛指自然资源，其显著特点是数量有限，或者说，它的"自然供给"是固定不变的，不会随土地价格的变化而变化。本节要在土地的自然供给固定不变的条件下，讨论土地的"市场供给"是如何决定的。

一、土地的供给曲线

为明确起见，假定下面讨论的土地供给和土地价格（以及下一节讨论的资本供给和资本价格）均是指土地服务的供给和土地服务的价格（资本服务的供给和资本服务的价格）。这里，土地服务的价格称为地租（资本服务的价格称为利息）。

假定作为消费者的土地所有者拥有的土地数量为既定的 $\overline{M}$。土地所有者现在要解决的问题是：如何将既定数量的土地资源 $\overline{M}$ 在保留自用（用 H 表示）

和供给市场（用 M 表示）两种用途上进行分配以获得最大的效用。

和劳动者供给劳动的目的一样，土地所有者供给土地是为了获得收入，而收入可以购买商品用于消费（用 C 表示），从而增加效用。因此，土地所有者实际上也不是在土地供给与保留自用的土地之间进行选择，而是在土地供给所可能带来的收入与保留自用的土地之间进行选择。于是土地所有者的效用函数可以写为：

$$U = U(C, H)$$

进一步来看，在上面的效用函数中，自用土地 H 的效用通常很小。尽管不用于供给市场的土地可以用于土地所有者的个人消费，如用来建造花园或健身场所，从而达到增加效用的目的，但一般来说，这种用于消费的土地占全部土地总量的比例不会很大，不像时间的消费性使用会占去全部时间的一个较大的部分。因此，如果不考虑土地的消费性使用，即不考虑自用土地的效用，则土地所有者的效用函数就可以简化为：

$$U = U(C) \tag{6.19}$$

换句话说，土地所有者的效用现在只取决于消费，即由于从土地获得收入而得到的消费，而与自用土地数量的大小无关。在这种情况下，为了获得最大的效用就必须使消费达到最大（因为效用是且仅是消费的递增函数），而为了使消费达到最大又必须使土地收入达到最大（因为消费随且仅随收入的增加而增加），最后，为了使土地收入达到最大又要求尽可能地多供给土地（因为土地价格总为正数）。由于土地所有者拥有的土地为既定的 $\overline{M}$，故土地所有者将把全部的 $\overline{M}$ 都供给市场——无论土地价格（用 R 表示）是多少。因此，土地供给曲线将在 $\overline{M}$ 的位置上垂直，如图6-12所示。

二、使用土地的价格和地租

如前所述，在假定土地没有自用价值的条件下，单个土地所有者的土地供给曲线是一条垂直的直线。由此可知，整个市场的土地供给曲线也是一条垂直的直线，因为市场的土地供给曲线不过是所有单个土地所有者的土地供给曲线的水平相加。垂直的市场土地供给曲线与向右下方倾斜的市场土地需求曲线共同决定了使用土地的均衡价格。例如，在图6-13中，垂直的土地供给曲线 S 和向右下方倾斜的土地需求曲线 D 的交点决定了土地服务的均衡价格 R_0。这个价格通常被称为"地租"。

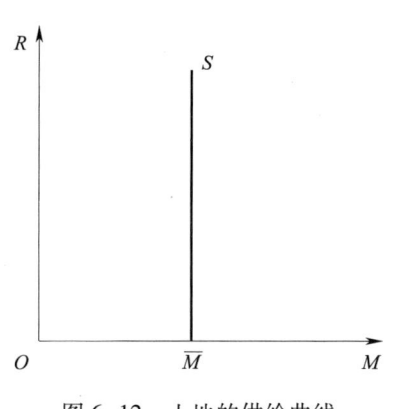

图 6-12　土地的供给曲线

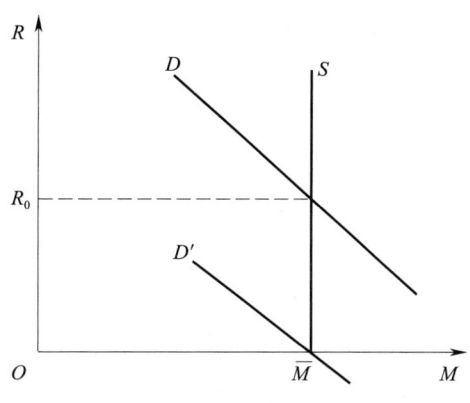

图 6-13　土地价格和地租

从图 6-13 中可以看到，由于土地的供给曲线是垂直的且固定不变，故地租的大小与土地的供给曲线没有关系，而完全由土地的需求曲线决定：随着土地需求曲线的上升，地租将同比例地上升；反之，地租将同比例地下降。特别是，当需求曲线下降到 D' 时，地租将消失，即等于 0。

根据上述关于地租决定的理论，西方经济学把地租产生的根本原因归结为土地的稀少和固定不变，而把地租产生的直接原因归结为土地需求曲线的右移。例如，在图 6-13 中，假定土地的供给量为固定不变的 $\bar{M}$，土地的需求曲线在开始时为 D'，从而地租为 0。现在假定由于技术进步使土地的边际产量增加，或由于人口增加使粮食需求增加，从而导致粮食价格上涨，于是土地的需求曲线开始向右移动，从而地租便开始出现。

第五节　资本和利息

在西方经济学中，资本是与劳动和土地并列的第三种基本的生产要素。本节讨论资本的供给以及资本的价格即利息的决定。

一、资本和利息的含义

作为与劳动和土地并列的一种生产要素，资本具有如下两个重要的特点。首先，它的数量是可以改变的，因为它本身就是通过人们的经济活动生产出来的。这一点与土地和劳动都不同，因为土地和劳动都可以说是"自然给定"的，不能由人的经济活动生产出来。其次，它之所以被生产出来，其目的是为了以此作为投入要素用于生产过程来生产出更多的商品和服务。这一点使得资本与一切非生产要素区别开来。例如，它不同于普通的消费商品，也不同于单纯的储蓄。

总之，资本是由经济制度本身生产出来并被用作投入要素以便进一步生产更多的商品和服务的物品。

和土地一样，可以从生产服务的源泉和生产服务两个方面来研究资本。作为生产服务的源泉，资本本身有一个市场价格，如车床、厂房等可在市场上按一定的价格出售。另一方面，作为生产服务，资本也有一个价格，即使用资本的价格。这个价格通常称为利率，并用 r 来表示。

例如，假定一台价值为 10 000 元的机器被使用 1 年得到的收入为 1 000 元，则该机器服务 1 年的价格或年利率 r 为 $1\,000/10\,000=10\%$。换句话说，所谓资本服务的价格或利率，就是一定时期中资本得到的收入与资本本身价值的比率，即在一定时期内，每单位资本所得到的收入，用公式表示则为：

$$r = \frac{Z}{P} \tag{6.20}$$

式中，Z 为资本服务的（年）收入，P 为资本价值。

不同资本的价值或者年收入可能并不相同，但年收入与资本价值的比率却有趋于相等的倾向。例如，设与其他资本相比，资本 K 具有较高的利率，人们就会被高利率吸引而增加对它的购买，从而它的市场价格即资本价值被抬高，于是根据式（6.20），它的利率就会下降。这个过程将一直继续下去，直到资本 K 的利率与其他资本的利率相等时为止。

二、资本的供给

如前所述，资本与土地及劳动的一个根本区别在于：资本是被生产出来的，因而其数量可以变化，而土地和劳动的数量则是"自然给定"的。尽管单个人可以通过购买来增加其所拥有的土地数量，但这同时也意味着，其他人拥有的土地数量相应地减少了。因此，从整个社会来看，这种买卖行为并没有改变总的土地数量。但是，单个人却完全可以在不影响其他人拥有的资本数量的情况下来增加自己的资本资源。这就是"储蓄"，即保留收入的一部分不用于当前的消费。当一个人进行储蓄而非消费时，他就增加了自己拥有的资本数量。他可以自己利用储蓄生产新的资本，也可以去购买股票、债券等所谓的资本所有权。当储蓄者购买股票或债券时，其他人则得到一笔所需要的资金去建造厂房和购买机器。总之，单个人完全可以通过储蓄来增加自己的资本数量。

资本与土地及劳动的这一区别使得它们的供给问题很不相同。土地和劳动所有者要解决的问题是，如何将土地和劳动在要素供给和保留自用之间进行选择。资本所有者首先要解决的问题却是如何确定最优的资本拥有量。只有在确定了最优的资本拥有量之后，才可以进一步来讨论这个既定最优量的供给问题——该问题与土地及劳动的供给问题并无二致，涉及的都是既定资源在要素供给和自用之间的分配。至于如何确定最优资本拥有量的问题，实际上就是确定最优储蓄量的问题。例如，假定资本所有者原有的资本量为 K_0，最优的资本量为 K^*，则当 $K_0 < K^*$ 时，资本所有者将通过储蓄来增加其资本拥有量，以达到最优水平，反之则进行负储蓄。因此，资本所有者的资本供给问题可以看成是如何将既定收入在消费和储蓄两方面进行分配的问题。

由于资本所有者进行储蓄从而增加资本拥有量的目的也是为了将来能够得到更多的收入，从而有可能在将来进行更多的消费，故既定收入如何在消费和储蓄之间进行分配的问题，又可以进一步看成是如何在现在消费和未来消费之间进行选择，即所谓不同时期的消费决策问题。

不同时期的消费决策与第二章讨论的同一时期不同商品的消费决策并无太大区别。为简单起见，假定只有一种商品、只有今年和明年两个时期，并且消费者可以将商品借出或借入。在这些假定之下，不同时期的消费决策可以用图 6-14 来说明。图中，横轴 C_0 和纵轴 C_1 分别代表今年和明年消费的商品量，U_1、U_2 和 U_3 是消费者有代表性的三条无差异曲线。在这里，无差异曲线表示的是给消费者带来同等满足的今年消费的商品量和明年消费的商品量的所有组合，它们与通常所见的无差异曲线一样，也向右下方倾斜并凸向原点，且较高的无差异曲线代表较高的效用。无差异曲线向右下方倾斜表明，为了保证总效用水平不变，则如果减少今年的消费量就必须用增加明年的消费量来弥补，反之，如果增加今年的消费量就必须用减少明年的消费量来弥补。无差异曲线凸向原点表明，今年消费对明年消费的"边际替代率"递减，因为随着今年消费量的增加和明年消费量的减少，今年消费的"边际效用"将下降，而明年消费的"边际效用"则上升，于是今年消费替代明年消费的能力将下降。

再来看预算线。假定消费者的初始状态为图中的点 $A(C_0^0, C_1^0)$，显而易见，A 总是预算线上的一点。根据假定，处于点 A 的消费者可以借出一部分他今年

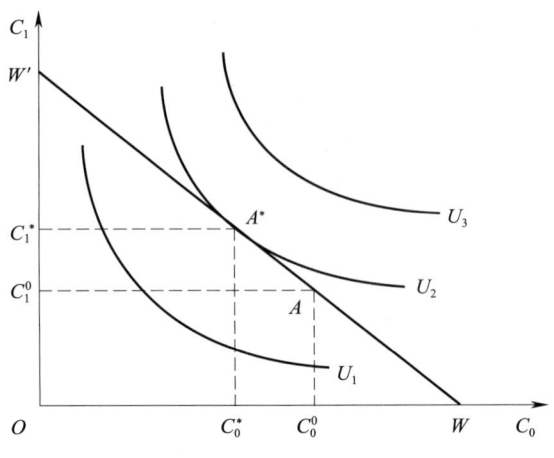

图 6-14 长期消费决策

的商品,也可以借入一部分别人今年的商品。如果他今年减少 1 单位商品的消费,即今年储蓄 1 单位商品,并将该储蓄借给别人,就可以在明年增加 $1+r$ 单位商品的消费。这里,r 代表市场的利率。如果他将今年的商品均推迟到明年消费,则明年可能有的最大消费就是(参见图 6-14 中纵轴上的点 W'):

$$W' = C_1^0 + C_0^0(1+r)$$

反之,如果消费者将明年的商品均提前到今年消费,则他今年可能有的最大消费就是(参见图 6-14 中横轴上的点 W):

$$W = C_0^0 + \frac{C_1^0}{1+r}$$

于是,连接横轴上点 W 与纵轴上点 W'(以及初始状态点 A)的直线 WW' 就是当利率为 r 时的消费者的预算线。预算线的斜率可由下式求出:

$$-\frac{W'}{W} = -\frac{C_1^0 + C_0^0(1+r)}{C_0^0 + \frac{C_1^0}{1+r}} = -(1+r) \tag{6.21}$$

式中,负号说明预算线是向右下方倾斜的。因此,预算线的倾斜程度完全由市场利率 r 确定,随着 r 的增加而愈加陡峭。另外,预算线总要经过初始状态点,故可得如下结论:随着利率的上升,预算线将绕初始状态点 A 顺时针旋转;反之则逆时针旋转。

当利率为 r 时,预算线 WW' 与无差异曲线 U_2 的切点 A^* 决定了消费者在不同时期中的最优决策,即今年消费 C_0^*,明年消费 C_1^*。通过比较初始状态点 A 与均衡状态点 A^* 可知,处于点 A 的消费者尽管今年拥有的商品量为 C_0^0,但却决定只消费其中的一部分即 C_0^*，而将另一部分 $C_0^0-C_0^*$ 储蓄起来，并按利率 r 借出去①，从而能够在明年将消费从 C_1^0 提高到 C_1^*。

现在来看利率变化的影响。例如，设市场利率提高，则预算线将绕初始点 A 顺时针旋转，从而将与另一条无差异曲线相切，得到另一个均衡点及另一个最优储蓄量或贷出量。将不同的利率水平和相应的最优储蓄量画出，就得到一条储蓄或贷款供给曲线，如图 6-15 所示。图中，纵轴 r 表示利率，横轴 S 表示储蓄或贷款供给。一般来说，储蓄会随利率的上升而增加，从而储蓄或贷款供给曲线向右上方倾斜。但是，当利率处于很高的水平时，贷款曲线亦可能出现向后弯曲的现象。这一点与劳动供给曲线的情况相似。

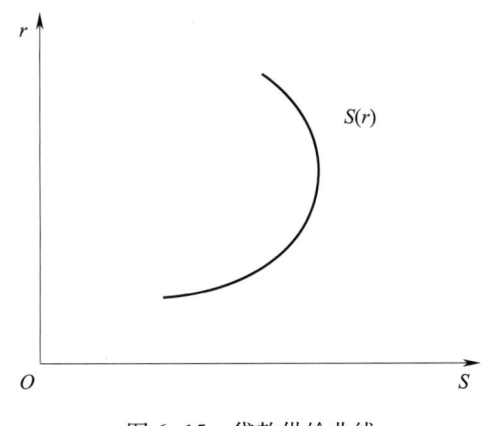

图 6-15　贷款供给曲线

三、资本市场的均衡

储蓄导致资本数量增加。但是，在短期中这种增加与原有的庞大资本存量相比可能微不足道。为简单起见，假定储蓄在短期中不影响资本的数量，即短期中资本的数量固定不变。并且与讨论土地时一样，也假定资本的自用价值为零。

由于在短期中资本的数量不变，且不存在自用价值，故资本的短期供给曲线和土地一样，是一条垂直的直线。如图 6-16 所示，纵轴 r 仍然为利率，横轴 K 则表示资本的数量。设一开始时资本数量为 K_1，于是相应的短期资本供给曲线就是 S_1S_1。垂直的短期资本供给曲线意味着，在短期中，资本供给量 K 的大小与利率 r 的高低无关。和其他要素的需求曲线一样，资本的需求曲线 D 也向

---

① 这里假定单个消费者的借贷行为不影响市场利率。

右下方倾斜。向右下方倾斜的需求曲线 D 和垂直的短期供给曲线 S_1S_1 的交点决定的短期均衡状态为 (r_1, K_1)，即短期的均衡利率为 r_1，资本数量为 K_1。

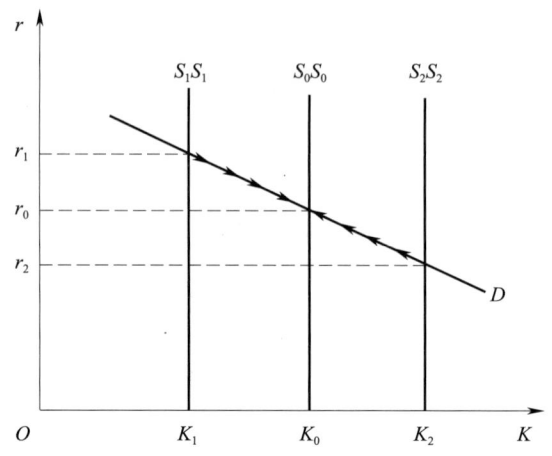

图 6-16 资本市场的均衡

但是，资本市场的短期均衡状态 (r_1, K_1) 在长期中却不一定也是均衡的。这是因为，在长期中，资本市场的均衡还要求储蓄和折旧正好相等。如果储蓄大于折旧，就会出现正的净投资，从而资本的数量将增加；反之，如果储蓄小于折旧，则会出现负的净投资，从而资本的数量将减少。总之，如果储蓄和折旧不相等，则资本的数量就不会均衡。

假定在图 6-16 的短期均衡状态 (r_1, K_1) 中，利率相对较高而资本存量相对较低。由于相对较高的利率意味着相对较高的储蓄，而相对较低的资本存量意味着相对较低的折旧，故在 (r_1, K_1) 上储蓄大于折旧，即净投资大于零。净投资大于零导致资本存量增加。这意味着，从长期来看，短期资本供给曲线将从原来的 S_1S_1 向右移动（参见图中沿需求曲线 D 指向右下方的箭头）。随着短期资本供给曲线的右移，一方面，利率将下降，从而储蓄相应下降；另一方面，资本存量将增加，从而折旧相应增加，结果原先的储蓄与折旧的差距会缩小。这个过程将一直继续下去，直到储蓄与折旧之间的差距缩小到零为止。设短期资本供给曲线右移到 S_0S_0 时，储蓄恰好等于折旧。于是，S_0S_0 与资本需求曲线 D 的交点 (r_0, K_0) 既表示资本市场的短期均衡，也表示它的长期均衡。在 (r_0, K_0) 上，由于储蓄和折旧恰好相等，净投资为零，故资本存量将稳定在 K_0 的水平上不再变化。

同样，假定在图 6-16 的短期均衡状态 (r_2, K_2) 中，利率相对较低而资本存量相对较高。由于相对较低的利率意味着相对较低的储蓄，而相对较高的资本存量意味着相对较高的折旧，故在（r_2，K_2）上，储蓄小于折旧，即存在负的净投资。负的净投资导致资本存量减少。这意味着，从长期来看，短期资本供给曲线将从原来的 S_2S_2 向左边移动（参见图中沿着资本需求曲线 D 指向左上方的箭头）。随着短期资本供给曲线的左移，一方面，利率将上升，从而储蓄相应增加；另一方面，资本存量将减少，从而折旧相应减少，结果原先的储蓄与折旧的差距也会缩小。这个过程也将一直继续下去，直到储蓄与折旧相等为止。换句话说，短期资本供给曲线也将左移到 S_0S_0。

第六节 垄断条件下要素使用量和价格的决定

本章前五节讨论了完全竞争条件下要素的需求、供给和市场均衡，本节转入讨论不完全竞争条件下要素使用量和要素价格的决定理论。不完全竞争包括垄断、寡头和垄断竞争。为简单起见，这里主要分析垄断企业，特别是作为产品市场上的垄断卖方和作为要素市场上的垄断买方。

一、产品卖方垄断条件下的要素价格决定

（一）卖方垄断的要素使用原则

为了避免误解，我们把这里所说的卖方垄断明确规定为：企业在产品市场上作为卖方是垄断者，但在要素市场上作为买方是完全竞争者。

如前所述，任何一个企业使用要素的原则都是边际成本等于边际收益。由于我们假定，卖方垄断企业在要素市场上仍然是完全竞争的，故它面临的要素价格是既定的参数，从而使用要素的边际成本等于不变的要素价格（参见本章第一节的论述）。但是，由于卖方垄断企业在产品市场上不再是完全竞争者，而是垄断者，故对它来说，产品价格不再是给定的参数，而是会随产量和销售量的变化而变化。在这种情况下，卖方垄断企业使用要素的边际收益不再像完全竞争企业那样等于边际产品价值。

和所有的企业一样，卖方垄断企业使用要素的边际收益是其增加一单位要素所增加的收益。从数学上说，就是其收益函数对要素的一阶导数。若用 R、Q 和 L 分别表示收益、产量和要素，则卖方垄断企业的收益函数可以写为：

$$R = R(Q(L))$$

它的一阶导数为:

$$\frac{dR}{dL} = \frac{dR}{dQ} \frac{dQ}{dL}$$

式中,右边第一项 dR/dQ 是收益对产量的一阶导数,即产品的边际收益 MR,反映了增加一单位产品所增加的收益;第二项 dQ/dL 是产量对要素的一阶导数,即要素的边际产品 MP,反映了增加一单位要素所增加的产品。因此,卖方垄断企业使用要素的边际收益等于产品的边际收益 MR 和要素的边际产品 MP 的乘积 $MR \cdot MP$。这个乘积通常被称作要素的边际收益产品,并用 MRP 来表示,即:

$$MRP = MR \cdot MP \tag{6.22}$$

当然,式(6.22)不仅是卖方垄断企业使用要素的边际收益,也是任何一般企业使用要素的边际收益。

图 6-17 是要素的边际收益产品的几何表示,即边际收益产品曲线。由图可见,边际收益产品曲线向右下方倾斜。这是因为,随着要素使用量的增加,从而产量增加,一方面,要素的边际产品 MP 会下降,另一方面,产品的边际收益 MR 也会下降。回顾在完全竞争条件下,相应的边际产品价值曲线也向右下方倾斜,不过由于产品的边际收益等于固定的价格,故随着要素使用量的增加,只有要素的边际产品下降,而产品的边际收益不会变化。因此,一般而言,边际收益产品曲线要比边际产品价值曲线更加陡峭一些。

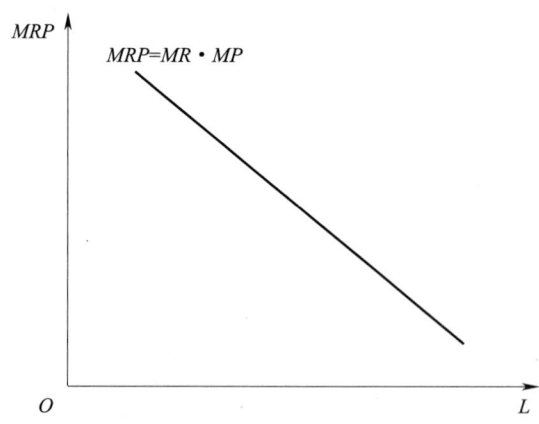

图 6-17 边际收益产品曲线

卖方垄断企业的要素使用原则可以表示为:

$$MRP = W \tag{6.23}$$

或者

$$MR \cdot MP = W \tag{6.24}$$

这里，等号两边的边际收益产品和要素价格分别是卖方垄断条件下企业使用要素的边际收益和边际成本。如果要素的边际收益产品大于要素价格，则使用要素的边际收益就大于边际成本，为了利润最大化，企业就会增加要素使用量。随着要素使用量的增加，一方面要素的边际产品下降，另一方面产品的边际收益也下降，从而要素的边际收益产品将下降，最终下降到与要素价格相等。反之，如果要素的边际收益产品小于要素价格，则使用要素的边际收益就小于边际成本，为了利润最大化，企业就会减少要素使用量。随着要素使用量的减少，一方面要素的边际产品将上升，另一方面产品的边际收益也上升，从而要素的边际收益产品将上升，最终与要素价格相等。

（二）卖方垄断的要素需求曲线

为了推导卖方垄断企业的要素需求曲线，我们把要素使用原则式（6.23）稍作改写：

$$MRP(L) = W \tag{6.25}$$

式中，$MRP(L)$ 表示要素的边际收益产品是要素的函数。由于 $MRP = MR \cdot MP$，故在给定产品的边际收益函数 MR 以及要素的边际产品函数 MP（亦即给定产品的需求函数以及要素的生产函数）的情况下，式（6.25）确定了从要素价格 W 到最优要素使用量 L 的一个函数关系：给定一个要素价格 W，有唯一一个满足要素使用原则式（6.25）的最优要素数量 L 与之对应。这个最优要素数量就是要素需求量。因此，要素使用原则式（6.25）确定了卖方垄断企业对要素的需求函数。

显而易见，如上确定的卖方垄断企业的要素需求曲线与其边际收益产品曲线一样也向右下方倾斜。例如，假定一开始时，要素价格和要素数量的组合恰好使得要素使用原则式（6.25）成立。现在让要素价格 W 下降，则由上述原则，要素的边际收益产品 $MRP(L)$ 必须随之下降，而如果要素的边际产品函数 MP 和产品的边际收益函数 MR 均不变化，则只有要素需求量 L 增加才有可能达到目的。于是，随着要素价格的下降，要素需求量将上升，即二者的变化方向正好相反。

在这种情况下，还可以进一步说明，要素的需求曲线与边际收益产品曲线完全重合。如图6-18所示，边际收益产品曲线为 $MRP = MR \cdot MP$，于是，当要素价格为 W_0 和 W_1 时，根据要素使用原则，最优要素使用量分别为 L_0 和 L_1。显然，点 (W_0, L_0) 和 (W_1, L_1) 既是要素需求曲线上的点，也是边际收益产品曲线上的点。因此，要素需求曲线与边际收益产品曲线实际上是同一条曲线。

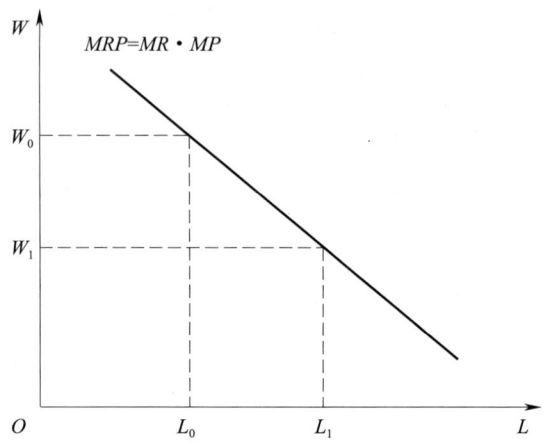

图 6-18　卖方垄断企业的要素需求曲线

第一节讨论完全竞争企业的要素需求曲线时曾经说过，在考虑多个企业共同调整的情况下，由于要素价格的变化会导致产品价格以及产品需求曲线和边际收益曲线的变化，完全竞争企业的要素需求曲线不再等于其边际产品价值曲线。现在要问的是，当考虑多个企业共同调整时，卖方垄断企业的要素需求曲线是否也不再等于其边际收益产品曲线？回答一般是否定的。这是因为，尽管要素价格的下降会引起要素市场上所有企业的要素需求量增大从而产量扩大，但是卖方垄断企业自己的产量扩大不能改变它所面临的产品需求曲线，而其余企业的产品与卖方垄断企业的产品完全不同，故其产量扩大也不能改变卖方垄断企业面临的产品需求曲线。① 由此可见：如果不考虑某些较小的间接影响，则要素价格的变化不会改变卖方垄断企业的产品需求曲线，从而不会改变它的边际收益产品曲线。②

由于在多个企业共同调整的情况下，卖方垄断企业的要素需求曲线仍然等于其边际收益产品曲线，故相应的"卖方垄断市场"的要素需求曲线可以看成是该市场中所有卖方垄断企业的边际收益产品曲线的简单水平相加——在该要素市场中，每一个企业都是各自产品市场上的垄断者。例如，假定所讨论的要素市场包括 n 个企业，每个企业均是某个产品市场上的垄断者，则整个要素市

---

① 这里将不同商品之间存在的间接影响略而不论。
② 注意，这个结论也要依赖于只使用一种生产要素的假定。

场的需求函数 D 就可以写为：

$$D = \sum_{r=1}^{n} MRP_r$$

式中，MRP_r 是第 r 个卖方垄断企业的边际收益产品函数。

当然，如果在上述的要素市场上，并非所有的企业都是产品市场上的垄断者，则整个要素市场的需求曲线可能就不再等于所有企业的边际收益产品曲线的简单水平加总。这是因为，在考虑所有企业共同调整的情况下，那些不属于卖方垄断企业的要素需求曲线可能不再等于它们的边际收益产品曲线。因此，为了得到市场的要素需求曲线，仍需要求得每一个企业在各自行业调整情况下的要素需求曲线，然后再将它们加总。或者换个说法，仍需要根据每一个要素价格，求出每一个企业相应的要素需求量，再将它们相加求和。

一旦有了要素的市场需求曲线，再结合要素的市场供给曲线（参见本章第二至第五节对要素的市场供给曲线的讨论），就可求解要素市场的均衡，即均衡的要素使用量和要素价格。

二、要素买方垄断条件下的要素价格决定

（一）买方垄断企业使用要素的边际成本

与讨论"产品卖方垄断条件下的要素价格决定"时相仿，我们把这里所说的买方垄断明确规定为：企业在要素市场上作为买方是垄断者，但在产品市场上作为卖方是完全竞争者。根据这个规定，一方面，由于企业在产品市场上是完全竞争者，故其产品的边际收益与产品价格相等，从而其使用要素的边际收益就等于要素的边际产品价值；另一方面，由于企业在要素市场上不是完全竞争者，故其要素价格不是固定的参数，从而其使用要素的边际成本不等于要素价格。

一般地，若用 ΔL 表示所使用的要素增量，用 ΔC 表示由此而引起的成本增加量，则成本增量与要素增量之比 $\Delta C/\Delta L$ 的极限，即成本对要素的一阶导数 dC/dL，就是增加使用一单位要素所增加的成本，即使用要素的边际成本。它通常被叫作边际要素成本，并用 MFC 表示，于是有：

$$MFC = \frac{dC}{dL} = \frac{d[L \cdot W(L)]}{dL} = W(L) + L\frac{dW(L)}{dL} \quad (6.26)$$

式中，C 是使用要素的成本，等于要素数量与要素价格的乘积 $L \cdot W(L)$。

$W(L)$ 表示要素价格是要素数量的函数，它被称为企业面临的要素供给函数。

根据式（6.26），边际要素成本可以分解为两个部分：第一部分是要素的价格，亦即企业面临的要素供给函数，表示企业增加要素使用量后，由于要素增加而引起的成本增加；第二部分为乘积项，表示企业增加要素使用量后由于价格上涨而引起的成本增加。

在构成边际要素成本的两个部分中，第一部分即企业所面临的要素供给曲线 $W(L)$ 不同于市场的要素供给曲线。如前所述，市场的要素供给曲线通常向右上方倾斜（参见本章第二至第五节的说明），但企业面临的要素供给曲线却不一定也是如此。实际上，它的具体形状依赖于企业所处的市场类型，如同产品市场中企业面临的需求曲线一样。由于 $W(L)$ 随不同市场类型而不同，故边际要素成本的第二部分即 $L\dfrac{dW(L)}{dL}$ 以及整个的边际要素成本曲线 MFC 的形状亦是如此。如果企业为要素市场上的完全竞争者，则它面临的要素供给曲线就是一条水平线，即有 $W(L)=W$，从而式（6.26）中第二项就等于 0（因为 $\dfrac{dW(L)}{dL}=0$）。于是全部的边际要素成本就等于要素价格，即 $MFC=W$（常数）。这就是上一目（以及第一节）中遇到的情况。但如果企业不是要素市场上的完全竞争者，而是垄断买方，则它所面临的要素供给曲线 $W(L)$ 就是市场的要素供给曲线，而市场的要素供给曲线通常向右上方倾斜，即要素的市场供给量随要素价格的上升而增加，于是，$W(L)$ 向右上方倾斜，从而其导数 $\dfrac{dW(L)}{dL}\geq 0$。

再由式（6.26）即知：

$$MFC \geq W$$

换句话说，边际要素成本曲线总位于要素供给曲线之上。

特别是，如果要素供给函数为线性的，即：

$$W(L)=a+bL$$

式中，a，b 均为常数，且 $b>0$，则有：

$$\begin{aligned}MFC &= W(L)+L\dfrac{dW(L)}{dL}\\ &=a+bL+bL\\ &=a+2bL\end{aligned}$$

由此可见，当要素供给函数为线性时，边际要素成本曲线的纵截距与要素供给曲线相同，均为 a，但斜率是要素供给曲线的 2 倍，即等于 $2b$。图 6-19 说明了上述结果。

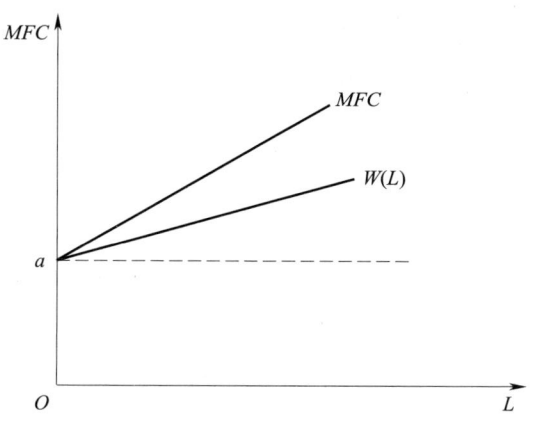

图 6-19　边际要素成本曲线和要素供给曲线

（二）买方垄断企业使用要素的原则

在买方垄断条件下，企业使用要素的边际收益和边际成本分别等于要素的边际产品价值和边际要素成本。因此，买方垄断企业的要素使用原则可以更加具体地写成：

$$VMP = MFC \tag{6.27}$$

与完全竞争企业和卖方垄断企业的要素使用原则相比，式（6.27）的一个重要不同是：等式右边是一般的边际要素成本 MFC，而不是更加简单的要素价格 W。正是由于这一不同，使得买方垄断企业的要素需求理论与其他类型企业有很大区别。

如图 6-20 所示，边际产品价值曲线 VMP 与边际要素成本曲线 MFC 相交于 E 点，于是，最优要素使用量或要素需求量为 L_0。当要素需求量为 L_0 时，根据要素供给曲线 $W(L)$ 可知，要素的价格为 W_0。如果要素价格低于 W_0，则根据要素供给曲线 $W(L)$，企业无法吸收到足够的（即等于 L_0 的）生产要素；另一方面，既然企业能以 W_0 的价格吸收到足够的要素量 L_0，它当然不会支付更高的价格，于是价格也不会高于 W_0。

（三）买方垄断企业的要素需求曲线：不存在

在图 6-20 中，当要素价格为 W_0 时，垄断买方的要素需求量为 L_0，换句话说，最优的要素价格和要素使用量的组合为 (W_0, L_0)。实际上，在图 6-20 中，当要素供给曲线给定为 $W(L)$，从而边际要素成本曲线给定为 MFC 时，任何其他的要素价格和要素使用量的组合都不可能是最优的。首先，任何不等于

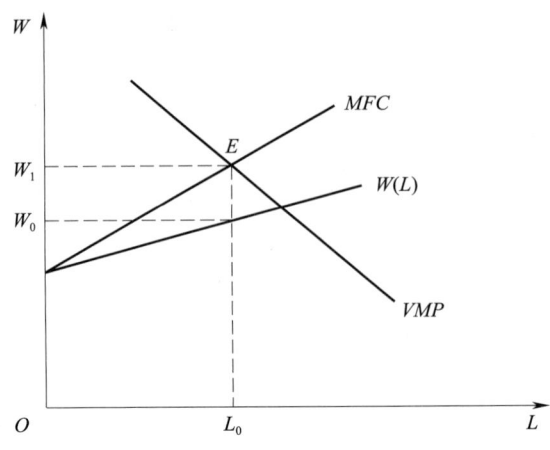

图 6-20　买方垄断企业的要素需求

L_0 的要素使用量都不是最优的,因为在这些要素使用量上,边际产品价值 VMP 和边际要素成本 MFC 不会相等;其次,当要素使用量为 L_0,从而 VMP 和 MFC 相等时,任何不等于 W_0 的要素价格也不是最优的,因为在任何高于 W_0 的要素价格上,企业都没有实现利润的最大化,而在任何低于 W_0 的要素价格上,企业又无法获得 L_0 的要素使用量。

现在来看要素供给曲线 $W(L)$ 发生变化的情况。当要素供给曲线发生变化时,边际要素成本曲线将随之发生变化,它与边际产品价值曲线的交点也会相应地发生变化,从而可以得到其他不同的最优的要素价格和要素使用量的组合。如图6-21所示,$W(L)$、MFC、VMP 曲线以及最优的要素价格和要素使用量的组合 (W_0, L_0) 是初始的情况。如果现在要素供给曲线变动到 $W_1(L)$,从而边际要素成本曲线变动到 MFC_1,则新的最优的要素价格和要素使用量的组合为 (W_0, L_1)。与原来的最优组合相比,尽管现在的最优要素使用量不再相同,但相应的要素价格仍为 W_0,这意味着,在同一个要素价格 W_0 上,有两个(甚至更多个)不同的最优要素使用量。由于最优的要素使用量不唯一,故垄断买方的要素需求曲线不存在。

在第五章第一节讨论产品市场时,我们曾经指出,卖方垄断企业的产品供给曲线不存在,并把这个结论推广到所有的不完全竞争情况;现在我们又看到,在要素市场上,买方垄断企业的要素需求曲线也不存在。类似地,这个结论也可以推广到所有的不完全竞争情况,即在要素市场上,所有的不完全竞争企业的要素需求曲线都不存在。

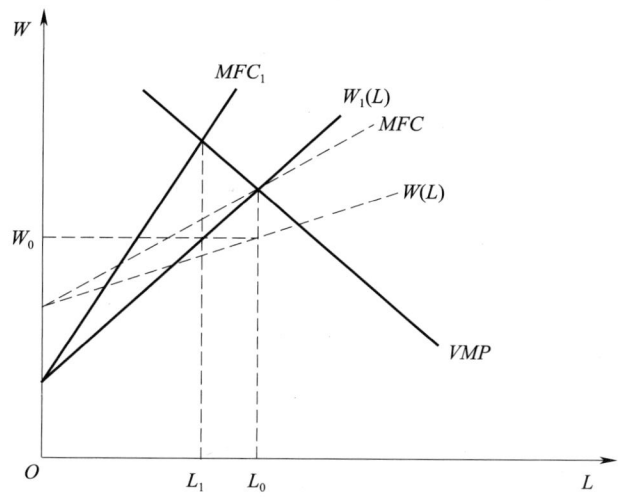

图 6-21　既定要素价格下的多种需求量

第七节　本章评析

一、边际分配论的缺陷

本章关于要素使用量和要素价格的决定是西方经济学分配理论的核心内容。

西方经济学的分配理论是整个西方经济学中辩护色彩和庸俗性质最为明显的内容，因为根据这一理论，完全竞争的资本主义社会似乎是一个没有剥削、人人幸福、处处和谐的美好天堂。西方经济学的分配理论试图从各个不同的角度来否认资本主义社会存在着剥削。这里仅举两个方面的例子。

首先，从对要素的需求方面来看。由本章第一节的讨论可知，在完全竞争条件下，企业雇用要素的原则是使用要素的边际产品价值等于要素的价格。若用 VMP_L 或 $P \cdot MP_L$ 表示要素 L 的边际产品价值，用 W 表示要素 L 的价格，则有：

$$VMP_L = W$$

或者

$$P \cdot MP_L = W$$

在西方经济学中，等式左边的 VMP_L 或 $P \cdot MP_L$ 被看成是要素 L 的贡献，右边的 W 则是要素得到的报酬。于是，整个等式表示，完全竞争企业是按照报酬等于贡献的原则来雇用要素的。如果这里的 L 表示劳动，则上式就意味着，劳动的报酬与其贡献恰好相等。这就从根本上否认了剥削的存在。

其次，从整个要素市场方面来看。由本章第三至第五节的讨论可知，在完全竞争条件下，要素的价格（及使用量）由相应的需求曲线和供给曲线的交点决定。由于要素需求曲线上的每一点都表示要素的边际产品价值等于要素价格，要素供给曲线上的每一点都表示要素供给所带来的收入也即消费的效用等于要素自用的效用，故由要素供求曲线的交点决定的要素价格应当同时等于要素的边际产品价值和要素自用的效用。又由于要素的边际产品价值被看成是要素的贡献，要素自用的效用又可以被看成是要素不自用即要素供给的"负效用"，故要素供求曲线的交点又表示，要素所有者在供给要素时，由于遭受了负效用，故需要得到一定的报酬，报酬的多少则等于要素所创造的价值。更加具体一点说，西方经济学认为，劳动者供给劳动给自己带来了负效用，故得到工资作为报酬，而工资等于劳动创造的价值；同样，资本家和地主供给资本和土地给自己带来了负效用（所谓"等待"或"节欲"），故得到利息和地租作为报酬，而利息和地租分别等于资本和土地创造的价值。

根据马克思主义经济学，只有劳动才是创造价值的唯一源泉，其他生产要素并不能创造价值。在资本主义雇佣劳动制度下，劳动者创造的新价值分为工资与剩余价值两大部分，劳动者获得的工资是劳动力价值的转化形式，而不是劳动创造的全部价值，劳动者创造的剩余价值则通过利润、利息、企业家收入、地租等转化形式在资产阶级内部进行分配。

雇佣劳动制度下，资产阶级对剩余价值的剥削造成了资本主义制度下收入分配的两极分化。正如习近平所指出的："法国学者托马斯·皮凯蒂撰写的《21世纪资本论》……用翔实的数据证明，美国等西方国家的不平等程度已经达到或超过了历史最高水平，认为不加制约的资本主义加剧了财富不平等现象，而且将继续恶化下去。"[①]

二、收入分配中的效率和公平

整个西方经济学主要讲"效率"，很少提及"公平"，而且也主要是在分析效率问题时，取得过一些比较明确的结论，至于公平方面的讨论，即使有，也大都语焉不详。西方经济学的收入分配理论亦是如此。

---

① 习近平：《在哲学社会科学工作座谈会上的讲话》，人民出版社2016年版，第15页。

我们知道，西方经济学的收入分配理论实际上是按生产要素的价格和使用量来进行分配的理论。根据这一理论，如果生产要素的价格是"竞争"（而非"垄断"）性的，则这种分配就是有效率的。这是因为，如果不按要素的竞争性价格而按其他因素来分配，则要素的实际价格就会偏离由要素供求决定的均衡价格。如果要素的实际价格高于均衡价格，要素的供给就会大于要素的需求，一部分要素就会"失业"；反之，如果要素的实际价格低于均衡价格，要素的需求就会大于要素的供给，一部分"就业"机会就会被浪费。无论是要素的"失业"还是"就业"机会的浪费，都是效率的损失。只有当要素的实际价格恰好等于均衡价格时，要素的需求和供给才会恰好相等，所有的要素才既不会过剩，也不会短缺，或者换句话说，所有愿意"就业"的要素都"有业可就"。这就实现了所谓的效率。

然而，一个如上所述的所谓高效率的分配制度并不一定就是公平的。这是因为，根据西方经济学的要素市场理论，收入的分配既取决于要素价格的高低，也取决于要素使用量的多少，但是，进一步分析来看，要素的使用量是与要素的拥有量密切相关的。一般而言，在假定其他情况不变的条件下，要素的拥有量越多，要素的使用量常常也越多。换句话说，收入的分配归根到底是取决于要素所有权的分配。然而，在资本主义国家，由于生产资料的私人占有，要素的分配是极不平等的。资本和土地的所有权高度集中在少数人手里，广大群众拥有的通常只能是自己的"劳动"。例如，在美国，财富最多的10%的家庭拥有全部财富的份额在1989年为66.8%，到2013年上升到74.5%；财富最多的5%的家庭拥有全部财富的份额在1989年为54.1%，到2013年上升到62.5%；财富最多的1%的家庭拥有全部财富的份额在1989年为29.9%，到2013年上升到35.3%。要素分配的不平等直接导致了收入分配的不平等。例如，在联邦税和转移支付之前，2013年美国收入最低的20%的家庭所得到的收入占总收入的比率只有4%，而收入最高的1%的家庭所得到的收入占总收入的比率却高达17%。

与西方经济学不同，中国特色社会主义强调社会主义公有制的重要性，重视经济效率和经济增长的目的是为了增进人民福祉，实现好、维护好、发展好最广大人民的根本利益，在现阶段，则是要实现全体人民共同迈入全面小康社会。正如习近平在中国共产党第十九次全国代表大会上的报告中所指出的："坚持在发展中保障和改善民生。增进民生福祉是发展的根本目的。必须多谋民生之利、多解民生之忧，在发展中补齐民生短板、促进社会公平正义，在幼有所育、学有所教、劳有所得、病有所医、老有所养、住有所居、弱有所扶上不断取得新进展，深入开展脱贫攻坚，保证全体人民在共建共享发展中有更多获得感，不断促进人的全面发展、全体人民共同富裕。"①

思考题：

1. 试说明生产要素理论在微观经济学以及整个西方经济学中的地位。
2. 试述生产者的要素使用原则和消费者的要素供给原则。
3. 利润最大化产量和利润最大化的要素使用量有什么关系？
4. 在什么情况下要素的供给曲线会向后弯曲或垂直？为什么？
5. 在什么情况下要素的需求曲线和供给曲线不存在？为什么？
6. 谈谈你对资本市场均衡的看法。
7. 买方垄断企业使用要素的原则是什么？它与完全竞争企业和卖方垄断企业的要素使用原则有什么不同？
8. 试用马克思主义经济学的观点对西方经济学的分配理论进行分析和评价。
9. 试证明：当从工作和休闲中得到的边际效用恰好相等时，亦即当 $MU_W = MU_L$ 时，个人对时间的分配达到了最优。换句话说，他从这种时间分配中得到的效用达到了最大。
10. 某企业在产品市场和要素市场都是完全竞争的，其生产函数为 $Q = 10L - 0.5L^2$，产品的价格为 5，工资水平为 10，求该企业对劳动 L 的最佳雇用量。

▶ 自测习题及参考答案

---

① 习近平：《决胜全面建成小康社会 夺取新时代中国特色社会主义伟大胜利——在中国共产党第十九次全国代表大会上的报告》，人民出版社 2017 年版，第 23 页。

第七章 一般均衡与效率

前面关于市场活动的分析，基本是采用孤立单一商品市场的局部均衡分析方法。本章则从一般均衡的视角，即从市场之间相互联系、相互依存的角度，考察市场活动。本章首先介绍局部均衡与一般均衡的区别，给出一般均衡分析的结构；然后建立起竞争性市场机制与帕累托有效率之间的联系，重点从交换和生产两个方面讨论经济实现效率必须满足的条件，以分析竞争性市场是如何帮助社会实现资源的有效率分配；最后会初步探讨效率与公平的关系。

第一节 一 般 均 衡

在西方经济学关于市场活动的分析中有两种不同的分析方法：局部均衡分析和一般均衡分析。前者基于其他条件不变的假定，孤立地研究单个商品市场的供求和价格的变动及其均衡的实现；后者则从市场间不可分割的相互依存、相互联系的要求出发，探讨整个市场体系中所有市场同时实现均衡的问题。

一、局部均衡与一般均衡

局部均衡分析与一般均衡分析之间存在较大的差别，它们适用于分析不同类型的经济问题。

（一）局部均衡

局部均衡是英国著名经济学家马歇尔提出的一种关于市场均衡的分析方法，又被称作"孤立市场"的分析方法。马歇尔认为，在市场经济中各种经济现象非常复杂，影响市场运作的因素很多，为使分析简化，应该采取"其他情况不变"的假设，孤立分析某种商品的市场价格和供求关系的变动，待所有的商品价格和供求问题分析完之后，再进行综合分析，便能够得出关于市场均衡的正确结论。马歇尔关于局部均衡分析的理论是当代微观经济学均衡理论的重要组成部分。本书前面各章所做的关于市场均衡的分析就是这种局部均衡分析。

在局部均衡分析中，某一市场商品的需求和供给仅仅被看作是它本身价格的函数，其他商品的价格则假定不变，这些不变的其他商品的价格仅仅影响所研究商品的供求曲线的位置，所研究的市场供求曲线的交点决定了该市场商品的均衡价格与均衡数量。比如，有的时候，一个商品的市场较小，或者这个商品的市场和其他商品的市场通过要素市场和产品市场发生联系和影响的可能性较低，那么我们使用局部均衡分析就是恰当的。例如，假设政府对呼啦圈市场征收从量税，如果征收的税额较大，就会对呼啦圈生产企业的供给造成影响。但是即使税负再重，它也很难对汽车、钢材、苹果、电影等市场造成影响，对其他玩具市场上的供给和需求产生的影响也是非常有限的。因此，这时把对此类税收的影响限制在呼啦圈市场进行局部均衡分析和讨论就能满足我们的分析需要。

但是，局部均衡分析虽然可以揭示某一特定商品均衡价格和数量的决定机制，却也显得过于简单化。在市场体系中，各种商品的供给、需求及价格是相互影响的。一种商品的均衡价格和均衡数量的决定，不仅取决于它本身的供求状况，而且要受到与之有关的其他商品供求状况及价格的影响。例如，对汽油征税的政策，不仅会对汽油市场的均衡价格和数量造成影响，也会对使用汽油作为燃料的汽车市场上的均衡价格和数量造成影响，此时仅仅使用局部均衡分析汽油市场就会出现较大误差。局部均衡分析不能解决市场经济体系中多个市场同时实现均衡时的价格和数量决定问题。于是，在西方经济学中又出现了一般均衡分析方法。

（二）一般均衡

最早提出一般均衡概念的是法国著名经济学家瓦尔拉斯。瓦尔拉斯认为，整个市场体系的所有市场是一个相互联系的整体，一个市场的价格和供求关系的变动，势必影响构成该市场体系的所有市场的价格和供求关系，因此，必须从整个市场体系中各市场间的相互联系、相互影响的视角来分析和研究市场均衡问题。当整个市场体系实现均衡的时候，便决定了构成该市场体系的各个市场的均衡价格和数量。

不同的商品市场会通过各种方式联系在一起，相互影响。例如，通过不同商品市场需求曲线的相互影响而发生联系。比如对咖啡市场征税使咖啡价格上升，咖啡和茶叶对消费者而言互为替代品，所以咖啡价格的上涨会使得茶叶的需求曲线向右移动。此外，咖啡价格的上涨还造成作为咖啡伴侣的奶油的需求曲线向左移动，因为咖啡和奶油是互补品。与此类似，不同商品市场的供给曲线也可能联系在一起。如果一个农户生产水稻也生产大豆,则水稻价格的上涨也会影响该农户对两种农作物相对种植量的选择。有时,两个市场也会由于一个市场上的商品是另外一个商品市场的要素投入而相互发生联系和影响。如使得钢板价格上涨的因素也会对汽车产量和价格造成影响。

(三) 市场间的相互依存

为探讨市场间相互依存的关系,这里考察电影和影碟出租这两个竞争的市场的案例。通过考察这两个市场相互影响的关系,以说明两个市场价格决定和供求关系变动的相关性或依存性。这两个市场是非常密切的,因为影碟的广泛传播使消费者可以选择在家里看电影还是在电影院看电影。影响一个市场定价因素的变化便可能影响另一个市场,同时,另一个市场又将把影响反馈到这一个市场。

图7-1中的图(a)和图(b)分别描述了电影票和影碟的供求曲线。在图(a)中电影票价格最初为6美元,而且在此价格上的需求曲线D_M与供给曲线S_M相交,市场处于均衡状态。在图(b)中,影碟出租市场上的需求曲线D_V和供给曲线S_V相交,使得影碟出租市场在价格为3美元时达到均衡。

现在,假定政府对电影院每售出一张电影票征税1美元。从局部均衡的视角来看,政府的这一税收政策只影响电影票的供给曲线,导致其向上移动1美元的数量,并不会影响电影票的需求曲线的位置,更不会对影碟出租市场造成影响。从而这一税收政策局部均衡分析的结果是:如图7-1(a)所示,电影票市场的供给曲线从S_M移动到S_M^*,引起电影票价格上涨到6.35美元,电影票销售量从Q_M下降到Q_M'。这是采用局部均衡分析所得出的关于均衡电影票价格和数量变化的全部结果。而按照一般均衡分析方法则要考察:① 对电影票征税对影碟出租市场的影响;② 是否存在来自影碟出租市场对电影票市场的反馈影响。

由于从消费者角度看,电影票和影碟是替代品,所以上述对电影票征税引起的电影票价格上升将促使消费者增加对影碟出租的需求,即电影票价格提高使图7-1(b)中影碟出租的需求曲线从D_V向上移动到D_V'。这将引起影碟的出租价格从3.00美元提高到3.50美元。这就是说,对某一种产品征税可能影响其他产品的均衡价格和销售量。各种产品的销售者为制定正确的售价对此不能不察。

电影票市场的情形又将如何呢?最初的电影票的需求曲线是以影碟出租的

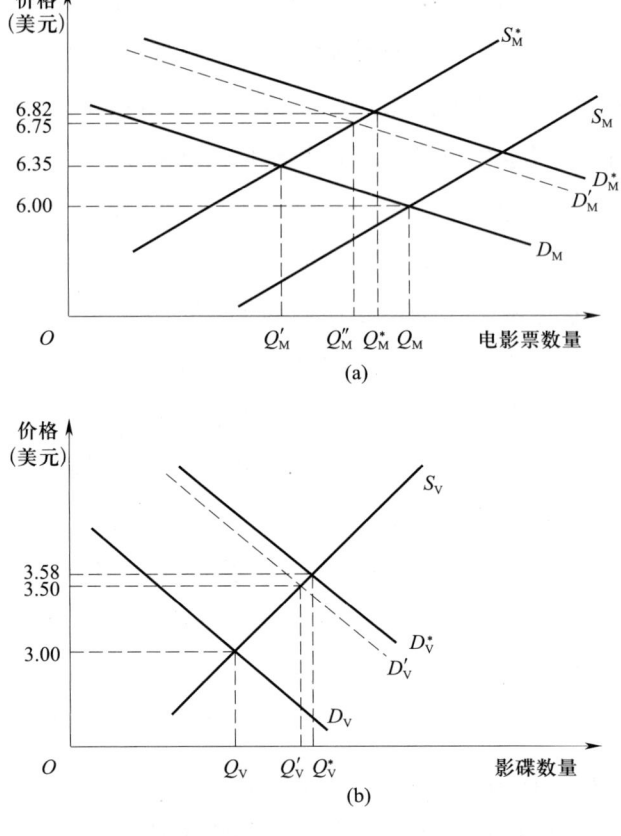

图 7-1 两个相互依存的市场：电影票和影碟出租

价格不变（即 3.00 美元）为前提的。现在，影碟出租的价格变化到了 3.50 美元，所以，电影票的需求曲线将向上移动，如图 7-1(a)所显示的，电影票的需求曲线将从 D_M 移动到 D'_M。电影票市场的新均衡价格（由供给曲线 S^*_M 和需求曲线 D'_M 的交点决定）为 6.75 美元，同时，电影票购买量从 Q'_M 增加到 Q''_M。

必须指出，电影票价格的变化又将对影碟出租价格发生反馈影响，影碟出租价格的变化也将继续对电影票价格发生反馈影响。这种相互影响将不断持续下去，供求曲线的移动幅度越来越小，最后，两个市场的供求曲线都不再移动时，就实现了两个市场的均衡。此时，必须同时决定电影票和影碟出租两个市场的均衡。电影票市场的均衡价格为 6.82 美元，这在图 7-1(a)中由电影票的需求曲线 D^*_M 和供给曲线 S^*_M 的交点给出。同样，图 7-1(b)则表明，影碟的需求曲线 D^*_V 和供给曲线 S_V 的交点给出影碟出租市场的均衡价格为 3.58 美元。在这里，影碟的需求曲线和供给曲线是以 6.82 美元的电影票价格为前提画出来的，而电影票的需求曲线和供给曲线则是以 3.58 美元的影碟出租价格为前提画出来的。换言之，两组曲线都是与相关的市场价格相协调的。在这种情况下，如果没有新的因素打破均衡，两个市场的需求曲线和供给曲线就不会进一步移动。从图 7-1（a）可以看出，局部均衡分析认为征税行为将导致电影票价格从 6.00 美元增加到 6.35 美元，电影票的销售量从 Q_M 下降到 Q'_M，但是，一般均衡分析认为征税行为将使得电影票价格从 6.00 美元增加到 6.82 美元，电影票的销售量从 Q_M 下降到 Q_M^*。在上述案例中，相对于一般均衡分析而言，局部均衡将会低估上述征税政策对电影市场均衡价格的影响，高估对电影市场均衡数量的影响。

这里阐述的是具有替代关系的两种产品在出现扰动（税收）的情况下其价格和供求变动相互影响的情形。如果两种产品是互补的关系，其价格和供求的变动将会如何相互影响呢？分析表明，这将发生与替代品间的相互影响恰好相反的情形。以汽油和汽车（二者具有互补关系）为例，对汽油征税将使其价格上涨，但这将减少对汽车的需求，对汽车需求的减少又导致对汽油需求的减少，从而引起其价格某种程度的下降。

二、瓦尔拉斯一般均衡的结构

上文只是从个别具体的案例出发，描述了多个市场之间的相互影响，下面我们将从更加一般的情况出发介绍瓦尔拉斯一般均衡分析，更加清晰地了解一般均衡分析的基本特征。

（一）瓦尔拉斯一般均衡模型的环境

瓦尔拉斯一般均衡模型假定经济是由家庭和企业两组不同的经济活动者构成的。家庭代表对产品的需求方面，同时又是生产要素的供给者；企业则代表产品的供给方面，同时又是生产要素的需求者。

假定经济中有 H 个家庭，它们拥有数量固定的要素禀赋，其收入全部来自其要素供给，构成对其消费需求的约束，简而言之，家庭把其来自要素供给的收入全部用来购买消费品，以实现其效用最大化。另外，每一个家庭偏好亦即其效用函数假定相同并不变。

同时，假定经济中有 K 个企业。企业的目标是实现利润最大化，对其经济活动的约束条件是一定技术条件下描述投入产出关系的生产函数。这里假定，每个企业的生产函数相同并不变。

在瓦尔拉斯一般均衡模型中，经济中有 r 种产品，$n-r$ 种要素；以 $Q_1, \cdots,$

Q_r 表示各种产品的数量,以 $P_1,\cdots,P_r$ 表示其价格;各种要素的数量为 $Q_{r+1},\cdots,Q_n$,其价格则分别为 $P_{r+1},\cdots,P_n$;所有产品市场和要素市场均为完全竞争市场,即单个企业和单个消费者都是价格的接受者。

(二) 家庭和企业的行为:产品需求与供给和要素需求与供给

先考察单个家庭 h 的行为,然后再把各单个家庭的行为结果加总,以求得总量为 H 的家庭对每种产品的市场需求和每种要素的市场供给。

以 $Q_{ih}(i=1,\cdots,r)$ 表示家庭 h 对第 i 种产品的需求量,于是,家庭 h 对各种产品的需求量分别为 $Q_{1h},\cdots,Q_{rh}$;再以 $Q_{jh}(j=r+1,\cdots,n)$ 表示家庭 h 对第 j 种要素的供给量,于是,家庭 h 对各种要素的供给量便分别为 $Q_{(r+1)h},\cdots,Q_{nh}$。家庭 h 从其提供的要素中所获得的收入全部用来购买各种产品,使其得到最大化的效用,因此,其效用函数决定于它所消费的各种产品的数量和它所能提供的要素的数量。于是,家庭 h 便有如下的效用函数:

$$U_h = U_h(Q_{1h},\cdots,Q_{rh};Q_{(r+1)h},\cdots,Q_{nh}) \tag{7.1}$$

以 $P_i(i=1,\cdots,r)$ 表示各种产品的价格,以 $P_j(j=r+1,\cdots,n)$ 表示各种要素的价格,那么,便有下面的等式:

$$\sum_{i=1}^{r} P_i Q_{ih} = \sum_{j=r+1}^{n} P_j Q_{jh} \tag{7.2}$$

式 (7.2) 左边为家庭 h 购买从 1 到 r 的各种产品所支出的数额,右边则为家庭 h 提供要素所能获得的收入总额,也是约束家庭 h 消费的预算线。由式 (7.2) 可以分别得出家庭 h 对各种产品的需求函数和提供各种要素的供给函数。

家庭 h 对各种产品的需求函数为:

$$\begin{aligned} Q_{1h} &= Q_{1h}(P_1,\cdots,P_r;P_{r+1},\cdots,P_n) \\ &\cdots\cdots\cdots \\ Q_{rh} &= Q_{rh}(P_1,\cdots,P_r;P_{r+1},\cdots,P_n) \end{aligned} \tag{7.3}$$

家庭 h 对各种要素的供给函数为:

$$\begin{aligned} Q_{(r+1)h} &= Q_{(r+1)h}(P_1,\cdots,P_r;P_{r+1},\cdots,P_n) \\ &\cdots\cdots\cdots \\ Q_{nh} &= Q_{nh}(P_1,\cdots,P_r;P_{r+1},\cdots,P_n) \end{aligned} \tag{7.4}$$

把所有单个家庭对各种产品的需求量加总,便得到总数为 H 的家庭对各种产品的市场需求量,其对各种产品的市场需求函数便为:

$$Q_1^d = Q_1^d(P_1, \cdots, P_r; P_{r+1}, \cdots, P_n)$$
$$\cdots\cdots\cdots\cdots \tag{7.5}$$
$$Q_r^d = Q_r^d(P_1, \cdots, P_r; P_{r+1}, \cdots, P_n)$$

式中，$Q_i^d = \sum_{h=1}^{H} Q_{ih}$ 为第 i 种产品的市场需求，$i = 1, \cdots, r$。

把所有单个家庭对各种要素的供给量加总，可得到总数为 H 的家庭对各种要素的市场供给量，其对各种要素的市场供给函数便为：

$$Q_{r+1}^s = Q_{r+1}^s(P_1, \cdots, P_r; P_{r+1}, \cdots, P_n)$$
$$\cdots\cdots\cdots\cdots \tag{7.6}$$
$$Q_n^s = Q_n^s(P_1, \cdots, P_r; P_{r+1}, \cdots, P_n)$$

式中，$Q_j^s = \sum_{h=1}^{H} Q_{jh}$ 为第 j 种要素的市场供给，$j = r+1, \cdots, n$。

下面考察企业的行为，像考察家庭行为一样，这里也先来考察单个企业 k 的行为，然后把所有单个企业的行为结果加总，以求得总量为 K 的企业的各种产品市场供给及其对各种要素的市场需求。

以 $Q_{ik}(i = 1, \cdots, r)$ 表示企业 k 对第 i 种产品的供给量，于是，企业 k 对各种产品的供给量便分别为 $Q_{1k}, \cdots, Q_{rk}$；再以 $Q_{jk}(j = r+1, \cdots, n)$ 表示企业 k 对第 j 种要素的需求量，于是，企业 k 对各种要素的需求量分别为 $Q_{(r+1)k}, \cdots, Q_{nk}$。企业 k 从销售产品中所获得的收入为 $\sum_{i=1}^{r} P_i Q_{ik}$，企业购买要素的支出为 $\sum_{j=r+1}^{n} P_j Q_{jk}$，于是，企业的利润函数便为：

$$\pi_k = \sum_{i=1}^{r} P_i Q_{ik} - \sum_{j=r+1}^{n} P_j Q_{jk} \tag{7.7}$$

企业的目标是实现利润最大化，为此，企业必须选择最优化的产品供给量和最优化的要素需求量。企业对最优化产品供给量和要素需求量的选择，决定于一定技术条件下的投入-产出关系，即企业的生产函数为：

$$Q_{1k} = Q_{1k}(Q_{(r+1)k}, \cdots, Q_{nk})$$
$$\cdots\cdots\cdots\cdots \tag{7.8}$$
$$Q_{rk} = Q_{rk}(Q_{(r+1)k}, \cdots, Q_{nk})$$

式 (7.8) 表述的生产函数是企业 k 追求利润最大化行为的约束条件。由约束条件极值原理可知，企业 k 对每种产品的供给量决定于所有产品和要素的价格，即决定于包括所有产品和要素价格的整个市场价格体系。于是，便得到企业 k 对各种产品的供给函数：

$$Q_{1k} = Q_{1k}(P_1,\cdots,P_r;P_{r+1},\cdots,P_n)$$
$$\cdots\cdots\cdots\cdots\cdots \tag{7.9}$$
$$Q_{rk} = Q_{rk}(P_1,\cdots,P_r;P_{r+1},\cdots,P_n)$$

企业 k 对各种要素的需求量也是整个市场价格体系的函数：

$$Q_{(r+1)k} = Q_{(r+1)k}(P_1,\cdots,P_r;P_{r+1},\cdots,P_n)$$
$$\cdots\cdots\cdots\cdots\cdots \tag{7.10}$$
$$Q_{nk} = Q_{nk}(P_1,\cdots,P_r;P_{r+1},\cdots,P_n)$$

将所有 K 个企业对每种产品的供给量加总，便得到每种产品的市场供给；如同单个企业的供给情况，每种产品的市场供给也是整个市场价格体系的函数：

$$Q_1^s = Q_1^s(P_1,\cdots,P_r;P_{r+1},\cdots,P_n)$$
$$\cdots\cdots\cdots\cdots\cdots \tag{7.11}$$
$$Q_r^s = Q_r^s(P_1,\cdots,P_r;P_{r+1},\cdots,P_n)$$

式中，$Q_i^s = \sum_{k=1}^{K} Q_{ik}$ 为第 i 种产品的市场供给，$i=1,\cdots,r$。

再把所有 K 个企业对每种要素的需求量加总，便得到每种要素的市场需求。和单个企业对要素的需求情况相同，市场的要素需求也是整个市场价格体系的函数：

$$Q_{r+1}^d = Q_{r+1}^d(P_1,\cdots,P_r;P_{r+1},\cdots,P_n)$$
$$\cdots\cdots\cdots\cdots\cdots \tag{7.12}$$
$$Q_n^d = Q_n^d(P_1,\cdots,P_r;P_{r+1},\cdots,P_n)$$

式中，$Q_j^d = \sum_{k=1}^{K} Q_{jk}$ 为第 j 种要素的市场需求，$j=r+1,\cdots,n$。

（三）产品市场和要素市场的一般均衡

在市场中，家庭提供要素并需求产品，企业提供产品并需求要素，这是一个互动的过程，二者的相互作用最终推动产品市场和要素市场实现均衡。

1. 市场的需求方面

市场的需求包括产品市场的需求和要素市场的需求。上面式（7.5）为产品市场的需求函数，式（7.12）为要素市场的需求函数。如果把产品和要素不加区别地全都看成商品，那么，整个经济便有 n 种商品（r 种产品，$n-r$ 种要素），n 个商品价格。那么，这 n 种商品的需求函数便可以更为简洁地表述为 n 个商品价格的函数：

$$Q_1^d = Q_1^d(P_1, \cdots, P_n)$$
$$\cdots\cdots$$
$$Q_n^d = Q_n^d(P_1, \cdots, P_n)$$
(7.13)

或

$$Q_i^d = Q_i^d(P_1, \cdots, P_n), i = 1, \cdots, n \tag{7.14}$$

2. 市场的供给方面

市场的供给包括产品市场的供给和要素市场的供给。上面式（7.11）为产品市场的供给函数，式（7.6）为要素市场的供给函数。像处理需求函数一样，把产品和要素不加区别地都看成商品，那么，整个市场体系共有 n 种商品，其供给也可以简洁地表述为 n 个商品价格的函数：

$$Q_1^s = Q_1^s(P_1, \cdots, P_n)$$
$$\cdots\cdots$$
$$Q_n^s = Q_n^s(P_1, \cdots, P_n)$$
(7.15)

或

$$Q_i^s = Q_i^s(P_1, \cdots, P_n), i = 1, \cdots, n \tag{7.16}$$

3. 市场体系的一般均衡条件

按照一般均衡的定义，当所有 n 个市场的供求都相等的时候，便实现了整个市场体系的均衡，亦即实现了一般均衡，以公式表示为：

$$Q_1^d(P_1, \cdots, P_n) = Q_1^s(P_1, \cdots, P_n)$$
$$\cdots\cdots$$
$$Q_n^d(P_1, \cdots, P_n) = Q_n^s(P_1, \cdots, P_n)$$
(7.17)

我们也可以定义一个市场上的总需求减去总供给为这个市场的超额需求（净需求），这样式（7.17）表示的 n 个市场均衡的形式也可以表示成超额需求的形式，即：

$$ED_1(P_1, \cdots, P_n) = Q_1^d(P_1, \cdots, P_n) - Q_1^s(P_1, \cdots, P_n) = 0$$
$$\cdots\cdots$$
$$ED_n(P_1, \cdots, P_n) = Q_n^d(P_1, \cdots, P_n) - Q_n^s(P_1, \cdots, P_n) = 0$$
(7.18)

上式表示，当 n 个市场的超额需求都为零的时候，n 个市场就实现了一般均衡的状态。

可以看出式（7.17）中的每个等式的左右两侧（市场的需求和供给）都受到 n 个市场价格的同时影响，如果其中的一个市场由于外部干扰造成该市场价格的变化，那么该价格的变化都会传导到其他市场，引起其他市场的需求和供给的相应变化，n 个市场之间存在复杂的相互影响。实际上，可以看出，局部均衡分析是式（7.17）的简化版本，即在考察某一市场均衡的时候，总是假定其他市场的价格对该市场不造成影响，即研究下面的这套方程系统的均衡解。

$$Q_1^d(P_1) = Q_1^s(P_1)$$
$$\cdots\cdots$$
$$Q_n^d(P_n) = Q_n^s(P_n)$$

可以看出，式（7.17）或式（7.18）表示的 n 个市场一般均衡实际上更多地强调了市场资源配置的私人解决方案，更多地强调了解决资源配置问题的某种机制安排。这一市场机制强调了三个基本特征：

特征1：这是一个分散化（私人化）的决策过程，它强调每个消费者和每个生产者为了达到各自的目标，即消费者的效用最大化和生产者的利润最大化，而进行独立的消费和生产决策，不存在中央计划者的统一资源配置。

特征2：它强调在这个私人化的资源配置过程中，价格体系这一信号的重要性，众多分散的消费者和生产者只是根据价格信号来配置资源，其他非价格信号在资源配置中的作用被忽视了。

特征3：市场体系的一般均衡强调了最终的价格体系要能够出清 n 个市场，即在 n 个市场上的需求和供给要相等。

必须指出的是，上述机制只是现实中众多解决资源配置方案中的一种，现实经济中，还存在很多非私人的解决方案，如中央计划和混合经济，在这两种资源配置方案中并不是完全靠分散化的个体（私人）来解决资源配置的，政府起到了很大的作用。此外，有时候现实中也不是完全按照价格信号来配置资源，比如有时会按照先来先得机制（排队制）、配给制等非价格机制来配置资源，此时价格体系并不是消费者和生产者配置资源的唯一信号。

那么，能否使整个市场体系式（7.17）或式（7.18）的所有 n 个市场同时达到均衡呢？换言之，是否恰好存在 n 个市场价格的均衡解 $(P_1^*, \cdots, P_n^*)$ 使得式（7.17）或式（7.18）的 n 个等式同时成立呢？这就是所谓一般均衡价格体系的存在性问题。

4. 一般均衡价格体系的存在性

式（7.17）或式（7.18）表达的一般均衡条件表明，在由 n 个市场组成的市场体系中，有 n 个价格（$P_1,\cdots,P_n$）需要决定。所以，一般均衡状态的存在性转化为从 n 个方程构成的方程组中求解这 n 个价格是否存在的问题。事实上，下面的瓦尔拉斯定律告诉我们，在 n 种商品的一般均衡模型中只存在 $n-1$ 个独立方程式，即如果在 $n-1$ 个市场中需求与供给相等，那么，最后一个市场的需求和供给也必然相等。原因在于这 n 个方程并不相互独立。事实上，在整个经济范围内，无论价格高低，所有买者的支出必然等于所有卖者的收入。也就是说，在整个经济系统中，有如下恒等式成立：

$$\sum_{i=1}^{n} P_i Q_i^d \equiv \sum_{i=1}^{n} P_i Q_i^s \qquad (7.19)$$

式（7.19）两边代表整个市场体系的同一个成交量，它对任意价格都成立，故为恒等式。这个恒等式被称为瓦尔拉斯定律。由该定律可知，在表述一般均衡条件的式（7.17）或式（7.18）中并非所有 n 个等式都是独立的，其中有一个等式可以从其余的 $n-1$ 个等式中推出。例如，从除了第一个等式之外的其余 $n-1$ 个等式，根据瓦尔拉斯定律可以推出第一个等式。为此，可将瓦尔拉斯定律展开如下：

$$P_1 Q_1^d + \sum_{i=2}^{n} P_i Q_i^d = P_1 Q_1^s + \sum_{i=2}^{n} P_i Q_i^s$$

如果所有的从 2 到 n 的其余 $n-1$ 个等式均能成立，则上面的恒等式便可简化为：

$$P_1 Q_1^d = P_1 Q_1^s$$

亦即

$$Q_1^d = Q_1^s$$

因此，第一个等式成立。

但如果有 n 种商品，则需要确定 n 种价格。如何用 $n-1$ 个方程式来求取 n 种价格呢？答案是，事实上只有 $n-1$ 种价格是独立的。因为，根据第二章的消费者理论，如果所有的价格（包括商品和要素的价格）都乘上一个正数是不会改变任何人的需求和供给行为的，也就是说，影响某个市场供给和需求的是 n 个市场价格之间的相对价格，而不是绝对价格。特别地，为了方便起见，我们常常设其中一种价格为 1，也就是确定一个价格作为一般等价物来衡量其他商品的价格。例如，令第一种商品的价格为"一般等价物"，即 $P_1 = 1$；于是，所有其他商品的价格就是它们各自同第一种商品交换的比率。这样，均衡条件中的变量就减少了一个，即待决定的价格为 $n-1$ 个。

所以，现在的问题就变成，在一个有着 n 种商品的市场中，通过 $n-1$ 个需求等于供给的均衡方程式来确定 $n-1$ 种相对价格。瓦尔拉斯相信，因为任何商品的需求超过供给时，价格都会上升，反之价格则会下降，而且市场价格不会在短时间内太过剧烈地波动，如果这个过程持续得足够长，最终一定可以找到一组使所有市场达到均衡的价格。尽管瓦尔拉斯本人并没有给出一般均衡存在性的严格数学证明，但是其试图证明依靠市场的力量最终会使得所有市场价格向着均衡方向调节和收敛的思想是非常具有启发性和开拓性的。一般均衡价格体系存在性的严谨数学证明出现在 20 世纪 40 年代，阿罗、德布鲁等人应用集合论、拓扑学和不动点定理等数学方法，严谨地证明了在一定的假设条件下，能够同时出清 n 个市场的价格体系是存在的。

第二节　竞争性均衡与经济效率

上节中的瓦尔拉斯一般均衡更多地强调了一种资源配置的机制，一种个体在面对私人化市场时的行为方式和特征，并没有强调社会应该对资源配置的结果有什么要求，下面介绍的帕累托有效率配置更多的是从全社会的角度给出了一种资源配置的结果或者状态特征。可以说，上节的瓦尔拉斯一般均衡强调的是个体理性，而本节的帕累托有效率更多地强调了集体（社会）理性。

本节首先讨论判断资源配置是否有效的帕累托有效率配置，并应用埃奇沃斯盒式图，探讨交换和生产符合这一效率标准的条件。最后说明竞争性一般均衡如何导致资源配置的帕累托有效率。

一、经济效率的标准：帕累托有效率配置

在日常意义上，效率被用来表示以既定的投入生产出尽可能多的产出。在既定的生产技术条件下，从全社会的角度来看，当经济系统不可能以现有可供使用的资源使得社会成员获得更多的福利时，则称经济系统实现了经济效率。然而，由于涉及资源的初始配置和再配置，上述经济效率定义中的福利最大往

往往会涉及社会成员的相互比较，所以经济学中通常用帕累托有效率配置来评价社会对资源配置的经济效率。在全社会资源总量既定的情况下，某一资源配置是帕累托有效率配置，是指在该资源配置状态下，如果想要增加某一个人的福利，必须以牺牲其他人的福利为代价。帕累托有效率的思想是经济学中一个非常重要的概念，它往往有很多种等价描述，如无法使所有各方的福利更好，从交易中能得到的收益都已穷尽，无法进一步再做互利的交易，等等。

因此，如果存在着对原有资源配置的一个再配置，可以在不影响他人境况的条件下来改善某些人的福利状况，则称资源的配置是对原有配置的帕累托福利改进。当资源配置处于帕累托有效率配置状态时，如果不使一些人的境况恶化，就不可能使另外一些人的境况改善，在这种情况下已完全没有帕累托福利改进的余地了。需要强调的是，帕累托有效率配置只是强调了该资源配置的状态特征，并没有说该配置是通过何种分配机制获得的，这一点是帕累托有效率配置与上节中介绍的竞争性一般均衡概念的重要区别。

西方经济学把帕累托有效率配置作为判断经济效率的标准。实现了帕累托有效率配置，就是达到了经济效率；反之，就是没有达到经济效率。因此，西方经济学中所说的经济效率是以帕累托有效率配置为标准的效率。

以上说明的帕累托有效率配置仍较为抽象，下面考察在各种特定经济条件下这种状态的表现形式，说明实现帕累托有效率配置所应满足的条件，从而给出帕累托有效率配置的"细则"。

二、竞争性均衡与交换的效率

现在我们忽略生产，只考虑经济中仅存在交换的情形，此时初始分配（禀赋）界定了每个经济当事人最初拥有的可供交换的商品数量。那么，如果允许经济当事人自由交换，交换所能实现的帕累托有效率配置状态就是交换实现的有效率的产品分配状态。在有效率的产品分配状态中，如果不使一些人的境况恶化，就不能使另外一些人的境况得到改善。

（一）互惠贸易的可能性

假定对于产品的最初分配，消费者可以通过交换使得每个人的状况有所改善。这意味着，最初的产品分配在经济上是缺乏效率的。为了理解为什么交换会使人们的境况得到改善，这里考察两个人之间的交换。

假定甲和乙共有 10 单位食品和 6 单位布。如表 7-1 所示，最初甲有 7 单位食品和 1 单位布，乙有 3 单位食品和 5 单位布。为了确定在甲和乙之间的交换是否有利，我们需要知道他们各自对食品和布的偏好。假定由于甲拥有相对较多的食品，所以甲的食品对布的边际替代率仅为 1/2（为获得 1 单位食品，他愿放弃 1/2 单位布；或者说他愿意为了获得 1 单位布，而放弃 2 单位食品）。由于乙有较多的布而有较少的食品，他的食品对布的边际替代率为 3（为获得 1 单位食品，他愿放弃 3 单位布）。

表 7-1　贸易的优势

个人	初始分配	交易	最终分配
甲	7 单位食品，1 单位布	−1 单位食品，+1 单位布	6 单位食品，2 单位布
乙	3 单位食品，5 单位布	+1 单位食品，−1 单位布	4 单位食品，4 单位布

可以看出，由于双方在初始分配上的边际替代率并不相同，即甲、乙相对而言，甲对布的评价较高，乙对食品的评价较高，市场上存在用甲的食品换取乙的布，从而使得双方福利都获得提高的互惠贸易。对双方而言，用甲的 1 单位食品来换取乙的从 1/2 单位到 3 单位之间的任意数量的布，双方都应该愿意，因为双方的福利都会增加。例如，乙向甲提供 1 单位布换取其 1 单位食品，由于在这样的交换条件下甲、乙二人的状况都有所改善，这种互惠的贸易双方是都不会抵制的，双方贸易后的配置将是，甲拥有 6 单位食品和 2 单位布，而乙将拥有 4 单位食品和 4 单位布。

（二）埃奇沃斯盒式图

下面就社会中仅存在两个人、两种产品的例子，应用埃奇沃斯盒式图来分析有效率交换问题。

图 7-2 就是一个以埃奇沃斯盒式图表示的交换。图中，横轴表示食品数量，纵轴表示布的数量。从原点 O_1 沿底部横轴向右和沿左面纵轴向上（如箭头所示）为甲所持有的产品数量，从原点 O_2 沿上面横轴向左和沿右面纵轴向下（如箭头所示）为乙所持有的产品数量。盒式图的长度 10 单位食品（$10F$）和高度 6 单位布（$6C$）分别代表整个社会拥有的食品和布的商品总和。在埃奇沃斯盒式图中的每一点都代表社会对两个消费者的一种可行资源配置，因为，此时社会对甲、乙双方在布和食品的分配总和正好分别等于社会拥有的布和食品的资源总和。

图中的 A 点表示社会对甲、乙两人的食品和布的初始分配。从原点 O_1 沿

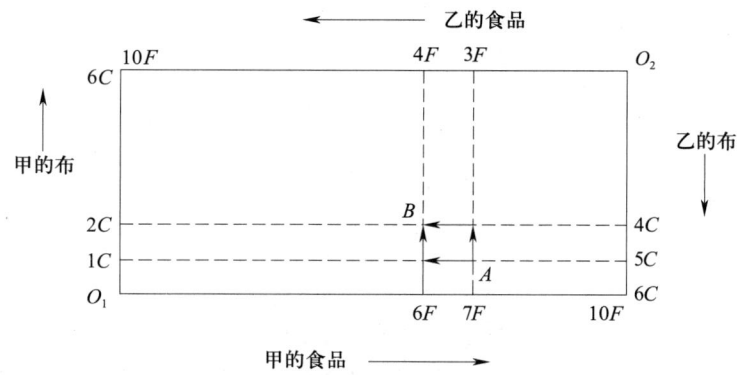

图 7-2 以埃奇沃斯盒式图表示的交换

底部横轴从左向右，可以看到甲有 7 单位食品，沿左面纵轴向上看，又看到他有 1 单位布。这样，对于甲来说，A 点代表他持有的 7 单位食品（$7F$）和 1 单位布（$1C$），其余的 3 单位食品（$3F$）和 5 单位布（$5C$）则为乙所持有。从图中查看乙持有产品的情况，则是从原点 O_2 沿上面的横轴向左看和沿右面的纵轴向下看，同样可以发现在 A 点乙持有 3 单位食品和 5 单位布。

我们还可以看到甲和乙之间交换的结果。甲放弃 1 单位食品以换取乙的 1 单位布，结果从 A 点移动到 B 点；乙放弃 1 单位布获得 1 单位食品，结果也从 A 点移动到 B 点。这样，B 点就代表甲和乙进行互利交换之后两人的产品组合。

（三）帕累托有效率配置——交换契约线

可应用图 7-3 来分析帕累托有效率的产品分配。在图 7-2 中，从 A 点到 B 点的交换使甲和乙都有所改善，但 B 点是一个帕累托有效率配置吗？答案取决于甲和乙的边际替代率在 B 点是否相同，而这又取决于他们的无差异曲线的形状。

为了更好地分析不同产品配置对甲、乙双方福利的影响，我们在图 7-3 中加入甲和乙的无差异曲线。甲的无差异曲线是以通常的方法画出来的，因为他的产品分配是假定从原点 O_1 测量的。但对于乙来说，我们必须把无差异曲线旋转 180°，即从盒式图右上角的原点 O_2 测量乙的产品分配，乙的无差异曲线凸向 O_2。

我们可以考察穿越初始产品配置点 A 的无差异曲线 U_{f1} 和 U_{k1}。甲和乙在 A 点的边际替代率表明，甲的无差异曲线 U_{f1} 在 A 点的斜率为 1/2，乙的无差异曲线 U_{k1} 在 A 点的斜率为 3。可以看出，由于在 A 点甲、乙二人的边际替代率不一样，故甲、乙二人的无差异曲线在 A 点不是相切的，而是相交的，会围成一个类似于"凸透镜"的阴影区域。

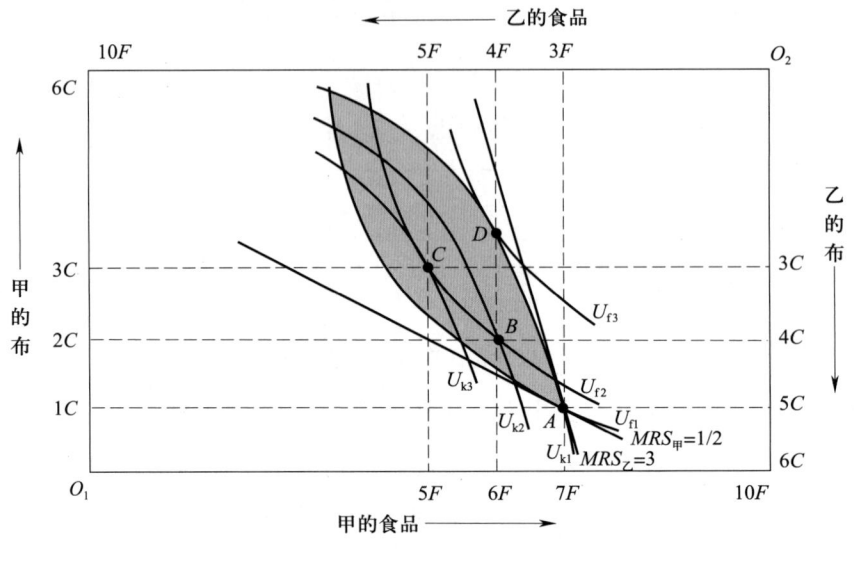

图 7-3 交换的效率

从 A 点开始的任何向该"凸透镜"之外区域移动的配置都将使这两个消费者之一的境况恶化，因而会受到福利恶化一方的抵制。只有从 A 点向"凸透镜"之内区域移动的配置才会由于使甲、乙的福利都没有变坏而不会遭到甲、乙的抵制。换句话说，相对 A 点的配置而言，"凸透镜"内的配置是甲、乙双方福利共同改进的空间。我们已经看到，从 A 点向 B 点的移动是互利交换，那么 B 点是帕累托有效率配置吗？不是，因为在 B 点无差异曲线 U_{f2} 和无差异曲线 U_{k2} 依然没有相切，还是相交，即在 B 点甲的边际替代率和乙的边际替代率还是不相等，还能围成一个更小的"凸透镜"阴影区域。也就是说，在 B 点还有甲、乙双方可以共同提高福利的配置空间。

假定离开 B 点而继续进行交换，甲再放弃 1 单位食品而换取另 1 单位布，乙再放弃 1 单位布而换取 1 单位食品，便在图 7-3 的 C 点给出一个新的产品配置。在 C 点，两个人的边际替代率相等，这是两条无差异曲线在这里相切的原因。当两条无差异曲线相切的时候，边际替代率是相等的。此时，过 C 点，两条无差异曲线不能再围成任何大小的"凸透镜"了，也就是说在 C 点不可能再存在双方互惠贸易的可能性了。此时，如果想要增加一个人的福利必须以另外一个人的福利降低为代价，即 C 点代表一个帕累托有效率配置。

当然，C 点并不是甲和乙之间交换的唯一可能的有效率的结果。例如，如果甲是一个强有力的有效率的谈判者，一次交换就可能使产品的配置从 A 点变

化到 D 点，在该点无差异曲线 U_{r3} 和无差异曲线 U_{k1} 相切，是一个有效率的产品配置。在这种情况下，虽然乙的境况同其在 A 点没什么不同（既没改善也没恶化），但甲的境况却大有改善。C 点和 D 点都是有效率的产品配置，但甲偏好 D 点而不偏好 C 点，乙偏好 C 点而不偏好 D 点。

我们已经看到，离开初始的产品配置，可以有许多经过互利交换而实现的有效率的产品配置。为了发现甲和乙之间的食品和布的一切可能的有效率配置，我们要观察他们各自的无差异曲线所有可能的相切点。图 7-4 描绘了一条通过所有这些有效率产品配置点的曲线，该曲线被称作"交换契约线"。

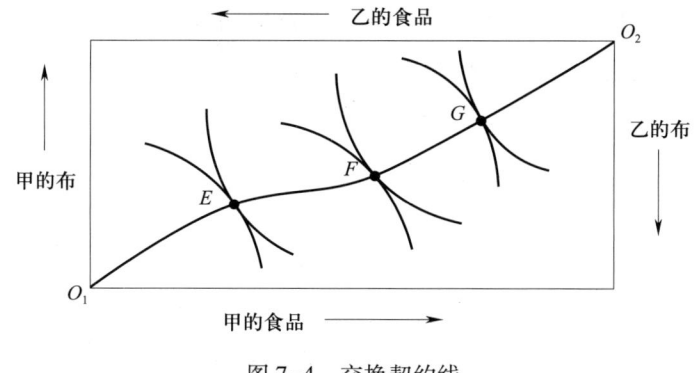

图 7-4 交换契约线

交换契约线上的任何一个点都是帕累托有效率配置。在图 7-4 中，标有 E、F 和 G 的三个产品配置点，虽然每个配置都包含一个不同的食品和布的组合，但都是帕累托有效率配置。交换契约线上的任意一个资源配置都有四种等价含义：① 在交换契约线上的每一点，如果想要增加一个人的福利，必须以牺牲另一个人的福利为代价；② 在交换契约线上的每一点，继续进行互惠贸易已经不可能了；③ 在交换契约线上的每一点，双方的无差异曲线相切；④ 在交换契约线上的每一点，双方的边际替代率是相同的。

（四）竞争性市场的一般均衡——消费者均衡

如上所述，在两个人的交换中，结果取决于双方谈判的力量。但是，市场上的绝大多数交易都不是一对一的讨价还价交易。例如，去商店里买牙膏时，你会看一下标签价格再决定是买还是不买。你可能很少会为一支牙膏而与店员砍价，在牙膏市场上，你是一个价格接受者。实际上，在竞争性市场上，我们往往都是价格接受者。竞争市场有许多买者和卖者，所以，如果人们不喜欢一种交换条件，他们就有可能寻找其他的提供更好条件的销售者。结果，每个购买者和销售者都是某一既定商品价格的接受者，他们将依据这个既定的价格决定各自最优的购买量和销售量。实际上，这里描述的就是上一节阐述的瓦尔拉斯一般均衡，只是这里的经济体只有消费者，而没有生产者。可以应用埃奇沃斯盒式图来说明消费者在竞争市场上是如何导致帕累托有效率的配置的。

图 7-5 表明能够导致竞争性均衡的情况。当食品价格和布的价格相等的时候，1 单位食品可以交换 1 单位布，那么经过初始配置点 A，斜率为 -1 的价格线 PP' 表示了按照 1∶1 的竞争性均衡价格交换食品和布所能获得的所有交易机会。从另外一个角度看，价格线 PP' 也是拥有初始配置 A 点的甲、乙双方在食品和布的相对价格是 1∶1 时的预算线。此时，如果让甲、乙双方按照既定的 1∶1 相对价格去交换商品，那么双方将在这条价格线（预算线）上选择那些能够使得双方获得最大效用的产品组合。

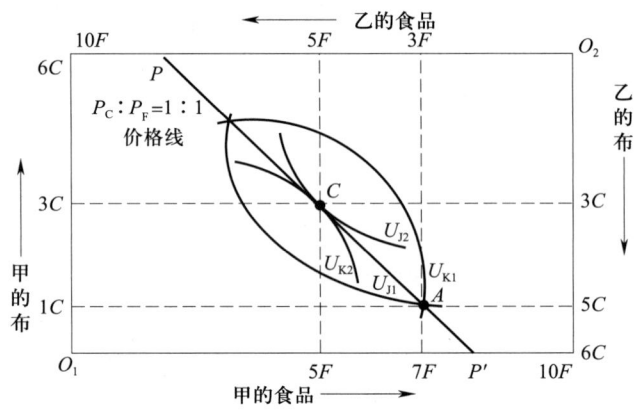

图 7-5　导致竞争性均衡的价格体系

假定按照上述两个产品的相对价格，在交换中甲决定购买 2 单位布和销售 2 单位食品。这将使甲从 A 点移动到 C 点，并由于无差异曲线从 U_{J1} 移动到 U_{J2} 而增加了满足感。同时，乙购买 2 单位食品和出售 2 单位布，这将使乙从 A 点移动到 C 点，并由于无差异曲线从 U_{K1} 移动到 U_{K2} 而增加了满足感。

通过以上的选择，乙所需求的食品量恰好等于甲所希望出售的食品量，甲所需求的布的数量恰好等于乙所希望出售的布的数量。结果，食品市场和布市场都实现均衡，在该组价格上，每个市场的需求量都等于供给量，这也是一种竞争的均衡，因为所有的供给者和需求者都是价格的接受者。

但是，并非所有的价格都能实现竞争性均衡，图 7-6 显示的是不能导致竞争性均衡的情况。图 7-6 中用虚线画出了上述按照 1∶1 的布和食品的相对价格进行交换导致竞争性均衡的情况。但是如果布的价格为 2，食品的价格为 1，即布与食品的相对价格是 2∶1，新的价格线依然要经过初始配置点 A。此外，因为布的相对价格提高，食品的相对价格降低，所以新的价格线将是把原有 PP′ 价格线围绕 A 点逆时针旋转形成的 LL′ 线，甲、乙双方将在这条新的价格线 LL′ 上选择各自最为满意的消费组合。比如，甲选择了 D 点，乙选择了 B 点。此时，甲将从 A 点移动到 D 点，而乙将从 A 点移动到 B 点。B 点和 D 点并不是一个点，也就是说布和食品的 2∶1 的相对价格不是一个竞争性价格体系，因为，按照这个价格，甲将希望再卖出 1 单位食品来换取 0.5 单位的布，而乙希望再卖出 1 单位的布来换取 2 单位的食品，市场上的食品与布的需求量和供给量不相等，市场无法出清和均衡。

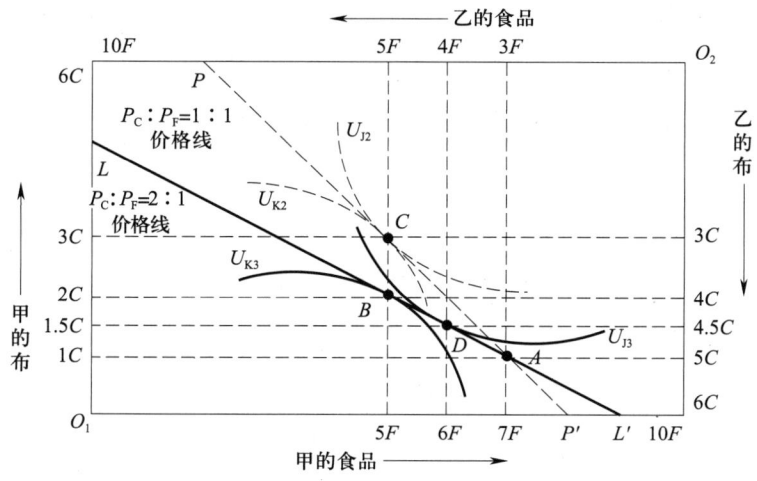

图 7-6　不能导致竞争性均衡的价格体系

这种非均衡是暂时的。在竞争市场上，商品的供给和需求的相对变动将引起相关市场商品相对价格的变化。如果某些市场出现超额需求，即对某些商品的需求量大于对这些商品的供给量，那么这些市场上的价格将上升。如果市场出现超额供给，即某些商品的供给量大于对其的需求量，那么这些市场上的价格将降低。在上面的例子中，乙希望再购买 2 单位食品，而甲只愿意再卖 1 单位食品，食品市场上出现超额需求，食品的价格将上升。同时，乙希望再出售 1 单位的布，而甲只愿意再购买 0.5 单位的布，布市场将出现超额供给，布的价格将下降。随着布相对于食品的相对价格降低，布市场的超额供给与食品市场的超额需求情况都将得到缓解。实际上，在达到均衡之前，非均衡的价格体系将一直进行调整下去，直至调整到均衡的价格体系，即布相对于食品的相对价格从 2∶1 逐渐调整到 1∶1。我们可以从图 7-6 的 C 点看到，在一个竞争性均衡中，甲、乙两个消费者的无差异曲线与价格线将相切于同一个产品组合点，从而每个人的无差异曲线的斜率（MRS）都等于价格线的斜率，即满足下面的等式：

$$MRS_{F,C}^{甲} = \frac{P_F}{P_C} = MRS_{F,C}^{乙} \tag{7.20}$$

在竞争性均衡中，甲、乙两人在 C 点的边际替代率相等，所以该均衡点（C 点）一定位于交换契约线上，也就是说，竞争性均衡的 C 点一定是帕累托有效率配置点。在竞争性市场上，每个作为价格接受者的消费者如果按照市场给予的价格，按照各自效用最大化的方式进行选择，市场机制将保证最终的资源配置一定是帕累托有效率配置，这一结论被经济学家称为福利经济学第一定理的消费版本，即每一个竞争性均衡配置都是帕累托有效率配置。

当然，需要指出的是，这里并没有说竞争性的市场机制是保证出现帕累托有效率配置的唯一机制。理论上，也存在采用其他机制来实现帕累托有效率配置的可能性。例如，通过一个集中化的制度，在该制度中政府配置所有的产品和服务。但是，人们常常倾向于采用竞争的办法，因为市场配置所应用的信息资源最少，所有的消费者都知道自己的偏好和他们所面临的价格。但消费者不一定知道正在生产什么，或其他消费者需求什么。其他的配置方法需要较多的信息，结果往往使得其他非竞争性市场的资源配置机制在实施中变得异常困难而无法真正地被采用。

三、竞争性均衡与生产的效率

现在考察经济社会利用既定数量的生产要素生产多种商品的帕累托有效率配置的条件。同样，为了简单起见，假定社会仅以其所拥有的一定数量的资本和劳动生产两种产品——食品和布，为此，社会便将这两种生产要素组合分别配置在两种商品的生产上。对于一个特定的配置而言，如果社会不能在不减少一种产品产量的条件下使得另外一种产品的产量增加，那么生产便处于帕累托有效率配置状态。生产符合帕累托有效率配置的条件，也可以借用埃奇沃斯盒式图予以说明。

（一）生产的埃奇沃斯盒式图

对于生产效率的分析仍然需要应用埃奇沃斯盒式图。但在这里，埃奇沃斯盒式图的横轴和纵轴所测量的不再是产品，而是用于生产产品的投入品。

图 7-7 是一个测量投入品的埃奇沃斯盒式图。

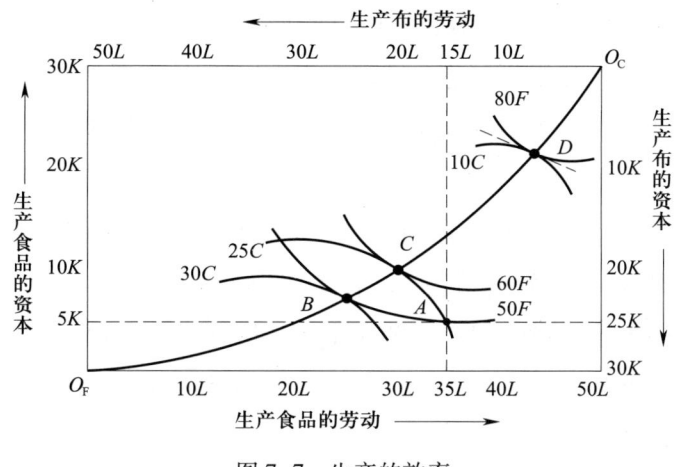

图 7-7　生产的效率

假定以图 7-7 的左下角 O_F 为原点向右上方延伸的坐标平面表示投入食品生产的两种生产要素组合，以右上角 O_C 为原点向左下方延伸的坐标平面表示投入布生产的两种生产要素组合，则位于图 7-7 中的任何一点都是对既定的劳动和资本两种生产要素用于食品和布两种产品生产的一个要素配置。

生产要素投入量与产出量之间的关系可以由等产量曲线表示。对于食品而言，等产量曲线有无数条，每一条代表一个产量值，并且离原点 O_F 越远，代表的产量值越高；任意两条等产量曲线不相交；等产量曲线向右下方倾斜，并且凸向原点 O_F，如图 7-7 中的 $50F$、$60F$ 和 $80F$。类似地，可以得到布的等产量曲线，只是所有的等产量曲线是相对于原点 O_C 而言的，如图 7-7 中的 $10C$、$25C$ 和 $30C$。可以看到，埃奇沃斯盒式图中的每一点都代表生产某一产量食品和布时，投入的劳动和资本两种要素的一个可行组合。例如，A 点代表将社会的所有要素中的 35 小时劳动和 5 单位资本投入生产食品，15 小时劳动和 25 单位资本投入生产布，将会生产出 50 单位食品和 25 单位布。

（二）投入要素的帕累托有效率配置——生产契约线

图 7-7 中 A 点是满足帕累托有效率配置的要素组合点吗？不是。因为在 A 点，食品和布等产量曲线的斜率（也就是 MRTS）并不相等，所以在 A 点，食品和布的等产量曲线并不相切，而是相交，会围成一个类似在交换效率中同样出现的"凸透镜"的区域，从 A 点向"凸透镜"内的任何一点重新配置要素组合都将至少使得在不减少一种产品产量的情况下，增加另外一种产品的产量。那么，生产的帕累托有效率配置的要素组合在哪里？很显然，类似于交换效率

中讨论的情况，生产的帕累托有效率配置的要素组合也必将位于那些等产量曲线相切的地方，如图7-7中的 B、C 和 D 点都是生产有效率的点，在这些有效率的要素组合点上，如果想要进一步增加某种产品的产量，必须以牺牲另外一种产品的产量为代价。将所有这些生产有效率配置的要素组合点连起来的曲线，被称为"生产契约线"。生产契约线上的任意一个要素配置点也都有四种等价含义：① 在生产契约线上的每一点，如果想要增加一种产品的产量，必须以牺牲另一种产品的产量为代价；② 在生产契约线上的每一点，继续通过重新组合要素增加所有产品的产量已经不可能了；③ 在生产契约线上的每一点，不同产品的等产量曲线相切；④ 在生产契约线上的每一点，不同产品的要素边际技术替代率相同。

（三）竞争性投入品市场的一般均衡——生产者均衡

竞争性的要素市场能否确保帕累托有效率要素配置的出现呢？答案是肯定的。这是因为，如果劳动市场和资本市场是完全竞争的，每个产品的生产企业都是要素价格的接受者，那么，工资率 W 在所有的产业相同；同样，不管把资本应用于食品产业还是应用于布产业，资本的租赁价格 r 也相同。第三章的生产理论告诉我们，每个利润最大化的企业将以要素的边际技术替代率等于要素相对价格比率为原则使用每种投入要素的数量。如果每个企业都按照这种原则进行生产，那么将得到下面的结果：

$$MRTS_{L,K}^1 = MRTS_{L,K}^2 = \cdots = MRTS_{L,K}^i = \frac{W}{r} \qquad (7.21)$$

式中，$MRTS_{L,K}^i$ 为企业 i 的劳动对资本边际技术替代率。因为，在竞争性的要素市场上，所有企业都调整其要素组合，以使得在该要素组合下的边际技术替代率等于共同的要素相对价格比率，所以，所有企业最优产量决策时的边际技术替代率都相同，这也就满足了生产的帕累托有效率要素配置的条件。类似于纯交换经济，在生产的竞争性市场上，竞争性的要素市场机制最终会将社会中的所有要素配置到生产契约线上，即最终的要素配置是帕累托有效率配置，这是福利经济学第一定理的生产版本。

四、竞争性均衡与社会的资源配置效率

如果我们要问，从全社会的角度（含生产者和消费者）来看，图7-7中生产契约线上的哪个要素组合（等价于某个产出组合）是有效率的生产组合呢？

要回答这个问题,我们必须同时考虑前面论述的交换和生产的帕累托有效率配置,只有将消费者和生产者的利益放在一起考虑才能确定最终社会认可的有效率的资源配置。

(一)生产可能性边界

图 7-7 中生产契约线上的每一有效率的要素组合,都代表在给定某一产品产量的情况下,能够生产出来的另外一个产品的最大产量。使用这些信息,我们可以构造生产可能性边界,该曲线表明了在既定的劳动和资本总量约束下,能够有效率地生产出来的食品和布的产量组合。图 7-8 中的坐标轴分别是食品和布的产量,可以对应于图 7-7 中生产契约线各点的食品和布的产量组合,标出图 7-8 中生产可能性边界曲线 $O_C O_F$ 上的每一个食品和布的产量组合。例如,O_C 代表一个端点,在该点社会中的全部要素资源都用于生产布;O_F 代表另一个端点,在该点社会中的全部要素资源都用于生产食品。B、C、D 三点则是从生产契约线引过来的其他中间的三个点。显然,生产可能性边界以内的点都是无效率的配置,因为它们都不在生产契约线上。

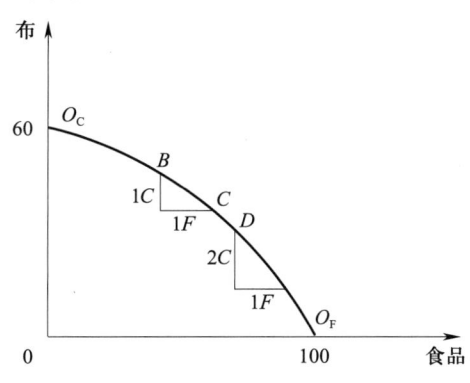

图 7-8 生产可能性边界

生产可能性边界是向右下方倾斜的,因为要有效率地生产更多的食品就必须将投入要素从布的生产转移到食品生产,这就会降低布的生产水平。

生产可能性边界斜率的负数被称为边际转换率(MRT),即:

$$MRT = -生产可能性边界的斜率 = -\frac{dC}{dF}$$

边际转换率测量了为了增加 1 单位食品生产必须放弃多少单位布的生产。例如,生产可能性边界上的 B 点,边际转换率为 1,因为增加 1 单位食品的生产必须放弃 1 单位布的生产。但是在 D 点边际转换率便为 2,因为增加生产 1 单位食品必须减少生产 2 单位布。

同时，边际转换率也相当于用其他产品的边际成本测量一种产品的边际成本。例如，如果我们只用一种要素（劳动）就能生产食品和布，多生产 1 单位食品需要 2 单位劳动，即生产食品的边际成本 MC_F 是 2，而多生产 1 单位布需要 1 单位劳动，即生产布的边际成本 MC_C 是 1。因此，很明显，如果我们想要增加 1 单位食品就必须放弃 2 单位布的生产，此时，MRT 是 2，MRT 等于两种商品的边际成本之比：

$$MRT = \frac{MC_F}{MC_C} \tag{7.22}$$

生产可能性边界是呈凸形的曲线，也就是说，随着沿生产可能性边界不断增加食品生产，边际转换率不断提高，当生产的食品越来越多时，为了多生产 1 单位食品，需要放弃更多单位的布的生产。

有很多的原因可以造成边际转换率的提高，这里只给出一种原因。比如现实中，相对而言，有些要素更适合生产食品，有些要素更适合生产布。那么，为了生产更多的食品，我们必须转移更多原本并不适合生产食品的要素来从事食品的生产，这将导致生产食品的边际成本增加。与此同时，由于需要生产的布越来越少，我们可以使用那些更适合生产布的要素来生产布，所以布的边际成本将降低。从而，式（7.22）表明随着更多的食品需要生产，其 MRT 将增加。

（二）交换和生产的效率

对于一个有效率的经济来说，不仅要按照最小化的成本来生产产品，而且还必须使所生产的产品适合于人们的需求，亦即人们对它们有支付的意愿。可以应用前文关于边际替代率的分析来加深对此的认识。如前所述，布对食品的边际替代率是以减少的布的消费来测量消费者对增加 1 单位食品消费所愿支付的数额。但边际转换率则是以减少布的生产来测量增加生产 1 单位食品的成本。对每个消费者来说，只要满足下面等式的要求，这个经济就是有效率的：

$$MRS = MRT \tag{7.23}$$

为什么式（7.23）是经济有效率的条件呢？图 7-9 描述了这个重要的效率条件。在图 7-9 中我们增加了社会中消费者对商品组合的评价，即消费者的无差异曲线。很显然，生产可能性边界以内的点不可能是社会认可的有效率的产品组合，因为这些点从生产的角度都是没有效率的，只有生产可能性边界上的产品组合才有可能成为社会（生产者和消费者）认可的有效率的产品组合。那么生产可能性边界上的哪些点才会是社会认可的有效率的点呢？很显然，只有 C 点。C 点是消费者在所有生产可能性边界上所能获得的最大效用。虽然从生产的角度看，生产可能性边界上所有的点都是效率的，但从消费者眼光看，它们并不都是最有效率的产品生产。只有在无差异曲线同生产可能性边界相切的切点（C 点），即边际替代率（MRS）等于边际转换率（MRT）时，所生产的产出组合才会是社会认可的帕累托有效率的产品组合。如果消费者的 MRS 不等于生产者的 MRT，例如，如果边际转换率等于1，但边际替代率等于2，那么，消费者愿意放弃2单位布，以换取1单位食品，但对于生产者而言，多生产1单位食品只需要放弃1单位布的生产。显然，为了实现社会的效率，社会应该将配置更多的要素去增加食品生产，减少布的生产，这将使得消费者的边际替代率下降，生产者的边际转换率提高，直到二者相等为止。

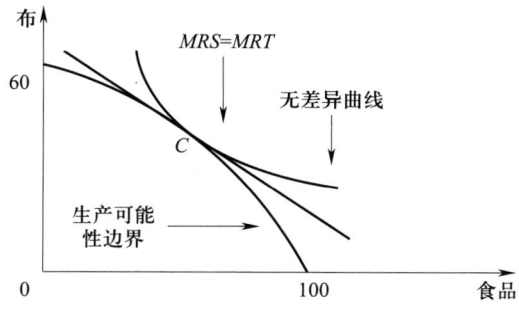

图 7-9　生产可能性边界和经济效率

（三）竞争性市场均衡与社会的帕累托有效率

通过要素和产品市场的竞争性机制，是否能够获得诸如图 7-9 中 C 点这样的帕累托有效率的资源配置结果？即竞争性均衡最终能否使社会的资源配置满足帕累托有效率的条件（消费者的 MRS 等于生产者的 MRT 的资源配置）？答案是肯定的。

当产品市场为完全竞争市场时，作为价格接受者的每个消费者的最优产品组合选择将会使得任何两种产品间的边际替代率等于这两种产品的价格比率。就食品和布而言，也就是有：

$$MRS = \frac{P_F}{P_C}$$

同时，在完全竞争的产品市场中，每个追求利润最大化的企业都将把其产出水平扩展到产品价格等于边际成本的一点。就食品和布而言，则有：

$$P_F = MC_F, \quad P_C = MC_C$$

由于两种产品的边际转换率等于两种产品生产的边际成本比率,并且消费者和生产者都面对相同的食品和布的价格,因此,必然有:

$$MRT = \frac{MC_F}{MC_C} = \frac{P_F}{P_C} = MRS \qquad (7.24)$$

我们看到,产品和要素市场的竞争性均衡将导致社会最终的资源配置满足边际转换率等于边际替代率,最终保证社会资源帕累托有效率的配置。图 7-10 表明当消费者和生产者按照市场既定的价格各自进行最优化选择时,竞争性市场是如何进行社会资源的帕累托有效率配置的。假定市场形成一个食品和布的相对价格 P_F^1/P_C^1,生产者将按照这个相对价格,在生产可能性边界上选择一点进行最有效率的食品和布的生产,这个点就是 A 点,在该点,价格比率等于边际转换率,即等于生产可能性边界在该点的斜率。但是,作为价格接受者的消费者,按照市场既定的相对价格 P_F^1/P_C^1,按照自身效用最大化的原则却将选择 B 点进行消费。在相对价格 P_F^1/P_C^1 的竞争性市场中,生产者选择的 A 点并不是消费者选择的 B 点,此时市场并没有均衡。由于生产者想要生产 F_1 单位食品,消费者想要购买 F_2 单位食品,因而将出现对食品的超额需求。相应地,由于消费者希望购买 C_2 单位的布,而生产者希望生产 C_1 单位的布,也势必存在对布的超额供给。因此,两个市场的价格都将要受到调整,食品价格将提高,布的价格将下降,随着两种商品价格比率 P_F/P_C 的提高,价格线沿着生产可能性边界顺时针滚动变动。

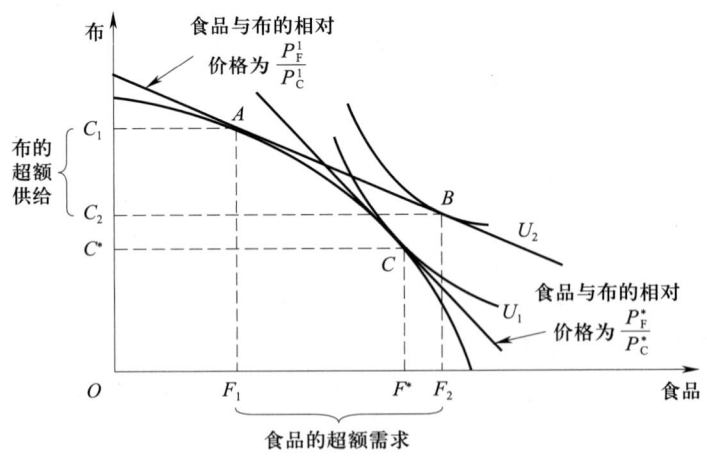

图 7-10 竞争和产出效率

当价格比率为 P_F^*/P_C^* 的时候,便实现一个均衡。在这里,生产者愿意销售 F^* 单位食品和 C^* 单位布,消费者也愿意购买 F^* 单位食品和 C^* 单位布。在这个均衡状态，边际转换率等于边际替代率，从而竞争性均衡调整到实现帕累托有效率配置。我们看到，依赖于竞争性要素和产品市场机制，社会最终可以使资源配置实现帕累托有效率，这也是统一了消费者和生产者的福利经济学第一定理。福利经济学第一定理是斯密"看不见的手"的原理的现代表述版本。斯密在其《国民财富的性质和原因的研究》中认为，个人在自由竞争的市场上追求私利的活动，将在市场这只"看不见的手"的指引下，最终实现全社会经济福利的最大化。可以说，竞争性的市场经济机制，将保证个体理性和集体理性是统一的。

第三节 公平与效率

我们已经看到了完全竞争市场是如何产生有效率的产品分配。但这里的问题是：有效率的产品配置是否公平呢？公平与否的问题属于规范经济学研究的领域，更多的时候涉及社会不同的价值判定，它不可避免地涉及人与人之间的福利比较，也是道德哲学和政治哲学的主要研究内容。而经济学研究的传统是将更多的重心放在实证经济学上，所以，长期以来公平问题似乎一直并没有成为经济学研究的主体。但是在日常生活中，公平问题却是大量公共政策、资源分配方案讨论和关注的核心，一个社会关于何为公平的观念与理念形塑和规范了我们日常生活的绝大多数行为方式。

一、公平的社会标准

在前面阐述的两个人交换的经济中，图 7-4 中的交换契约曲线上的每一点都代表帕累托有效率意义下的产品配置，也代表了在该产品配置下甲和乙可能达到的效用水平组合。在图 7-11 中以横轴测量甲的效用，以纵轴测量乙的效用。图 7-4 的埃奇沃斯盒式图中任一点都同图 7-11 中的某一点相对应，图 7-4 中的交换契约线对应于图 7-11 中从 U_J 点到 U_K 点的效用可能性边界曲线。沿着该效用可能性曲线从 U_J 点移动到 U_K 点时，甲的效用将增加，乙的效用将减少。

效用可能性边界代表了所有有效率的配置。U_J 是一个端点，在该点甲不拥有产品，因而其效用为零；而 U_K 是相反一端的端点，在该点乙不拥有产品，

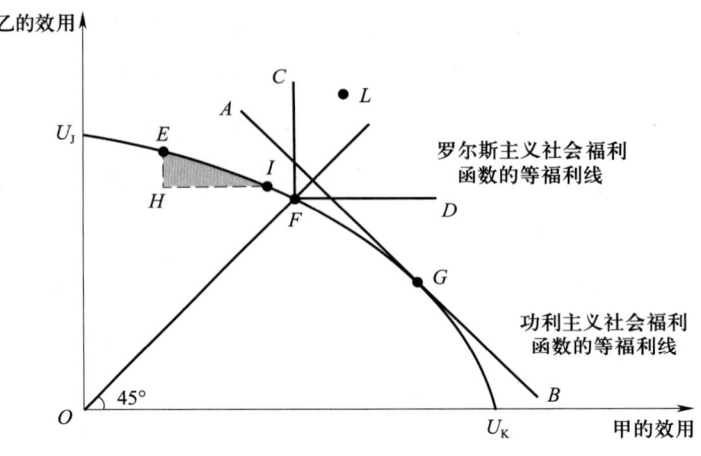

图 7-11 效用可能性边界

因而其效用为零。其他各点（点 E、F、G）同图 7-4 中的契约曲线相应各点对应。

竞争性市场均衡将导致最终的资源配置发生在效用可能性边界上的任何一点，而最终配置到哪里，很大程度取决于个体最初的资源禀赋配置。例如，假设最初的配置把所有的食品和布都配置给了乙，在这种情况下，即使允许甲乙双方进行自愿交换，乙也是没有理由与甲进行交换的，这时，竞争性均衡将导致最终帕累托有效率的配置发生在 U_J 点。U_K 是情况完全相反时社会有效率的配置点。在效用可能性边界上的所有其他各点，如 E、F 和 G，都是帕累托有效率的配置点。但 H 点却代表一个缺乏效率的情况，因为它处在效用可能性边界以内，任何向 H 点右上方移动的配置都会使某一方或双方的境况有所改善。在 L 点，交换的双方都将获得改善，但这却是可望而不可即的，因为交换双方的产品不足以产生该点所代表的效用水平。

可以看出，如果效用可能性边界上所有有效率的资源配置都是社会可以到达的，那么一种公平的配置就必须是有效率的，必须是在效用可能性边界上的。可以把 H 点的产品配置同效用可能性边界上从 E 点到 I 点之间的任何一个产品配置做一比较。像 H 点这样无效率的点不会是社会认可的公平的资源配置，因为，沿着 H 点向右上方重新配置资源，比如到达效用可能性边界上从 E 到 I 两点间的任何一点，甲、乙双方都应该感觉到福利的提高，社会没有理由认为 H 点会比从 E 到 I 两点间的任何一点更公平。

但是，如果并不是效用可能性曲线上每一点都是社会可以到达的有效率的资源配置点，情况就有所改变。假定只有 H 点和 G 点是社会可达的产品配置，那么帕累托有效率配置的 G 点就一定比缺乏效率配置的 H 点更公平吗？不一定。与 H 点相比较，在 G 点甲获得较多的效用，而乙则获得较少的效用。一些人觉得 H 点比 G 点更公平，而另一些人则可能会觉得恰好相反。因此，似乎可以得出这样的结论：一种缺乏效率的配置可能比另外的有效率的配置更为公平。

如果抛开缺乏效率的资源配置点，仅仅考虑效用可能性边界上的有效率的资源配置，社会应该如何确定哪个有效率的资源配置更加公平呢？要回答这个问题，必须建立什么是公平的社会标准，经济学往往用社会福利函数来描述这种公平的社会标准，社会福利函数是从全社会抉择的角度来看，哪些人的偏好应该给予更多的重视，应该对不同的社会成员的偏好赋予多大的权重。下面介绍的功利主义和罗尔斯主义都表达了关于不同经济行为人的福利比较的不同伦理判断。

有一种社会福利函数，即功利主义函数，赋予每个人的效用一定的权重，将每个人的效用按照该权重相加构成式（7.25）的社会福利函数，并认为公平的资源配置应该是努力使该社会福利函数最大化，即使得最大多数人的福利最大化是一个公平社会的追求目标。

$$W = \alpha_1 U_1 + \alpha_2 U_2 + \cdots + \alpha_n U_n \tag{7.25}$$

式中，W 是功利主义社会福利函数，U_1，$\cdots$，U_n 是个体的效用函数，α_1，$\cdots$，α_n 是社会赋予个体 1 到 n 的权重。如图 7-11 所示，当每个人的权重都一样的时候，直线 AB 是功利主义社会福利函数的一条直线型等福利线，该等福利线表示在某一既定社会总福利的情况下，甲、乙两人的各种效用组合。可以看出，功利主义的社会认为，在所有有效率的资源配置中，配置 G 是最为公平的。

另外一种福利函数是罗尔斯的社会福利函数。这种公平观认为公平的社会应该能够最大化境遇最差人的福利，这种社会福利函数更多地关注福利水平最低的人的效用。该社会福利函数公式为：

$$W = \min\{U_1, U_2, \cdots, U_n\} \tag{7.26}$$

图 7-11 中也画出了罗尔斯主义社会福利函数的 L 形等福利线（折线 CFD）。此时，罗尔斯主义认为 F 点是所有有效率的资源配置中最为公平的。

不论是功利主义还是罗尔斯主义，都隐含着通过政府干预资源配置的适宜性。他们都同意，只要政府的再分配政策能够进一步最大化各自主张的目标社会福利函数，这种政府的干预就是适宜的。此外可以看出，上述两种涉及公平的社会福利函数仅仅是最终分配结果的函数，与这种最终结果是如何获得无关。有一种观点就反对这种只关心结果而不关心过程的公平观，诺齐克的观点就是其中的代表。诺齐克认为，我们应该根据获得某一结果的过程，而不是这个最终结果本身来判定社会的公平性。如果任何交易或者提供的劳动都是自愿的，那么这一非强制性过程所决定的任何特定分配结果都是公平的。诺齐克的理论有时也被称为程序正义。也正是由于这种观点更多地关注过程而不是结果，所以我们无法使用建立在结果上的某种特定社会福利函数来描述诺齐克的观点。很显然，诺齐克是自由市场的支持者，在他看来，任何通过竞争性市场过程获得的资源分配都是公平的，因为它奖励那些最有能力和工作最努力的人。例如，在图 7-11 中，如果 E 点是竞争性均衡的结果，则诺齐克主义会认为 E 点比 F 点更公平，尽管 E 点商品的配置不如 F 点平均。诺齐克的观点隐含着对任何政府再分配政策的质疑。在自由竞争市场的支持者诺齐克看来，在竞争性的要素市场上，收入分配是一个生产要素的价格决定问题。各类生产要素在生产中的实际贡献，即其边际产品，是各类生产要素所有者（资本所有者、土地所有者和劳动所有者）获得其收入（报酬）的依据。换言之，每种要素所有者都领取相当于自己所拥有的要素在生产中的实际贡献的收入。因此，从这个意义上说，这意味着这种分配制度是公平的、合理的，任何收入再分配政策都是不适宜的。

尽管诺齐克的观点有一定说服力，但是也有一些被质疑的地方。许多人质疑的一点是：如果竞争的起点不平等，竞争过程能导致公平的结果吗？例如，一些个体继承了大量的财富并因此可以通过投资获得收入，一些来自家境富裕的个体将能获得更好的教育以帮助他们得到高收入的工作。这些幸运儿在收入竞争中拥有明显的优势。因此，尽管在经济的竞争中，穷人是自愿的，但是他们仍然不能够公平竞争。总之，诺齐克的理论并没有解决经济活动的起点不平等时的正义问题。

二、公平与效率的权衡

在更加关注分配结果的公平观（比如功利主义和罗尔斯主义）看来，并不是每个帕累托有效率的资源配置都是公平的，我们必须在所有有效率的资源配置中按照某种社会福利函数的标准选择社会福利最大的社会资源配置，这就不可避免地涉及社会资源的二次分配问题。社会在某种程度上必须依赖于国家（政府）把收入和产品在家庭之间进行再分配，以实现其既定的公平目标。这些目标可以通过税收制度来实现，例如，可以通过累进所得税制度，把从富人那里获得的收入再分配给穷人。但是，正如一些经济学家指出的，对收入初次分配的结果进行再分配是有代价的。它会对市场的激励机制造成扭曲，它将鼓励人们少工作，并导致企业把资源转用到税负相对较低而不是有效率的生产活动中。政府通过征税从一些人那里拿走的越多，从而无偿补贴给另外一些人的越多，就可能越远离实现帕累托有效率的条件，形成更低效率、更扭曲的社会激励机制。所以，在他们看来，对初次分配结果的再分配政策将不可避免地造成公平和效率之间的替代关系，政府将面临公平和效率之间的权衡取舍问题。

那么有没有一种既考虑效率也兼顾公平的措施呢？福利经济学第二定理的回答是：有。福利经济学第二定理认为：在一定的条件下，任何帕累托有效率的资源配置都是可以通过竞争性市场获得的，我们要做的只是调整初始禀赋的位置。社会可以为了获得某种公正，进行人际财富转移，但是不应该针对市场分配的结果进行再分配，而应在市场机制发生之前针对每个人的资源禀赋进行调整。如果由于任何原因造成了竞争过程的结果是不适宜的，那么修正这种情况的好方法是调整这一过程开始时的收入分配（初始禀赋）状况，而不是直接干预这个竞争过程本身。换句话说，为了获得社会适宜的公平结果，我们不应该干预竞争的结果，而应该干预竞争的起点。这一结论的意义在于：公平与效率可分开考虑，任何帕累托有效率配置都能得到市场机制的支持。市场机制在分配上是中性的，不管商品或者财富分配的公平标准是什么，都可以利用竞争性市场来实现这种社会公平观。它提醒我们，如果社会认为某种竞争性市场获得的分配结果是不公平、不适宜的，那么干扰那些竞争性市场形成的价格体系以试图获得适宜的公平结果时要非常谨慎。

第四节 本章评析

一、福利经济学第一定理的缺陷

按照福利经济学第一定理的分析，竞争性均衡要获得资源配置的帕累托有效率状态，至少需要满足 17 个严峻的假设条件[①]，这些假设条件严重背离现

---

① J. V. Graaf: *Theoretical Welfare Economics*, Cambridge University Press, 1957, pp. 142–154.

实，根据这些条件得出的结论也与现实根本不符。可以以"拍卖人"假设作为这种非现实性条件的例证。

前文在论述瓦尔拉斯一般均衡模型的问题时曾经指出，在现实的市场体系中能否实现一般均衡，关键在于现行的市场价格是否恰好是均衡价格。如果现行价格并非均衡价格，那么现实的市场体系便不能实现一般均衡。为避免这个困难，瓦尔拉斯提出了"拍卖人"假定。"拍卖人"的职责就是要寻找并确定使市场实现供求一致的均衡价格，换言之，"拍卖人"要在社会的全部生产者和消费者之间进行沟通和平衡的工作。为此，"拍卖人"不断奔走于家庭和企业之间，为他们提供可以销售和购买的价格。无论其报价低于还是高于市场均衡价格，都不能达到供求均衡，他就需要不断根据市场供求情况来修正其报价，直到使其报价恰好与市场均衡价格一致为止。这里有两点是不现实的：一是现实中根本不存在这样的"拍卖人"；二是即使存在这样的"拍卖人"，为了搜寻整个市场体系的供求信息，或者由于收集信息的成本巨大，或者由于无法掌握全部信息，使其不能有效担负起协调供求关系的职能。

在福利经济学第一定理中，产品和要素市场的完全竞争是社会获得帕累托有效率资源配置的关键。完全竞争的假设条件是经济当事人对市场行情具有完全的信息，同一市场上参加交易的商品具有同质性，也就是说，这些商品在品种、质量、花色、大小、包装等方面完全没有差别。这种严苛的假设条件，连西方学者都认为，完全竞争只存在于教科书中，现实生活很难有这种完全竞争。相反，在资本主义现实经济生活中，垄断却随时存在，它使市场成为不完全竞争市场，使一般均衡理论与现实不符。在垄断存在的情况下，垄断企业不但会通过控制价格和产量来谋求垄断高额利润，而且还会以广告宣传等形式影响消费者的意愿或偏好，为自己的产品开辟销路。垄断的存在使一般均衡理论所提出的帕累托有效率状态更加难以实现。

竞争性市场的运行以私有制作为制度的前提，假设经济活动当事人是自利的和完全理性的，试图证明靠市场机制的自发调节作用完全可以达到整个市场的均衡和稳定运行，在斯密所谓"看不见的手"的引导下，个人追求私利的行为可以实现增进社会福利的社会目的。然而，资本主义的现实经济生活证明，这是根本做不到的。在当今的资本主义社会，随着科学技术的进步和社会生产力的不断发展，生产不断社会化。但是，由于生产资料的资本主义私有制或资本剥削雇佣劳动的制度，使社会化的生产力变成了资本的生产力，变成资本高效能地榨取剩余劳动、生产剩余价值、实现价值增殖的能力，从而使资本、生产资料、劳动产品越来越集中在少数资本家手里。资本主义基本矛盾不可避免地尖锐化，突出地表现为生产无限扩大的趋势与劳动人民有支付能力的需求相对缩小的矛盾、个别企业内部生产的有组织性和整个社会生产的无政府状态之间的矛盾。这些矛盾使资本主义经济经常处在不平衡的运行状态，或者是通货膨胀，或者是经济衰退，并通过周期性的经济危机强制性地使严重失衡的供求关系恢复平衡。资本主义发展的历史和现实告诉人们，资本主义私有制是问题的症结所在，资本主义私有制决定资本主义基本矛盾的存在，而资本主义基本矛盾发挥作用的必然结果是经济危机的发生。因此，一般均衡理论所描述的所有市场的供给和需求同时达到均衡状态完全是不切实际的幻想，也根本证明不了"看不见的手"可以使个人追求私利的行为必然导致社会福利的增加和帕累托有效率状态的实现。

实际上，在任何经济社会中，均衡是相对的，不均衡是绝对的。供求关系总会因为彼此力量的消长而出现不均衡的情况。问题在于，建立在生产资料私有制基础上的资本主义市场经济，只能通过经济危机这样的破坏生产力的方式强制地将业已失衡的供求关系恢复到暂时的均衡。而在社会主义条件下，由于确立了生产资料公有制，可以通过统筹安排和科学的宏观调控手段而适时、自觉地实现供求关系的均衡。

二、作为经济运行分析工具的一般均衡理论

撇开一般均衡理论的非现实性假定，单就其作为研究市场机制调节经济运行的分析工具而言，还是有一定借鉴价值的，概括地说，主要有以下几点。

第一，一般均衡理论强调整个市场经济体系的总体均衡，而不是某一个特殊市场的局部均衡，因而可以启发人们从整个市场体系出发去认识经济运行的基本特征和趋势，从全局的角度把握市场运行的规律性。

第二，一般均衡理论强调各种市场之间的相互联系，注意它们之间的相互依存关系，这对于观察和研究商品经济中每一个市场和相关市场之间在价格、需求、供给方面的相互影响具有启发意义。

第三，一般均衡理论从交换和生产两个方面探讨如何实现帕累托有效率配置，探讨实现帕累托有效率配置的条件，向人们提供了关于市场经济的效率标准和如何实现经济效率的基本知识，有助于人们从经济学或一般均衡的视角树

立经济效率理念。

第四，一般均衡理论强调竞争对于提高经济效率的重要意义。一般均衡理论把竞争作为实现经济效率的条件，尽管如前所述，它所要求满足的完全竞争的条件具有非现实性，但是，它把发展竞争或将扩大竞争程度作为实现经济效率的途径，的确是具有启发意义的。西方经济学为此而确定的发展竞争和限制垄断的政策措施，也具有重要的借鉴意义。

第五，一般均衡理论强调市场配置资源的重要意义，认为通过市场调节将实现有效率的资源配置，进而实现消耗最少、收益（或利润）最大的最优化生产。这种认识也是值得我们借鉴的。毫无疑问，社会主义市场经济也必须把市场调节作为资源配置的基础，只有这样才能增强经济活力，实现经济效率。

第六，从动态视角上看，一般均衡理论的新发展，即动态一般均衡理论，强调经济发展的可持续性，兼顾短期均衡和长期均衡的效率。这无疑对于我们实现经济的可持续发展具有重要的启发性。

思考题：

1. 试说明瓦尔拉斯提出的"拍卖人"假定的必要性。
2. 利用埃奇沃斯盒状图解释交换契约线的含义。
3. 解释帕累托有效率状态和帕累托福利改进之间的关系。
4. 解释一般均衡的定义并比较一般均衡与局部均衡的不同。
5. 若商品 A 的生产函数为 $Y_A = L^{0.2} K^{0.8}$，商品 B 的生产函数为 $Y_B = 2L^{0.6} K^{0.4}$；生产这两种商品所需的生产要素各有 100 单位，且只用于生产这两种商品。试求该经济的生产契约线。
6. 由 A、B 两个消费者及 X、Y 两个产品构成的经济中，消费者 A 的效用函数为 $U_A = XY$，消费者 B 的效用函数为 $U_B = 40(X+Y)$，X、Y 的存量为 (120, 120)。试求该经济的效用转化边界。
7. 消费者 1 有 100 单位商品 X，消费者 2 有 80 单位商品 Y，两者的效用函数都是 $U = 12XY$。请回答以下问题：

    (1) 交换契约线是什么？

    (2) 计算使市场的最终配置满足帕累托有效率条件的市场价格体系，以及此时两位消费者各自消费的商品数量。

8. 试解释为何当 MRS>MRT 时经济不会是有效率的。
9. 试分析一般均衡理论和斯密"看不见的手"的原理之间有何共通之处。
10. 试运用马克思主义的观点说明资本主义经济不能像一般均衡理论所描述的那样使所有市场的供给和需求同时达到均衡状态的原因。这一问题的根源在何处?

▶ 自测习题及参考答案

第八章 市场失灵和微观经济政策

上一章主要论述了"看不见的手"原理，即完全竞争市场经济在一系列假设条件下，可以实现经济体系的一般均衡；同时也论证了一般均衡条件下的资源配置是帕累托有效率状态。但是这个原理并不真正适用于现实的经济体系。西方学者认为，在现实的经济体系中，帕累托有效率状态通常并不能实现。换句话说，在很多场合资源配置不能达到最优，此所谓"市场失灵"。

本章介绍市场失灵的几种情况，即垄断、外部性、公共物品和公共资源、信息不完全和不对称、收入分配中的不平等以及各种情况的微观经济政策。

第一节 垄　　断

一、垄断与低效率

前面分析了垄断企业的短期均衡和长期均衡状况。现在进一步分析垄断企业长期均衡时的效率。

图 8-1 是一个垄断企业的长期均衡状况。为了简单起见，假定平均成本和边际成本相等且固定不变，由水平直线 $AC=MC$ 表示，D 和 MR 分别为该企业的需求曲线和边际收益曲线。垄断企业的利润最大化原则是边际成本等于边际收益。因此，垄断企业的利润最大化产量是 Q^*。在该产量上，垄断价格为 P^*，显然这个价格高于边际成本。

现在来分析垄断企业在均衡点上是否达到了帕累托有效率状态。在均衡点上，价格 P^* 高于边际成本 MC，表明消费者愿意为增加额外一单位产量所支付的价格超过了生产该单位产量所增加的成本，存在帕累托改进的余地。现在进一步考虑，是否可以有某种方式使垄断企业和消费者的状况都变好？如果让垄断企业再多生产一单位产量，让消费者以低于垄断价格但大于边际成本的某种价格购买该单位产量，则垄断企业和消费者都得到好处。垄断企业的利润提高了，因为最后一单位产量给它带来的收益大于它支出的成本；消费者的福利也提高了，因为他对最后一单位产量的实际支付低于他本来愿意的支付（本来愿意的支付用需求曲线的高度衡量，即它等于垄断价格）。

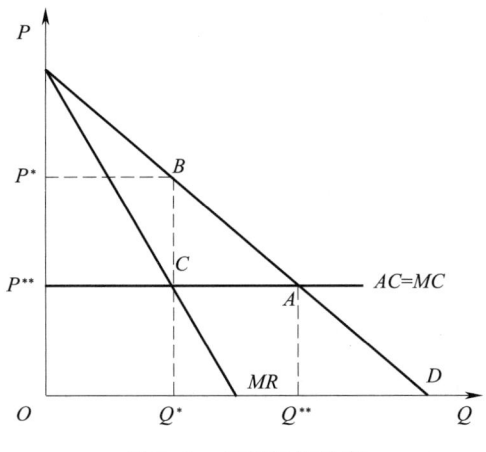

图 8-1 垄断与低效率

垄断企业在均衡点上的垄断产量和垄断价格不满足帕累托有效率条件。那么，帕累托有效率条件在什么地方达到呢？在 Q^{**} 的产量水平上达到。在 Q^{**} 的产量水平上，需求曲线与边际成本曲线相交，即消费者为额外一单位产量愿意支付的价格等于生产该额外产量的成本。此时，不存在任何帕累托改进的余地。因此，Q^{**} 是帕累托有效率产出。如果能够设法使产量从垄断水平 Q^* 增加到 Q^{**}，则实现了帕累托有效率。一种可能的办法是：垄断企业同意生产产量 Q^{**}，并在等于边际成本的价格 P^{**} 上出售该产量；这样做的结果是垄断企业的利润下降了 $(P^*-P^{**})Q^*$。为了弥补其损失，消费者之间达成一项协议，共同给予垄断企业至少等于该损失的一揽子支付。在给予这一揽子支付之后，消费者的福利与垄断条件下的情况相比，仍然有所改善，因为垄断企业将价格从 P^* 下降到 P^{**} 给消费者带来的好处是消费者剩余即梯形 P^*BAP^{**} 的面积，超过了垄断企业的利润损失的部分即矩形 P^*BCP^{**} 的面积，该面积的值等于 $(P^*-P^{**})Q^*$，超过部分为三角形 ABC 的面积，三角形 ABC 的面积也被称为垄断的福利净损失。

在现实中，为什么均衡产量不是发生在帕累托有效率状态 Q^{**} 上呢？原因是垄断企业和消费者之间以及消费者本身之间难以达成满意的一致意见。可能是垄断企业和消费者之间在如何分配增加产出所得到的收益问题上存在很大分歧，以至于无法达成一致意见；也可能是消费者之间在如何分摊弥补垄断企业利润损失的一揽子支付问题上不能达成一致意见；还可能是无法防止某些消费者不负担一揽子支付而享受低价的好处，即无法防止"搭便车"者。由于存在这些困难，实际上得到的通常便是无效率的垄断情况。

上述关于垄断的分析，也适用于垄断竞争或寡头垄断等其他非完全竞争的情况。实际上，只要市场不完全竞争，企业面临的需求曲线向右下方倾斜，企业的利润最大化原则就是边际收益等于边际成本，而不是价格等于边际成本，当价格大于边际成本时，就出现低效率的资源配置状态。由于达成协议的各种困难，潜在的帕累托改进难以实现，整个经济偏离帕累托有效率状态，出现低效率。

二、寻租——垄断低效率的进一步解释

20 世纪 60 年代后期以来，西方经济学界开始认识到，垄断不仅仅偏离帕累托有效率状态，存在所谓的福利损失，更重要的是垄断诱发了寻租。寻租过程中的资源投入是非生产性的，使资源配置更加偏离帕累托有效率状态，资源配置的效率进一步下降。

所谓寻租，是指试图获得一种可以赚取经济利润的垄断的活动。经济学之所以应用寻租的概念，是因为租金（或者经济租金）是一个包含着消费者剩余、生产者剩余和经济利润的一般概念。一个垄断企业可以通过占有一部分消费者剩余而获得经济利润。因此，企业便千方百计谋求和维持垄断地位，以获取经济利润，并为此而花费一定的费用，这就是寻租活动。

寻租者以两种形式追求其目标：购买垄断和创造垄断。购买垄断型寻租是指搜寻可以用低于垄断企业的经济利润的价格购买垄断的权利，也就是寻求获得现有的垄断权利。创造垄断型寻租是指采取游说和寻求影响政治过程等形式来创造垄断权利。有时通过捐助来交换法律支持，有时间接地通过媒体的政治宣传或直接同政治家和官员签订合同来寻求有利的政治影响结果。例如，纺织企业为创造对其纺织品的垄断，说服政府对进口纺织品进行数量限制。

寻租活动的经济损失究竟有多大？下面对购买垄断和创造垄断分别阐述。

就单个购买垄断寻租者而言，其愿意花费在寻租活动上的费用不会超过垄断地位带来的好处，否则就不值得进行寻租活动了。因此，从理论上讲，单个寻租者的寻租代价要小于或者等于图 8-1 中的垄断利润或垄断租金 $(P^*-P^{**})Q^*$。但是，寻租活动不会给寻租者带来长久的好处。因为进行寻租活动是自由的，寻租类似于完全竞争。如果存在垄断利润，便会有新的寻租者参加进来以取得垄断利润，寻租者间的竞争抬高了必须对垄断权利支付的价格，结果把垄断权利的价格抬高到只能使寻租者获得正常利润的水平，垄断利润消失。由于寻租过

程中花费的资源是非生产性的，这些资源花费没有给寻租者带来利润，也没有给消费者带来福利，也是一种"纯损"。这就意味着，就单个寻租者而言，其损失往往大于垄断理论中"纯损"三角形。如果进一步考虑整个寻租市场，问题就更为严重。在寻租市场上，寻租者往往不止一个，单个寻租者的寻租代价只是整个寻租活动的经济损失的一部分。整个寻租活动的全部经济损失等于所有单个寻租者寻租活动的代价的总和。而且，这个总和还将随着寻租市场竞争程度的不断加强而不断增大。因此，考虑寻租活动后，垄断的经济损失远远大于"纯损"三角形。

创造垄断的寻租形式也有很大的经济损失。为了说清楚该问题，先解释创造垄断的寻租。当一个企业家成功地开发了一项新技术或新产品时，其企业就能享受高于其他企业的超额收入。这种活动称为"创租活动"，或者称为"寻利活动"。当其他企业家看到应用这一新技术或生产这一新产品有利可图后，会纷纷起而效之，涌入这一市场，从而使产品价格降低，超额利润（租金）渐渐消失。后者的行为，也属"寻利"范畴。寻利活动是正常市场竞争机制的表现，其作用是降低开发新产品的成本。寻利活动是对新增经济利益的追求，会增进社会的福利。此过程只是创租，还没有创造垄断。当该企业家寻求政府干预来阻止其他企业加入竞争，以维护其独家垄断地位，确保创造的租金不致扩散时，该企业家创造了垄断。创造垄断导致的经济损失表现为两个方面：一方面是阻碍了生产要素在不同产业之间自由流动、自由竞争而导致的资源错配的损失，另一方面是寻求获得、维护垄断地位而花费的资源损失。现实中存在很多这样的事例，如一个企业或企业群体，明知另一些企业（比如其他地区的企业）拥有比它们更先进的管理和技术，不是下功夫去向后者学习，而是想方设法诱使政府采取保护政策，阻止那些先进企业加入竞争，以维护自身的既得利益。还有同样糟糕的事例是，一部分企业施展种种手段使政府以特殊政策对它们"优先照顾"，通过税收和补贴的办法抽东补西，使社会的既得经济利益在企业间作重新分配，让这部分企业享受其他企业的"输血"，从而获得一种经济租金。这些事例都存在资源错配和无效花费两方面的经济损失。不仅如此，此类寻租还有可能诱发其他寻租而造成资源损失。

总之，寻租活动的经济损失表现在如下几个方面：第一，寻租造成经济资源配置的扭曲，阻止了更有效的生产方式的实施。第二，寻租本身白白耗费社会的经济资源，使本来可以用于生产性活动的资源浪费在这些于社会无益的活动上。第三，导致其他层次的寻租活动。比如政府官员在寻租活动中享受了特殊利益，政府官员的行为会受到扭曲，因为这些特殊利益的存在会引发一轮追求行政权力的浪费性寻租竞争。由于寻租，垄断产生了超过"纯损"的社会成本，这些社会成本等于垄断的"纯损"加上用于寻租的资源的价值。这表明，存在垄断因而进行寻租活动的情况下，产生了很大的社会净成本，不能实现只有竞争市场方能实现的经济效率，无法达到帕累托有效率状态。

三、对垄断的公共管制

垄断常常导致资源配置缺乏效率，而且垄断利润常被看成是不公平的，因此常常要求各种力量对垄断进行管制。政府对垄断的管制手法是多种多样的。下面讨论政府对垄断价格和垄断产量的管制。

图 8-2 是一个垄断企业的基本情况。D 是需求曲线，AR 是平均收益曲线（与 D 重合），MR 是边际收益曲线，AC 和 MC 分别是平均成本和边际成本曲线。注意，这里的平均成本和边际成本回到了一般形状。

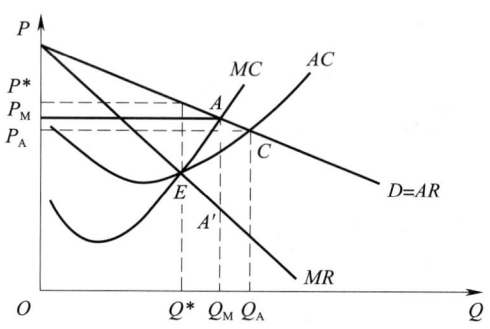

图 8-2 对垄断的管制：递增成本

在没有管制的条件下，垄断企业生产根据利润最大化原则，边际收益等于边际成本，决定利润最大化产量为 Q^*，并据此确定垄断价格为 P^*。这时，垄断企业的均衡数量和均衡价格一方面缺乏效率，因为在垄断产量 Q^* 上，价格高于边际成本；另一方面缺乏公平，因为在垄断产量 Q^* 上，垄断企业获得了超额利润，即经济利润不为零，或者说，全部利润大于正常利润。

对这种无效率也不公平的垄断，需要进行管制。假设进行价格管制，应制定什么样的价格？如果以效率为标准，则将管制价格定在 P_M。当价格为 P_M 时，垄断企业面临的需求曲线为折线（即 $P_M A$ 及 A 点右方的 D 曲线），从而边际收益曲线为间断线（即 $P_M A$ 及 A' 点右方的 MR 曲线）。于是最大化产量为

Q_M。在该产量水平上,价格恰好等于边际成本,实现了帕累托有效率。

显然,当管制价格为 P_M 时,从效率上讲实现了帕累托有效率,但垄断企业仍然可以获得一部分超过正常利润的经济利润,即平均收益超过平均成本的部分。如果以公平为目标制定管制价格,则管制价格应为 P_A。在价格为 P_A 时,产量为 Q_A。此时平均收益等于平均成本,经济利润刚好为零。但此时边际成本大于价格,不符合帕累托有效率标准。因此按照效率标准制定管制价格,产量太低、价格太高;在零经济利润情况下,正好相反,价格太低、产量太高。

上面分析的是平均成本具有向右上方倾斜部分的垄断情况。如果在市场需求得到满足之前,平均成本不具有递增部分,而是持续下降的所谓自然垄断情况,其管制价格的制定又有不同。如图 8-3 所示,平均成本 AC 一直下降,故边际成本 MC 总在其下方。不存在管制时,垄断企业的价格为 P^*,产量为 Q^*,既不公平,也没有效率。实行价格管制,管制价格与前面情况有区别。当管制价格为 P_M 时,达到帕累托有效率,但此时垄断企业出现亏损,需要政府给予一定的补贴。如果管制价格为 P_A,刚好为零经济利润,此时边际成本小于边际收益,不符合帕累托有效率标准,规模经济优势也没有充分发挥。

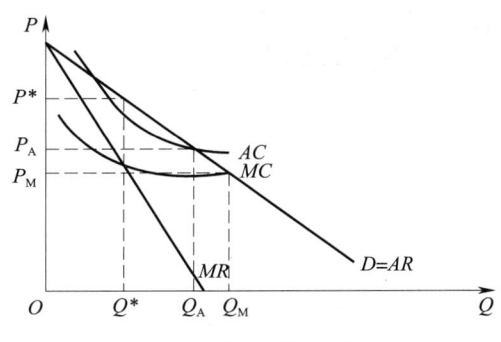

图 8-3 对垄断的管制:递减成本

四、反垄断法

各西方国家都不同程度地制定了反垄断法,其中以美国最为典型。在美国,反垄断法也称为反托拉斯法。实行反托拉斯法的目的是抑制反竞争的垄断趋势。反托拉斯法遵循这样两个途径:① 以促进形成竞争的市场结构为目标;② 以管理市场传导从而减少或消除垄断行为为目标。概括地说,反托拉斯法试图走一条促进社会满意的市场绩效的道路,形成有效率的市场结构,并对市场活动加以适当的管理。

19 世纪末和 20 世纪初,美国企业界出现了第一次大规模的兼并活动,结果形成了一大批经济实力雄厚的大企业，被称为垄断企业或托拉斯。这里的垄断不但是指一个企业控制整个市场的狭义的纯粹垄断，而且也包括几个大企业控制一个产业大部分供给的情况（实际是寡头垄断）。按照这种定义，美国的汽车工业、钢铁工业、化学工业等都属于垄断市场。垄断的形成和发展，影响了美国的社会经济生活，影响了美国社会各个阶级、阶层或集团的经济利益。

从19世纪90年代到20世纪50年代初，美国国会通过了一系列反托拉斯的法案，如"谢尔曼法"（1890年）、"克莱顿法"（1914年）、"联邦贸易委员会法"（1914年）、"罗宾逊-帕特曼法"（1936年）、"惠特-李法"（1938年）以及"塞勒-凯弗尔法"（1950年）。其他西方国家也先后通过和出台了类似的法律。

美国的反托拉斯法规定，限制贸易协定或共谋、垄断或企图垄断市场、兼并、排他性规定、价格歧视、不正当的竞争或欺诈行为等。例如，"谢尔曼法"规定，为谋求对跨州的或同外国的贸易或商业的限制所订立的契约，以托拉斯或其他形式的联合或共谋皆为非法。对违法的惩处包括巨额罚款和监禁。"克莱顿法"修正和加强了"谢尔曼法"，规定当价格歧视活动形成一种垄断趋势的时候，要禁止价格歧视。禁止附加条件的合同（商家要求消费者购买某种商品的同时还要购买另一种商品）和独家经营，禁止公司相互持有股票和董事会成员相互兼任等。"联邦贸易委员会法"规定，成立联邦贸易委员会，其职责是调查和起诉"不正当竞争"的活动。"惠特-李法"赋予联邦贸易委员会以禁止"欺诈行为或商业中的欺诈活动"的责任。"塞勒-凯弗尔法"规定，当横向兼并和纵向兼并趋向于损害竞争的时候，应禁止这种兼并。该法还规定，如果一个企业从另一个企业购买资产妨碍竞争，应禁止这种购买资产的活动。

第二节 外 部 性

一、外部性的含义及其分类

(一) 外部性的含义

前面分析的"看不见的手"原理有一个隐含的假定：单个消费者或生产者的经济行为对社会上其他人的福利没有影响，即不存在外部性（或外部影响）。现实生活中这个隐含的假定往往不能成立。有时某个经济行为主体的一项经济活动会给其他经济行为主体带来损害,但却并不为此支付足够抵偿这种危害的成本;有时某个经济行为主体的经济活动给其他经济行为主体带来好处,却不能由此而得到补偿。当经济行为主体的经济活动对其他经济行为主体有溢出成本或者溢出收益时,就出现了外部性。因此外部性定义为人们的经济活动对他人造成的影响,而这些影响又未被计入市场交易的成本或价格之中。外部性又称外在效应或邻居效应。

(二)外部性的分类

1. 外部性根据影响的正负效果分为正外部性和负外部性

正外部性(又称积极的外部性)指的是经济行为主体的生产和消费行为给他人带来利益,又未获得补偿。

负外部性(又称消极的外部性)指的是经济行为主体的生产和消费行为给他人带来损失,又未支付抵偿损失的成本。

2. 外部性根据行为主体的类型分为生产的外部性和消费的外部性

生产的外部性是指经济行为主体的生产活动使其他生产者增加(或减少)成本,但又未补偿(或收费)的情形。例如,一个企业在生产过程中排放污水污染了河流,排放烟尘污染了空气,这种行为影响了其他依靠清洁河水和清洁空气生产的企业。

消费的外部性是指经济行为主体的消费行为引起其他消费者利益的增加或减少。例如,吸烟者的吸烟行为危害了被动吸烟者的身体健康,并未为此支付任何代价;有些消费者在公共场所随意丢弃垃圾给其他消费者造成环境损害,而又未为此付出代价,等等。

在现实生活中,外部性无所不在,无时不在。尽管一个经济行为主体(生产者或消费者)造成的外部影响对整个社会微不足道,但所有经济行为主体造成的外部影响加总起来是巨大的。例如,环境问题已经严重到威胁人类自身的生存环境了。

二、外部性条件下市场机制的资源配置失灵

存在外部性的情况下,市场机制配置资源达不到帕累托有效率,即"看不见的手"在资源配置上失灵。一般而言,在正外部性的情况下,私人活动的水平常常低于社会所要求的最优水平;负外部性的情况下,私人活动的水平高于社会所要求的最优水平。下面分别予以说明。

(一) 负外部性条件下市场机制的资源配置失灵

当出现负外部性时,市场机制的结果不再有效率,这是因为负外部性给社会带来了一个额外成本(外部成本),市场上的生产者和消费者没有明确承认这一成本,导致市场机制配置的资源偏离了社会最优而失灵。负外部性的例子很多,如各类水污染、空气污染、土壤污染等。为了说明该问题,我们修正生产者的供给曲线,并引入边际私人成本(MPC)和边际社会成本(MSC)概念。在负外部性存在的条件下,生产者的供给不仅产生边际私人成本,其外部性也会造成边际外部成本,二者之和才是边际社会成本。但我们知道,生产者是按照边际私人成本供给产品的,外部性造成的成本却被生产者忽略了,由此导致产出偏离了社会最优产出。

如图 8-4 所示,私人成本形成的供给曲线与需求曲线决定的均衡数量是 $Q_{市场}$、均衡价格是 $P_{市场}$,社会成本形成的供给曲线与需求曲线决定的均衡数量是 $Q_{最优}$、均衡价格是 $P_{最优}$。显然 $Q_{最优}$ 小于 $Q_{市场}$,市场机制配置的资源偏离了最优状态,市场机制的资源配置失灵了。

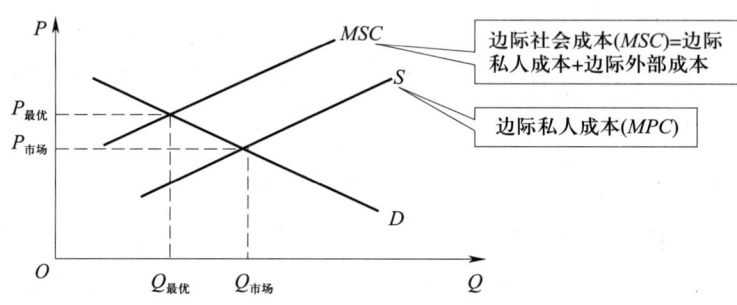

图 8-4 负外部性导致的市场失灵

需要说明的是,各类污染的外部性减少为零并不是我们追求的目标,在此仅强调污染的外部性对社会产生的边际社会成本。在现实生活中,对待污染的外部性要根据当时的情况作出权衡,是在生产的有用产品为我们提供的福利和为生产这些有用产品而付出的成本(包括外部性成本)之间的权衡。在很多情况下,权衡的结果是容许适度的污染,因为不排放任何污染来生产产品的成本非常高,有时甚至为无穷大。

(二) 正外部性条件下市场机制的资源配置失灵

当一个经济行为产生溢出收益时就出现了正外部性。与负外部性相似,正外部性也导致市场机制的资源配置失灵。正外部性的例子很多,一个重要的例子就是教育。教育不仅通过更好的就业机会和更高的工资来使受教育者受益,而且也会给他人带来明显的好处，包括教育能提高社会整体文明程度，受过教育的劳动者对于创新和新科技的采用至关重要，等等。用图 8-5 分析正外部性条件下市场机制的资源配置失灵。

假设教育是一个完全竞争市场，如图 8-5 所示，在没有外部性的情况下，市场机制推动市场达到均衡，此时均衡数量为 $Q_{市场}$，均衡价格为 $P_{市场}$。然而在有正外部性的情况下，市场机制形成的这一均衡不是社会最优。正外部性是收益的外溢，可以认为是边际社会收益（MSB）和需求曲线（边际私人收益，MPB）之差，因此边际社会收益等于边际私人收益加上边际外部收益。由于教育具有正外部性，社会最优应是边际社会收益与供给曲线（边际成本曲线）的交点，最优数量应是 $Q_{最优}$。显然 $Q_{最优}$ 大于 $Q_{市场}$，说明市场机制配置的教育数量偏少了，市场机制配置资源失灵了。

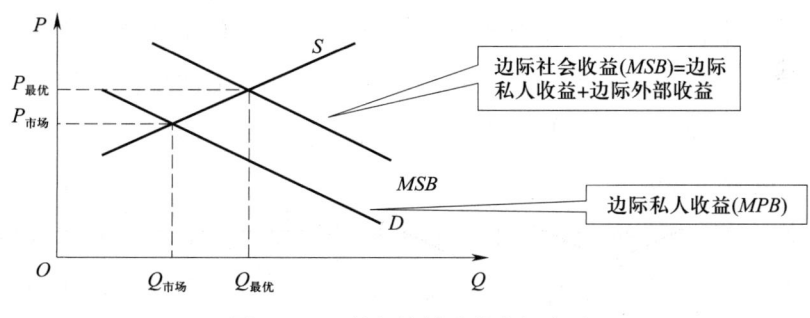

图 8-5　正外部性导致的市场失灵

值得注意的是，外部性是由于个人尽力做到最好但忽略他们的行为如何影响别人而产生的。因此，把外部性作为"错误"是不正确的。外部性可能仅仅是因为我们不知道对别人造成的影响而引起的。比如，当你决定接种流感疫苗时，你可能仅仅考虑接种流感疫苗的私人收益和成本，但事实上你不是唯一承担收益和成本的人。你接种了疫苗，别人也能获益，因为别人不会从你这里感染流感。如果你不接种，别人就可能从你这里受损。当我们在决定是否接种疫苗时通常不会考虑外部性，但它确实存在。

三、针对外部性的微观政策

存在外部性的条件下，市场机制配置资源失灵了，我们需要寻求方法来纠正市场失灵。通常有如下几种方法：非市场方式的命令与控制政策——政府直接管制资源的配置；以市场为基础的规制方式——政府为私人机构提供激励内在化外部性（如纠正性税收和补贴）；科斯定理——交易费用为零或较低条件下的谈判以及交易费用较高条件下的产权界定。

（一）非市场方式的命令与控制

前面已经分析，在环境污染等负外部性条件下，$Q_{市场}$大于$Q_{最优}$，采取措施降低产量是正确的。解决这一问题的通用方法是使用命令与控制。在命令与控制下，政策制定者要么直接限制产量水平，要么强制使用某些技术。

很多早期的环境规制，包括关于清洁水与空气的标志性法规，就是命令与控制。政府要求污染方采用减少污染的最好技术。例如，美国的《清洁水法》，明确规定每个工厂必须采用的技术类型，《清洁空气修正案》也明确了工厂必须采用的某些减排技术。

现在人们逐渐认识到，命令与控制并不是最有效的解决外部性的行为方式。这种行为方式一般极少对生产者提供激励去寻找最有效节约成本的方法来减少自身的污染，其原因是管制者的目标错了——他们强制规定了生产者必须使用的技术，这只会促使生产者开发有效的方式去使用被规定的技术，而没有激励生产者去寻找或者开发节约成本（包括社会成本）的最有效技术。

（二）以市场为基础的规制方式

命令和控制虽然能纠正市场机制在外部性存在时的缺陷，但其本身的缺陷也比较明显，因此出现了以市场为基础的规制方式。以市场为基础的规制方式是利用市场的力量来实现外部性内部化。和命令与控制相比，这种方式在开发新的技术以减少污染方面提供了更多的激励。最著名的以市场为基础的规制方式是纠正性税收和补贴。

存在负外部性的情况下，生产者生产的产量大于社会最优的产量，政府可以通过对该产品征税来缩减其产量，这种税称为纠正性税收或庇古税。给定存在的负外部性，如何执行庇古税？首先，估计边际外部成本，经济学家已经创建了一些工具来帮助政策制定者计算这种成本。其次，征收等于该边际外部成本大小的税收，以使均衡产量减少到社会最优水平。如图8-4所示，征收的庇古税恰好等于S与MSC的距离，生产者现在选择的最大化利润产出等于$Q_{最优}$。即庇古税创造了一条与边际社会成本曲线一样的虚拟市场供给曲线，生产者在做决策时将外部性考虑在内是因为他们必须把庇古税计算在内，因此税收完全地协调了个人和社会激励。因此庇古税内化了负外部性，纠正了负外部性条件下市场机制结果对最优状态的偏离，导致了有效的市场结果。

正外部性条件下，生产者生产的产量小于社会最优的产量，政府可以通过补贴来增加产品的供给数量。如何执行补贴？与负外部性相似，首先估算正外部性的边际社会收益，其次按照边际社会收益进行纠正性补贴，将均衡产量提高到社会最优水平。如图 8-5 所示，当提供的单位补贴等于外部性的边际社会收益，该数额也是 D 与 MSB 之间的差距，此时，生产者就有动力来供给社会最优的产品，即 $Q_{最优}$。通过纠正性补贴形成了一条与边际社会收益曲线一样的虚拟需求曲线，完全协调了生产者和社会的激励，将正外部性内部化了，纠正了正外部性条件下市场机制结果对最优状态的偏离，形成了有效的市场结果。

总之，外部性潜在地在社会收益和成本与个人收益和成本之间打下了一个楔子。如果自由市场的均衡水平偏离社会最优水平，这个楔子就导致扭曲（无谓损失）。纠正性税收和补贴可以导致个人将外部性内部化。在使用税收时虽然政府提高了税收收入，但并不是主要目标，而是试图使个人激励与社会激励一致。为了实现这一目标，政府必须依赖于外部性的估计，经济学的一个活跃领域就是研究对外部成本和收益的估计。一种最常用的方法是计算外部性对市场上常用商品交易价格的影响数量。例如，两个地区资源相同，经济发展水平相同，污染状况也相同。假如一个地区开始治理大气污染，当大气污染明显减少，空气质量明显好于另一地区时，该地区的住房价格会上涨，该地区住房价格上涨总额就是另一个地区大气污染的外部性成本。

（三）科斯定理：交易费用为零或较低条件下的谈判

科斯定理是指不管权利的初始界定如何（谁拥有合法的产权），谈判都会导致有效的结果。这个定理意味着，政府干预不是解决外部性问题的必要手段，私人交易可以解决外部性问题。不管谁拥有最初的产权，通过交易都可以达到最有效的结果。

为了理解科斯定理如何起作用，我们以排放废水入河流的火电厂与下游依靠河水养鱼的渔民之间的负外部性为例。假如火电厂可以通过购买和安装洗涤器（在排放到生态系统之前净化水和空气的一项设备）来减少有毒物质的排放。但购买和保养洗涤器很贵，最保守的估计是在未来的 10 年内，洗涤器的必要成本是 200 万元。外部性的另一方是渔民。科学的研究告诉渔民，火电厂的污染会使整个渔业在未来的几年倒闭，因为电厂每周要排放几吨有毒物质到河流中。渔民通过分析预测，如果火电厂安装洗涤器，他们在未来的 10 年内可以获得大概 300 万元的收益。

如果渔民和火电厂没有沟通，且火电厂有权实现免费污染，那么结果是什么？火电厂肯定不会花费 200 万元去安装洗涤器，因为这笔投资无法获得收益。此时市场结果并不是社会最优的，因为整个社会还有潜在的福利没有得到。事实上，还有 100 万元的收益没有实现。

由于火电厂有权实现免费污染，那是否意味着污染会以现在的情况持续存在呢？不会，经济学的交易理论给了我们新的结论。

科斯定理告诉我们，资源配置中权利界定是基础，私人交易才是配置的关键。上面的外部性事例中，如果权利界定给火电厂，火电厂没有动力安装洗涤器，但渔民也是利益最大化的生产者，有动力支付一定的费用帮助火电厂安装洗涤器，因此渔民与火电厂之间会通过谈判来解决该外部性问题。谈判的结果（假设交易费为零）是渔民支付一笔费用（200 万~300 万元）帮助火电厂安装洗涤器，火电厂安装洗涤器后，社会获得潜在的 100 万元收益，这 100 万元收益在渔民和火电厂之间分配。如果权利界定给渔民，禁止火电厂污染水源，则火电厂必须支付 200 万元安装洗涤器，从而内部化外部成本，渔民获得 300 万元收益。社会潜在的 100 万元收益全部由渔民获得。

值得注意的是，不管法律是否容许火电厂污染水源，两种情况下经济学的总效果一样，火电厂安装洗涤器，减少污染，社会达到最优状态，只不过两种状态下火电厂和渔民分割的收益不一样。

（四）科斯定理：交易费用较高条件下的产权界定

尽管不管谁拥有最初的产权，通过交易都可以达到最有效的结果，但是谁拥有最初的产权也不是无关紧要的，因为最初的产权配置对剩余分割是一个非常重要的决定因素。即便如此，我们也要小心过多依赖私人交易来解决外部性问题，理由如下：

第一，相关当事人（制造外部性和遭受外部性的人）可以很经济地进行谈判的假设是十分重要的。这意味只要谈判的交易成本不高，有效的经济结果就可以实现。

第二，产权是否被清晰定义是重要的。在许多情况下，法律关于谁拥有产权并不明确。

第三，谈判与每一方谈判人的数量是有关系的。我们很容易想象，如果受影响的人较少，谈判会导致一个有效的结果。但是很难想象，一个火电厂与 100 000 个渔民之间的谈判会如何进行。

将科斯定理应用到第三种情形。如果工厂有权污染，100 000 个渔民必须协调怎样向火电厂支付来削减污染。在现实中，100 000 个渔民与火电厂谈判可接受的污染排放量以及谁得到多少补偿相当困难，此时交易费用非常大，几乎不可能。因此，这种情况下，政府重新界定产权是解决外部性最好的办法。上例中，在交易费用很高的情况下，政府重新将产权界定给渔民将有效解决该外部性问题。

第三节 公共物品和公共资源

在上一节中我们论述了外部性，并给出了外部性问题的一些解决方案。需要指出的是，并不是所有的外部性问题都能用这些方法加以处理。一旦有两个以上的行为人参与，外部性问题就变得复杂起来。三个及以上的行为主体共同面临的外部性就是公共物品的例子之一。公共物品是消费的外部性的一个具体例子：每个人必须以相同数量消费这种物品，尽管每个人对其评价不一。本节要讨论的是公共物品的理想供给数量是多少，以及对公共物品和公共资源的决策方法。

一、公共物品与市场失灵

（一）经济物品的类型

市场中的经济物品有很多类别，可以根据以下两个特点对其进行分类：一是排他性，即是否可以阻止他人使用该物品；二是竞争性，即一个人的使用是否会减少其他人对该物品的使用数量。根据排他性和竞争性的有无及其强弱，经济物品可以分成四种类型，如表 8-1 所示。

表 8-1 四种类型的物品

		排他性	
		有	无
竞争性	有	私人物品 （衣服、食物、家具、拥挤的收费道路）	公共资源 （公海中的鱼、环境、拥挤的不收费道路）
	无	俱乐部物品 （有线电视、无线网络、不拥挤的收费道路）	公共物品 （国防、预警系统、不拥挤的不收费道路）

1. 私人物品

私人物品是指具有高度排他性和高度竞争性的物品。例如，一件衣服既具有排他性又具有竞争性。具有排他性是指一个人拥有了这件衣服，就可以阻止其他人再拥有这件衣服；具有竞争性是指一个人将这件衣服穿在身上，其他人就不能同时穿这件衣服。经济生活中大多数物品都是像衣服这样的私人物品。除非你花钱，否则就得不到物品，而且，一旦你得到，你就是唯一的获益人。

2. 公共物品

公共物品是指在消费中既无排他性又无竞争性的物品。即一个人在使用该种物品时不能阻止其他人同时使用，而且，一个人使用一种公共物品并不减少其他人使用的数量。例如，国防是一种公共物品，当一个人享用国防这种公共物品时，并不能阻止其他人同时享用（无排他性），也没有减少其他人享用的数量（无竞争性）。

3. 公共资源

公共资源是指具有竞争性但没有排他性的物品。例如，公海中的鱼具有竞争性。当一个人捕到鱼时，留给其他人捕的鱼就少了。但公海中的鱼并不是排他性物品，因为在浩瀚无边的公海中无法阻止渔民捕鱼。

4. 俱乐部物品

俱乐部物品是指在消费上具有高度排他性但不具有竞争性的物品。经济学上经常称为"人造稀缺"。例如，当你打开电视看自己喜欢的有线电视节目时，不会降低别人观看同一节目的能力，因此有线电视是一种非竞争性的物品，很多人可以同时观看同一节目相互不干扰。但如果个人不为该项目付费，就无法观看节目，因此有线电视是可排他的。当我们将俱乐部物品作为私人物品出售时，会面临一个难题。它们是非竞争性的，所以多提供一单位该物品的边际成本是很小的，几乎为零，但这种物品又具有很大的固定成本，如果在边际成本水平出售，企业将永远不可能补偿它们承受的巨大固定成本。然而消费者对此类物品通常有正的支付意愿，因此，俱乐部物品一般不在完全竞争市场上买卖。

（二）公共物品的市场供给及其失灵

1. 公共物品的最优市场供给

正如私人物品可以确定最优数量一样，公共物品也可以确定最优数量。为了分析上的需要，先简要说明一下私人物品的最优数量决定问题。为使问题简化,假定社会上只有甲和乙两个消费者。如图 8-6(a)所示,其各自对某种商品的需求曲线分别为 D_A 和 D_B。将消费者甲和乙的需求曲线 D_A 和 D_B 水平相加,便得到市场需求曲线 D。市场需求曲线 D 与供给曲线 S 相交于 H 点,决定该私人物品均衡数量为 Q_0,均衡价格为 P_0。在这个产量水平上,消费者甲和乙的边际收益恰好与生产该物品的边际成本相等。如图 8-6(a)所示,生产 Q_0 时的边际成本为 Q_0H,消费者甲和乙的需求量分别为 OC 和 OF,根据其各自的需求曲线 D_A 和 D_B,相应的边际收益分别是 CE 和 FG。因为 $CE = FG = Q_0H$,所以均衡数量 Q_0 是该私人产品的最优数量。

而公共物品的最优数量又是如何决定的呢?参考图 8-6(b),假定经济中仍然只有两个消费者甲和乙,图中的 D_A 和 D_B 仍分别为两个消费者的需求曲线,公共物品的供给曲线为 S。和私人物品市场不同的是,在公共物品市场上从个人需求曲线求得市场需求曲线,不是将个人需求曲线水平相加,而是将它们垂直相加。公共物品的消费具有非竞争性和非排他性,每个消费者都消费一个相同总量的公共物品,而对公共物品支付的价格却是两个消费者各自支付的价格的总和。图 8-6(b)表明,公共物品供给曲线 S 与由两个消费者的需求曲线垂直相加所形成的市场需求曲线 D 相交,决定公共物品的最优数量为 R 和所支付的价格 T。

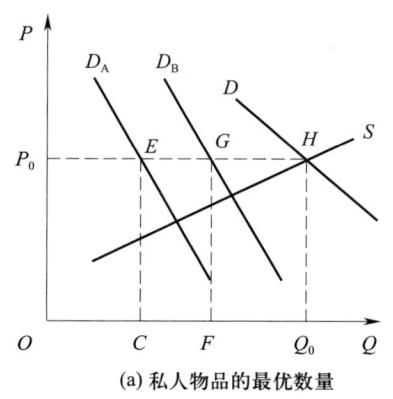
(a)私人物品的最优数量

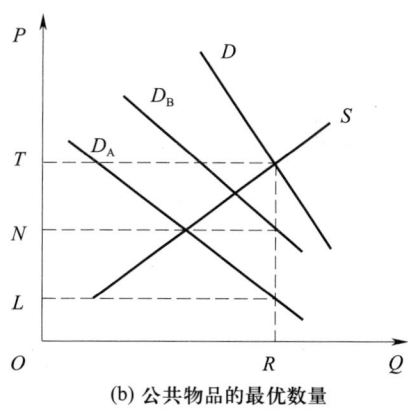
(b)公共物品的最优数量

图 8-6 私人物品和公共物品的最优供给

2. 公共物品供给中的"搭便车"及其失灵

上面分析的公共物品最优数量的市场供给,是一种理论解释,它旨在帮助我们理解公共物品和私人物品市场供给的区别。事实上,上面讨论的公共物品需求曲线是虚假的,在市场上无法实现。因为单个消费者通常并不清楚自己对公共物品的需求价格,即使知道他们也不会说出来。因为公共物品的非排他性和非竞争性使公共物品存在"搭便车"问题。所谓"搭便车",是指免费享用公共物品的行为。人所共知的"三个和尚没水喝"的故事便是这种"搭便车"的典型例证。"搭便车"行为造成公共物品的供给困境。以如下思想实验论述该困境。

假如班上有 10 名同学组成 1 个小组进入一个思想实验室。进入实验室后,主持人给每个人 10 元零钱,并说道:你们可以匿名地将 10 元的任何金额贡献给小组(公共物品)账户,主持人补贴小组账户收到的总金额数额,即小组账户金额加倍后在 10 人中平分。例如,如果每个人贡献零钱的一半(即 5 元)到小组账户,那么小组账户总共收到 50 元,加倍后,就有 100 元在 10 人中平分,最后每人得到 15 元。其中 10 元是从公共账户中分的,5 元是每个人选择未放入公共账户的。

现在的问题是:小组中的每个人准备从 10 元中贡献多少呢?

很显然,要想最大化这个小组的总收益,每个人都应该将 10 元全部贡献出来,这将使得总共可以挣得的现金最大化为 200 元,最后每人获得 20 元。

对于这个实验小组来说,贡献的边际收益大于贡献的边际成本。但是,对于个人来讲并不是这样。如果某个人贡献给小组 1 元,其他人贡献 0 元,则小组平分的总金额是 2 元,该个体获得 0.2 元。也就是说,该个体为小组账户贡献 1 元,可能损失 0.8 元。

如果每个人都是市场中的利益最大化个体,为了最大化自己的利益,最好的选择是不对小组账户做任何贡献。

我们来解释其中的经济学原理。假设每一个人将自己的所有现金贡献给小组账户,其收益是:

$$0+\frac{100\times 2}{10}=20（元）$$

假如其他人贡献自己所有现金,某个体贡献 0 元,他的收益是:

$$10+\frac{90\times 2}{10}=28（元）$$

如此,该个体通过"搭便车",什么也不贡献,比贡献 10 元还多得到 8 元。

在涉及公共物品供给时,相同的激励在现实世界中是存在的。这就告诉我们,市场本身提供的公共物品通常将低于最优数量,即市场机制分配给公共物品生产的资源通常不足。在竞争的市场中,如果是私人物品,则市场均衡时的资源配置是最优的。生产者之间的竞争将保证消费者面对的是等于商品边际成本的价格，消费者则在既定的商品产量上展开竞争，某个消费者消费一单位商品的机会成本就是在市场上卖给其他消费者同样一单位商品的价格，故没有哪个消费者会得到低于市场价格而买到商品的好处。但是如果是公共物品，情况完全不同。任何一个消费者消费一单位公共物品的机会成本总为零。这意味着，没有任何消费者要为他所消费的公共物品去与别人竞争，市场不再是竞争的，消费者也尽可能少支付，而通过"搭便车"消费公共物品。如果所有消费者均这样行事，则公共物品的产出远远低于最优数量，甚至为零，市场供给公共物品就失灵了。

二、针对公共物品供给的微观政策

正是公共物品的非竞争性和非排他性使得政府介入公共物品的供给成为必要，政府可以依靠税收来提供公共物品。政府提供公共物品也要按照经济学的成本收益原则。需要应用成本收益分析来确定生产和提供公共物品的数量。如果生产和提供某一数量的某种公共物品的收益大于成本，便可以生产和提供这一数量的该种公共物品；反之，便不能提供这一数量的该种公共物品。

例如，政府筹划一项公共工程——抗洪工程。经济问题的基本性质告诉我们，增加应用于公共部门资源的决策包含成本和收益。收益是从较多的公共物品产出中获得的额外满足，成本则是与相伴的私人物品（或某些另外的公共物品）生产的下降相联系的满足损失。是否应该把资源从私人部门转移到公共部门？如果增加公共物品所获得的收益超过减少私人物品所产生的成本，答案就是肯定的。反之，如果放弃私人物品的价值或成本大于与增加公共物品相联系的收益，答案就是否定的。

但成本收益分析不仅能表明一项公共工程是否值得兴建，它还能为一项公共工程的建设提供指导。经济问题并非简单地回答"是"或"不是"，而且还要回答提供多少公共物品，有时候是公共物品的规模大小。如图 8-7 所示，D 为社会所有消费者对公共物品的需求曲线，也是公共物品的边际收益曲线，S 为公共物品的供给曲线，也是公共物品供给的边际成本曲线，均衡数量为 $Q_{最优}$，是公共物品供给的边际收益等于边际成本决定的最优数量。

举一个具体的例子说明边际收益等于边际成本决定的公共物品的最优数量。政府计划为一个河谷修建抗洪工程，该公共物品的最优数量就是抗洪工程

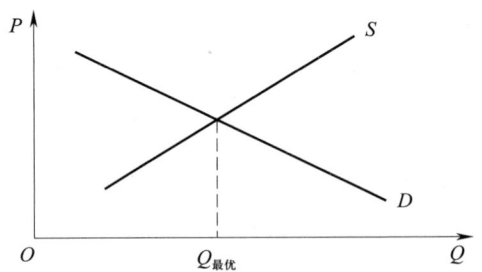

图 8-7 政府对公共物品的最优供给数量

的规模，其总收益、总成本、边际收益、边际成本如表 8-2 所示。

表 8-2 抗洪工程成本收益分析　　　　　　　　单位：美元

（1）计划	（2）年总成本	（3）边际成本	（4）年总收益（减少水灾）	（5）边际收益	（6）净收益（4）-（2）
不搞抗洪工程	0		0		0
A. 堤坝	3 000	3 000	6 000	6 000	3 000
B. 小型水库	10 000	7 000	16 000	10 000	6 000
C. 中等水库	18 000	8 000	25 000	9 000	7 000
D. 大型水库	30 000	12 000	32 000	7 000	2 000

资料来源：C. R. McConnell and S. L. Brue：*Microeconomics*（12th ed.），McGraw-Hill Inc，1993，p. 306.

浏览表 8-2 中所列不同类型工程计划可以看出，每项计划的年总收益（第（4）栏）都超过年总成本（第（2）栏），这也反映在净收益为正值的数据上。表明这项抗洪工程是可行的。但是，公共物品供给的最优数量（该项工程的规模）是多少？答案取决于边际成本同边际收益的比较。指导线就是我们在讨论公共物品最优数量时所确立的准则：前提是边际收益（第（5）栏）超过边际成本（第（3）栏），在边际收益等于边际成本的一点或者尽可能接近这一点处，决定该项工程最优化的规模。

在本案例中，计划 C——中等水库是最好的计划。虽然计划 A 和计划 B 的边际收益都超过边际成本，但都规模不足，不是最优的选择。计划 D 的边际成本（12 000 美元）大于边际收益（7 000 美元），不宜选择该项计划，因为它把过多的资源配置给这项工程。计划 C 最接近最优化的规模，只要边际收益超过边际成本就可扩展防洪工程。

确切地说，"边际收益=边际成本"规则将决定何种计划蕴含着总收益超过总成本的最大化，换言之，将决定何种计划给社会带来最大化的净收益。在第（6）栏我们可以直接认定最大化的净收益（7 000 美元）是同计划 C 相联系的。

按照经济学的解释，"经济"同资源应用的效率相联系。如果政府的计划所获得的边际收益小于同量资源在私人应用的情况下所获得的边际收益，那么就可以提议不要从事这项公共计划。但是，如果收益超过成本，那么，不在该项政府计划上支出，便是"不经济"或是"浪费"。政府"经济"并不意味着使政府支出最小化，而是意味着把资源在私人部门和公共部门之间加以配置，直至不能从进一步的资源再配置中得到净收益。

三、公共资源的过度使用及其解决政策

公共资源具有竞争性但没有排他性，因此公共资源使用中具有较大的外部性。例如，当一个人在公共的湖中捕鱼时，捕鱼的人通常只考虑他自己捕鱼的边际成本，但捕鱼造成的资源枯竭（一种负外部性）是每个人都要承受的，这种负外部性对资源的使用有严重影响。

（一）公共资源的过度使用——公地悲剧

假设有一个乡村，村里有一块公共土地（公共资源），村民们在这块土地上放羊。我们现在讨论这块土地上最优放养的羊群数量和实际放养的羊群数量。分析这个问题有很多方法，可以用租金耗散理论，也可以用博弈论。现在我们用简单的边际方法分析该问题。

假设 x_1 表示某个典型村民在公共土地上放养的羊的数量，x_2 表示其余村民在公共土地上放养的羊的数量。市场上对羊的需求符合需求规律，其反需求函数假设如下：

$$P = a - bQ$$

其中，Q 为公共土地上羊的总数量，$Q = x_1 + x_2$；a，b 是常数。

假设村民购买和照看一只羊的成本为 c。用 TR_P 和 MR_P 分别表示典型村民的总收益和边际私人收益。则有：

$$TR_P = P \cdot x_1 = ax_1 - b(x_1 + x_2)x_1$$

$$MR_P = TR'_P = a - bx_2 - 2bx_1 = a - b(Q - x_1) - 2bx_1 = a - bQ - bx_1$$

根据假设，村民购买和照看一只羊的成本是 c，则典型村民私人利润最大化的条件为：

$$a - bQ - bx_1 = c$$

令 $x_1 = \beta Q$（$0 \leq \beta \leq 1$）。其中，β 表示典型村民在公地上放养的羊的数量占整个公地上羊群数量的比例。将 $x_1 = \beta Q$ 代入上式得到：

$$a - bQ - b\beta Q = c$$

解得公地上实际放养的羊的总量：

$$Q^* = \frac{a-c}{(1+\beta)b}$$

现在我们再来分析这块土地上最优放养羊的数量。所谓最优放养羊的数量，就是这块土地从整个乡村集体角度发挥其最大价值，即从整个乡村角度其边际收益等于边际成本决定的数量。假设羊的反需求函数仍然为 $P = a - bQ$，购买和照看一只羊的成本仍然为 c。则整个乡村在该土地上放养羊的总收益 TR_S 和边际收益 MR_S 分别为：

$$TR_S = P \cdot Q = aQ - bQ^2$$

$$MR_S = TR'_S = (aQ - bQ^2)' = a - 2bQ$$

根据边际收益等于边际成本的原则有：

$$a - 2bQ = c$$

解得：

$$Q^{**} = \frac{a-c}{2b}$$

现在比较 Q^* 和 Q^{**}。

首先，当 $0 < \beta < 1$ 时：

$$Q^* = \frac{a-c}{(1+\beta)b} > \frac{a-c}{2b} = Q^{**}$$

这表明在公地上典型村民放养羊的数量是整个数量的一部分时，公地上实际放养羊的数量大于最优放养羊的数量。

其次，当 $\beta = 1$ 时：

$$Q^* = \frac{a-c}{2b} = Q^{**}$$

这表明当典型村民放养羊的数量就是整个公地上所有羊的数量（即典型村民拥有公地的放牧权）时，公地上实际放养羊的数量等于最优放养羊的数量。

最后，当 $\beta = 0$ 时：

$$Q^* = \frac{a-c}{b} = 2Q^{**}$$

这表明当村民数量很多，每个村民放养羊的数量相对于公地上所有羊的数量小到可以忽略不计时，公地上实际放养羊的数量达到最大，为最优放养羊的数量的2倍。

上面的分析告诉我们一个经济学原理，当一个理性个体在公共土地上决定自己放养羊的数量时，他仅考虑增加羊的边际私人收益和边际私人成本，而忽略了这样一个事实，即他所增加的羊所导致的其他村民羊的价值下降，即忽略了每一只羊的社会成本（土地资源价值投入的成本）。由于每个人都忽略了增加羊的社会成本，导致公地上羊的放养数量大大增加，公地被过度使用。当公地长期过度使用时会导致"公地悲剧"——即土地退化，公地资源消失。

(二) 解决公共资源过度使用的微观政策

世界上公共资源过度使用的例子很多。例如，太多的地下水被抽取，太多的树木被砍伐，太多的通信设备导致电波干扰，公海里的鱼被过度捕捞，等等。要解决这些问题，通常有如下几类办法。

1. 管制和征收庇古税

管制就是对公共资源使用按照集体决策规定最优使用数量。比如上例中就可以规定每个人放牧羊群的最大数量，只要规定的放牧数量总量恰好等于最优数量，并且能够以有力的措施保证这些规定得到切实的贯彻执行，该问题就能够解决。但是该方法理论上可行，操作上有一定难度。一是将最优数量分解到每个人难以做到准确公平。因为每个人的情况不一样，难以收集公平的全部信息（收集公平的全部信息成本为无穷大）。二是分配个人放牧数量的政治程序中容易产生腐败。

征收庇古税就是对每一个使用公共资源的个体按照产出的数量征收一定的比例税。因为公共资源的过度使用本质上是负外部性，是每一个体增加自己产出数量对其他个体产出的单位价值带来的负外部性，所以通过征收庇古税能内化这种负外部性，减少个体产出，减少个体对公共资源的使用数量，使个体对公共资源的使用数量总和等于公共资源的最优使用数量。执行庇古税首先要计算边际外部成本，即计算每一个体增加一单位产出数量对其他个体产出的单位价值的影响。其次征收等于该边际外部成本大小的税收，以使产量减少到公共资源使用的社会最优水平。庇古税的使用也有一些缺点，一是边际外部成本是估算的，二是庇古税是静态思维，没有考虑负外部性是相互的。

2. 界定产权

界定产权就是对公共资源的各类权利明确界定给各主体。比如将乡村公土地界定给某个人所有。在这种情况下，公地的所有者增加羊的数量对其他羊的负外部性就内部化了，其私人收益和社会收益重合，私人成本和社会成本也重合，公地所有者利益最大化的羊群数量与最优的羊群数量相等。应该指出，将公地界定给某个私人所有能解决公地过度使用问题并不表明对土地的个人所有优于集体所有，原因有两方面：其一，公地私有化剥夺了其他人利用公共土地的权利；其二，土地私有也会产生"私地悲剧"。如在一片公有的海滩上，每个人都可以享受到海浴和观海的乐趣，私人拥有某海滩并圈起来就剥夺了其他人享受的乐趣。

基于以上原因，界定产权还有如下两种方式：第一，把公地分给各个家庭，每个家庭可以把自己的一块土地用栅栏圈起来。用这种办法也可以把公共资源的负外部性内部化，即把公地变成私人物品，并且没有剥夺任何人对土地的使用权，只不过这种办法增加了土地的界定成本。这里又产生了如下问题，资源公有存在负外部性产生外在社会成本，把资源分给家庭又产生界定成本。资源究竟是公有还是分给家庭私有，取决于公共资源使用过程中是否"拥堵"。当公共资源使用过程中不"拥堵"时，资源最好是公共所有，当资源使用过程中有"拥堵"，且产生的外在社会成本超过界定成本时，资源应该分给家庭私有（有时也可以征收"拥堵"税）。第二，把公地承包给某个体。这种方式与前面论述情况的前提条件不同，这种公地特指对内部成员的"公地"，对外部成员存在排他性，准确表达是集体土地。这种公地通过一定的政治程序承包给个人，将使用权界定给个人也可以解决公共资源使用中的外部性问题。但又产生了新的外部性，即一个承包期与另一个承包期的外部性。

第四节　信息不完全和不对称

一、信息与信息的价值

信息的本来意义是指音信、消息，靠传播媒介传送的情报、资料、图标、录音、录像等，信息论中指用符号传递的报道，报道的内容是接受符号者预先不知道的。[①] 市场经济中，有很多内容属于信息，市场均衡价格是信息，每一

---

① 刘万革、张显吉主编：《新华汉语词典》，时代文艺出版社1996年版，第956页。

个体的决策也是信息，等等。

　　信息是一种很有价值的资源，也是一种商品，和普通商品不同，信息在"质"和"量"上又有其独特的性质。首先，从"质"的方面看，信息类似于公共物品，不具有竞争性，因为信息可以被很多人同时利用。信息在一定程度上也可以说没有排他性：信息的最初所有者当然可以封锁信息，秘而不宣，但是一旦信息被卖出之后，他就很难阻止信息的买主再向其他人传播。其次，从"量"的方面看，确定信息的价值大小也不像普通商品那样简单。人们常常采用预期收益的变化来确定某一信息的价值。下面举例说明。

　　张三有2亩地，掌握了种植大白菜的技术，在2亩地上种植大白菜能年产2 000千克，种植大白菜的成本为每千克2元。明年大白菜的价格是不确定的。为了简单起见，假定明年大白菜的价格只存在两种情况：有50%的可能性行情好，价格为每千克2.5元；也有50%的可能性行情不好，价格为每千克1.5元。在信息完全和信息不完全的情况下，张三该如何决定？相应的预期收益又是多少？

　　先看信息完全的情况。信息完全意味着，张三能够确切知道明年的大白菜价格，从而可以据此做出正确的计划：如果明年行情好，价格为每千克2.5元，则今年就将2亩地种植大白菜，这样明年大白菜赚到的利润就是$(2.5-2)\times 2\,000=1\,000$（元）；如果明年行情不好，价格为每千克1.5元，则今年就不种大白菜（假设种植其他作物的利润也为零），这样赚得的利润就是0。由于明年的行情好和不好的可能性均为50%，则信息完全条件下，张三的预期利润为：$50\%\times 1\,000+50\%\times 0=500$（元）。

　　再看信息不完全的情况。当信息不完全时，无法事先知道明年大白菜的价格，张三应如何决策？容易证明，张三无论种植还是不种植，其预期利润都是0。例如，假设张三种植部分土地生产x千克大白菜，如果明年行情好，每千克的价格是2.5元，则可盈利$0.5x$；如果行情不好，每千克的价格是1.5元，则亏损$0.5x$。于是在信息不完全的条件下张三的预期利润为：$50\%\times(0.5x)+50\%\times(-0.5x)=0$(元)。

　　在信息完全情况下的预期利润减去信息不完全情况下的预期利润，即可得到（对张三而言）完全信息的价值：$500-0=500$（元）。

　　由此可见，信息是有价值的，信息的价值体现在信息能减少经济主体的决策风险和失误，从而提高经济主体的预期收益。正是由于这个原因，人们需要信息，并乐于出钱出力去购买和搜寻它。

二、信息不完全与市场失灵

完全竞争模型的一个重要假定是信息完全，即市场的供求双方对于所交换的商品具有充分的信息。例如，消费者充分了解自己的偏好函数，了解在什么地方、什么时候存在有何种质量的以何种价格出售的商品；生产者充分了解自己的生产函数，了解在什么地方、什么时候存在有何种质量的、以何种价格出售的投入要素。完全信息的假定（以及其他一些关于完全竞争市场的假定）保证了帕累托有效率状态的实现。

显而易见，上述关于信息完全的假定并不符合现实。在现实经济中，信息常常是不完全的，甚至是很不完全的。在这里，信息不完全不仅是指那种绝对意义上的不完全，即由于认识能力的限制，人们不可能知道在任何时候、任何地方发生的或将要发生的任何情况，而且指"相对"意义上的不完全，即市场经济本身不能够生产出足够的信息并有效地配置它们。这是因为，作为一种有价值的资源，信息不同于普通商品。人们在购买普通商品时，先要了解它的价值，看值不值得买。但是购买信息商品却无法做到这一点。人们之所以愿意出钱购买信息，是因为还不知道它，一旦知道了它，就没人会愿意为此支付。这就出现了一个困难的问题：卖者让不让买者在购买之前就充分了解所出售信息的价值呢？如果不让，则买者就可能因为不知道究竟值不值得而不去购买它；如果让，则买者又可能因为已经知道了该信息而不去购买它。在这种情况下，要能够做成"生意"，只能靠买卖双方并不十分可靠的相互信赖：卖者让买者充分了解信息的用处，而买者则答应在了解信息的用处后即购买它。显而易见，市场的作用在这里受到了很大的限制。

在信息不完全的情况下，市场机制有时就不能很好地起作用。例如，由于缺乏足够的信息，生产者的生产可能会带有一定的盲目性，有些产品生产过多，而另一些产品又生产过少；消费者的消费选择也可能会失误，比如购买了一些有损健康的"坏"商品，而错过了一些有益健康的"好"产品。更坏的情况是，由于缺乏足够的信息，有些重要的市场甚至可能根本就无法产生，或者即使产生，也难以得到充分的发展。下面以商品市场上的信息不完全为例说明市场失灵问题。

在现实经济生活中，存在一些似乎与常规不相一致的东西。例如，如果降低某种商品的价格，对该商品的需求量会增加，这是一般商品的需求规律——需求曲线向右下方倾斜。但是当信息不完全时，商品的需求量可能不随价格的下降而增加，而是相反，随价格的下降而减少，违反了需求规律。供给方面，如果提高某种商品的价格，该商品的供给量会增加，这是完全信息条件下一般商品的供给规律——供给曲线向右上方倾斜。但是生产者的信息不完全时，商品的供给量可能不随价格的上升而增加，而是相反，随价格的上升而减少，违反了供给规律。当商品的需求和供给违反需求规律和供给规律时，市场价格机制配置资源就失灵了。具体分析如下。

假如在 X 商品市场中，商品的质量不一，有的好些，有的差些。如果信息是完全的，我们可以将不同质量的 X 商品看成是不同的商品。例如，把质量最好的看成是 X_1，把稍差一些的看成是 X_2，把更差一些的看成是 X_3，等等。对于不同质量的 X 商品，消费者愿意支付的价格当然不同，对于高质量商品愿意支付较高的价格。同一质量的商品，如果价格越高，消费者购买越少。消费者对任何质量商品的需求曲线都向右下方倾斜，符合需求规律。因此，在信息完全条件下，即使加入商品质量参数，市场机制仍然有效。

现在分析信息不完全的情况。假定消费者只知道 X 商品有不同的质量，但并不具体知道其中哪一个质量高，哪一个质量低。这种情况下，消费者如何进行决策？消费者可以根据生产者的商品保修期限长短来判断。保修期长意味着产品质量高，因为对于低质量的产品来说，较长的保修期不划算，它会大大提高维修成本。消费者也可以根据生产者的生产规模大小来判断。大规模生产者的产品似乎更可靠一些，不会像"小本经营"者那样可能突然"消失"。除了保修期限和生产规模之外，消费者还常常根据商品价格来判断商品的"平均"质量。即随着商品的价格下降，市场上该商品的供给量就会减少。但是，在减少的供给量中，主要是那些质量较高的商品，而不是质量较低的商品，因为生产高质量产品在较低价格之下将不再划算，其结果是，剩下来的商品的平均质量就会下降。反之，随着价格的上升，供给将增加，但主要增加的是那些质量更高一些的商品，因为现在生产它们也变得有利可图，其结果是，商品的平均质量上升了。总之，消费者有理由相信，随着某种商品价格的上升，该商品的平均质量也将上升，反之则下降。

图 8-8 描绘了商品的价格与其平均质量之间的关系。图中，横轴 P 代表商品价格，纵轴 q 代表商品的平均质量。qc 为价格-质量曲线，其特点有三：一

是向右上方倾斜，表示商品的平均质量随价格上升而上升；二是向上凸出，意味着商品的平均质量随价格的上升而上升，但上升的速度越来越慢，即价格变动对平均质量的影响是"递减"的；三是与横轴的交点大于零，意味着在价格下降到零之前，平均质量已经下降到"零"。

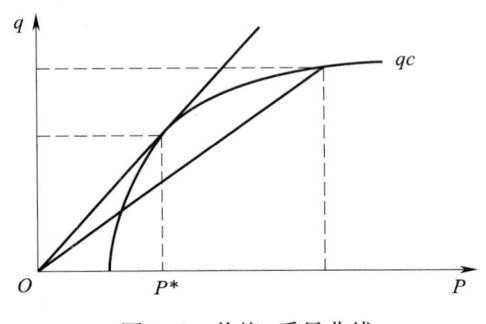

图 8-8 价格-质量曲线

从商品的价格与其质量之间的关系，可以得到商品的价格与其所谓"价值"之间的关系，根据这种关系，可以推导在信息不完全条件下消费者对商品的需求曲线。消费者在购买商品时不仅要考虑它的价格，而且要考虑它的质量。一件商品，即使价格很低，如果质量太差，也不会有人问津；反之，如果价格较高，但质量很好，也值得购买。价格和质量这两个指标可以综合在一起构成一个新指标，即每单位价格上的质量 $\frac{q}{P}$。这个指标可以叫作商品的"价值"。消费者购买时要考虑他在该商品上支出的每单位价格所得到的质量，即要考虑该商品的"价值"。在不同的价格水平上，商品的平均质量是不同的，该平均质量与价格的比值即商品的"价值"也是不同的。在图 8-8 中，每一价格水平上的商品"价值"的几何表示是：价格-质量曲线在相应价格水平上的点到原点的连线的斜率。由图可知，这个连线的斜率在价格为 P^* 时达到最大。换句话说，商品的"价值"在开始时随着价格的上升而上升，上升到最高点之后，再随着价格的上升而下降。

现在来推导信息不完全条件下消费者对商品的需求曲线。消费者追求的是商品的最大"价值"，根据图 8-8，这个最大"价值"在价格为 P^* 时达到最大。当价格由 P^* 水平上升或者下降时，由于商品的"价值"都是下降的，故消费者对商品的需求量也是下降的。由此，我们得到一条与以前所遇到的很不相同的需求曲线：它不再只是向右下方倾斜，而且还包含有一段向右上方倾斜的部分，即需求曲线是向后弯曲的，如图 8-9 中的 D 曲线。当纵轴的价格恰好

为 P^* 时,横轴的需求量达到最大,恰好等于 Q_d。当价格高于 P^* 时,需求曲线与通常一样,向右下方倾斜;当价格低于 P^* 时,需求曲线出现"异常",向右上方倾斜。

为了使问题简单,假设生产者的供给方面对产品质量有完全信息,即生产者的供给曲线仍然是向右上方倾斜的。现在把向右上方倾斜的供给曲线与向后弯曲的需求曲线放在一个图中分析市场均衡状况,如图 8-9 所示。

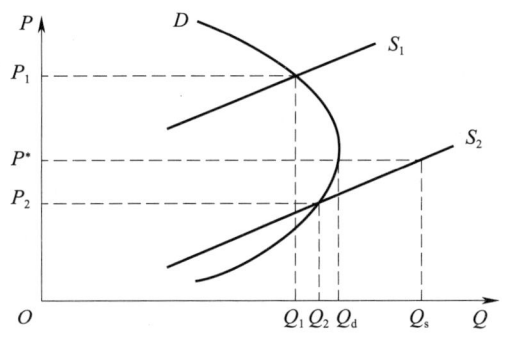

图 8-9 不完全信息与市场失灵

供给曲线的位置有两种情况:它或者与需求曲线向右下方倾斜的部分相交,如图 8-9 中的 S_1,或者与需求曲线向右上方倾斜的部分相交,如图 8-9 中的 S_2。当供给曲线为 S_1,与需求曲线向右下方倾斜的部分相交时,结果与信息完全时一样,市场均衡在供求曲线的交点上,该交点决定的均衡价格和均衡产量分别为 P_1 和 Q_1,此时的均衡满足帕累托有效率的条件,不存在低效率和市场失灵。但是,当供给曲线为 S_2,与需求曲线向右上方倾斜的部分相交时,结果会大不相同。此时,尽管供求均衡时的价格为 P_2,但却不是最优价格。因为当我们把价格从 P_2 稍微提高一点,则根据需求曲线,就可以增加需求量,且需求曲线高于供给曲线,即需求价格高于供给价格,消费者和生产者都将获得更大的利益。但是价格也不能提高到超过 P^*。如果价格超过 P^*,则根据需求曲线,需求量不仅不增加,反而会减少,从而消费者和生产者的利益都将受到损失。因此最优价格就是 P^*。但是,当最优价格为 P^* 时,生产者的供给将大于消费者的需求,出现了供求的非均衡状态,且这种非均衡状态违背了帕累托有效率标准。如果当价格为 P^*,产量为 Q_d,满足供求均衡时,仍然不满足帕累托有效率的条件。因为在 Q_d 上,需求价格超过供给价格,意味着消费者愿意为最后一单位产品支付的价格超过了生产者生产最后一单位产品花费的成本。也就是说,在产量 Q_d 上,社会的边际收益大于边际成本。从社会的观点看,消费者在产品质量上的信息不完全导致了生产过低的产量,市场失灵了。

三、信息不对称与市场失灵

信息不对称是指交易双方的不同经济主体对交易对象掌握的信息多少不一样。例如,出售二手车的卖主比买主更了解自己汽车的缺陷,出售"风险"的投保人要比保险公司更加了解自己所面临风险的大小,出售劳动的工人要比雇主更了解自己劳动技能的高低,等等。

信息不完全会引起市场失灵,信息不对称问题也会导致市场无效率。信息不对称分为两类:第一类是隐藏性特征的信息不对称,即一方能够观察到另一方不能观察到的一些商品或服务的特征,例如潜在的消费者不知道二手车上隐藏的锈斑,但卖方很清楚;第二类是隐蔽行动的信息不对称,即交易的一方能够采取影响对方却不被对方观测到的行为,例如员工在工作的时候偷懒等。两种类型的信息不对称对市场机制都有负面影响。从理论上看,如果信息差距足够大,即使交易对于每个人都有利,市场也可能完全关闭。遭受这种市场失灵影响的人不仅包括有着信息劣势的人,也包括那些拥有额外信息的人。

(一)信息不对称中的逆向选择

下面以二手车市场的逆向选择为例分析第一类信息不对称。假定有两种二手车,高质量二手车和低质量二手车。先考虑买方和卖方都知道哪一种二手车是高质量的,哪一种二手车是低质量的(即信息完全且对称)。在图 8-10(a)中,S_H 是高质量二手车的供给曲线,D_H 是高质量二手车的需求曲线;在图 8-10(b)中,S_L 和 D_L 分别是低质量二手车的供给曲线和需求曲线。在任何给定的价格下,S_H 高于 S_L,这是因为高质量二手车的车主更不愿意与他们的车分离,从而必须得到更高的价格才愿意出售车。D_H 高于 D_L,这是因为买主愿意为得到一辆高质量的二手车支付更多的钱。如图 8-10 所示,高质量的二手车的市场价格为 1 万元,低质量的二手车为 0.5 万元,每种二手车出售的数量是 5 万辆。

如果信息不对称,即二手车的卖主对车的质量比买主知道的多得多,会发生什么?起初,买主可能会想,买的二手车是高质量的可能性是 50%,原因是买主和卖主都知道二手车的质量,每种车会出售 5 万辆。因此,在购买时买主会把所有的车都看成是"中等"质量的。在图 8-10 中,中等质量的二手车的需求曲线用 D_M 表示,它低于 D_H 但高于 D_L。从图中可以知道均衡数量,此时

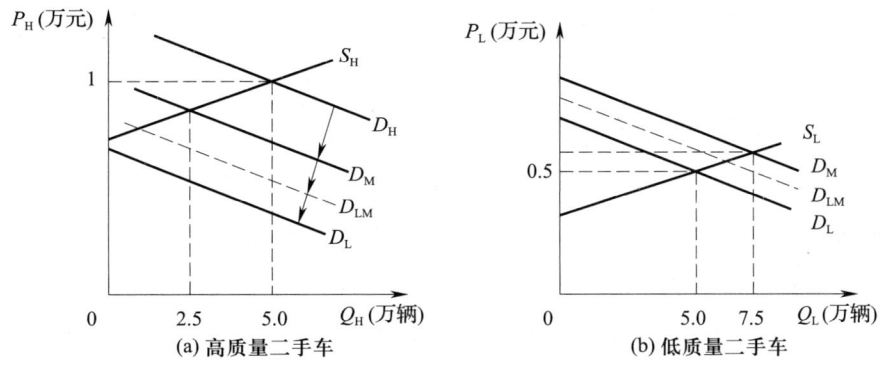

图 8-10 信息不对称中的逆向选择问题

高质量的二手车的数量是 2.5 万辆，低质量的二手车是 7.5 万辆。这一轮的均衡值是消费者下一轮行为的信息，当消费者开始明白，大多数二手车（大约 3/4）都是低质量的车时，他们的需求转移了。新的需求曲线平移到 D_{LM}，它意味着，平均来说二手车是中低质量的。结果，需求曲线进一步向左移动，使二手车的组合进一步转向低质量。这一移动会持续下去，直到低质量的二手车全部卖完。在这一点上，市场价格太低而不能使任何高质量的二手车进入市场，因此消费者可以假定，他们购买的任何二手车都是低质量的，而需求曲线将是 D_L，此时高质量的二手车销售量是 0，低质量的二手车销售量是 5 万辆。由于信息不对称，低质量的二手车把高质量的二手车逐出市场，这就是市场的逆向选择，也是一种市场失灵。

二手车市场的逆向选择是卖主拥有的私人信息多于买主。也存在买主的私人信息多于卖主的逆向选择的情况，典型的事例是医疗保险市场。在医疗保险市场上，我们假定有两种类型的人，高风险的人和低风险的人。高风险的人的健康状况更差，在不远的未来更有可能需要昂贵的治疗。显然医疗保险项目会吸引更多比例高风险的人，但这些人群也恰好是医疗保险公司不想吸引的人群。医疗保险市场的逆向选择也产生很大的无效率，也是一种市场失灵。

（二）信息不对称中的道德风险

前面分析了第一种类型的不对称信息，现在来分析第二种类型的不对称信息，即一方隐蔽的行为影响另一方的回报，此时我们说存在道德风险。

首先分析保险市场的道德风险。其基本观点是，如果人们不需要承担自己行为的成本，那么他们就倾向于冒更多的风险。例如，对于一个购买了保险的司机，当他更莽撞或更长距离地开车时，比如在积雪覆盖的路面上摇摆行驶或者在高速路上紧跟着前车行驶，会增加出事故的概率，保险公司通常对这些行为导致的事故给予赔付，他并不会承担他施加给保险公司的全部成本，如果司机必须自己承担损失，他们就会开得更加小心。但是有了保险后，他们就会有较少的激励去避免这些提高事故可能性的行为。相似地，一旦有了保险，临水而居的房屋所有者没有充分的激励来保护他们的房子免遭洪灾。一些人认为国家洪水保险项目促使房屋所有者新建或重建的房屋太靠近水域。可以想象，当人们知道了暴风潮对自己海边上的房屋造成的损失全部由保险公司来支付后，更不容易阻止他们在易受暴风潮袭击的地方建造房屋。实际上，保险补贴了冒险行为。

道德风险远远不止存在于保险市场，员工偷懒是工作中最明显的道德风险的例子。员工对自己的工作能力及工作努力程度掌握的信息多，雇主则掌握的信息相对较少，双方的信息不对称。经济学上把这种关系称为委托-代理关系。拥有隐蔽行为（即拥有私人信息）的一方称为代理人，没有信息的那一方称为委托人。在道德风险下，没有信息的一方可以通过设计合同（契约）来给予有私人信息的一方适当的激励。具体方法下面进行介绍。

四、针对信息不完全和不对称的微观政策

信息不完全和不对称带来了许多问题，需要通过微观政策予以解决，归纳起来有如下一些解决办法。

（一）信号传递

无论是信息不完全还是信息不对称，信号传递都能够减轻市场失灵的程度。信号传递的第一种办法是建立第三方认证市场，比如美国的 CARFAX 公司认证旧车的质量，美国教育考试服务中心（ETS）给大学申请者提供 SAT 考试，美国新闻与世界报道会给大学排名，美国的保险商实验室会认证消费品和工业品，穆迪公司报告公司债券评级，会计师事务所审计上市公司的财务报表。[1] 信号传递的第二种办法是保修。保修为什么能有效地发送高质量产品信号呢？原因在于，保修对于低质量产品来说是十分昂贵的，因为它们更频繁地出故障，所以卖者提供保修的事实说明卖者很可能是在出售高质量产品。这种信号传递区别了市场中的高质量产品和低质量产品。信号传递不仅可以由市场

---

[1] ［美］达龙·阿西莫格鲁、戴维·莱布森、约翰·A. 李斯特：《经济学（微观部分）》，卢远瞩、尹训东译，中国人民大学出版社 2016 年版，第 353 页。

的卖方发出，买方也可以进行信号传递。比如在医疗保险市场上，风险低的买者展示年度体检结果以及长期健康良好的信息——锻炼记录。相似地，在汽车保险市场上，可以通过在学校得到的高分以及历史理赔记录，发出你是一个安全司机的信号。

（二）效率工资

在委托-代理关系中，委托人可以设计巧妙的方案来减弱道德风险问题。经济学领域已经有较多成熟方案，效率工资就是一个好的方案。效率工资是指高于工人所愿意接受的最低水平的工资。为什么效率工资没有降低雇主（委托人）的利润？原因是效率工资减少了道德风险。比如一家汽车制造厂一条组装生产线上的某个工人，他的工作就是检查出有问题的零部件。这份工作很单调，即使他不努力工作，也只有很小的概率被经理发现，因此他的努力程度是一个隐蔽的行为。这就产生了信息不对称，存在道德风险。解决的办法就是效率工资这一激励机制。基本观点是：工资越高，工人的努力程度越高。因为高工资的工作对工人来说更有价值，工作失败（辞职或被解雇）的风险成本高昂；高工资会促使工人热爱企业，减少流动率，减少了企业额外招募和培训的成本；高工资能从心理上激励工人，让工人们感受到雇主的慷慨，并将高工资看成是一份"礼物"，进而更加努力地工作回报雇主，在经济学中被称为"礼物交换"。

（三）风险共担

在保险市场上要减少道德风险，一个关键的方法就是使委托人和代理人的激励（或动机）一致。典型的做法就是让投保人置身其中，让他们承担一部分风险成本。现在保险市场上有如下几种做法。

（1）免赔额。免赔额是指投保人必须负担索赔额的一部分。如某人的汽车保险有500元的免赔额，他在一次意外事故中导致了5 000元的损失，只能从保险公司得到4 500元的赔偿。这种做法让投保人共担了一部分风险。

（2）定额手续费。定额手续费通常运用于健康保险市场，是指投保人申请索赔，就要支付一定数额的费用，例如每一份处方药的费用中都包含有个人定额要支付的一部分。

（3）共同保险。共同保险是指保险公司和投保人根据预设计划共同承担赔付责任。例如许多健康保险计划，保险公司支付80%，投保人支付20%。

这三种做法减少了保险市场的道德风险，但没有消除道德风险，道德风险仍然存在。

上述方法并不能解决所有的信息不完全和不对称问题。在这种情况下，政府有必要在信息方面进行干预和调控。其目标是保证消费者和生产者能够得到充分和正确的市场信息，增加市场的"透明度"。如政府强制规定，发行新股票和新债券的公司必须公布公司的有关情况，产品广告上不得有不符合实际的夸大之辞，某些产品必须有详细的使用说明书，等等。这些都是解决信息不完全和不对称的政策举措。

第五节 收入分配中的不平等

关于市场经济的收入分配问题，在第六章已经从效率角度分析了要素分配原则、要素价格决定及要素分配数额等。但是，没有分析收入分配中存在的收入分配不均、贫富差距过大的问题。从平等的角度看，这种极不平等的收入分配状况是不合理的。因此，需要用再分配政策进行调节。

一、初次收入分配及其不平等

在市场经济条件下，初次收入分配主要是通过市场机制形成的。根据微观经济学的收入分配理论，要素的第一次分配按照边际生产力原则。要素的丰度以及生产力的差别会导致要素收益出现差别。不同所有者对物资要素所有数量的差别，也会导致初次收入分配出现差别。在私有制条件下，收入差别又沉淀为财产差别。在市场经济中，收入差别和财产差别交互在一起具有"马太效应"，导致富者更富、穷者更穷。而且这种差距还会出现代际传递，加剧收入分配的不平等。

西方经济学家论证了市场经济中收入分配不平等现象的存在。如萨缪尔森认为，在市场经济里，"物品流进选票或货币最多的地方。富人的狗可以得到穷人的孩子为了避免软骨病而必须饮用的牛乳。为什么？是因为市场机制把物品交给出价最高的人，交给具有最多货币选票的人。这一事实是价格制度的拥护者和批评者都要承认的"。市场经济中存在的"富裕中贫困"现象，或"收入分配极为不均"现象，都表明市场价格机制形成的初次收入分配存在收入分配不平等的可能，有时是严重的不平等。

二、收入不平等的度量

为了研究收入分配中的不平等情况，美国统计学家洛伦兹提出了著名的洛伦兹曲线，根据洛伦兹曲线定义的基尼系数可以度量收入分配的不平等程度。

（一）洛伦兹曲线

首先将一国总人口按收入由低到高排队，然后考虑收入最低的任意百分比人口所得到的收入百分比，最后将这样得到的累计人口百分比和累计收入百分比的对应关系描绘在图形上，即得到洛伦兹曲线。下面以表8-3美国1929—1991年的家庭收入数据说明洛伦兹曲线。

表8-3　1929—1991年所选年份美国各类家庭组收入占总收入的百分比（%）

年份	最低收入家庭（1/5）	次低收入家庭（1/5）	中等收入家庭（1/5）	次高收入家庭（1/5）	高收入家庭（1/5）
1929	3.5	9.0	13.8	19.3	54.4
1947	5.0	11.9	17.0	23.1	43.0
1957	5.1	12.7	18.1	23.8	40.4
1967	5.5	12.4	17.9	23.9	40.4
1977	5.2	11.6	17.5	24.2	41.5
1987	4.6	10.8	16.9	24.1	43.7
1991	4.5	10.7	16.6	24.1	44.2

资料来源：W. A. McEachern：*Microeconomics*：*A Contemporary Introduction*（3rd ed.），College Division South-Western Publishing Co.，1994，p.470.

洛伦兹曲线是累计人口百分比和累计收入百分比对应的曲线。如果收入是平等分配的，家庭的百分比就将等于收入的百分比，例如，20%的家庭将获得20%的收入，40%的家庭将获得40%的收入。这种情况下，洛伦兹曲线便为一条斜率等于1的直线，也就是图8-11中的平等分配线。

在收入不平等的情况下，洛伦兹曲线是一条向右远离平等分配线的曲线，距离平等分配线越远，收入分配越不平等。图8-11中的洛伦兹曲线是基于表8-3数据而得出的美国1929年和1991年的洛伦兹曲线。例如，处于美国1929年洛伦兹曲线上的A点表明，在该年，占人口80%的底层家庭拥有45.6%的收入，而占人口20%的高层家庭却拥有54.4%的收入。处于美国1991年洛伦兹

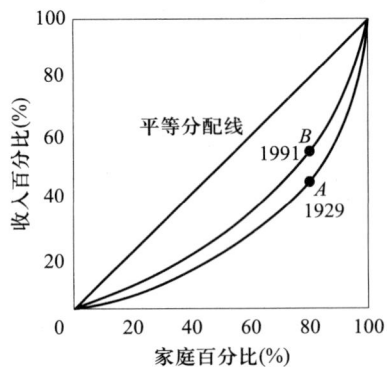

图 8-11 洛伦兹曲线：1929 年和 1991 年

曲线上的 B 点则表明，在该年，占人口 80% 的底层家庭拥有 55.8% 的收入（较之 1929 年，收入百分比有所提高），而占人口 20% 的高层家庭却拥有 44.2% 的收入（较之 1929 年，收入百分比有所下降）。美国 1991 年的洛伦兹曲线比其 1929 年的洛伦兹曲线更靠近平等分配线。这个移动表明美国家庭间的收入分配差距有所减少。

（二）基尼系数

基尼系数是根据洛伦兹曲线推导出来的表示社会中收入分配不平等程度的系数。其计算公式为：

$$G = \frac{A}{A+B}$$

式中，G 为基尼系数，A 为平等分配曲线与洛伦兹曲线之间的面积，B 为洛伦兹曲线与折线之间的面积。如图 8-12 所示，该式的含义是，基尼系数决定于两者的面积，与 A 成正比，而与 B 成反比。其取值范围为 0 到 1，或者换一种表示方法，为 0 到 100%。如果 $G = 1$，就表明收入分配绝对不平等，全部

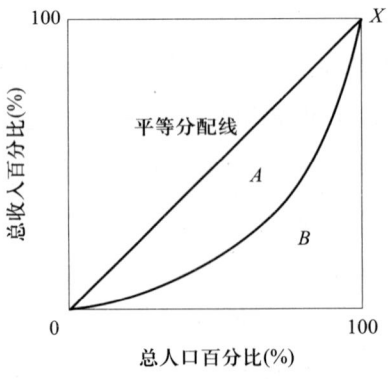

图 8-12 洛伦兹曲线与基尼系数

收入为一人所有，其他人的收入为零，这是一种极端的情形，是不存在的。如果 $G=0$，则表明收入分配绝对平均，人们的收入没有任何差别，这是另一种极端的情形，也是不存在的。

一国基尼系数的一般情形是介于 0 和 1 之间。如果其基尼系数越接近于 1，就说明该国的收入分配越趋向于不平等；如果其基尼系数越接近于 0，就说明该国的收入分配越趋向于平等。

三、收入再分配政策

为改善初次收入分配不平等的状况，通常实行收入再分配政策。以美国为例，其收入再分配政策包括以下两方面。

(一) 社会保障制度

美国社会保障制度始建于 20 世纪 30 年代。大萧条的严酷经济现实迫使美国政府必须采取某些社会保障措施，以缓解由于严重的经济萧条所造成的经济社会矛盾。这些措施主要是向那些具有一定工作年限、并对该项计划做出一定贡献的退休人员提供退休收入。另一项社会保障制度则是医疗保险，主要是向老人提供短期的医疗保险，不管其收入状况如何。此外，还有失业保障和工人补偿，此两者要求有良好的就业记录。

为了保证社会保障制度的资金需要，按照规定，从工人的工资中扣除一部分作为保险费，以提供退休费和对丧失劳动能力的人和失业人员的补助。社会保障制度保护某些家庭使其免于贫困，特别是使老人获得保险。但更重要的是，社会保障制度趋向于把收入从富人转移给穷人、从青年人转移给老年人，即进行旨在使收入更为平等的收入再分配。

(二) 收入援助计划

收入援助计划（又称福利计划）向穷人提供货币和物资援助。与社会保障制度不同，收入援助计划不要求获得援助的人曾经工作或对该计划有贡献。收入援助计划所实施的对象是低于一定收入水平的穷人，换言之，根据某种检验确认其家庭收入或财产低于一定水平的人才有资格获得收入援助计划的援助。所以，收入援助计划又被称为"享有权利的计划"，主要是现金转移支付和实物转移支付计划。

在收入援助计划中，有两个基本的现金转移支付计划：一是对养育孩子的贫困家庭的援助，为养育孩子的贫困家庭提供现金；二是补偿保障收入计划，为穷困的老年人和残疾人提供现金。现金转移支付和家庭其他来源的收入呈相反方向的关系。如果家庭其他来源的收入增加，现金转移支付便减少；反之，如果现金转移支付增加，便意味着家庭其他来源的收入减少。在美国，由于获得现金转移支付的水平是由每个州确定的，各地的情况有很大的不同。这种差别可以刺激穷人向现金转移支付水平较高的州迁移。补偿保障收入计划中由联邦政府承担的部分对各州是一视同仁的，但各州可以补充联邦政府的援助。

除了现金转移支付计划，还有一种实物转移支付计划，如向穷人提供医疗、食品券和住房援助。

医疗是美国迄今最大的福利计划。自 1980 年以来，医疗计划的增长便快于其他济贫计划的增长。医疗计划为那些收入低于一定水平的老人、残疾人和养育孩子的家庭支付医疗费用。由各州确定有资格享受医疗计划援助的收入水平，某些州还对不能享受医疗援助的穷人提供一般援助。

但是，美国的医疗保障制度仍然存在很大的缺陷，目前尚有许多美国人享受不到医疗保险。他们中很多人由于已患有疾病，致使保险公司不愿为其进行保险。另外，即使拥有医疗保险的居民，在美国的医疗保障制度下，也不能高枕无忧，一旦患上重大疾病，也有可能被保险公司拒之门外。因此，高昂的医疗开销已成为美国人日常生活最大的一项支出。

食品券是可以领取食品补助的凭证。食品券计划旨在减少饥饿的人，为贫困家庭提供适当的营养。由联邦政府支付该项计划费用，各州发放统一标准的食品券补助。住房援助计划包括对房租支付的直接援助和对低收入住房户的补助。此外，其他实物转移支付计划则包括对贫困学生的学校午餐计划，对孕妇、婴儿和儿童的补助，对贫困家庭能源支付费用的补助，对贫困家庭教育和培训的援助，等等。

需要指出的是，美国的社会保障制度和收入援助计划并不能从根本上解决贫困问题，其作用是极其有限的，最多只能缓解贫困问题。

第六节 本章评析

以上各节讨论了市场失灵以及针对市场失灵的微观经济政策，现在，对微观经济学关于市场失灵以及针对市场失灵的经济政策的基本论述做一评析，并在此基础上提出关于借鉴微观经济政策的看法。

一、市场失灵其他观点概述

西方经济学把垄断、外部性、公共物品和公共资源、信息不完全和不对称以及收入分配不平等看作是市场失灵的基本因素，并且根据市场经济的基本原理论述了其失灵的原因。其实，在理论研究中关于这些内容还有其他观点。

就垄断而言，它造成了低效率，是以完全竞争为比较标准的。西方经济学所论述的完全竞争在现实经济生活中是不存在的。英国经济学家罗宾逊和美国经济学家张伯伦在论述市场类型时都指出，市场既不可能是完全竞争的也不可能是完全垄断的，是垄断和竞争的结合，由此不约而同地提出不完全竞争理论或垄断竞争理论。垄断在前面的理论中是造成低效率的根源，垄断会造成过高的价格、错误的资源配置和生产的无效率。但还有一种观点认为，垄断也有利于采用先进的生产技术、节约生产成本、取得规模经济效益的一面。关于垄断的效率，英国经济学家马歇尔有不同于一般西方经济学家的看法。他指出，由于与垄断的市场结构相联系的各种规模经济和为技术改进而融资的能力，"非垄断产品的供给表所表示的供给价格比我们的垄断供给表要高些"①。马歇尔进一步指出：如果垄断者对资本拥有无限的支配权，自由竞争条件下的均衡产量将比在垄断条件下需求价格等于供给价格时的数量更少。② 当今资本主义市场经济中的垄断程度大大高于斯密时代，然而其经济效率却是斯密时代所不可比拟的。如果按照前面的理论，垄断造成低效率，如何解释当今垄断程度极高的资本主义经济比以往其竞争程度较高的时代有更高的经济效率呢？

外部性是外在于市场价格机制的，当外部性存在时，市场价格机制配置的资源偏离了帕累托有效率状态。具体地说，在存在正外部性的情况下，由于一个经济活动者的活动，可以使其他经济活动者无须花费成本便能从中受益，市场机制所决定的最优数量，不再以个别经济活动者的最优收益为标准，而是以社会最优收益为标准；存在负外部性的情况下，市场机制所决定的最优数量，不再以个别经济活动者最小化的成本为标准，而是以社会的最小化成本为标准。因此外部性需要一定的政策予以纠正。但是还有一种外部性本身不影响效

---

① ［英］马歇尔：《经济学原理》下卷，陈良璧译，商务印书馆 1965 年版，第 162 页。
② ［英］马歇尔：《经济学原理》下卷，陈良璧译，商务印书馆 1965 年版，第 162 页。

率，如金钱的外部性。当很多人决定购买某种商品时，市场需求曲线将向右上方移动，提高价格，如果你打算购买该种商品，则新的消费者就对你施加了一个负外部性，这就是金钱的外部效应。这种外部性与前面讲的外部性不同，因为这种外部性的外部成本和外部收益已经包含在价格中了，市场价格正确反映了市场交易的社会影响，不会对市场资源配置造成扭曲，也不会有市场失灵。金钱的外部效应对于有效市场是必要的，因为随着商品的稀缺程度发生变化，其价格也应该变化。

公共物品不具有排他性也不具有竞争性，由市场机制提供容易导致"搭便车"；公共资源是具有竞争性但不具有排他性，在市场机制中容易导致过度使用。实际上公共物品是市场机制良好运作的一个条件。任何社会的经济活动都存在公共物品和提供公共物品的部门，即使在斯密的时代也存在。在斯密看来，政府维护经济秩序和保证经济安全，就是它所提供的公共物品。萨缪尔森谈到政府在市场经济中作用时也说："当人们发现'每人都该管的事是没人管的事'的时候，政府就出头露面了。显著的例子是国防、维持国内法律和秩序以及处理诉讼和契约事务。"① 萨缪尔森也把政府提供公共物品看作市场经济得以维持的基本条件。公共物品不同于私人物品之处在于它不是通过市场提供的，不以市场机制调节为转移。公共物品是市场机制得以正常运作的条件，并不是对市场机制的冲击，不能看成是造成市场失灵的因素。

信息的不完全和不对称导致市场失灵，其实市场机制本身可以解决一部分因信息不完全和不对称导致的市场失灵问题。首先通过"价格"解决。例如，生产者为了利润最大化，必须根据消费者的偏好生产。生产者不可能完全知道每个消费者的偏好，但消费者的偏好通过价格表现出来，只要知道了价格，就可以计算生产该商品的边际收益并确定利润最大化产量。偏好的信息不完全问题，市场的价格机制自动解决了。其次通过"信誉"解决。市场机制本身能够生产信誉，信誉能够解决信息不完全和不对称的部分问题，因为信誉能够区分市场。信誉好的商品意味着质量高，信誉差的商品意味着质量低，信誉使得优质高价成为可能，因此市场机制生产的信誉解决了产品质量的信息不完全和不对称问题。此外在市场机制中置入激励机制也能解决一些信息不对称问题。

关于收入不平等问题，西方经济学家认为，市场机制会造成收入分配不

---

① ［美］萨缪尔森：《经济学》（第10版），上册，高鸿业译，商务印书馆1979年版，第71页。

均,资本主义社会存在"富裕中的贫困"现象。市场的功能在于能够促使经济活动当事人以最小的成本获得最大的收益,实现资源的有效配置,即使经济生活中存在收入差距和贫富差别,那也是正常的、合理的,因为市场经济中每个人赚取收入或获得财富的机会是平等的,市场机制就是要奖勤罚懒和优胜劣汰。而马克思主义政治经济学则认为,资本主义社会之所以存在"富裕中的贫困"现象,关键在于资本主义剥削制度。在资本主义私有制条件下,价值规律和剩余价值规律会驱使资本家不断改进管理和采用先进技术,提高劳动生产率,以谋求超额剩余价值;资本家把无偿占有的工人创造的剩余价值继续投入到再生产过程,使资本主义生产不断扩大规模,以追求更多的剩余价值。结果必然导致一端是资本家财富的积累,一端是工人贫困的积累。因此,"富裕中的贫困"是资本主义经济制度的必然产物。市场作为资源配置的具体形式,正是由于跟资本主义制度这个特定的社会经济形态结合在一起,才必然造成"富裕中的贫困"现象。西方经济学虽然承认这种客观现象,但绝口不谈剥削问题,暴露了其为资产阶级利益服务的庸俗性。

二、微观经济政策评价

针对市场失灵和市场经济的弊端而制定的各种微观经济政策,是对微观经济运行进行的调节。微观经济层面的政策调节作用在于规范市场调节而弥补市场调节的缺失,或针对市场失灵而对市场调节予以补充。这类政策对微观经济的健康运行有一定的积极作用。但微观经济政策的作用是有限的,仅仅从微观经济的视角确定的经济政策,不能保证整个经济体系(宏观经济)的健康运行,因此,还必须由政府从宏观经济层面确定经济调节政策或宏观经济调控政策。从马克思主义经济学视角看,资本主义市场经济制度是资本剥削雇佣劳动的制度,基于这个制度所确定的经济政策,归根到底,都是以维护资产阶级利益为目标的,不可能制定真正维护劳动者利益的经济政策。因此,不管政府调节表面上看多么代表"民意",以多么公正的姿态出现,却总是在努力维护资本剥削雇佣劳动的根本利益,其经济政策(包括微观经济政策和宏观经济政策)也必然具有不可克服的、固有的局限性。这种局限性,主要表现为以下几点。

第一,限制垄断的政策不能从根本上奏效。在资本主义市场经济中,垄断是不可遏止的历史发展的必然趋势。正如列宁指出的:"资本主义最典型的特点之一,就是工业蓬勃发展,生产集中于愈来愈大的企业的过程进行得非常迅速。"① 因此,企图用几项法律规定从根本上限制垄断是不可能奏效的。

第二,针对垄断、外部性、公共物品和公共资源、信息不完全和不对称的微观经济政策可以纠正市场失灵,让资本主义经济可以实现帕累托有效率的目标难以实现。因为完全竞争依赖于许多假设条件,其中许多假设是非常严苛的。例如,完全竞争假设商品和要素具有无限的可分割性,一台机器可以被分割为很多同一的微型机器,这是不现实的。如果没有这一假设,微积分的方法便不能被用来论证理想状态的存在。事实上,本章论述的微观经济政策能否使资本主义的市场经济达到或接近帕累托有效率状态,西方经济学的次优理论②给出了否定答案。次优理论的结论是"不存在任何先验的方法来对某些帕累托有效率状态的假设条件得以满足而另一些假设条件不能满足的各种事例加以判别。更具体地说:在不能全部满足假设条件下,满足较多的条件的事例并不必然,也不可能优于满足较少条件的事例"。因此以上的微观经济政策完全纠正市场失灵是不现实的。但微观经济政策在现实经济生活中的作用是存在的,不可否认。

第三,收入再分配政策不能从根本上解决"富裕中的贫困"问题。尽管资本主义国家有很多缩小收入分配差距的再分配政策,如累进的所得税,对穷人和伤残人员实行的收入保障和现金资助,发放食品券等实物补偿,等等,但是都不能根本解决贫困问题。因为富人有各种逃税、避税的对策。更重要的是,资本主义社会是资本剥削雇佣劳动的经济制度,资本家是靠剥削工人的剩余价值而实现其最大化利润目标的。而微观经济学所能提出的缓解收入分配差距的经济政策是以维持资本主义剥削制度为前提的,这就决定资本主义必然存在"富裕中的贫困"。马克思早在100多年前所做的资本主义社会必然造成一极是财富的积累,一极是贫困的积累的论断,仍然是当代资本主义社会的现实。

第四,资本主义的市场经济由于利润驱动难以平稳地可持续发展。按照马克思主义政治经济学观点,资本主义生产目的是追求剩余价值,高额利润

---

① 《列宁全集》第27卷,人民出版社2017年版,第332页。
② Lipey, Lancaster: "The General Theory of Second Best", *The Review of Economic Studies*, 1956-1957, Vol. 24, No. 1, pp. 11-32.

的驱动和资本主义生产的无限制增长首先必然导致两极分化,通过"经济危机"使市场经济强制回到均衡状态,出现高涨和萧条的交替,表明市场经济的运行难以平稳;其次导致自然资源的破坏、环境的恶化。马克思研究资本主义农业的情况而做出的如下论断具有非常重要的意义:"对地力的榨取和滥用……代替了对土地这个人类世世代代共同的永久的财产,即他们不能出让的生存条件和再生产条件所进行的自觉的合理的经营。"① 在资本主义社会,"在一定时期内提高土地肥力的任何进步,同时也是破坏土地肥力持久源泉的进步"②,而且,地力的浪费"通过商业而远及国外"③。因此,资本主义制度和资本主义生产的特殊性质是造成环境问题的根源。西方国家面对环境方面的日益严重的问题也采取了一些治理环境的措施,并强调可持续发展。但是,这些尝试和调节的主要思路是试图以经济逻辑调整价格,而实践证明,这样做通常是无效的。迄今为止,它们仅仅在资本主义体系内运作,狭窄地集中于市场交换领域,不理解全部相关的现象(竞争和外部性等)都深深植根于资本主义生产本身。④

三、微观经济政策的借鉴

西方经济学的微观经济政策,对于我国社会主义市场经济建设也有一定的借鉴意义。"经过20多年实践,我国社会主义市场经济体制已经初步建立,但仍存在不少问题,主要是市场秩序不规范,以不正当手段谋取经济利益的现象广泛存在;生产要素市场发展滞后,要素闲置和大量有效需求得不到满足并存;市场规则不统一,部门保护主义和地方保护主义大量存在;市场竞争不充分,阻碍优胜劣汰和结构调整,等等。"⑤ 因此一些微观政策,如反垄断法,对垄断的价格管制,公共物品的政府供给,对公共资源的管制、征税和产权界定,为解决外部性问题的征税和补贴,对价格信息的政府供给和培育市场主体的信誉,各种收入再分配政策,等等,都对我国社会主义市场经济的建设有借鉴意义。

---

① 《马克思恩格斯文集》第 7 卷,人民出版社 2009 年版,第 918 页。
② 《马克思恩格斯全集》第 42 卷,人民出版社 2016 年版,第 519 页。
③ 《马克思恩格斯文集》第 7 卷,人民出版社 2009 年版,第 919 页。
④ G. Liodakis:"The People-Nature Relation and the Historical Significance of the Labor Theory of Value", *Capital and Class*, Spring 2000, p. 73.
⑤ 《习近平谈治国理政》,外文出版社 2014 年版,第 76 页。

在借鉴中也要认清资本主义市场经济的本质。资本主义市场经济中劳动和资本是对立的，在新创价值一定的条件下工资和利润成反比，资本必然会压低工资追求利润；资本主义市场经济的发展是盲目的，在总体上是无计划、无组织的，社会化大生产的总供求平衡只能通过危机强制实现。"资产阶级社会的症结正是在于，对生产自始就不存在有意识的社会调节"[①]，对社会生产过程的任何有意识的社会调节，都被说成是对财产权和自由权的侵犯。因此资本主义市场经济中的各种政策难以纠正市场失灵，这是资本主义基本矛盾的必然结果。社会主义市场经济把社会主义制度与市场经济结合起来，是对资本主义市场经济的扬弃，以实现人民群众对美好生活的向往为目标。在追求社会主义市场经济配置资源高效率的同时，避免贫富两极分化，使人民共同富裕，共同享有经济发展的利益和成果。

在借鉴中要创造性地发挥政府的作用。市场在资源配置中起决定作用，并不是起全部作用，不是说政府就无所作为，而是必须坚持有所为、有所不为，着力提高宏观调控和科学管理水平。更好发挥政府作用，不是要更多发挥政府作用，而是要在保证市场发挥决定性作用的前提下，管好那些市场管不了或管不好的事情。我国实行的是社会主义市场经济体制，仍然要坚持发挥社会主义制度的优越性，发挥党和政府的积极作用。科学的宏观调控、有效的政府治理，是发挥社会主义市场经济体制优势的内在要求。政府的职责和作用主要是保持宏观经济稳定，加强和优化公共服务，保障公平竞争，加强市场监管，维护市场秩序，推动可持续发展，促进共同富裕，弥补市场失灵。目前，创造性发挥政府作用就是要完善财税体制、加强金融监管、强化信誉、遏制腐败、维护公平正义等，让市场在政策的配合下实现资源配置的效率最大化，且收入分配更公平、社会更和谐。

思考题：

1. 分析垄断的低效率。
2. 比较没有监管和有监管的自然垄断企业的产量和价格的决定。
3. 请将下列物品分类为私人物品、公共物品、公共资源和俱乐部物品并解

---

① 《马克思恩格斯选集》第 4 卷，人民出版社 2012 年版，第 474 页。

释理由。

健康保险　拥挤的收费道路　有线电视　一个城市的蚊虫控制项目　图书馆馆藏的电子书

4. 什么是信息不对称？有哪两种类型的信息不对称？

5. 为什么逆向选择会发生在医疗保险市场上？

6. 张三、李四和王五共享一间公寓。外面很冷，他们正在考虑将公寓里的恒温器调高1度、2度、3度或4度。他们知道，每提高1度，他们的采暖费就提高8元。他们每个人对公寓里变得更温暖的边际收益如表8-4所示。

表8-4　不同成员的边际收益

调高的温度＼成员	张三	李四	王五
1度	5元	4元	3元
2度	4元	3元	2元
3度	3元	2元	1元
4度	2元	1元	0元

请回答以下问题：

(1) 找出提高1度、2度、3度、4度的边际社会收益。

(2) 计算他们会提高多少度？

7. 假设一个公共牧场的成本是 $c(x) = 5x^2 + 500$，其中，x 是牧场上养羊的数量。每只羊的价格（p）为600元。求：

(1) 牧场净收益最大时羊的数量。

(2) 若该牧场有10户牧民，牧场成本由他们平均分担，这时牧场将会有多少只羊？会引起什么问题？

8. 当一个企业开发出一种新药时，专利法使该企业垄断了那种药品的销售。但当该企业的专利过期后，任何企业都可以生产并销售这种药品，竞争者生产的这种药品的化学成分与先前垄断者的产品相同，但其价格大大低于垄断者的价格。

试用经济学理论分析该过程均衡的变化及社会福利的变化。

9. 垄断、外部性、公共物品和公共资源、信息不完全和不对称等因素能导致市场失灵，简述这些因素导致市场失灵之外的其他观点。

10. 分析西方微观经济政策对社会主义市场经济的借鉴意义。

▶ 自测习题及参考答案

郑重声明

高等教育出版社依法对本书享有专有出版权。任何未经许可的复制、销售行为均违反《中华人民共和国著作权法》，其行为人将承担相应的民事责任和行政责任；构成犯罪的，将被依法追究刑事责任。为了维护市场秩序，保护读者的合法权益，避免读者误用盗版书造成不良后果，我社将配合行政执法部门和司法机关对违法犯罪的单位和个人进行严厉打击。社会各界人士如发现上述侵权行为，希望及时举报，我社将奖励举报有功人员。

反盗版举报电话　（010）58581999　58582371
反盗版举报邮箱　dd@hep.com.cn
通信地址　　　　北京市西城区德外大街4号
　　　　　　　　高等教育出版社法律事务部
邮政编码　　　　100120

读者意见反馈

为收集对教材的意见建议，进一步完善教材编写并做好服务工作，读者可将对本教材的意见建议通过如下渠道反馈至我社。

咨询电话　400-810-0598
读者服务邮箱　gjdzfwb@pub.hep.cn
通信地址　　　北京市朝阳区惠新东街4号富盛大厦1座
　　　　　　　高等教育出版社总编辑办公室
邮政编码　　　100029

防伪查询说明

用户购书后刮开封底防伪涂层，使用手机微信等软件扫描二维码，会跳转至防伪查询网页，获得所购图书详细信息。

防伪客服电话　（010）58582300